Profit mit Optionsscheinen

E D I T I O N
BÖRSE
ONLINE

Michael Demuth

Profit mit Optionsscheinen

Analysemethoden und Strategien für den Börsenerfolg

Erstmals
alle OS-Arten
auf einen Blick.
Mit Handelsusancen
und Reuters-Kürzeln.

Markt&Technik Verlag AG

CIP-Titelaufnahme der Deutschen Bibliothek

Demuth, Michael:
Profit mit Optionsscheinen : Analysemethoden und Strategien für den Börsenerfolg / Michael Demuth. –
Haar bei München : Markt-u.-Technik-Verl., 1990
(Edition Börse online)
ISBN 3-89090-278-2

MS-DOS ist ein eingetragenes Warenzeichen der Microsoft Corp., USA
IBM ist ein eingetragenes Warenzeichen der International Business Machines Corp., USA

15   14   13   12   11   10   9   8   7   6   5   4   3   2

93   92   91

ISBN 3-89090-278-2

© 1990 by Markt&Technik Verlag Aktiengesellschaft,
Hans-Pinsel-Straße 2, D-8013 Haar bei München/   Germany
Alle Rechte vorbehalten
Einbandgestaltung: Grafikdesign Heinz Rauner
Dieses Produkt wurde mit Desktop-Publishing-Programmen erstellt
und auf der Linotronic 300 belichtet
Druck: Kösel, Kempten
Printed in Germany

Inhaltsverzeichnis

Kapitel 3 Modelle und Methoden zur Bewertung von Optionsscheinen 101

Kapitel 4 Einflußfaktoren auf den Preis von Optionsscheinen 167

Abkürzungsverzeichnis

A	Agio
AU	Aufgeld
Abs	Absatz
AG	Aktiengesellschaft
AktG	Aktiengesetz
ARB	Arbitragebetrag
BGB	Bürgerliches Gesetzbuch
C	Call-Optionsrecht
c.p.	unter sonst gleichen Bedingungen
cum	Optionsanleihe mit Optionsschein
CWs	Covered Warrants, gedeckte Optionsscheine
d	Dividendenrendite des Basisobjekts in Prozent p.a.
dC	Veränderung eines Call-Optionsrechts
dS	Veränderung des Aktienkurses
DAX	Deutscher Aktienindex
DIV	Dividende
DIV_N	Dividendennachteil
E	Basispreis
e	Basis von ln, $e = 2,71828$
EK	Eigenkapital
EL	Effektiver Leverage
ELAST	Elastizität
$ELAST_K$	Elastizität des Basisobjekts
$ELAST_M$	Mathematische Form der Elastizität
$ELAST_{OS}$	Elastizität des Optionsscheins
ex	Optionsanleihe ohne Optionsschein (ist abgetrennt)
FF	Französische Franc
GBP	Britische Pfund Sterling
GF	Gearing Factor
GK	Grundkapital
GP	Going Public
HFL	Niederländische Gulden

HV	Hauptversammlung
i	Risikolos erzielbarer inländischer Zinssatz in Prozent p.a.
IA	Inhaberaktie
IK_{OS}	Indirekter Kauf des Scheins
i.V.m.	in Verbindung mit
K	Kurs des Basisobjekts (Wertpapier)
K_{cum}	Kurs der Anleihe »cum«
KEV	Kapitaleinsatzverhältnis
K_{ex}	Kurs der Anleihe »ex Warrant«
K_F	Marktwert des Anleiheteils (des Front Bonds)
K_M	(theoretischer) Marktwert des Basisobjekts
K_{T1}	Kurs des Basisobjekts zum Zeitpunkt 1
k	standardisiert Kurs des Basisobjekts (auf E normiert)
LF	Leverage-Faktor
ln	natürlicher Logarithmus auf der Basis von e
LV	Leverage (Hebelwirkung)
Mio	Millionen
Mrd	Milliarden
N (.)	Wert der kumulierten Normalverteilung
NA	Namensaktie
NOM	Nominalbetrag der kleinsten Tranche der Optionsanleihe
OA	Optionsanleihe
OF	Optionsfrist
OPT	Anzahl der beigefügten Optionsrechte pro Tranche
OS	Optionsschein, Optionsscheinkurs
$OS\text{-}Call_{B/S}$	Theoretischer (fairer) Wert eines Call Warrant nach Black & Scholes
$OS\text{-}Put_{B/S}$	Theoretischer (fairer) Wert eines Put Warrant nach Black & Scholes
OS_{T1}	OS-Kurs zum Zeitpunkt 1
os	standardisierter OS-Kurs (auf E normiert)
OS_{HOM}	homogenisierter OS-Kurs
OTC	Over-The-Counter, US-Freiverkehrsmarkt
OV	Optionsverhältnis
P	Parität
p	standardisierte Parität (auf E normiert)
p.a.	per anno (pro Jahr)
P_B	Bruttoparität
P_N	Nettoparität
PR	Prämie, prozentuales Aufgeld
PR_{DN}	Prämie unter Berücksichtigung des Dividendennachteils
PR_{MOD}	Modifizierte Prämie
PS	Partizipationsschein

R	Rechnerischer Wert
S	Aktienkurs (K), stock price
Sfr	Schweizer Franken
ST	Stück, Anzahl
TK	Transaktionskosten
TK_A	Transaktionskosten bei Ausübung
TK_{cum}	Transaktionskosten bei Kauf und Verkauf der Anleihe »cum Warrant«
TK_{ex}	Transaktionskosten bei Kauf und Verkauf der Anleihe »ex Warrant«
TK_K	Transaktionskosten bei Kauf und Verkauf des Basisobjekts
TK_{OS}	Transaktionskosten beim Kauf und Verkauf des OS
US-$, $	Amerikanische Dollar
VE	Verwässerungseffekt
VF	Verwässerungsfaktor
WAE	Synonym für Fremdwährung, Devisenkurs
WAE_B	Briefkurs einer Fremdwährung
WAE_G	Geldkurs einer Fremdwährung
Yen	Japanische Yen
z.B.	zum Beispiel
zzgl.	zuzüglich
z.T.	zum Teil
@	Volatilität

Vorwort

Optionsscheine haben in den letzten Jahren eine imposante Renaissance erlebt. Sowohl auf den deutschen als auch auf den internationalen Finanzmärkten konnte man einen wahren Boom an Neuemissionen von Optionsanleihen und Optionsscheinen erleben.

Ebenso beeindruckend wie der rasante Aufstieg dieses für viele neuen Anlageobjekts – aber wesentlich spektakulärer – waren und sind die Kursavancen, die Optionsscheine in der Gunst der Investoren weit nach vorne katapultiert haben. Kursanstiege von 100% und mehr in wenigen Tagen und von mehr als 1000% während der Gesamtlaufzeit eines Optionsscheines waren und sind keine Seltenheit.

Es ist also nur allzu verständlich, daß sich immer mehr Anleger diesem Anlagemedium widmen, um damit Profit zu erzielen. Man kann geradezu von einer Euphorie für Optionsscheine sprechen. Doch die Möglichkeiten für Investoren, sich kompetent und umfassend zu informieren, sind noch äußerst begrenzt.

Nur sporadisch im angelsächsischen Schrifttum vorhanden, findet der interessierte Investor auch im deutschsprachigen Raum kaum Literatur zu dieser Thematik. Nur vereinzelt von der Wissenschaft erörtert, fehlen umfassende und aktuelle Darstellungen völlig.

Denn wer sich in den letzten Monaten und Jahren regelmäßig über Anlagemöglichkeiten in Optionsscheinen informierte, dem ist natürlich nicht entgangen, daß sich die Anlagepalette stark verbreitet hat. So war oftmals an Stelle von »klassischen« Optionsscheinen auf Aktien mehr von »Bond Warrants«, von »Währungs-Optionsscheinen«, »Naked Warrants« und »Covered Warrants« oder »Gold-Optionsscheinen« die Rede. In der Schweiz wurden »Basket-Optionsscheine« zum Performance-Hit, und für fallende Aktienkurse waren »Index-Optionsscheine« spätestens seit der 200%-Kursexplosion des »DAX-Bear Warrants« am 16.10.89 der Geheimtip. Und viele Anleger fragen sich, warum »ihr« Optionsschein nur eine Performance von 8% erzielt, während sich die Performance anderer Optionsscheine auf 50% und mehr beläuft.

Daher ist gerade für das Anlagemedium Optionsschein der Informationsbedarf relativ hoch, denn neben die Analyse des Basisobjekts, z.B. einer Aktie, tritt noch die Analyse des Optionsscheins selbst. Neben der Konditionenvielfalt zahlreicher Optionsscheine gilt es außerdem, die »richtigen« Vorteilhaftigkeitskriterien zum Kaufen, Halten oder Verkaufen zu ermitteln. Durch die zunehmende Zahl von Optionsscheinen besteht für potentielle Investoren vor allem die Gefahr des Verlustes der Markttransparenz mit der möglichen Konsequenz, daß die erhoffte Performance eines Investments darunter leidet. Daher wird dieses Buch das Anlageinstrument Optionsscheine speziell praxis- und anlegerbezogen darstellen.

Im ersten Kapitel wird der Optionsschein als verbrieftes Optionsrecht, sein Ursprung und seine Bestandteile dargestellt. Detailliert werden seine einzelnen Merkmale besprochen und darauf verwiesen, welche Besonderheiten zu beachten sind.

Das zweite Kapitel bietet eine umfassende Übersicht über alle an den Märkten gehandelten Optionsschein-Arten. Dabei bildet dieses Kapitel eine Ausnahme, da es Optionsscheine auch aus Sicht der Emittenten darstellt. Denn immer mehr Unternehmen nutzen als Emittenten von Optionsanleihen diese Möglichkeit zur kostengünstigeren Fremdkapitalbeschaffung.

Und Finanzintermediäre, vornehmlich Banken oder Broker, sehen sowohl im Handel als auch im Emissionsgeschäft von Optionsscheinen zunehmend ein lukratives Geschäftsfeld. Daher werden die unterschiedlichen Intentionen erläutert und untersucht, inwieweit eventuellen Kostenvorteilen der Emittenten etwaige Risiken gegenüberstehen und die Vorteilhaftigkeit für Investoren und Emittenten beeinflussen können.

Verschiedene Bewertungsansätze und -methoden werden im dritten Kapitel erläutert und erklärt, um zu den wichtigsten und aussagekräftigsten Bewertungskriterien zu gelangen. Anhand vieler aktueller Beispiele werden die verschiedenen Kennziffern auch in ihrer Berechnung dem Anleger nahegebracht.

Das vierte Kapitel nennt zusammenfassend Einflußfaktoren, beschreibt deren Bedeutung und untersucht Chancen- sowie Risikoaspekte.

Anhand einer Vielzahl von Beispielen werden im fünften Kapitel verschiedene Anlagestrategien und -konzepte dargestellt, die je nach Anlegermentalität und -motiv für ein erfolgreiches Investment benutzt werden können.

Im sechsten Kapitel schließt sich eine Beschreibung der einzelnen Optionsscheinemärkte an, gegliedert nach Märkten und Währungen.

Insbesondere wird auf die unterschiedlichen Marktteilnehmer, deren Strategien und Bedeutung sowie auf einzelne Marktsegmente eingegangen.

Informationen zu Handelsusancen sowie Reuters-Kürzeln etc. sollen dem Investor als Unterstützung seiner täglichen Arbeit dienen. Das kritische Beleuchten von Informationsquellen sowie die Darstellung von Möglichkeiten laufender Informationsbeschaffung im siebten Kapitel sollen sowohl zur Entscheidungshilfe dienen als auch dem Investor ermöglichen, sich selbst die notwendige Markttransparenz zu besorgen. Das siebte Kapitel ist somit besonders für aktive Optionsschein-Investoren wichtig.

Verschiedene Listen ausgewählter Optionsscheine unterschiedlicher Währungen und Basisobjekte runden die Informationen zum Thema Optionsscheine ab. Beispielhaft werden EDV-Masken präsentiert, mit der interessierte Anleger selbst in die Lage versetzt werden, Optionsscheine zu bewerten.

Dieses Buch vermittelt sicherlich keine »Patentrezepte« und garantiert auch nicht die sichere, sondern die risikobewußte Spekulation. Aber es versetzt die potentiellen Investoren in die Lage, sich nach aufmerksamer Lektüre dieses Buches wesentlich leichter und fachkundiger mit dem Anlagemedium Optionsscheine zu befassen. Und setzt der Leser seine neuen Erkenntnisse an der Börse um, dann wird sich die Investition für dieses Buch sehr schnell als lohnend erweisen.

1 *Der Optionsschein*

1.1   Optionsscheine als Finanzierungskonzept

Optionsscheine (Warrants) haben in den letzten Jahren sowohl den deutschen als auch die internationalen Wertpapiermärkte in einem wahren Sturmlauf erobert. Sie sind als spekulative Kapitalanlage nicht nur die klaren Favoriten der risikofreudigen Investoren, sondern sind als Finanzierungsinstrument auch bei den Kapitalgesellschaften, insbesondere den Aktiengesellschaften beliebt geworden.

Und sowohl Banken als auch Broker nutzen das enorme Interesse und emittieren zunehmend sog. »Investor retailed warrants«, d.h. auf die Bedürfnisse potentieller Investoren zugeschnittene, maßgeschneiderte Optionsscheine und erzielen damit stattliche Provisions- und Handelsgewinne.

Die an den Finanzmärkten z.T. unübersichtlich gewordene Konditionenvielfalt ist, ganz abgesehen von der hohen Anzahl der gehandelten Optionsscheine, vor allem mit dem Vordringen von Warrants und Optionsrechten der unterschiedlichsten Art zu erklären.

Besonders seit 1985 wurden an den Finanzmärkten normale festverzinsliche Anleihen, »Straight Bonds«, mit Optionsscheinen als zusätzlichem Ausstattungsmerkmal emittiert.

Erst in den letzten beiden Jahren werden verstärkt auch »Naked Warrants« emittiert. »Naked Warrants« sind Optionsscheine, die ohne Anleihe als einzelne Tranche begeben werden. Der Vorteil aller OS-Formen – ob als Naked Warrant oder Schein aus einer Anleihe – ist, daß jeder Optionsschein separat als Wertpapier verbrieft und so gut fungibel (handelbar) ist.

Die Abbildung 1.1 gibt einen ersten Eindruck, wie vielfältig das Finanzinstrument Optionsschein eingesetzt wird.

Bezeichnung	Aktien-OS	Zins-OS	Währungs-OS	Waren-OS	Index-OS	Basket-OS	GP-OS	Covered-OS
Basisobjekt	Aktien	Anleihen	Fremd-währungen	Waren, Metalle	Aktien-indices	Aktien-körbe	noch zu ermittelnde Aktien	Aktien, Index, Währung, Waren etc.
engl. Begriff	Stock Warrants	Bond Warrants	Currency Warrants	Commodity Warrants	Index Warrants	Basket Warrants	Going Public Warrants	Covered Warrants
Bsp.	Stamm-aktien	Bundes-anleihen	GBP, Yen, $	Öl, Gold	FAZ, DAX	Dt. Chemie Basket	noch zu begebende Aktien	Aktien-CWs
Kapitel	2.1; 5.1; 5.3	2.3; 5.4	2.4; 5.5	2.7	2.5; 5.6	2.6; 5.7	2.7	2.2; 5.

Abb. 1.1 Arten von Optionsscheinen

Bei der Ausstattung von Straight Bonds mit Optionsscheinen (OS) wird vorgesehen, daß diese nach der Emission von der Anleihe getrennt und an einer Börse separat gehandelt werden können. Im Gegensatz dazu sei erwähnt, daß eine Reihe von weiteren Optionsrechten existieren, die untrennbar mit der Anleihe als sog.»build-in«-Option verbunden sind. Diese sind in Abbildung 1.2 dargestellt.

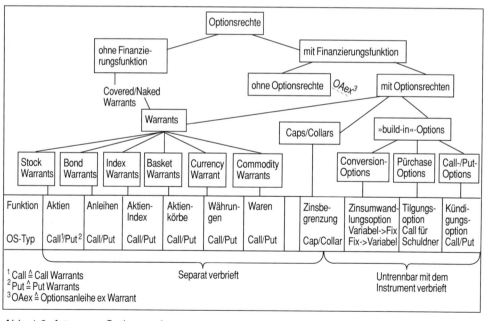

Abb. 1.2 Arten von Optionsrechten

Auch wenn diese Arten von Optionsrechten im Rahmen dieses Buches nur kurz behandelt werden, so dienen sie doch zum einen zur Abgrenzung von Optionsrechten allgemein und Optionsscheinen im besonderen. Zum anderen lassen sie den Unterschied in Funktion und Wesen zum Optionsschein verständlicher werden.

1.2 Optionsscheine als verbrieftes Optionsrecht

1.2.1 Ursprung und Konstruktion

Der Ursprung eines Optionsscheins resultiert entweder

* aus der Begebung von Anleihen mit Optionscheinen als zusätzlichem Ausstattungsmerkmal, sog. Optionsanleihen, oder

* aus der Emission als »Naked Warrant«, d.h. als einzelne Tranche ohne Anleihe.

Im Rahmen einer Anleihe emittiert, leitet sich die Herkunft von Optionsscheinen allgemein aus einem der Anleihe angehängten Umtausch- oder Optionsrecht ab. So leiten sich die klassischen Aktien-Optionsscheine aus der Begebung einer besonderen Form von Wandelschuldverschreibungen ab, die gem. 221 Abs.1 AktG definiert werden als »... Schuldverschreibungen, bei denen den Gläubigern ein Umtausch- oder Bezugsrecht auf Aktien eingeräumt wird...«

Die Wandelschuldverschreibungen mit einem Umtauschrecht in Aktien werden als Wandelanleihen bezeichnet. Kauft ein Investor diese Wandelanleihe, so wird er zunächst Gläubiger der entsprechenden Gesellschaft. Gleichzeitig gibt diese Kapitalform dem Gläubiger das Recht, innerhalb einer bestimmten Frist in einem festgelegten Umtauschverhältnis und meist unter Zuzahlung eines bestimmten Betrages die Anleihe in Aktien umzutauschen. Nach dem Umtausch ist der Gläubiger Anteilseigner der betreffenden AG geworden und die Wandelschuldverschreibung existiert nicht mehr.

Die Wandelschuldverschreibungen mit einem Bezugsrecht auf Aktien dagegen geben dem Gläubiger das Recht, zusätzlich zu seiner Teilschuldverschreibung Aktien einer bestimmten AG innerhalb einer bestimmten Frist zu einem festgelegten Aktienkurs zu beziehen. Der Investor kann damit also sowohl eine Gläubigerposition (als Investor der weiterlaufenden Teilschuldverschreibung) als auch eine Anteilseignerposition (als Investor der bezogenen Aktien) innehaben. Er wird also Mitgesellschafter, ohne dafür seine Gläubigerposition aufgeben zu müssen. Diese Form der Wandelschuldverschreibung existiert somit auch nach dem Bezug der Aktien weiter. Diese Form der Wandelschuldverschreibungen wird als Optionsanleihe bezeichnet.

Daneben existieren noch eine Reihe weiterer Formen von Optionsanleihen, deren Optionsrecht in Form des Optionsscheins sich jedoch nicht auf Aktien einer AG, sondern auf Währungen, andere Straight Bonds, Edelmetalle oder Aktien Dritter beziehen.

Neuerdings werden auch zunehmend Optionsscheine als einzelne Tranche emittiert, ohne daß irgendein Bezug zu einer Anleiheemission oder einer anderen Finanzierungsmaßnahme besteht. Diese beziehen sich sowohl auf Aktien als auch auf andere, z.T. synthetische, d.h. künstlich geschaffene Finanzprodukte. Als Beispiele seien Optionsscheine auf Währungen, Waren, Futures oder Indices und Covered Warrants zum Bezug von Aktien genannt.

1.2.2 Definition des Optionsscheins

Trotz unterschiedlichster Entstehungsgründe, die in Kapitel 2.2 noch detaillierter dargestellt werden, ist das Konzept eines Optionsscheins standardisiert und läßt sich allgemein wie folgt darstellen:

Der Optionsschein ist ein eigenständig verbrieftes Optionsrecht, welches unabhängig von seinem Ursprung separat an der Börse gehandelt werden kann. Dieses Optionsrecht besteht darin, während einer bestimmten Optionsfrist (Synonyma: Bezugsfrist oder Laufzeit) ein bestimmtes Basisobjekt (Options- oder Bezugsobjekt), z.B. Aktien einer speziellen AG, in einem bestimmten Optionsverhältnis (Bezugsverhältnis) zu einem bestimmten Basispreis (Options- oder Bezugspreis) kaufen oder verkaufen zu können.

Im Falle eines Kaufrechts werden die Optionsscheine meist als Kauf-Optionsscheine (Call Warrants), im Falle eines Verkaufrechts als Verkaufs-Optionsscheine (Put Warrants) bezeichnet, um in Anlehnung an den Optionshandel die Richtung eines Optionsscheins deutlicher werden zu lassen.

Die Begriffe in Klammern geben die Bezeichnung wieder, die bisher in Zeitschriften und Bankenberichten üblicherweise benutzt werden. In diesem Buch werden die Begriffe jeweils weiter gefaßt, um alle Arten von Optionsscheinen mit der obigen Definition zu erfassen. Zum anderen entsprechen die gewählten Begriffe der Terminologie des Optionsgeschäfts. Die gewählte Terminologie führt neben der Vereinheitlichung auch hoffentlich zu einem verbesserten Verständnis bei der OS-Bewertung und OS-Analyse.

1.3 Der Optionsschein und seine Ausstattungsmerkmale

Im Rahmen dieser Standardisierung des Instruments Optionsschein bleibt aber dennoch viel Spielraum für die individuelle Gestaltung von Optionsscheinbedingungen durch die Emittenten. Da die genaue Kenntnis dieser Vertragsbedingungen jedoch für ein erfolgreiches Investment in Optionsscheinen unerläßlich ist, werden im folgenden die Ausgestaltungsmöglichkeiten gängiger OS-Bedingungen eingehend beleuchtet und auf ihre Bedeutung hingewiesen, die sie im Rahmen einer Optionsscheinanalyse haben.

1.3.1 Basisobjekte

Wesentliches Merkmal eines Optionsscheins ist es, innerhalb einer bestimmten Optionsfrist ein anderes, in den OS-Bedingungen fest definiertes Basisobjekt für einen bestimmten Basispreis kaufen oder verkaufen zu können. Unter Basisobjekten werden hierbei standardisierte und börsenmäßig organisierte Finanzprodukte verstanden (z.B. Aktien oder Indices).

Diese weite Begriffsfassung ist notwendig, um alle Arten von Optionsscheinen mit erfassen zu können. Gleichzeitig macht sie im Zusammenhang mit der Abbildung 1.3 deutlich, wie vielfältig die Dimensionen der Basisobjekte sind.

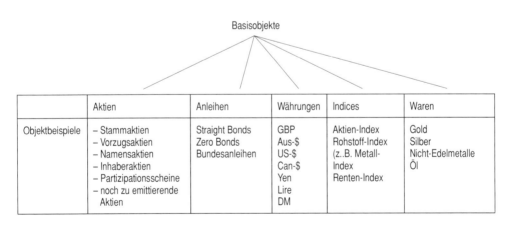

	Aktien	Anleihen	Währungen	Indices	Waren
Objektbeispiele	– Stammaktien – Vorzugsaktien – Namensaktien – Inhaberaktien – Partizipationsscheine – noch zu emittierende Aktien	Straight Bonds Zero Bonds Bundesanleihen	GBP Aus-$ US-$ Can-$ Yen Lire DM	Aktien-Index Rohstoff-Index (z..B. Metall-Index Renten-Index	Gold Silber Nicht-Edelmetalle Öl

Abb. 1.3 Arten von Basisobjekten

19

Da der Wert eines Optionsscheins unmittelbar von der Wertentwicklung des zu beziehenden Basisobjektes abhängt, ist es also für potentielle Investoren wichtig, das jeweils zugrundeliegende Basisobjekt genauer zu analysieren.

Aufgrund der Vielzahl möglicher Basisobjekte ist es sinnvoll, diese nach Basisobjekt-Arten, d.h. Gattungen, getrennt darzustellen. Am weitesten verbreitet sind noch klassische Optionsanleihen mit Optionsscheinen, die zum Bezug von Aktien berechtigen.

Von den in der Bundesrepublik Deutschland gehandelten Optionsscheinen auf Aktien (Stock purchase Warrants) berechtigen der überwiegende Teil zum Bezug von Stammaktien der Gesellschaft, die die Optionsanleihe emittiert hat bzw. deren Mutter- oder Konzerngesellschaft. Dieser Aspekt gilt auch insbesondere für international tätige Unternehmen, deren Optionsscheine aus Optionsanleihen ausländischer Tochtergesellschaften, z.B. Siemens Western Finance N.V., Willemstad/Curacao (eine reine Finanzierungs-Tochtergesellschaft), zum Bezug von Aktien der Muttergesellschaft der Siemens AG aus München berechtigen. Daneben berechtigen einige Optionsscheine, z.B. der VW OS 88/98, zum Bezug der Vorzugsaktien, andere hingegen erlauben den Bezug sowohl von Stamm- als auch Vorzugsaktien, z.B. die Optionsscheine von Nixdorf 87/93 und der Berliner Elektro 89/99.

International sieht es ähnlich aus. Auch im Ausland werden vorwiegend Optionsanleihen im Rahmen einer Kapitalerhöhung mit Optionsscheinen begeben, die zum Bezug von Aktien der emittierenden Gesellschaft berechtigen.

Eine Ausnahme bildet hierbei die Schweiz. Hier ist es durchaus üblich, daß eine Gesellschaft gleichzeitig Namens- und Inhaberaktien sowie Partizipationsscheine (der PS entspricht in etwa einer stimmrechtslosen Vorzugsaktie) an der Börse plaziert hat. Und gleichzeitig existieren zum Bezug aller drei Wertpapiergattungen Optionsscheine. Aufgrund dieser Dreiteilung der Wertpapiere in Inhaber- und Namensaktien sowie Partizipationsscheine muß bei der OS-Analyse genau darauf geachtet werden, auf welche Wertpapiergattung sich das Optionsrecht des Optionsscheins bezieht.

So existieren z.B. bei Ciba Geigy zur Zeit fünf Optionsscheine zum Bezug von Namensaktien, vier Optionsscheine zum Bezug von Inhaberaktien und zwei Optionsscheine berechtigen zum Bezug von Partizipationsscheinen. Wie wichtig die »kleinen« Unterschiede werden können, zeigt eindrucksvoll die gegenläufige Wertentwicklung von Optionsscheinen auf Namensaktien und die der Scheine auf Inhaberaktien. Als Folge der Entscheidung einiger großer Schweizer Unternehmen Ende 1988, allen voran der Nestle AG, in Zukunft auch ausländischen Investoren den Kauf von Namensaktien zu gestatten, fand eine enorme Umschichtung von Inhaberaktien und Partizipationsscheinen in Namensaktien statt, mit der Folge, daß z.B. der Nestle OS /31.7.89 der BZ-Bank innerhalb einer Woche (vom 11.11. – 18.11.88) von 125 Sfr auf 850 Sfr sprang (vgl. hierzu Abb. 1.4) und weitere vier Wochen bei 1.670

Sfr stand. Gleichzeitig ermäßigte sich der Optionsschein auf die Partizipationsscheine Nestle OS 87/92 von 218 Sfr auf 175 Sfr.

		11.11.88	18.11.88	23.12.88	10.11.89
Nestle-NA		4.340 Sfr	6.070 Sfr	6.450 Sfr	8.000 Sfr
Nestle OS $_{NA}$ Nestle OS $_{NA}$	SkA −15.12.89 BZ −31.07.89	44 Sfr 125 Sfr	128 Sfr 850 Sfr	198 Sfr 1.670 Sfr	334 Sfr abgelaufen (letzter Kurs 2850 Sfr
Nestle-PS Nestle-OS $_{PS}$	87/7.92	1.265 Sfr 218 Sfr	1.170 Sfr 175 Sfr	1.265 Sfr 180 Sfr	1.650 Sfr 380 Sfr

Abb. 1.4 Kursentwicklung des Nestle OS (vom 11. bis 18.11.88)

National wie international überwiegen Call Warrants auf Aktien. Erst im September 1989 emittierte die BZ-Bank Zürich AG die ersten Put Warrants auf Aktien der SBG-Namensaktien. Jeweils ein Warrant berechtigt vom 14.9.89 bis 17.7.91 zum Verkauf einer SBG-Namensaktie zu einem Kurs von 800 Sfr. Mit dieser Form von Warrants bieten sich dem Investor neue Handels- und vor allem neue Absicherungsstrategien. In der Bundesrepublik Deutschland kam der erste Put Warrant über Trinkaus und Burkhardt zum Verkauf von Stammaktien der Schering AG auf den Markt.

Neuerdings sind sog. »Covered Warrants«, gedeckte Optionsscheine, in Mode gekommen. Diese Form von Optionsscheinen resultieren entweder auch aus einer Optionsanleihe oder der Emittent hat das Basisobjekt, in der Regel Aktien, selbst in einem gesperrten Eigendepot hinterlegt oder er hat Zugriff auf die Wertpapiere über einen Stillhalter, z.B. einen hauseigenen Aktienfonds. Die zugrundeliegenden Aktien können dabei Aktien der AG selbst oder aber Aktien anderer Gesellschaften sein. So emittierte die Deutsche Bank S.A. Luxembourg Ende September 1988 die erste Covered-Optionsanleihe mit Optionsscheinen, die zum Bezug von Aktien der Continental AG (Conti Gummi) berechtigen. Bei dieser Emission hat die Bank beispielsweise ihren eigenen Aktienbestand aus einer Kapitalerhöhung des Reifenherstellers im vorherigen Jahr quasi in Form der Optionsscheine »veroptioniert«.

Auf alle Fälle kann und muß das Emissionshaus in den eben genannten Emissionsstrategien die Aktien dem Optionsscheininhaber jederzeit andienen, d.h. ihm bei gewünschter Ausübung zur Verfügung stellen. In diesem Marktsektor hat Trinkaus und Burkhardt am 20.11.1989 eine innovative Variante eingeführt. Das kreative Privatbankhaus aus Düsseldorf emittierte 200.000 Put Warrants (Verkaufs-Optionsscheine) auf Stammaktien der Schering-Aktie. Es handelt sich damit um die erste verbriefte Verkaufsoption auf DM-Basis. Ein Put Warrant berechtigt jeweils zur Gutschrift von einem Viertel der Differenz, um die am Ausübungstag der Basispreis den Kassakurs einer Stammaktie übersteigt. Bei einem Basispreis von 750 DM (damaliger Aktienkurs 746 DM) und einer Optionsfrist, die vom 20.11.89 bis zum 19.11.91 läuft, wurde der Schein mit 29 DM emittiert.

Eine Emissionsmethode von Covered Warrants, die besonders von Brokern bevorzugt wird, führte im Markt der Optionsscheine auf japanische Aktien zu einer Flut von Covered-Warrant-Emissionen. Bei dieser Emissionsmethode werden schwere – sprich teure – Optionsscheine in viele billige Warrants gesplittet und dann separat emittiert. Diese Covered Warrants sind also »Optionsschein-gedeckt« und müßten eigentlich Splitting Warrants heißen.

Optionsscheine auf japanische Aktien werden vorwiegend in DM, Sfr und US-$ begeben und aktiv gehandelt. Da gewöhnlich besonders US-$-Warrants auf japanische Aktien 1.000 $ und mehr kosten und eine Mindestanzahl von minimal zehn Optionsscheinen zu handeln ist, sind einige Anlegerschichten von vornherein von der Marktteilnahme ausgeschlossen. Um diesen jedoch die Chance zur Spekulation zu ermöglichen, werden besonders teure $-Warrants mit geringer, meist sogar negativer Prämie vom Emissionshaus gekauft (Basis Warrant), gesplittet, einzeln als Wertpapiere verbrieft und in anderer Währung, z.B. in DM oder Sfr als »Low-price covered warrants« emittiert. Splitting bedeutet in diesem Fall, daß das Optionsverhältnis des Basis Warrants durch Aufteilung verkleinert wird, der Basispreis und die Laufzeit resp. Optionsfrist jedoch nahezu dem zugrundeliegenden $-Basis Warrant entsprechen.

Schließlich besteht eine weitere Möglichkeit im Aufbau einer Gegenposition mit Optionen. Alle diese Strategien werden in Kapitel 2.2.1 detailliert erläutert.

Eine weitere Neuerung seit 1988 sind sog. Basket-Optionsscheine (Basket Warrants). Diese Optionsscheine berechtigen nicht zum Bezug einzelner Aktien, sondern, wie der Name schon andeutet, zum Bezug eines Korbes von Aktien, sprich mehrerer Aktien verschiedener Gesellschaften gleichzeitig. Dabei gehören die Gesellschaften meist einer bestimmten Branche an, so daß man z.B. vom Basket-Pharma-OS, Automobil-Basket-OS oder Banken-Basket-Optionsschein spricht. Diese Regelung ist aber natürlich keineswegs zwangsläufig, sondern ergibt sich aufgrund der Aktienauswahl durch das Emissionshaus.

Zuerst in der Schweiz emittiert und aufgrund teilweiser spektakulärer Kursavancen diverser Basket Warrants bekannt geworden, wird der »Aktienkorb« als Basisobjekt jetzt auch in der Bundesrepublik Deutschland verstärkt emittiert. So emittierte als erste die CSFB (Credit Swiss First Boston) einen Car- bzw. Automobil-Basket-Optionsschein: Der CSFB OS 89/13.9.91 zum Emissionspreis von 187 $ berechtigt zum Bezug einer VW-Stammaktie zu 483 DM, fünf Ford-Aktien zu 54 $ und 13 Aktien von Toyota zu 2.600 Yen.

Weitere, mögliche Basisobjekte können auch festverzinsliche Anleihen sein. Dabei berechtigen diese Zins-Optionsscheine (Bond Warrants) zum Bezug oder Verkauf eines vertraglich vereinbarten Nominalbetrages einer anderen Anleihe zu einem fixierten Basispreis.

Diese Bond Warrants werden ebenfalls in der Regel im Zusammenhang mit einer Optionsanleihe (Front Bond) emittiert und geben das Recht zum Bezug weiterer Teile der gleichen Anleihe zu fixierten Konditionen oder zum Bezug einer weiteren Anleihe desselben Emittenten. Allerdings können Bond Warrants auch als separate Tranche begeben werden und dann zum Kauf oder auch Verkauf einer bereits emittierten Anleihe eines anderen Emittenten, etwa einer Bundesanleihe, berechtigen.

So berechtigt der Bond Warrant der Christiana Bank 86/91 bis zum 2.9.91 zum Bezug von 1.000 DM einer 6%-Anleihe der gleichen Gesellschaft, fällig per 2.9.1996 zu pari, also zu 1.000 DM. Und von Morgan Stanley im Herbst '89 begebene Call und Put Bond Warrants 89/90 beziehen sich auf die 7%-Bundesanleihe 89/99 III.

Da die Kurse festverzinslicher Anleihen nur bei fallenden Zinsen steigen, entfalten beispielsweise Zins-Kauf-Optionsscheine ihre spekulative Komponente nur bei Renditerückgängen. Ein Anleger wird derartige Optionsscheine dann als günstig einschätzen, wenn er das gegenwärtige Zinsniveau als hoch ansieht und auf Zinssenkungen hofft. Vice versa gilt dies für Zins-Verkaufs-Optionsscheine.

International bereits seit 1982 an den Finanzmärkten möglich, konnte dieses Instrument in der Bundesrepublik Deutschland erst nach der Restliberalisierung im Mai 1985 an den Markt gebracht werden. So hatte dieses Instrument zwischen 1985 und 1986 Hochkonjunktur und es entstand eine wahre »Bond-Warrant-Schwemme«.

Währungen sind ebenfalls ein neuerdings sehr beliebtes Basisobjekt für Optionsscheine. Währungs-Optionsscheine (Currency Warrants) berechtigen dazu, innerhalb einer bestimmten Optionsfrist einen festgelegten Betrag einer bestimmten Fremdwährung zu einem vertraglich vereinbarten Wechselkurs zu kaufen (Call Currency Warrants) oder verkaufen (Put Currency Warrants) zu können. So berechtigt beispielsweise der Währungs-Optionsschein des schwedischen Unternehmens Svensk Export von 1988 bis zum 16.02.93 zum Bezug von 100 US-$ zu einem Wechselkurs von 1,6380 DM.

Der Wert dieses Währungs-Kauf-Optionsscheins steigt also mit steigendem US-$ an.

Besonders international stark gehandelte Währungen stehen natürlich als Basisobjekte im Mittelpunkt. So beziehen sich mehr als 80% der emittierten Currency Warrants auf den Bezug von US-$. Daneben sind Currency Warrants zum Kauf und Verkauf von Aus-$, GBP, Can-$, Yen, FF und DM am Markt erhältlich.

In jüngster Vergangenheit wurden eine Reihe von Optionsscheinen emittiert, die sich auf unterschiedliche Aktienindices als Basisobjekt beziehen. So wurden 1988 Index-Optionsscheine auf den japanischen Aktienindex, den Nikkei-Dow-Jones-Index, von

Bankers Trust und Salomon Brothers als Call und Put Warrants begeben, in der Schweiz wurden Call Index Warrants auf den umfassenderen SBV-Index sowie auf den nur elf Werte umfassenden OZX-Index begeben.

In der Bundesrepublik Deutschland existieren Call und Put Index Warrants, auch Bull (Hausse) und Bear (Baisse) Index Warrants genannt, auf den FAZ-Aktienindex und auf den Deutschen-Aktien-Index (DAX), der auch im Rahmen der Deutschen Termin-börse (DTB) als Grundlage für Indexoptionen gilt. So berechtigen die ersten von der Dresdner Bank in DM begebenen Index Warrants bis 28.9.1990 zum Kauf des DAX-Index zu einem Index-Stand von 1.750 Punkten (DAX Bull Warrants) bzw. zum Verkauf des DAX-Index zu 1.600 Punkten (DAX Bear Warrants).

Mit Hilfe des Einsatzes von Index-Optionsscheinen kann der Anleger sowohl auf steigende als auch – und das ist das Besondere an diesem Instrument – auf fallende Kurse am Aktienmarkt setzen. So kann der Investor ein vorhandenes Aktienporte-feuille, das bzgl. der Kursentwicklung eine hohe Korrelation mit dem zugrundeliegen-den Aktienindex aufweist, gegen erwartete Kursverluste absichern, ohne dafür die Aktien verkaufen zu müssen. Denn die Wertentwicklung entspricht 1 DM pro Index-punkt. Somit erhält der Investor, da der DAX ein synthetisches Produkt ist, am Ende der Optionsfrist den Wert seines Index-Optionsscheins in bar, da er den Index nicht beziehen oder liefern kann. So können sich dann Verluste des Aktienportefeuilles mit Gewinnen im Index-Optionsschein kompensieren.

Nicht unerwähnt bleiben sollen Optionsscheine, die zum Bezug oder Verkauf von Commodities, d.h. Waren wie Gold, Silber oder Öl berechtigen. So berechtigt der in Zürich gehandelte Gold-Warrant von Standard Oil bis zum 6.11.91 zum Bezug von 3,3 Unzen Gold zum Basispreis von 572 US-$ je Unze.

Wenn diese Form von Optionsscheinen auch zur Zeit aufgrund der fehlenden Kurs-phantasie der Basisobjekte kein großes Interesse findet, so wird wieder eine Zeit kommen, in der diese Commodity-Optionsscheine die Performer des Monats sind und in aller Munde sein werden. Mitte November 1989 wurden eine Reihe von Gold-War-rants neu am Markt plaziert.

Man sieht also, daß nicht nur Aktien, sondern auch viele andere Finanzprodukte Gegenstand der Basisobjekte von Optionsscheinen sind.

Neben Optionsscheinen, die sich nur auf eine bestimmte Art von Basisobjekten beziehen, könnten und sind auch Warrants emittiert worden, die sich auf unterschied-liche Finanzprodukte, z.B. eine bestimmte Aktie und einen bestimmten Währungsbe-trag, beziehen. Daneben gibt es die Möglichkeit, den Optionsschein mit einem Wahlrecht bezüglich des Basisobjekts auszustatten, etwa zum Bezug einer Aktie oder einer Anleihe.

Weitere Kombinationen sind denkbar. Je komplizierter solche Konstruktionen jedoch sind, desto schwieriger wird die Transparenz und Bewertung dieser Scheine für die Anleger sein, mit der Konsequenz, daß die Marktgängigkeit des Optionsscheins leiden könnte.

1.3.2 Optionsverhältnisse

Das Optionsverhältnis (bei Call Warrants auch Bezugsverhältnis genannt) ist der in den OS-Bedingungen vertraglich festgelegte Betrag bzw. die Anzahl der Basisobjekte, die pro Optionsschein gekauft oder verkauft werden kann. Vereinfacht läßt sich sagen, daß das Optionsverhältnis die Zahl der Optionsrechte pro Optionsschein angibt.

Bei Bewertungsübersichten von Banken und Zeitschriften wird das Optionsverhältnis oft reziprok angegeben. Es zeigt sich jedoch, daß die obige Definition mit Blick auf spätere Bewertungsmethoden vorteilhafter ist. Das Optionsverhältnis (OV) ist somit der folgende Quotient:

$$OV = \frac{\text{Zahl der Optionsrechte pro OS}}{OS}$$

Damit braucht man bei einem Schein, der zum Bezug mehrerer Basisobjekte, z.B. mehrerer Aktien berechtigt, den OS-Preis nur durch OV zu dividieren, um einen standardisierten OS-Preis zu erhalten (vgl. hierzu Kapitel 3.2.1). Diese Standardisierung ist wichtig, da ein Schein c.p. (d.h. unter sonst gleichen Bedingungen) um so wertvoller ist, je größer das Optionsverhältnis ist. Dieser Einfluß wird bei Bewertungsvergleichen verschiedener Optionsscheine mit einer Standardisierung durch OV eliminiert.

Bei vielen Investoren sorgt des öfteren der Umstand für Unruhe, daß es bei einer Emission meist Optionsscheine mit verschiedenen Optionsverhältnissen gibt. So waren zum Beispiel bei der Optionsanleihe der Deutschen Bank 1987 jeder Teilschuldverschreibung im Nennwert von 5.000 DM je ein Optionsschein zum Bezug einer Aktie (OV = 1 : 1) und zum Bezug von zehn Aktien (OV = 10 : 1) angehängt.

Für die Kursnotierungen an der Börse gilt dabei aber immer, daß sich die festgestellten Kurse jeweils auf den Schein mit dem kleinsten Optionsverhältnis beziehen. Die veröffentlichten Kurse für den Deutsche Bank OS 87/93 beziehen sich deshalb auf den, der zum Bezug einer Aktie berechtigt.

Für Verwirrung und oft auch Fehlinterpretationen sorgt die Annahme, daß Scheine mit einem hohen Optionsverhältnis eine bessere Performance hätten als solche mit einem niedrigen Optionsverhältnis. Diese Argumentation wird besonders in bezug auf japanische Optionsscheine oft gebracht, um Anlageempfehlungen zu begründen. Dabei ist diese Aussage so natürlich falsch, denn entsprechend der Höhe ihres Optionsverhältnisses haben die Optionsscheine auch unterschiedlich hohe Preise.

Für eine korrekte Performance-Messung sollten aber nicht absolute, sondern prozentuale Kursentwicklungen gemessen werden. Und zudem sind auch die übrigen OS-Bedingungen zu beachten. So berechtigt beispielsweise der Hoechst OS 75/90 zum Bezug von fünf Aktien der Hoechst AG, während der Hoechst OS 83/93 nur zum Bezug einer Aktie berechtigt. Dafür kostet der Hoechst 75/90 trotz seines höheren Basispreises auch ein Vielfaches mehr als der 83/93, nämlich per 8.9.89 875 DM gegenüber 207 DM.

Viele Anleger investieren mit Vorliebe in »optisch« billige Optionsscheine, in der Annahme, daß diese Scheine auch besonders preiswert, sprich vorteilhafter in der Bewertung als vergleichbare teure sind. Auch diese Annahme ist so nicht zutreffend, denn auch dort spielt c.p. die Höhe des Optionsverhältnisses die entscheidende Rolle. »Optisch« billige Scheine haben einfach ein geringeres OV als vergleichbare teure Optionsscheine.

Im allgemeinen sind die Optionsverhältnisse während der Optionsfrist konstant. Das OV ändert sich höchstens aufgrund bestimmter Verwässerungsschutzklauseln (delution clauses) bei Kapitalerhöhungen. So änderte sich das OV aller Dresdner Bank Scheine nach der letzten Kapitalerhöhung von OV = 1 : 1 auf OV = 1 : 1,055 (vgl. hierzu Kap. 4.7).

Prinzipiell sind auch sich während der Optionsfrist ändernde Optionsverhältnisse denkbar, mit denen der Emittent eventuell Einfluß auf den Zeitpunkt der Optionsausübung nehmen könnte. Bisher ist jedoch kein Optionsschein mit variablem OV am Markt begeben worden.

Während in der Bundesrepublik Deutschland mit wenigen Ausnahmen die Optionsverhältnisse bei Aktien 1 : 1 sind, ist dies international bei Warrants auf Aktien eher die Ausnahme als die Regel.

Optionsscheine auf Aktien anderer Märkte haben meist unterschiedlich hohe Optionsverhältnisse. Insbesondere Scheine auf japanische Aktien haben generell hohe Optionsverhältnisse, die zum Bezug vieler, teilweise mehrerer hundert oder tausend Aktien berechtigen.

Für Covered Warrants gelten hinsichtlich des Optionsverhältnisses prinzipiell die gleichen Aussagen, mit dem Unterschied, daß Covered Warrants, wenn sie durch Optionsscheine gedeckt sind (vgl. oben), z.B. auf japanische Aktien, regelmäßig kleinere Optionsverhältnisse aufweisen als die zugrundeliegenden »Basis-Optionsscheine«.

Bei Bond Warrants gibt das Optionsverhältnis den Betrag einer bestimmten Anleihe an, der mit einem Optionsschein ge- oder verkauft werden kann. Dies sind üblicherweise nominal 1.000 DM oder ein Vielfaches. Auch bei Zins-Optionsscheinen ist das Optionsverhältnis während der Optionsfrist in der Regel konstant. Um Bond Warrants ausüben zu können, sehen jedoch die Optionsschein-Bedingungen im allgemeinen vor, daß nur mit einer Mindeststückzahl von Optionsscheinen das Basisobjekt bezogen werden kann.

Bei Currency Warrants, z.B. eines Warrants auf US-$, gibt das Optionsverhältnis den Fremdwährungsbetrag (US-$) an, der mit einem Optionsschein zu einem bestimmten Wechselkurs ge- oder verkauft werden kann.

Die Optionsverhältnisse sind bei den vorliegenden Emissionen unterschiedlich. Sie liegen im $-Bereich zwischen 100 $ und 500 $ pro Optionsschein, im GBP- und Aus-$-Bereich in der Regel bei 100 Einheiten und mehr der entsprechenden Währung.

Die Kursnotierung bezieht sich auch bei Währungs-Optionsscheinen auf den Wert eines Scheins. Im allgemeinen sehen jedoch auch hier die Bezugsbedingungen vor, daß zur Ausübung des Optionsrechts eine Mindestanzahl von Scheinen erforderlich ist. Auf den Kurs des Scheins hat dies nur marginale Auswirkungen.

Bei Index-Warrants sehen die Bedingungen unterschiedliche Optionsverhältnisse vor. Üblich sind Optionsverhältnisse von 1:1, 10:1 und 100:1. Das heißt, daß sich der rechnerische Wert des Optionsscheins bei einer Veränderung des Index um einen Punkt entweder um einen Punkt (1 DM), 0,10 Punkte (0,10 DM) oder 0,01 Punkte (0,01 DM) ändert.

Bei Commodity Warrants bezieht sich das Optionsverhältnis auf die Anzahl der optierbaren Warenmengen, beispielsweise auf die Anzahl von Unzen Gold oder Barrel Öl. Bei den bisherigen Emissionen schwanken die Optionsverhältnisse relativ stark. So reichen die Optionsverhältnisse von Optionsscheinen auf Goldunzen von Bezugsrechten von 0,1 Unzen bis zu zehn Unzen Gold. Entsprechend unterschiedlich hoch sind die Preise der verschiedenen Scheine.

1.3.3 Basispreise

Der Basispreis ist der vertraglich fixierte Preis des Basisobjekts, das der Investor im Rahmen der OS-Bedingungen innerhalb einer bestimmten Frist und entsprechend dem Optionverhältnis optieren, d.h., entweder erwerben oder veräußern kann. In der Praxis wird dieser Basispreis auch Bezugspreis genannt. Diese Bezeichnung ist jedoch nur für Kauf-(Call-)Optionsscheine zutreffend. Denn Verkauf-(Put-)Optionsscheine berechtigen ja nicht zum Bezug, sondern zum Verkauf des Basisobjekts.

Der Basispreis wird grundsätzlich zum Emissionszeitpunkt oder kurz danach beim sog. »Pricing« festgelegt. Dabei orientieren sich die Emittenten je nach Intention der Emission der Optionsscheine entweder erfahrungsgemäß am aktuellen Kursniveau der Aktie (z.B. bei einer klassischen Optionsanleihe mit Optionsscheinen auf Aktien, vgl. Kapitel 2.1) oder an Renditegesichtspunkten (bei Covered Warrants, vgl. Kapitel 2.2).

Letzteres hat im übrigen besonders im September 1989 zu einer wahren Flut von Covered Warrants geführt, die den Markt zeitweise erheblich belastet haben. Auch wenn die Covered Warrants den Emittenten sichere und hohe Renditen bzw. Provisionen und Handelsgewinne eingebracht haben, die Anlegerschar ist teilweise empfindlich verunsichert worden und viele Investoren haben in ihrer Euphorie für die neuen Instrumente hohe Kursverluste erlitten.

Bei Warrants auf Aktien im Rahmen einer Optionsanleihe ist eine Untergrenze bei der Festlegung des Basispreises durch den Emittenten in der Bundesrepublik Deutschland zwar gem. §8 Abs. 1 AktG durch den Mindestnennbetrag von 50 DM bestimmt. Auch international herrscht diese Praxis des Aktien-Nennwertes als Untergrenze für den Basispreis vor. Praktisch ist diese Regelung jedoch nicht von Bedeutung, da der Basispreis regelmäßig höher als der Nennwert fixiert wird, so daß die Emittenten das Agio in die Kapitalrücklagen buchen konnten (vgl. Kapitel 2.1).

Eine gesetzlich festgelegte Obergrenze existiert nicht. Allerdings ist bei der Fixierung der Höhe des Basispreises durch die Erwartungen der potentiellen Investoren eine Grenze gesetzt.

Bei der Fixierung des Basispreises für Warrants auf Aktien orientieren sich die Gesellschaften deshalb meist am aktuellen Aktienkursniveau und nehmen einen Durchschnittskurs der letzten Tage oder ein bis zwei Wochen. Oder sie orientieren sich schlicht am aktuellen Tageskurs. International dagegen wird im allgemeinen auf den Tageskurs eine Prämie von 2 bis 10% aufgeschlagen.

Erhalten die Aktionäre ein Bezugsrecht auf die Optionsanleihe, wie dies bei Optionsanleihen inländischer Emittenten vorgeschrieben ist und nur durch einen extra Beschluß der HV ausgeschlossen werden kann (bei Emissionen ausländischer Finanzierungstöchter ist ein Bezugsrecht dagegen nicht vorgeschrieben), so sollte der Basispreis unter dem aktuellen Aktienkurs liegen, damit das Bezugsrecht einen positiven inneren Wert besitzt (vgl. Kapitel 2.1).

Bei Covered Warrants liegt der Basispreis dagegen oft über dem aktuellen Kursniveau der Aktien. In Kombination mit der Festlegung des Emissionspreises und des Optionsverhältnisses kann der Emittent somit genau seine eigene erzielbare Rendite auf seine Stillhalterposition kalkulieren und quasi selbst bestimmen. Die Spekulation über die zukünftige Kursentwicklung der Aktie überläßt er dem Investor des Covered

Warrants. Ansonsten gelten die oben gemachten Aussagen analog zur klassischen Optionsanleihe.

Grundsätzlich ist denkbar, daß Basispreise während der Optionsfrist nicht konstant, sondern variabel sind. Als variabel gelten Basispreise aber nur dann, wenn dies zum Emissionzeitpunkt derart festgelegt wird und nicht, wenn sie sich als Folge von Verwässerungsschutzklauseln (delution clauses) aufgrund von Kapitalmaßnahmen der Gesellschaft ändern.

Variable Basispreise könnten – allgemein formuliert – so gestaltet sein, daß bei einem fünf Jahre laufenden Schein der Basispreis in den ersten beiden Jahren der Optionsfrist 300 DM, in den darauffolgenden zwei Jahren 340 DM und im letzten Jahr 360 DM beträgt. Der Emittent hat hierbei, vereinfacht dargestellt, die Absicht, die OS-Inhaber zu einer möglichst frühen Ausübung der Scheine zu bewegen. Begründet werden kann die stufenweise Anhebung des Basispreises damit, daß bei guter Geschäftslage auch mit einem steigenden Aktienkurs gerechnet werden kann. Der Wertzuwachs kommt dann aber nicht dem Optionsschein-Inhaber, sondern der Gesellschaft durch den steigenden Basispreis in Form eines höheren Agios auf den Nennwert und der damit verbundenen erhöhten Kapitalrücklage zugute.

So emittierte 1985 die Nestlé AG aus der Schweiz eine Optionsanleihe mit einer Laufzeit von 1985/90 mit Optionsscheinen zum Bezug von Namensaktien. Hierbei wurde ein variabler Basispreis vereinbart. Bis zum 15.12.1986 betrug der Basispreis für eine Namensaktie 3.500 Sfr. Ab 16.12.1986 trat eine Klausel zur Anpassung des Basispreises in Kraft, die den Basispreis bis zum Laufzeitende auf 3.750 Sfr festlegte. Bei steigenden Basispreisen verringert sich aber der Wert des Scheins. So wird unmittelbar deutlich, daß ein Schein mit einem konstanten Basispreis von 3.500 Sfr DM und fünf Jahren Laufzeit und sonst gleicher Ausstattung mehr wert ist als der eben angeführte Nestlé-Schein mit steigendem Basispreis.

Fallende Basispreise würden indes c.p. den Wert des Scheins erhöhen. Ziel könnte hier sein, die Ausübung erst gegen Ende der Laufzeit stattfinden zu lassen, eine Intention, die allerdings auch schon mit konstanten Basispreisen erzielt werden kann.

Eine weitere Variante bei der Ausgestaltungsmöglichkeit von Basispreisen wäre, daß sich der Basispreis in Abhängigkeit vom Basisobjekt, z.B. vom Kurs der zugrundeliegenden Aktie, ergibt. Man könnte beispielsweise bestimmen, daß der Basispreis sich nur um einen bestimmten Prozentsatz der Differenz aus Aktienkurs und Basispreis erhöht.

Als aktuelles Beispiel sei der Optionsschein der Berliner Bank 86/94 erwähnt, der bis zum 31.12.94 zum Bezug einer Aktie der Berliner Bank zu einem Basispreis berechtigt, der 5 % unterhalb des durchschnittlichen Börsenkurses der jeweils fünf vorangegangenen Börsentage liegt. Der Basispreis wird also nicht stufenweise, sondern quasi ständig an den Aktienkurs angepaßt. Im vorliegenden Fall ist die Anpassung jedoch bis zu einem Kurs von 240 DM begrenzt, d.h., dieser Kurs gilt als Obergrenze einer kontinuierlichen Anpassung.

Doch sind sowohl national als auch international variable oder von Basisobjekten abhängige Basispreise eher die Ausnahme, denn diese komplizieren die Bewertung nicht unerheblich und stoßen so potentielle Investoren von einem Investment ab. Somit können über die Laufzeit konstante Basispreise als Norm angesehen werden.

Für die Beurteilung und Bewertung von Optionsscheinen ist es wichtig zu wissen, auf welche Währung sich der Basispreis bezieht. Am einfachsten für die Bewertung von Optionsscheinen aus inländischer Sicht ist ein Basispreis in inländischer Währung (DM). Im allgemeinen wird bei Scheinen, die zum Bezug von Aktien einer bestimmten Gesellschaft berechtigen, die Währung als Grundlage für den Basispreis genommen, in der das entsprechende Basisobjekt der Gesellschaft an der Heimatbörse notiert wird.

So wird beispielsweise der Basispreis von Scheinen, die zum Bezug von Aktien deutscher Gesellschaften berechtigen, in DM festgelegt. Eine Ausnahme bildete z.B. der Deutsche Bank OS von 1977, dessen Basispreis in US-$ fixiert war.

Bei Optionsscheinen, die auf dem deutschen Kapitalmarkt notieren und gehandelt werden, sich aber auf ausländische Muttergesellschaften beziehen, lauten die Basispreise dann jeweils auf die entsprechende Heimatwährung der jeweiligen Gesellschaft. So notieren alle bei japanischen Scheinen, z.B. bei Honda oder Toyota, den Basispreis in Yen und bei amerikanischen Scheinen, z.B. bei Philip Morris, in US-$. Die Währungen von Basisobjekt und Basispreis sind also gleich.

Die Kurse der Scheine dagegen notieren in der Währung des Finanzplatzes, an dem sie notiert werden. In der Abbildung 1.5 sind typische Beispiele für einfache und komplizierte Optionsscheinkonstruktionen aufgeführt.

Es ist also durchaus möglich und auch üblich, daß Basispreis und Basisobjekt nicht in einer Währung notieren. Dann spielt neben der Kursentwicklung des Basisobjekts noch die Wechselkursentwicklung, z.B. des US-$ oder des Yen gegenüber der DM, eine Rolle für die Bewertung und Kursentwicklung des Scheins.

Bei Währungs-Optionsscheinen steht die Wechselkursentwicklung im Mittelpunkt der Analyse. Ein Call-(Kauf-)Optionsschein entfaltet analog zu einer Call-Option seine Spekulation bei steigendem Wechselkurs, ein Put-(Verkaufs-)Optionsschein ist dagegen bei fallendem Wechselkurs interessant.

Die Festlegung des Basispreises ist auch im Rahmen dieser OS-Konstruktion nicht unabhängig vom Basisobjekt, wird aber aufgrund der Gegenposition, die der Emittent in Form einer dem Optionsschein entsprechenden Option eingeht (wird ein Call-Op-

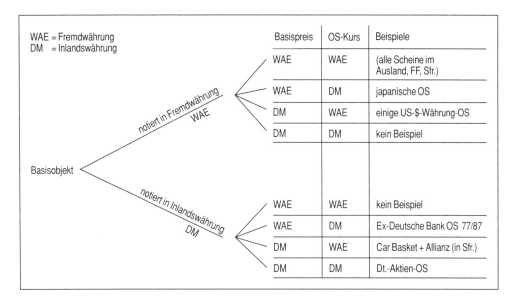

Abb. 1.5 Variationen der Basisobjekte hinsichtlich der Währungskomponente

tionsschein emittiert, deckt der Emittent die Gegenposition mit einer Call-Option ab), im wesentlichen von den Optionsbedingungen bestimmt. Je nachdem, ob der aktuelle Wechselkurs über, unter oder gleich dem Basispreis des Basisobjekts (in diesem Fall dem fixierten Wechselkurs) notiert, spricht man von einem Optionsschein, der im Geld (In-the-money), aus dem Geld (Out-of-the-money) oder am Geld (At-the-money) notiert. Berechtigt beispielsweise ein Optionsschein zum Bezug von 500 $ zu einem DM/US-$-Kurs von 1,8590 DM, so ist der Optionsschein im Geld, wenn der Dollar über 1,8590 DM liegt, aus dem Geld, wenn der aktuelle Dollar tiefer als 1,8590 DM notiert. Entspricht der aktuelle $-Kurs in etwa 1,8590, so ist der Optionsschein am Geld.

Während der Laufzeit des Währungs-Optionsscheins bleibt dabei der Basispreis im allgemeinen konstant.

Eine detaillierte Darstellung der Emissionsstrategie mit Währungs-Optionsscheinen erfolgt in Kapitel 2.3.

Bei Bond Warrants wird der Basispreis im allgemeinen in Prozent vom Nennwert notiert. Üblich sind Basispreise zu Pari oder solche, die nur leicht über oder unter Pari (des Nennwertes) liegen.

Bei der spekulativsten Variante von Bond Warrants, bei Optionsscheinen auf Zero-bonds, orientieren sich die Basispreise am rechnerischen Wert, der sich, nach steuerrechtlichen Gesichtspunkten berechnet, zu einem bestimmten Zeitpunkt ergibt. Zerobonds haben im Vergleich zu herkömmlichen Straight Bonds bekanntlich den Vorteil größerer Kursschwankungen (Kursvolatilität), wenn sich das Renditeniveau ändert, da der Zinseszinseffekt die Zinssensitivität noch verstärkt.

Ist also bereits aufgrund des Basisobjekts Zerobond ein erhöhtes Chance- und Risikopotential vorhanden, potenziert sich diese Wirkung bei Optionsscheinen auf Zerobonds noch zusätzlich.

Bei Basket-Optionsscheinen, die sich auf einen »Aktienkorb« als Basisobjekt beziehen, wird der Basispreis entweder insgesamt als ein Betrag festgelegt oder er ergibt sich als Summe aller optierbaren Basisobjekte. Diese abstrakte Formulierung wird einsichtiger, wenn man sich folgende Emissionsbeispiele vor Augen hält:

Ein Beispiel für die Festlegung des Basispreises als Gesamtpreis aller zu beziehenden Aktien ist der Car-Basket der BB vom September '89, emittiert als Covered Warrant in Sfr, der bis März 1991 im Verhältnis 5 : 1 (fünf Optionsscheine berechtigen zum Bezug eines Aktienkorbes) zum Bezug jeweils einer BMW- und einer Daimler- sowie zwei VW-Stammaktien berechtigt. Für alle vier Aktien muß der Anleger zuzüglich zu den fünf Optionsscheinen 2.150 DM als Basispreis zahlen.

Beim Car-Basket der CSFB vom September 1989, der in US-$ notiert wird und ebenfalls als Covered Warrant emittiert wurde, ergibt sich der Basispreis aus der Summe der zu beziehenden Aktien. Je ein Schein (OV = 1 : 1) zum Emissionskurs von 187 $ berechtigt vom 18.9.89 bis 13.9.91 zum Bezug einer VW-Aktie (zum Kurs von 483 DM), fünf Ford-Aktien (zu 54 $) und 13 Toyota-Aktien (zu 2.600 Yen). Daß die verschiedenen Aktien in unterschiedlichen Währungen notieren, erschwert in diesem Fall nur die Berechnung des Basispreises in einer Währung, da verschiedene Wechselkursrelationen zu berücksichtigen sind. Es ändert sich jedoch nichts am Prinzip des Optionsscheins bzgl. des Basispreises.

Bei sonst gleichbleibenden Kursen bringen steigende Wechselkurse in inländischer Währung gerechnet Kursgewinne, fallende Wechselkurse dagegen Kursverluste. Diese Gewinne bzw. Verluste entstehen unabhängig von der Kursentwicklung der Aktien und sind demnach reine Währungsgewinne.

Im Bereich der Index-Optionsscheine ersetzen Indexpunkte als Recheneinheit die Währung. Im Regelfall sind hierbei die Einheiten des Basisobjekts und des Basispreises identisch, obwohl auch hier komplizierte Alternativen denkbar sind. Das Basisobjekt ist beispielsweise der DAX-Index. Der Basispreis ist ein bestimmter Indexstand dieses Index. Insofern kann nicht von Währung gesprochen werden, sondern eher von einer gemeinsamen Recheneinheit. Der Kurs des Index Warrants kann jedoch in jeder anderen beliebigen Währung notieren.

Bei allen Optionsscheinformen, die zum Bezug eines Basisobjekts berechtigen, ist die Basispreisleistung durch Barzahlung vorgesehen. Bei Scheinen auf Aktien bedeutet dies, daß beim Bezug der Aktie durch Ausübung des Optionsscheins der Basispreis zuzüglich zum Optionsschein zu zahlen ist. Gleiches gilt für die Basket und Covered Warrants.

Die Basispreisleistung kann aber auch bei einigen wenigen Scheinen in Form einer Inzahlunggabe der »Anleihe ex« (Optionsanleihe ex Schein) erfolgen. Hierbei kann der »Noch«-Gläubiger seine Teilschuldverschreibung in aller Regel zum Nennwert bei der Gesellschaft in Zahlung geben.

Theoretisch wären auch Kurse über oder unter Pari (Nennwert) oder der aktuelle Börsenkurs als Wert zur Inzahlunggabe möglich, jedoch sind diese Regelungen in der Praxis nicht von Bedeutung. Die Möglichkeit der Inzahlunggabe ist besonders bei Scheinen auf deutsche Aktien verbreitet.

Wird die Möglichkeit einer Inzahlunggabe gewählt, so sind folgende Aspekte von Bedeutung:

• Es müssen zusammen mit der »Anleihe ex« so viele Optionsscheine mit eingereicht und Optionsrechte ausgeübt werden, wie an dem eingereichten Anleihebetrag ursprünglich angehängt waren.

• Die Anleihestückelung kann zu Pari in Zahlung gegeben werden, unabhängig von der aktuellen Börsennotierung der »Anleihe ex«.

• Je nach Optionsscheinbedingungen werden zusätzlich die seit dem letzten Zinstermin aufgelaufenen Stückzinsen bei Inzahlunggabe ausgezahlt.

• Die zeitliche Festlegung der Möglichkeit der Inzahlunggabe, vor allem, ob diese Inzahlunggabe jederzeit oder nur zu bestimmten Terminen oder innerhalb bestimmter Fristen gegeben und

• ob die Inzahlunggabe nur unter Einhaltung einer Kündigungsfrist oder auch ohne möglich ist.

Call Bond Warrants berechtigen zum Bezug einer weiteren Anleihe, deren Basispreis im Regelfall in bar zu leisten ist. Bei der Ausübung eines Call Currency Warrant fällt der Fremdwährungsbetrag in inländischer Währung als Basispreisleistung in bar an. Im Falle der in DM notierten Währungs-Optionsscheine 89/92 der Citibank, die zum Kauf von je 500 US-$ zum Kurs von 1,8950 je US-$ innerhalb der Laufzeit vom 7.4.89 bis 31.3.92 berechtigen, errechnet sich die Basispreisleistung (Ausübungspreis) als der DM-Betrag, der sich aus der Umrechnung des Dollar-Betrages der ausgeübten Optionsscheine zu dem fixierten Kurs von 1,8950 je US-$ ergibt, also 947,50 je ausgeübtem Optionsschein.

Bei Index-Optionsscheinen entspricht der Basispreis einem fixierten Indexstand, der in inländischer Währung zu leisten ist. Das bedeutet, daß beim Dax Bull Warrant der Dresdner Bank 89/90, der zum Bezug einer DAX-Einheit zu 1.600 berechtigt, 1.600 DM als bare Zuzahlung zu leisten wären. Da das Objekt DAX aber vom Emittenten nicht physisch geliefert, d.h. vom Investor auch nicht physisch bezogen werden kann, entfällt bei Index Warrants die tatsächliche Ausübung. Sie wird durch ein fiktives Gegengeschäft ersetzt, wobei die Differenz zwischen dem Basispreis und dem zum Ausübungszeitpunkt aktuellen Indexstand zur Auszahlung gelangt. Dies gilt ebenso für Bear Warrants auf den Index.

Nach Ausübung entscheidet dann der Investor, ob er das Investment weiter aufrecht erhalten oder seine Gewinne durch Verkauf des Basisobjekts realisieren will.

Bei Optionsscheinen, die zum Verkauf des Basisobjekts berechtigen, entfällt eine Zuzahlung bei der Ausübung. Dort stellt sich die Abwicklung bei der Ausübung folgendermaßen dar: Der OS-Inhaber hat den Optionsschein in seinem Besitz. Bei Ausübung seines Optionsrechts liefert der Investor das Basisobjekt, d.h., er kauft z.B. als Basisobjekt eine bestimmte Aktie an der Börse oder hat sie bereits in seinem Bestand (dies wird insbesondere bei Hedging-Strategien der Fall sein), um diese dem Emittenten der Put Warrants zu dem fixierten Basispreis zu verkaufen. Falls in den OS-Bedingungen eine effektive Ausübung ausgeschlossen ist, wird lediglich die Zahlung eines entsprechenden Differenzbetrages vorgesehen. In Kapitel 6.5. werden sowohl für Call- als auch für Put-Optionsscheine detaillierte Fallbeispiele dargestellt.

1.3.4 Fristen und Termine

Optionsscheine existieren nur eine begrenzte Zeit, d.h., das Recht, ein bestimmtes Basisobjekt kaufen oder verkaufen zu können, läuft zu einem festgelegten Zeitpunkt ab. Daher wird im allgemeinen von der Laufzeit eines Optionsscheins oder einer Optionsanleihe gesprochen, womit der Zeitraum von der Emission bis zum Verfall des durch den Schein verbrieften Optionsrecht gemeint ist. Eine genauere Analyse zeigt aber, daß verschiedene Fristen unterschieden werden können. Daher werden im folgenden Laufzeit, Options-, Valutierungs- und Sperrfristen unterschieden sowie andere wichtige Termine erläutert.

Die eigentliche Laufzeit eines Optionsscheins umfaßt den gesamten Zeitraum von der Emission des Scheins im Rahmen einer Optionsanleihe oder als separate Tranche bis zu dem Tag, an dem das Optionsrecht letztmals ausgeübt werden kann. Nach Ende der Laufzeit wird der Schein wertlos und kann als »Non Valeur« gehandelt werden.

Der Emissionszeitpunkt ist der früheste Zeitpunkt, an dem der Schein erstmals gehandelt werden kann. Im Vorfeld dieser Emission werden Konditionen, d.h. Volumen der Emission, die Währung, die Laufzeit, der Zinssatz etc. und die OS-Bedingungen zwischen dem Konsortialführer (dem Lead-Manager) – evtl. zusammen mit dem Co-Lead-Manager – und dem Emittenten verhandelt und vereinbart, bevor weitere Banken und Broker zu dieser Emission eingeladen werden und als Konsortium die Emission begeben. In jüngster Zeit überwiegen allerdings die Emissionen von Optionsanleihen und separate Optionsschein-Emissionen durch einzelne Banken. Dies ist zum einen mit dem verstärkten Druck auf die Margen der Banken zu begründen, zum anderen aber auch durch die zunehmende Unzufriedenheit der an der Emission teilnehmenden Banken induziert, da diese nur geringe Volumina der Emission zugeteilt bekommen. Für einzelne Kunden bleibt dann kaum etwas übrig.

Bei einer Reihe von Emissionen, insbesondere bei Optionsanleihen japanischer Emittenten, werden die Emissionsbedingungen zum Emissionszeitpunkt noch nicht exakt fixiert, sondern lediglich als Indikation angegeben. Die endgültige Festlegung erfolgt etwas später, üblicherweise ein bis zwei Wochen nach der Emission. Diese Praxis erlaubt der konsortialführenden Bank, je nach Aufnahme der Emission am Markt, die Konditionen, insbesondere den Zinscoupon und die OS-Bedingungen nach oben hin zu verbessern, also beispielsweise mit einem höheren Zinscoupon zu versehen oder bei euphorischer Aufnahme den Zinscoupon und die OS-Bedingungen zu kürzen.

So emittierte die Dresdner Bank Ende August 1989 eine Optionsanleihe der japanischen Rhythm Watch. Diese Anleihe, emittiert mit 100%, wurde innerhalb kurzer Zeit mit Aufschlägen von bis zu neun Prozentpunkten am Markt gehandelt. Daraufhin wurde der Zinscoupon, der mit $1\frac{5}{8}$ indiziert war, vom Emissionshaus auf $1\frac{1}{4}$ gekürzt.

Wie in Kapitel 2.1 angesprochen wird, werden mit Optionsanleihen unterschiedliche Anlegergruppen angesprochen. Insbesondere für die Investoren, die die Optionsanleihe ohne den Schein (Anleihe ex) kaufen wollen, ist diese Regelung des späteren Fixing des Coupons problematisch, denn ohne fixierten Zinscoupon kann keine exakte Renditeberechnung erfolgen.

Einige Zeit nach der Emission erfolgt dann die sog. Valutierung der Emission, d.h. die Wertstellung auf Konten und Depots. Dieser Zeitraum zwischen der Emission und der eigentlichen Valutierung, die im allgemeinen auch mit der Abtrennbarkeit der Optionsscheine von der Anleihe verbunden ist, wird als Valutierungsfrist bezeichnet. Sie ist insbesondere für alle spekulativ eingestellten Investoren von Bedeutung:

Denn während dieser Frist, die im allgemeinen zwischen mehreren Tagen und wenigen Wochen liegt, kann der Anleger ohne Kapitaleinsatz spekulieren. Denn die in der Valutierungsfrist abgeschlossenen Geschäfte werden auf seinem Konto erst am Valutatag der Optionsscheine wertmäßig verbucht.

So kann er Scheine kaufen und vor der Valuta wieder verkaufen, ohne sein Kapital tatsächlich eingesetzt zu haben. Sämtliche Geschäfte werden dem Investor dann per Valutatag abgerechnet, d.h., Käufe belastet und Verkäufe gutgeschrieben.

Die Erfüllung der Geschäfte kann bei der Emission von Optionsanleihen erst zum Zeitpunkt der Trennung von Anleihe und Schein erfolgen, weil die Scheine vorher nicht als eigenständig verbriefte Wertpapiere lieferbar sind. Im allgemeinen liegen die Valuta und Trennung von Anleihe und Schein zeitlich gesehen dicht hintereinander, in der Regel zwei Tage.

Die Trennung erfolgt aber stets vor der Valutierung, denn erst nach der Trennung sind die Scheine eigenständig verbriefte Wertpapiere und können separat abgerechnet und gehandelt werden.

Bei der Rhythm-Watch-Emission z.B. ergab sich folgender zeitlicher Ablauf: Das Emissionsdatum war der 24.08.89, die Trennung der Optionsscheine von der Anleihe erfolgte am 22.09.89, und der Valutatag war der 25.09.89.

Bei der Emission von Optionsscheinen als separate, d.h. einzelne Tranche ohne Anleihe dagegen legt das Emissionhaus diese Termine fest, ohne daß die Trennungsprozedur beachtet werden muß.

Da es sich bei dem Geschäft mit noch nicht valutierten Optionsscheinen quasi um ein Termingeschäft ohne Kapitaleinsatz handelt, erfreuen sich diese »Vor-Valuta-Geschäfte« besonderer Beliebtheit. Denn erzielt der Investor bis zur Valuta Kursgewinne, kann er am Valutatag seine Gewinne einstreichen, ohne real Kapital eingesetzt zu haben. Problematisch wird dies, wenn der Anleger mit mehr Scheinen spekuliert, d.h. mehr Optionsscheine kauft, als ihm bei der Wertstellung effektiv Kapital zur Verfügung steht. Schmerzlich wirkt sich das bei Kursverlusten aus, wenn er gezwungen ist, am Valutatag zu verkaufen und so die Verluste zu realisieren.

Bei der erwähnten Rhythm-Watch-Emission hatten die Scheine eine Valutierungsfrist vom 24.08.89 bis 22.09.89. Die Optionsscheine, anfänglich mit 210 DM gesprochen – d.h. diversen Investoren, Banken und Brokern, als Indikation bzw. Taxe angeboten – zeigten eine gute Performance. Während der ersten Woche stiegen sie innerhalb weniger Tage von 210 DM auf 325 DM in der Spitze, so daß Investoren saftige Gewinne erzielen konnten.

Von diesen und ähnlichen Kursavancen der Vergangenheit angesteckt, wurden viele Anleger geradezu euphorisch und investierten nahezu blind in alle danach emittierten Optionsscheine. Nur so ist es zu erklären, daß beispielsweise der Allianz Covered OS 89/91 von Salomon Brothers, mit 107,50 Sfr emittiert, an einem Tag auf 159 Sfr stieg, um wenige Tage später wieder auf 120 Sfr zu fallen. Die Reihe der Flops ließe sich beliebig fortsetzen; insbesondere auf dem Gebiet der Covered Warrants ereigneten sich teilweise wahre Spekulations-Exzesse.

Viele Investoren wären besser beraten gewesen, sich grundlegende Bewertungszusammenhänge anzueignen und sich entsprechend danach zu verhalten, anstatt diese total überhöhten Preise zu zahlen und so quasi Verlust vorzuprogrammieren. Hervorgerufen wurden diese und andere weit überzogenen Kurs-Eskapaden unter anderem auch von einer großen Zahl von Billigstorders, die viele Investoren schon vor Kenntnis der Konditionen in den Markt legten (Rhythm Watch). Lediglich der Berufshandel konnte sich über seinen Schnitt freuen.

Von der Laufzeit und der Valutierungsfrist zu unterscheiden ist die eigentliche Optionsfrist. Die Optionsfrist gibt den Zeitraum an, währenddessen das Optionsrecht ausübbar ist. Hierbei ist die Unterscheidung zwischen zwei verschiedenen OS-Typen wichtig. In Anlehnung an den Optionshandel unterscheidet man Optionsscheine des europäischen und des amerikanischen Typs.

Bei amerikanischen Optionen, und dementsprechend auch bei Optionsscheinen amerikanischen Typs, kann das Optionsrecht während der Optionsfrist mit Ausnahme von bestimmten Sperrfristen grundsätzlich börsentäglich ausgeübt werden.

Beim europäischen Typ von Optionen und Optionsscheinen hingegen kann das Optionsrecht nur zu einem vereinbarten Ausübungstermin ausgeübt werden. Das Optionsrecht ist also zeitlich wesentlich eingeschränkt, meist auf einen Tag.

Diese Unterscheidung ist für die Beurteilung von mitentscheidender Bedeutung, denn ein Optionsschein amerikanischen Typs, d.h. mit börsentäglicher Ausübungsmöglichkeit, ist bei sonst gleichen Bedingungen mehr wert als ein Schein mit nur einem Ausübungszeitpunkt zur Endfälligkeit.

Die Sperrfristen betreffen im allgemeinen nur Optionsscheine, die zum Bezug von Aktien berechtigen. Bei anderen Optionsscheinformen existieren Sperrfristenregelungen nur in Ausnahmefällen. Bei den Sperrfristen geht es darum, während wichtiger Geschäftsereignisse, die das Unternehmen selbst betreffen oder aus technischen Abwicklungsgründen, die Ausübungsmöglichkeit vorübergehend zu unterbrechen. Geschäftspolitisch induzierte Sperrfristen ergeben sich insbesondere

- vor dem Ende des Geschäftsjahres der Gesellschaft (meist ein Monat);

- für den Zeitraum zwischen dem letzten Hinterlegungstag der Aktien, dem Tag der HV und einigen Börsentagen nach der HV;

- bei Kapitalerhöhungen in Form von neuen Aktien oder Wandel- oder Optionsanleihen zwischen dem Tag, an dem die AG ihren Aktionären ein Angebot zum Bezug unterbreitet, und dem Tag, an dem die bezugsberechtigten Aktien amtlich »ex Bezugsrecht« an den Börsen notiert werden;

- bei Fusionen oder Beteiligungen jeder Art.

Diese Sperrfristen erstrecken sich nur auf die Ausübung des Optionsrechts, nicht jedoch auf den Handel mit Optionsscheinen.

Abwicklungstechnisch begründete Sperrfristen ergeben sich in aller Regel zu Emissionsbeginn und zum Ende der Optionsfrist. So kann das Optionsrecht nicht gleich zu Emissionsbeginn ausgeübt werden, da erst die Scheine von der Anleihe getrennt werden müssen. Dies wird ohnehin aufgrund der naturgemäß vorhandenen Prämie nicht erfolgen, weil zu diesem frühen Zeitpunkt der indirekte Erwerb der Aktien über der Schein noch wesentlich teuerer ist als der direkte Aktienkauf an der Börse.

Schließlich ist am Ende der Optionsfrist noch eine Handels-Sperrfrist zu beachten. So gilt seit einigen Jahren die Börsenusance, daß ein bis zwei Wochen vor Ablauf der Optionsfrist der amtliche Handel in den betreffenden Optionsscheinen eingestellt wird. Durch diese die Anleger schützende Usance soll gewährleistet werden, daß alle Optionsscheininhaber auch tatsächlich und rechtzeitig von ihrem Optionsrecht Gebrauch machen. Der Berufshandel hingegen kann im Freiverkehr bzw. Telefonhandel die Scheine bis zum letzten Tag der Optionsfrist handeln. Nach Ablauf der Optionsfrist wird der Schein dann wertlos.

Geschäftspolitische Sperrfristen dienen klaren Stimmrechts- und Kapitalverhältnissen und vereinfachen den Bezugsrechtshandel, haben aber weder Einfluß auf das Optionsrecht allgemein noch auf den Wert bzw. die Kursfestsetzung und -entwicklung der Scheine.

Die Handelssperre kurz vor Ablauf der Optionsfrist drückt ihren Einfluß in Form tendenziell niedrigerer Kurse aus, denn während dieser Handelssperre ist die Fungibilität (Handelbarkeit) stark eingeschränkt, mit der Konsequenz, daß nur der Berufshandel handelt und nur dann Scheine ankauft, wenn sie mit einem Überschuß gewandelt bzw. ausgeübt werden können. Das führt dazu, daß Optionsscheine kurz vor Ablauf der Optionsfrist mit Abgeldern, d.h. unter ihrem inneren Wert gehandelt werden. Die Abbildung 1.6 verdeutlicht noch einmal die wichtigsten Fristen und Termine bei Optionsanleihen und Optionsscheinen.

Optionsscheine mit anderen Basisobjekten, beispielsweise bei Currency, Index oder Bond Warrants, sind nur von den abwicklungstechnischen Sperrfristen für die Ausübung und den Handel am Beginn und am Ende der Optionsfrist betroffen. Eine Ausnahme gilt bei Bond Warrants für den Fall, daß der Anleiheschuldner der optierbaren Anleihe aufgrund von Überschuldung oder Illiquidität seine Anleihe frühzeitig zur Disposition stellen muß. In diesem Fall geschäftspolitischer Ereignisse kann damit gerechnet werden, daß die Notierung der Bond Warrants ausgesetzt wird und neben einer Handels- auch eine Ausübungssperre erklärt wird.

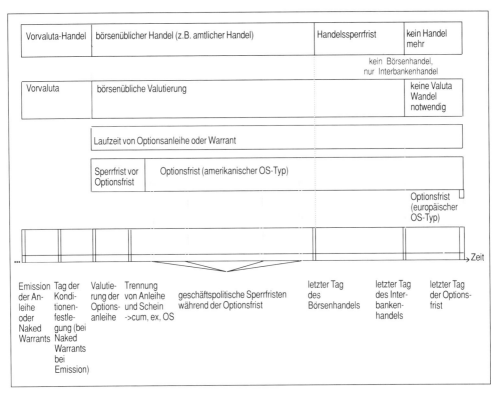

Abb. 1.6 Fristen und Termine bei Optionsanleihen und Optionsscheinen

1.3.5 Sicherungsklauseln zur Werterhaltung des Optionsscheins

Die Sicherung der Optionsrechte eines Optionsscheins umfaßt im wesentlichen zwei Bereiche, die jedoch nicht alle Arten von Optionsscheinen gleich stark betreffen.

• Zum einen wird unter der Sicherung der Optionsrechte der Schutz des OS-Inhaber bei geschäftspolitisch außergewöhnlichen Maßnahmen verstanden, die, je nach Maßnahme, den Wert des Optionsrechts erhöhen, vermindern oder sogar total vernichten können. Dies trifft nur für Optionsrechte zu, die sich auf Aktien und Anleihen beziehen. Für andere OS-Formen, etwa Währungs- oder Index-Optionsscheine, entfallen diese Art der Sicherungklauseln.

- Zum anderen muß der Emittent gewährleisten, daß er seinen Verpflichtungen aus den OS-Bedingungen nachkommen und dem Inhaber bei Ausübung das zugesicherte Basisobjekt liefern oder abnehmen kann. Diese Sicherungsklauseln treffen für alle OS-Emissionen zu, unabhängig vom Basisobjekt und von der Optionsscheinform.

Maßnahmen zur Wertänderung des Optionsrechts

Maßnahmen, die den Wert eines Optionsrechts auf Aktien verändern, sind in Abbildung 1.7 zusammengefaßt und bedürfen wohl keiner näheren Erläuterung. Die Maßnahmen ereignen sich jedoch in einer unterschiedlichen Häufigkeit. Neben periodisch auftretenden Maßnahmen, die meist zu einer Wertminderung des Optionsrechts führen, können auch außergewöhnliche Ereignisse Einfluß auf den Wert des Optionsscheins nehmen.

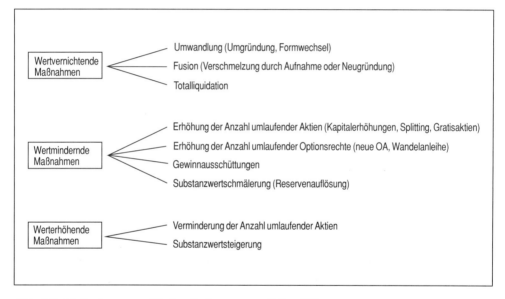

Abb. 1.7 Maßnahmen zur Wertveränderung von Aktien-OS

Maßnahmen mit Wertänderung und ohne Wertsicherungsklauseln

Als allgemein periodisch auftretende Maßnahmen, die den Wert des Optionsrechts negativ beeinflußt, sind vor allem Gewinnausschüttungen in Form von Dividenden und Boni-Zahlungen zu nennen, die an die Aktionäre ausgeschüttet werden.

Je höher die Gewinnausschüttung ausfällt, desto stärker wird sich der Wert des Optionsrechts vermindern, da die Inhaber von Scheinen an diesen Ausschüttungen nicht beteiligt sind. Er muß sogar evtl. einen Kursverlust hinnehmen, da am Tag der

Dividendenzahlung, an dem die Aktie »ex Dividende« notiert, die Dividende vom Aktienkurs abgeschlagen wird. Damit verschlechtern sich die Bewertungskriterien des Optionsscheins. Daher präferiert ein OS-Inhaber eine möglichst hohe Quote thesaurierter, d.h. einbehaltener Gewinne. Optionsscheine zum Bezug von Aktien mit hoher Dividendenrendite, z.B. die Scheine der Großchemie, sind somit bei sonst gleichen Bedingungen weniger attraktiv als Scheine von Gesellschaften, die die Gewinne im Unternehmen belassen.

Außergewöhnliche Ereignisse, die zu einer Wertminderung oder sogar völligen Wertvernichtung des Optionsrechts führen können, sind Konkurs bzw. Vergleich einer Gesellschaft und Fusionen.

Im Falle des Konkurses stellt die Gesellschaft ihren Betrieb ein und das Gesellschaftsvermögen wird liquidiert. Das optierbare Basisobjekt wird somit vernichtet. Den Aktionären verbleibt wenigstens noch ein Residualanspruch. Das heißt, nach Befriedigung aller Forderungen der Gläubiger wird eventuell verbleibendes Vermögen auf die Aktionäre entsprechend ihren Anteilen aufgeteilt. Den Inhabern von Optionsscheinen wird bei derartigen Ereignissen durch die OS-Bedingungen kein Schutz gewährt.

Unter einer Fusion (Verschmelzung) wird ein rechtlicher und wirtschaftlicher Zusammenschluß von mindestens zwei bisher rechtlich selbständigen Unternehmen verstanden.

Wenn ein Unternehmen mit einem anderem Unternehmen fusioniert, wird die Ausübung auf das ursprüngliche Basisobjekt (Aktien des fusionierenden Unternehmens) unmöglich; es sei denn, das Unternehmen, dessen Aktien das Basisobjekt darstellen, übernimmt selbst ein anderes Unternehmen. Doch ist die Tatsache wichtig, ob aufgrund der Fusion ein neues Unternehmen entsteht (Fusion durch Neubildung) oder ob das Vermögen des Unternehmens von einer anderen Unternehmung übernommen wird (Fusion durch Aufnahme).

Bei Bildung eines neuen Unternehmens werden die Aktien der beiden »alten« Unternehmen vom Markt genommen und durch Aktien der neugegründeten Gesellschaft ersetzt. Entsprechend wäre es gerechtfertigt, den Inhabern von Optionsscheinen ein Optionsrecht auf das neue Unternehmen zu übertragen.

Bei Übernahme durch eine andere Unternehmung geht ebenfalls das Optionsrecht verloren, weil die ursprüngliche Gesellschaft mit ihrem Vermögen an eine andere Unternehmung veräußert wird. In aller Regel werden dabei die Optionsscheininhaber in bar abgefunden oder erhalten eine vorzeitige Aufforderung zur Ausübung ihres Optionsrechts (Verkürzung der Optionsfrist), meist zu geänderten Bedingungen. Aber auch eine Übertragung des ursprünglichen Optionsrechts auf das neue Basisobjekt wäre gerechtfertigt.

Ob sich der OS-Besitzer nun aber besser oder schlechter steht, hängt im Einzelfall von der Abfindung bzw. von der Ausgestaltung der neuen Bedingungen der Optionsscheine ab. In der Regel aber wird die Optionsfrist des ursprünglichen Optionsrechts verkürzt, wodurch der Optionsschein bei sonst gleichen Bedingungen an Wert verliert.

Einen Totalverlust kann der OS-Besitzer aber in allen drei dargestellten Fällen eventuell durch Optionsausübung vermeiden. Zum Trost, derartige außergewöhnliche Maßnahmen sind am deutschen Kapitalmarkt bisher relativ selten aufgetreten. Dennoch, in den OS-Bedingungen steht explizit in den wenigsten Fällen eine Schutzklausel.

Maßnahmen mit Wertänderung und mit Wertsicherungsklauseln
Klauseln, die im Falle von Kapitalmaßnahmen den Wert des Optionsrechts von Optionsscheinen auf Aktien sichern, d.h. den Wert neutral erhalten, werden in der Literatur als Verwässerungsschutzklauseln (delution clauses) bezeichnet. Sie haben insbesondere bei Kapitalerhöhungen ihre Bedeutung, denn Maßnahmen zur Kapitalerhöhung können zu einer Wertminderung des Optionsscheins in Form einer Verwässerung des Kapitalanteils führen.

Bei ordentlichen Kapitalerhöhungen wird der Emissionspreis der jungen Aktien i.d.R. unter dem aktuellen Aktienkurs festgelegt. Damit ergibt sich ein positives Bezugsrecht. Je größer das Bezugsverhältnis bzw. je größer die Differenz zwischen dem aktuellen Kurs der Aktie und dem Emissionskurs der jungen Aktien, desto größer ist die Kapitalverwässerung. Meßbar ist die Höhe der Kapitalverwässerung mit Hilfe eines rechnerischen Durchschnittskurses, der sich nach dieser Kapitalmaßnahme ergibt. Je tiefer dieser Kurs, desto höher die Kapital- bzw. Besitzverwässerung.

Als Ausgleich erhält der Aktionär im allgemeinen ein Bezugsrecht auf die jungen Aktien, um seinen prozentualen Besitzanteil zu erhalten. Der OS-Inhaber erhält dagegen nur einen Ausgleich, wenn dies ausdrücklich in den OS-Bedingungen vereinbart ist, ansonsten verringert sich der Wert des Optionsrechts.

Gleiches gilt bei bedingten Kapitalerhöhungen in Form von neuen Wandel- oder Optionsanleihen, Genußscheinen oder Gewinnobligationen. Auch hier gilt (bei positivem Wert des Bezugsrechts), daß ein OS-Inhaber einem Aktionär gegenüber benachteiligt ist, wenn letzterem ein Bezugsrecht eingeräumt wird, der OS-Inhaber aber ohne ausdrückliche Regelung in den OS-Bedingungen keinen Ausgleich erhält. Dadurch würde sich der Wert seines Optionsscheins verringern.

Bei nominellen Kapitalerhöhungen (auch Berichtigungsaktien, Gratisaktien genannt) wird das Kapital bekanntlich aus Gesellschaftmitteln erhöht. Bilanztechnisch finanziert sich diese Kapitalerhöhung aus den offenen Rücklagen der Gesellschaft, indem diese Rücklagen in Grundkapital umgewandelt werden. Der Verwässerungseffekt ist jedoch stärker als bei den vorherigen Kapitalmaßnahmen: Da der Emissionskurs der jungen Aktien Null beträgt, fließen der Gesellschaft keine neuen Mittel zu, sondern das vorhandene Grundkapital wird auf mehr Aktien verteilt, so daß der Aktienkurs entsprechend sinkt. In diesem Fall ist nur die Höhe des Bezugsverhältnisses ein Maß für die Höhe der Kapitalverwässerung. Auch hier gilt, daß der Wert des Optionsscheins sinkt, wenn der Inhaber des Optionsscheins nicht an der nominellen Kapitalerhöhung entsprechend partizipiert. Die in den USA üblichen Stockdividenden (Dividenden in Form von Aktien, entweder aus Gesellschaftsmitteln oder aus thesaurierten Gewinnen) entsprechen dieser Art der Kapitalerhöhung.

Eine Maßnahme, die besonders in den USA verbreitet ist und zu einer Wertminderung des Optionsrechts führen kann, ist der Aktiensplit (Stocksplit). Diese Maßnahme führt im Ergebnis zu einer Erhöhung der Aktienanzahl. Bei einem Aktiensplit wird die Anzahl der Aktien bei unverändertem Grundkapital erhöht. Dies soll teure und »schwere« Aktien wieder optisch billiger machen, damit deren Marktgängigkeit erhöht wird.

Im allgemeinen sind die OS-Bedingungen bei Kapitalmaßnahmen jedoch auf eine neutrale Werterhaltung des Optionsrechts ausgelegt, so daß die Bewertungskriterien nach einer Kapitalmaßnahme unverändert bleiben.

Einige wichtige, in der Praxis vorhandene Varianten von Anpassungsklauseln bei Kapitalverwässerung sind im Anhang erläutert.

Da Kapitalherabsetzungen üblicherweise zu einer Werterhöhung des Optionsrechts führen und bei OS-Bedingungen auf deutsche Aktien bisher keine Klauseln zu finden sind, die eine damit eintretende Bevorzugung des OS-Inhabers gegenüber dem Aktionär verhindern, soll dieser Fall hier unbeachtet bleiben. Vielmehr würde die erstmalige Einführung einer Klausel für den Fall einer mögliche Kapitalherabsetzung der Gesellschaft sicherlich viel negatives Aufsehen erregen und kein gutes Verkaufsargument für die Emission darstellen.

1.4 Gründe für den zunehmenden Einsatz von Optionsscheinen

Der zunehmende Einsatz von Optionsscheinen ist neben ökonomischen Ursachen (vgl. weiter unten) vor allem mit gesetzlichen und wirtschaftlichen Marktzugangsbeschränkungen zu erklären.

Optionen im klassischen Sinne, wie beispielsweise börsenmäßig organisierte Kauf- und Verkaufsoptionen auf Aktien oder Renten, stellen gem. §1 DepotG (Depotgesetz) anlagerechtlich keine Wertpapiere, sondern nur Rechte dar.

Dadurch sind in einigen Ländern, z.B. in der Bundesrepublik Deutschland und den USA, wesentliche, institutionelle Anlegergruppen vom Optionshandel ausgeschlossen.

So dürfen Kapitalanlagegesellschaften, z.B. Investmentfonds, gem. §8 KAGG nicht am Optionshandel teilnehmen. Nach §8 KAGG sind diesen Institutionen nur die Anlageobjekte als Anlagealternativen erlaubt, die »expressis verbis«, d.h. ausdrücklich in diesem Paragraphen erwähnt werden. Optionen sind dort nicht genannt.

Ebenso sind traditionelle Kapitalsammelstellen, wie Versicherungen oder Pensionskassen, in der Nutzung der Options- und auch Terminmärkte noch eingeschränkt.

Der Erwerb von Optionsscheinen ist für Sie dagegen zulässig. Wollen diese Anlegergruppen Portefeuilles absichern bzw. antizipative Hedging-Strategien durchführen, so sind sie auf den Erwerb von Optionsscheinen angewiesen.

Im Bereich des US-$ und DM-Euromarktes führte dies u.a. zu Emissionen von Call und Put Warrants auf Staatsanleihen, wobei die Optionsscheine häufig nur Laufzeiten von einem Jahr haben. Sie sind also direkt mit börsenmäßig gehandelten Optionen vergleichbar.

In diesem Zusammenhang ist auffallend, daß die Optionsscheine meist deutlich höher bewertet werden, d.h. eine höhere Prämie haben als die vergleichbaren Optionen. Dies ist u.a. mit den genannten Marktzugangsbeschränkungen zu erklären, weil die institutionellen Anleger, die ihre Depots absichern wollen, vielfach auf Warrant-Emissionen angewiesen sind. Dieses wiederum führt zu geringeren Emissionsrenditen für die Emittenten.

Ähnlich verhält es sich im übrigen auch mit anderen Finanzierungsinstrumenten auf dem Euromarkt, beispielsweise den Aktienindex-Anleihen. Im Rahmen dieser Anleiheform ist – ähnlich wie bei den Index-Optionsscheinen – der Rückzahlungsbetrag an die Wertentwicklung bestimmter Aktienindices, z.B. des FAZ-Index oder des japanischen Nikkei-Dow-Jones, gekoppelt. Als Investoren kommen auch hier vor allem die Anleger in Frage, die sich gerne am Termin- und/oder Optionsmarkt beteiligen würden (aus Aspekten des Hedging oder als Stillhalter zur Aufbesserung der Rendite), denen aber ein Kauf von Kauf- oder Verkaufsoptionen verwehrt ist, hingegen der Erwerb von Call und Put Warrants erlaubt ist. So wird diesen Investorengruppen »indirekt« über den Umweg von Anleihen mit verbrieften Optionsrechten eine »Teilnahme« am Optionsmarkt ermöglicht.

Inwieweit diese anlagerechtliche Marktzugangsbeschränkung im Rahmen der Reform des Börsengesetzes abgeschafft wird, bleibt zwar endgültig abzuwarten, aber die Konzeption der Deutschen Terminbörse (DTB) zeigt die Notwendigkeit, allen Investorengruppen den Zugang zu den klassischen Options- und Terminmärkten zu gestatten. Dies scheint nach der Börsengesetz-Reform auch gewährleistet.

Die wirtschaftlichen Marktzugangsbeschränkungen werden am Beispiel der Währungs-Optionsscheine deutlich.

Bei Optionen unterscheidet man zwischen OTC-(Over-the-counter)Optionen, die im Freiverkehr gehandelt werden, und den börsengehandelten (exchange traded) Optionen. OTC-Optionen sind börsenfreie Optionen, d.h., sie werden individuell zwischen den jeweiligen Parteien vereinbart und sind nicht standardisiert. Im Unterschied dazu werden börsenmäßig gehandelte Optionen in Form standardisierter Kontrakte gehandelt.

Optionen, z.B. auf Devisen, mit Laufzeiten von mehr als einem Jahr sind nur am freien Optionsmarkt, dem OTC-Markt zu erhalten. Das Mindestabschlußvolumen beträgt aber 5 Mio. DM. Somit fallen private Anlegergruppen nahezu aus. Finanzintermediäre nutzen diesen Vorteil, indem Sie am OTC-Markt beispielsweise eine Kaufoption auf US-$ kaufen, diese intern verbriefen und als Call Warrant separat und in kleinen Stückelungen handelbar machen.

Damit machen sie privaten Anlegern auch dieses Marktsegment zugänglich. Der Aufwand wird dabei durch eine von den Anlegern akzeptierte höhere Optionsprämie mehr als kompensiert werden. So wurde zum Zeitpunkt der Emission der ersten DM-Währungs-Optionsanleihe am 5.11.1986 eine US-$-Call-Option auf Basis von 2,06 DM/US-$ per 4.11.1988 (dem Fälligkeitsdatum der von der Deutschen Bank emittierten US-$ Währungs-Optionsscheine) mit einer Optionsprämie von ca. 9 % gehandelt. Bei der Emission der Optionsscheine jedoch wurde eine Optionsprämie von über 15 % angesetzt.

Ein weiterer Aspekt ergibt sich aus der Verbriefung des Optionsrechtes. Neben der kleineren Stückelung hat der Anleger den Vorteil einer verbesserten Fungibilität und der jederzeitigen Liquidationsmöglichkeit, zum einen aufgrund der Ausstattung als Inhaberpapier und zum anderen wegen einer regelmäßigen, die Markttransparenz fördernden, amtlichen Börsennotierung.

Dies gilt insbesondere für Länder ohne eigene Optionsmärkte oder bei fehlender Liquidität bzw. Transparenz der Sekundärmärkte. Als Beispiel sei der deutsche Renten-Optionshandel genannt. Börsennotierte Devisenoptionen, beispielsweise an der LIFFE in London oder am Chicago Board of Trade, bieten indes ähnliche Vorzüge.

Und nicht zuletzt werden durch die getrennte Handelbarkeit der Optionsscheine Anleger inspiriert, mit relativ geringem Kapitaleinsatz zu spekulieren. Damit wird der zunehmenden Präferenz von Anlegergruppen nach kurzfristigen Engagements Rechnung getragen.

Aus Sicht der Emittenten wirkt sich die zunehmende Ausstattung von Anleihen mit Optionsscheinen kostenmindernd in Form einer geringeren Verzinsung der Anleihen aus (vgl. Kap. 2.3.). So ist nicht nur von der Nachfragerseite, also der Seite der

Investoren, sondern auch von der Anbieterseite her, also der Seite der Emittenten, das Interesse an der Ausstattung einer Anleihe mit Optionsscheinen zu begründen.

Im Gegensatz zu Optionsscheinen, die von einer Anleihe getrennt werden können und separat handelbar sind, existieren noch eine Reihe weiterer Optionsrechte, die im Gegensatz dazu nicht von einer Anleihe trennbar noch separat handelbar sind. Zudem sind diese Optionen in der Regel nur zu bestimmten Terminen ausübbar, entsprechen also dem Typ einer europäischen Option. Diese Optionsrechte werden als »build-in«-Optionen bezeichnet.

Um diese besser von Optionsscheinen unterscheiden zu können, seien sie hier kurz erwähnt, denn mittlerweile haben sich auch eine Reihe solcher »build-in«-Optionen am Markt etabliert. Diese dienen beispielsweise einer

- nachträglichen Laufzeitveränderung in Form von Kündigungsklauseln, (Put- bzw. Call-Klauseln),

- Begrenzung von Zinsänderungsrisiken durch Zinsbegrenzungsinstrumente (Caps und Collars) bzw. durch Zinsumwandlungsoptionen in Form von »conversion options« (z.B. von variabler in feste Verzinsung und umgekehrt),

- vorzeitigen Veränderung des Fremdkapitalvolumens durch Tilgungsoptionen, z.B. »sinking fund« bzw. »purchase option«.

Die zunehmende Ausstattung mit »build-in«-Optionen beruht wie bei Optionsscheinen auf beiderseitigem Interessen der Nachfrager und Anbieter und ist vor dem Hintergrund zunehmender Zins- und Wechselkursvolatilitäten und der Notwendigkeit der Anleiheschuldner und -gläubiger zu sehen, die sich daraus ergebenden Risiken einzugrenzen.

Als Fazit läßt sich somit festhalten, daß ein beiderseitiges Interesse seitens der Investoren und der Emittenten zu einem verstärkten Einsatz von Optionsscheinen, wie überhaupt von Optionsrechten, geführt hat.

2 Emissionsstrategien von Optionsscheinen

Seit vielen Jahren bereits sind Optionsanleihen an den Finanz- und Kapitalmärkten bekannt. Neben der ursprünglichen Form einer Optionsanleihe, die mit dem Optionsrecht zum Bezug von Aktien verbunden ist, treten Emissionen auf, deren Optionsrechte sich auf andere Basisobjekte beziehen.

So mancher Anleger wird sich fragen, warum Unternehmen, Banken oder Broker überhaupt Optionsanleihen oder Optionsscheine separat begeben, welche Interessen die jeweiligen Emittenten dabei im Auge haben und wie eine Emission kalkulatorisch gerechnet wird. Er wird dabei feststellen, daß die Interessen der Gesellschaft oder des Emittenten nicht immer mit den Interessen der Investoren konform gehen. Daher werden im folgenden Abschnitt diese Fragen beantwortet, denn es kann für potentielle Investoren nur von Vorteil sein, wenn Sie sich bei einem Investment in Optionsanleihe oder Optionsschein stets über die Sichtweise des Emittenten im klaren sind.

Der Investor wird feststellen, daß die Intentionen je nach Optionsscheinform höchst unterschiedlich sein können und dies sehr wohl Auswirkungen auf den Erfolg seines Investments haben kann.

2.1 Klassische Optionsanleihe mit Aktien-Optionsscheinen

Die klassische Optionsanleihe mit einem Optionsrecht zum Bezug von Aktien hat seit Anfang 1983 eine wahre Renaissance erlebt. Dies kam im nachhinein betrachtet keineswegs überraschend. Denn das Umfeld für solche Emissionen war nahezu ideal. Zinstrend und Zinserwartungen waren deutlich nach unten gerichtet. Fallende Renditen aber bedeuten für Anleihen steigende Kurse und versprechen somit Kursgewinne. Gleichzeitig stiegen die Aktienkurse kräftig an und die weiteren Erwartungen waren auch hier noch positiv. Das machte Aktien-orientierte Anlageinstrumente zu einem interessanten Investment. Was lag also näher, als ein Instrument an die Börsen zu bringen, welches beide Vorteile kombinierte.

Nach der Renaissance der Optionsanleihe mit Aktien-Optionsscheinen wurden in den letzten Jahren neue Variationen kreiert. Viele dieser innovativen Konzepte von Optionsanleihen basieren auf dem Prinzip der klassischen Optionsanleihe.

Bei der Emission von Optionsanleihen sind zwei Emissionstypen üblich:

Beim Agio-Modell ist die Emission mit dem marktüblichen Zinssatz ausgestattet und wird mit einem Agio (Aufgeld) begeben. Das Agio stellt den sichtbaren Preisanteil für das Optionsrecht dar.

Beim Niedrig-Zins-Modell (Disagio-Modell) wird die Emission zum Nominalwert, also dem Rückzahlungswert begeben und mit einem Zinssatz ausgestattet, der unter den üblichen Zinssätzen für vergleichbare Teilschuldverschreibungen liegt. Der Preisanteil für das Optionsrecht ergibt sich aus der kalkulatorischen Reduzierung des Emissionskurses des Anleiheteils, bis die Rendite dem marktüblichen Satz entspricht.

Die Differenz zum Nominalwert entfällt auf das Optionsrecht. Hier ist der Preis für den Optionsschein also verdeckt. Für das Disagio (Abgeld) ist in der Bilanz der emittierenden Gesellschaft ein aktivischer Rechnungsabgrenzungsposten zu bilden.

Nach der Emission ist der Optionsschein von der Anleihe abtrennbar und kann separat an der Börse gehandelt werden. Somit resultieren aus einer Optionsanleihe drei Börsennotierungen:

Optionsanleihe cum Schein (eigentliche Emissionsform der Anleihe)
Optionsanleihe ex Schein (nach der Trennung des Scheins von der Anleihe)
Optionsschein (separat handelbar)

Durch die Zusammensetzung der Optionsanleihe aus den beiden Komponenten Anleiheteil und eigenständigem Optionsrecht können zwei ganz unterschiedlich orientierte Anlegerkreise angesprochen werden:

- Anleger, die sich insbesondere für die Hebelwirkung der Optionsscheine bei Kursschwankungen des Basisobjekts interessieren,

- Anleger, die sich ausschließlich für den Anleiheteil ohne Optionsrechte, die »Anleihe ex« interessieren.

Ein dritter Anlegerkreis kann durch den Kauf der Optionsanleihe »cum Warrant« beide Intentionen miteinander verknüpfen, denn hinsichtlich der Kursvolatilität, d.h. der Kursschwankung, liegt die »Anleihe cum« zwischen den beiden Einzelkomponenten und stellt risikopolitisch somit eine Mischform dar.

Je nach Emissionstyp der Optionsanleihe wird der Anleiheteil (ex Warrant) wie eine herkömmliche Festzinssatz-Anleihe, auch Straight Bond genannt (Agio-Modell) oder wie ein Deep Discount Bond (Niedrig-Coupon-Modell) bewertet.

2.1.1 Emissionsmotive

Unter den Emittenten überwiegen Industrieunternehmen, die einen Bedarf an langfristigem Kapital für ihre Investitionsfinanzierungen decken wollen. Während im Anfangsstadium Optionsanleihen der großen international tätigen Konzerne dominierten, begeben in letzter Zeit auch kleinere börsennotierte Firmen Optionsanleihen. Daneben haben auch einige Handelsunternehmen derartige Anleihen aufgelegt, um ihre expansive Unternehmenspolitik finanziell zu sichern.

Schließlich treten auch Banken als Emittenten auf. Diese nutzen die Mittel zur Vergabe langfristiger Kredite an ihre gewerbliche Kundschaft.

Die Laufzeiten der Optionsanleihen und Optionsscheine bieten ein breites Spektrum. Das Minimum liegt bei einer Laufzeit von drei Jahren, aber die Palette reicht bis hin zu 15 Jahren Laufzeit (VW 86/2001).

Unterstellt man, daß die Laufzeit der Anleihe und die Optionsfrist der Scheine in etwa gleich sind, dann ergeben sich entsprechende Optionsfristen für die Scheine, wobei sich eine Optionsfrist bei Scheinen auf deutsche Aktien von zehn Jahren, und international (z.B. auf japanische Aktien) von vier – fünf Jahren herauskristallisiert hat.

Das Volumen einer Optionsanleihe mit Aktien-Optionsscheinen variiert ebenfalls sehr stark. Im DM-Sektor, d.h. bei DM-Emissionen auf dem deutschen Kapitalmarkt, variiert das Emissionsvolumen zwischen 30 und 300 Mio. DM, je nach Unternehmensgröße, Kapitalbedarf und zur Verfügung stehendem, genehmigtem Kapital. Als durchschnittliches Emissionsvolumen können 100 Mio. DM angesehen werden, mit steigender Tendenz.

Damit auch Privat- und Kleinanleger in dieses Anlageinstrument investieren können, wird die gesamte Anleihe gestückelt, meist in Stückelungen à 1.000 oder 5.000 DM. An dieser Mindeststückelung hängen dann eine Anzahl von Optionsscheinen. Daher der Name »Anleihe cum«(mit)-Schein. Kurze Zeit nach der Emission kann dann – wie oben beschrieben – der Schein von der Anleihe getrennt (separiert) und an der Börse selbständig gehandelt werden.

Grundsätzlich läßt sich feststellen, daß Unternehmen vorwiegend in ihrer Landeswährung emittieren. Erst in den letzten zwei bis drei Jahren gehen die Emittenten auch dazu über, Optionsanleihen international und gleichzeitig in verschiedenen Währungen zu begeben.

Diese Multi-Währungs-Emissionen erfreuen sich zunehmender Beliebtheit, mobilisieren sie doch ein noch größeres Anlegerpotential.

International dominieren bei der Emission von Optionsanleihen eindeutig japanische Unternehmen, die hauptsächlich in US-$, Sfr und DM emittieren.

Das Emissionsvolumen einer Optionsanleihe im US-$-Sektor liegt bei durchschnittlich 150 Mio. US-$. Japanische Handelskonzerne (z.B. Mitsubishi Corp.) emittieren in sog. »Jumbo-Emissionen« teilweise ein Volumen von bis zu 1,5 Mrd. US-$. Dieser Sektor ist in erster Linie Großunternehmen vorbehalten.

Daneben wird der Sfr-Markt zunehmend als Emissionswährung in Anspruch genommen. Dort plazieren sowohl große als auch kleine Unternehmen ihre Optionsanleihen. Das Volumen einer Emission auf Sfr-Basis liegt bei durchschnittlich 100 Mio. Sfr.

Weitere Währungs-Sektoren sind neben diesen wichtigsten der Hfl- und GBP-Sektor. Einige wenige japanische Unternehmen plazieren sogar in ECU (Wacoal, Life).

Die Usancen in den einzelnen Marktsektoren sind bzgl. Laufzeit und Optionsbedingungen ähnlich. Auf die Unterschiede bzgl. der Handelsusancen wird im sechsten Kapitel näher eingegangen.

2.1.2 Finanzierungskonzept

Bei der klassischen Optionsanleihe handelt es sich um eine kombinierte Finanzierungsform aus Eigen- und Fremdkapital.

Denn Optionsanleihen mit Aktien-Optionsscheinen beinhalten bekanntlich das Recht (Optionsrecht), nicht jedoch die Verpflichtung (wie beim Termingeschäft), Aktien des Emittenten zu einem vorher festgelegten Kurs (Basispreis) während einer bestimmten Laufzeit (Optionsfrist) zu kaufen. Optionsscheine zum Verkauf von Aktien existieren im DM-Sektor noch nicht, die SBG hat im August 1989 die ersten Aktien-Verkaufs-Optionsscheine in Sfr emittiert.

Die Optionsrechte sind in Form von Optionsscheinen als Einzel-Inhaberurkunde verbrieft, die nach der Emission von der Anleihe separiert und eigenständig handelbar sind.

Der Aktien-Optionsschein berechtigt also zum Bezug von Eigenkapitalanteilen an der emittierenden Gesellschaft bzw. der Muttergesellschaft, während der Anleiheteil dem Unternehmen als Fremdkapital zufließt.

Warum die Optionsanleihe eine kombinierte Finanzierungsform von Eigen- und Fremdkapital darstellt, wird an folgenden Aspekten sichtbar: Zum einen läßt sich der Emissionspreis – zunächst gedanklich, nach der Trennung der unterschiedlichen Rechte auch tatsächlich – in einen Preis für den verzinslichen Anleiheteil und einen Preis für den Optionsschein aufteilen. Dabei ist der Preisanteil, der auf den Optionsschein entfällt, gem. §272 Abs. 2 HGB beim Emittenten den Kapitalrücklagen – früher gesetzliche Rücklagen – zuzuführen. Es entsteht somit eine dauerhafte, von der eigentlichen Optionsausübung unabhängige Eigenkapitalaufstockung, der keinerlei Aktionärsansprüche gegenüberstehen. Das gilt für beide Emissionstypen.

Beim Agio-Modell ist das Agio der sichtbare Preis für den Optionsschein und wird deshalb in die Kapitalrücklagen gestellt. Beim Niedrig-Coupon-Modell ist der Preisanteil verdeckt, da er sich aus der Differenz von Nominalwert und kalkulatorischer Reduzierung des Anleiheteils bis auf einen marktüblichen Zinssatz ergibt.

Als Fazit wird so durch die Emission einer Optionsanleihe – unabhängig von ihrer Ausstattung, die auch in Mischformen der beiden Emissionstypen bestehen kann – eine unmittelbare Erhöhung der Eigenmittel erreicht. Dies ist besonders für Investitionsfinanzierungen wichtig, denen in der Investitionsphase noch keine Erträge gegenüberstehen.

Zum anderen bedeutet die Aufnahme einer Optionsanleihe für das emittierende Unternehmen eine spürbar günstigere mittel- bis langfristige Fremdfinanzierung zu einem niedrigeren Zinssatz, als er für vergleichbare Straight Bonds zu zahlen wäre: Addiert man gedanklich zu dem Anleiheteil mit der marktüblichen Rendite die zins- und dividendenfreie Erhöhung der Kapitalrücklagen, liegt der Zinssatz für die Gesamtanleihe deutlich unter dem von Straight Bonds.

Ein weiterer Vorteil ergibt sich aus der Praxis deutscher Kapitalerhöhungen. Eine Eigenkapitalaufstockung mittels einer ordentlichen Kapitalerhöhung (Kapitalerhöhung gegen Einlagen durch Ausgabe neuer Aktien) erfolgt üblicherweise zu Kursen, die z.T. deutlich unter den aktuellen Börsenkursen liegen, damit sich ein positives Bezugsrecht zwecks des notwendigen Vermögensausgleichs für die Altaktionäre ergibt.

Einige negative Ausnahmen bestätigen allerdings auch hier wie immer die Regel. Doch normalerweise ist die Unternehmensführung bestrebt, ihren Aktionären ein positives Bezugsrecht als zusätzlichen »Bonbon« zur Dividende zukommen zu lassen.

Die Bezugspreise bei Optionsanleihen liegen jedoch in der Regel auf dem Niveau der aktuellen Aktienkurse und damit im allgemeinen höher, als sie bei einer ordentlichen Kapitalerhöhung durchzusetzen wären.

Dieser Vorteil ist jedoch zu relativieren, denn er ist zum einen abhängig von der Ausübung des Optionsscheins, und zum anderen ist es durchaus denkbar (sehr zur Freude der Anleger), daß der Aktienkurs während der Laufzeit so stark ansteigt, daß bei einer dann später durchgeführten, ordentlichen Kapitalerhöhung doch ein höherer Kurs als der Basispreis des Optionsscheins hätte erzielt werden können.

Es entstünde ein Opportunitätsverlust (durch den entgangenen höheren Kurs) in Höhe des zusätzlich erzielbaren Agios auf den Nennwert für das Unternehmen.

Schließlich ergibt sich als weiterer, allerdings nur potentieller Vorteil eine zweite Eigenkapitalerhöhung, wenn das Optionsrecht des Optionsscheins ausgeübt wird.

Wird eine Aktie über den Optionsschein bezogen, erhöhen sich die Kapitalrücklagen und das Grundkapital gleichzeitig. Denn der Agio-Betrag, der über den Nennwert von 50 DM hinausgeht, muß in die Kapitalrücklagen gebucht werden.

Im Normalfall wird die Ausübung aufgrund der Tatsache, daß der Optionsschein selbst während der Laufzeit in der Regel mit einer Prämie gehandelt wird, d.h., der direkte Aktienkauf ist günstiger als der Bezug über den Optionsschein, erst am Ende der Optionsfrist erfolgen. Dann wird der Optionsschein im allgemeinen die Prämie abbauen, so daß eine Ausübung für den OS-Inhaber lohnt. Die Unsicherheit hinsichtlich der Ausübung des Optionsrechts stellt klar einen Nachteil der Optionsanleihe dar. Denn die Gesellschaft kann ihre Kapitalstruktur nicht genau planen.

Dabei hängt die Ausübung nicht nur von der Entwicklung der Gesellschaft selbst ab: Andere Einflußfaktoren, z.B. gesamtwirtschaftliche Tendenzen, Erwartungen hinsichtlich der weiteren Kursentwicklung oder Anlagepräferenzen etc. sind von Bedeutung und beeinflussen die Aktienkurse.

Erfahrungsgemäß veranlaßt die Entwicklung der Aktienkurse an der Börse nicht immer zu einer Ausübung des Optionsrechts – die Aktie ist dann an der Börse billiger zu haben als zum Basispreis, der Optionsschein ist nach Ablauf seiner Optionsfrist zu einem »non valeur« geworden.

Je nach Gewichtung der bedingten Kapitalerhöhung für das Unternehmen, kann diese Unsicherheit ein wichtiger Faktor sein.

Läuft die Ausübung planmäßig und stimmen Laufzeit der Optionsanleihe ex Warrant und Optionsfrist überein, so findet am Ende der Optionsfrist ein Tausch von Fremdkapital in Eigenkapital statt. Hat man vorher, wie üblich, die sog. Coverage nahe 100% gewählt, sind dann auch die Kapitalbeträge, die getauscht werden, ungefähr gleich groß.

Die Coverage besagt, in welchem Verhältnis bei der Optionsanleihe der Eigenkapitalanteil (Wert des Optionsscheins plus Basispreis) zum Fremdkapital (Wert der Anleihe ex) steht.

2.1.3 Emission einer Optionsanleihe

Voraussetzungen zur Emission

Da durch die Emission einer Optionsanleihe mit Aktien-Optionsscheinen die Eigentumsverhältnisse der Altaktionäre direkt betroffen sind, müssen einer Reihe von Voraussetzungen für eine Neuemission gegeben sein, um die Vermögens- und Stimmrechte der Anteilseigner zu schützen. Diese Voraussetzungen sind:

• die Zustimmung mindestens einer Drei-Viertel-Mehrheit der Hauptversammlung (HV) gem. 221 Abs.1 AktG;

- eine bedingte Kapitalerhöhung (§§192 – 201 AktG) in Höhe des von den Inhabern der Optionsanleihen optierbaren Aktienkapitals; der Nennwert des bedingten Kapitals darf nicht höher als die Hälfte des vorhandenen Grundkapitals sein;

- die Einräumung eines Bezugsrechtes für die Altaktionäre und Inhaber früher emittierter Options- oder Wandelanleihen auf die Optionsanleihe, um eine Beeinträchtigung ihrer Rechte zu verhindern. Dies ergibt sich gem. §221 i.V.m. §186 ff. AktG;

- die Stellung von Sicherheiten, dabei reicht eine sog. Negativklausel und Garantieerklärung der Muttergesellschaft im allgemeinen aus;

- eine staatliche Genehmigung, gem. §§795 und 808 a BGB, für Optionsanleihen inländischer Emittenten. Optionsanleihen ausländischer Emittenten (z.B. von ausländischen Finanzierungstöchtern) sind dagegen nicht genehmigungspflichtig.

Gem. §221 Abs. 1 AktG dürfen Optionsanleihen »... nur auf Grund eines Beschlusses der Hauptversammlung ausgegeben werden. Der Beschluß bedarf einer Mehrheit, die mindestens drei Viertel des bei der Beschlußfassung vertretenen Grundkapitals umfaßt...«. Die Satzung kann also eine größere Kapitalmehrheit (und noch andere Erfordernisse) bestimmen. Gem. §221 Abs. 2 AktG kann eine Ermächtigung des Vorstands zur Ausgabe von Optionsanleihen höchstens für fünf Jahre erteilt werden. Das bedeutet, daß die HV den Vorstand ermächtigt, innerhalb dieses Zeitraums bei Bedarf und günstigen Kapitalmarktverhältnissen eine Optionsanleihe zu begeben. Das bedeutet jedoch nicht, daß die Laufzeit der Optionsanleihe höchstens fünf Jahre betragen darf. Diese wird vom Vorstand autonom je nach Unternehmenserfordernissen festgelegt.

Dabei darf allerdings das Volumen des Nennwerts der Aktien, die in Form der Optionsscheine bezogen werden können, höchstens 50% des bereits bestehenden Grundkapitals ausmachen.

Eine oft diskutierte und kritisierte Konfliktsituation zwischen den Interessen der Altaktionäre und denen des Vorstands kann bei der Thematik der Bezugsrechtsgewährung entstehen. Zwar haben gem. §221 Abs. 4 i.V.m. 186 ff. AktG die Altaktionäre ein Bezugsrecht auf die Optionsanleihen, um eine mögliche Beeinträchtigung ihrer Kapital- und Stimmrechte zu verhindern, andererseits kann nach §221 Abs. 4 i.V.m. §186 Abs. 3 AktG das Bezugsrecht durch die HV oder den Vorstand (z.B. bei Emissionen durch ausländische Tochtergesellschaften) ganz oder teilweise ausgeschlossen werden.

Die Argumente pro Bezugsrechtsausschluß werden unter dem Blickwinkel des Aktionärsschutz hervorgebracht. Die Rechtfertigung für einen Ausschluß sei darin zu sehen, daß ein Großteil der Aktionäre meist mit dem Konzept und besonderen

Eigenschaften von Optionsanleihe und Optionsschein nicht vertraut seien. Und insbesondere der Optionsschein sei ein spekulatives Wertpapier, das sich nicht zu einem langfristigen Investment eigne. Doch viele Aktionäre hielten ihre Aktienbestände als Dauerinvestment. Das gelte vor allem für sog. Dividendenpapiere, also bei Aktien mit einer hohen Ausschüttungsrendite. Viele Aktionäre beteiligten sich daher nicht an einer kurzfristig orientierten Spekulation. Da dies jedoch dem Charakter eines Optionsscheines entspräche, könne ein Aktionär beträchtliche Wertverluste erleiden, wenn er seine langfristigen Investmentgrundsätze auf die Anlage von Optionsscheinen übertrage.

Dieses Argument ist so zumindest für den DM-Sektor wohl nicht zutreffend, denn sollte ein Aktionär kein Interesse an der Ausübung seines Bezugsrechts haben, kann er es ja verkaufen:

Entweder gibt er frühzeitig während des Bezugsrechtshandels eine Order zum Verkauf oder sein Bezugsrecht wird am letzten Handelstag des Bezugsrechtshandels von der depotführenden Bank mangels Weisung automatisch verkauft. Und die Frist des Bezugsrechtshandels läuft in der Regel zwei Wochen, ist also kurzfristig. Somit ist der Aktionär bei Optionsanleihen, die in DM begeben werden, genügend gegen ein unerwünschtes Investment in Optionsscheinen abgesichert.

Bei Optionsanleihen, die in anderen Währungen begeben werden, kann es dagegen erforderlich sein, eine Weisung zu erteilen, denn je nach Landesusancen wird das Bezugsrecht sonst mangels Weisung ausgeübt oder es verfällt. Hier muß der Bezugsrechts-Inhaber sich also genauestens informieren, wie die Börsenusancen sind. Wird das Bezugsrecht aber automatisch ausgeübt, erhält der Bezugsrechts-Inhaber immer die Optionsanleihe cum Warrant, nicht dagegen den Schein allein. Und durch die Anleihekomponente der Optionsanleihe, deren Wert in der Regel bei 80 – 85% des Emissionskurses liegt, hätte der Aktionär auch dann eine Absicherung.

Ohne Zweifel wäre vom Standpunkt der Altaktionäre aus die Gewährung von Bezugsrechten die fairste Lösung. In den letzten Jahren sind auch die meisten Unternehmen diesen Weg gegangen und ließen ihren Aktionären ein Bezugsrecht zukommen. Das ist im Regelfall ein lukratives »Bonbon«, zum ersten als zusätzliche Einnahme neben der Dividende, zum anderen wegen der aufgrund des guten Börsenklimas anhaltenden Euphorie für Optionsanleihen und Scheine. Das führt dann dazu, daß Neuemissionen von Optionsanleihen ständig überzeichnet sind. Denn im Gefolge dieser Euphorie notieren im außerbörslichen Vor-Valuta-Handel die Kurse der Anleihen cum Warrant sofort nach der Emission, teilweise sogar noch vor der Konditionenfestlegung, erheblich über ihrem Emissionskurs.

Aufgrund des folgenden Zusammenhangs steigt dann auch der Wert des Bezugsrechts entsprechend:

Mit dem Bezugsrecht hat man das Recht auf eine Tranche der Optionsanleihe cum Warrant; diese Tranche kann nach der Valutierung in die Anleihe ex Warrant und den Schein selbst getrennt werden. Durch den Verkauf der Anleihe ex erwirbt man den Optionsschein also indirekt über die Anleihe cum. Dieser Weg ist oft genug bedeutend billiger als der direkte Optionsscheinkauf.

Hat also der Altaktionär ein Bezugsrecht auf die Zeichnung der Anleihe zum Emmissionskurs, partizipiert er entweder über ein steigendes Bezugsrecht, einen steigenden Kurs der »cum« oder des Scheins an der Kapitalerhöhung. Wären die Aktionäre hiervon ausgeschlossen, hätten andere Investoren, die nicht zum Zeitpunkt der Kapitalerhöhung Anteilseigner der Gesellschaft sind, den Vorteil, obwohl er eindeutig den Altaktionären zustünde.

Dem Problem der Bezugsrechtsgewährung versuchen aber trotzdem einige Gesellschaften aus dem Weg zu gehen, indem sie zunehmend Optionsanleihen mit Aktien-Optionsscheinen auf deutsche Aktien durch ausländische Tochtergesellschaften begeben. Diese Art von Optionsanleihen sind nämlich nicht genehmigungspflichtig durch die HV der Muttergesellschaften, obwohl sich die Optionsrechte auf Aktien dieser Muttergesellschaften beziehen und damit wieder die Eigentümerinteressen akut werden. Zudem beziehen sich auch die Negativklauseln und Garantieerklärungen auf die Muttergesellschaften.

Diese garantieren die unwiderrufliche, ordnungsgemäße Beschaffung der Aktien und, nach Maßgabe der Optionsbedingungen, die Einhaltung bestimmter Bilanzrelationen bzgl. der Finanzstruktur. Doch mittlerweile werden auch bei den in den letzten Jahren durch ausländische Tochtergesellschaften begebenen Optionsanleihen in aller Regel vorher die Zustimmung der HV der Muttergesellschaft eingeholt und der Beschluß über die bedingte Kapitalerhöhung gefaßt. Ein Bezugsrecht bei Emissionen durch ausländische Töchter wird aber nur in Ausnahmefällen gewährt.

Weitere Gründe für eine Begebung von Optionsanleihen durch ausländische Tochtergesellschaften, die meist in sog. Steuerparadiesen residieren, ergeben sich vor allem aufgrund von Renditevorteilen und steuerlicher Überlegungen sowohl von Unternehmens- als auch von Anlegerseite. In Abbildung 2.1 sind die Gründe kurz zusammengefaßt.

- Unmittelbare EK-Erhöhung ohne Aktionärsansprüche durch OS-Entgelt

- Zinsvorteil: laufende Verzinsung unterhalb marktüblichem Zinsniveau

- Potentielle EK-Erhöhung bei Wandlung

- Höheres Agio durch Kapitalerhöhung: Basispreis über aktuellem Kursniveau

- Bindung des Investors als Gläubiger und Anteilseigner

- Dispositionsspielraum des Vorstands: Emissions-, Konditionenpolitik und Timing

- Steuerliche Vorteile: Zins als Aufwand, Dividende aus Gewinn

- Flexible Coverage von Anleihe- und OS-Komponenten

- Flexible Laufzeitgestaltung durch Kündigungsklauseln

- Steuerliche Vorteile bei ausländischen Finanzierungstöchtern

---

Abb. 2.1 Gründe für die Emission einer Optionsanleihe

Emissionsparameter

Im folgenden soll kurz an einem Beispiel erläutert werden, welche Möglichkeiten der Ausgestaltung einer Optionsanleihe dem Emittenten zur Verfügung stehen. Dabei wird nur auf die wesentlichsten Aktionsparameter eingegangen, bewußt werden die Parameter zur Feinregulierung zum Emissionszeitpunkt und die übrigen Aktionsparameter vernachlässigt.

Da dies ein Buch für Anleger von Optionsscheinen ist, wird die Perspektive der Emittenten nur insoweit betrachtet, wie es für den potentiellen Investor von Bedeutung erscheint.

Die Aktionsparameter lassen sich in Elemente aufteilen, die vorwiegend den Anleiheteil betreffen, und solche, die vorwiegend das Optionsrecht betreffen. Wie vielseitig die Gestaltungsmöglichkeiten sein können, ist bereits im 1. Kapitel deutlich geworden.

In Abbildung 2.2 sind mögliche Parameter für die Anleihebedingungen und in Abbildung 2.3 mögliche Optionsrechtsparameter aufgeführt.

Emissionskurs	Pari, Agio, Disagio
Verzinsung	Fix, Variabel
	Hoch-, Niedrig-Coupon
Laufzeit	kurz, lang
Tilgungsmodalitäten	planmäßig, außerplanmäßig
Kündigungsrechte	Put/Call-Klauseln
Sicherheiten	Garantieerklärungen
	Negativklauseln

Abb. 2.2 Mögliche Aktionsparameter für die Anleihekomponente

Bei den Anleihebedingungen ist der wichtigste Parameter die Frage nach der Effektivverzinsung, also die Frage nach der Rendite der Anleihekomponente. Hier stehen dem Emittenten entweder das Agio- oder das Niedrig-Zins-Modell zur Auswahl.

Ebenfalls von Bedeutung ist die Laufzeit der Anleihe, d.h. der Zeitraum vom Emissionszeitpunkt bis zur endgültigen Anleihetilgung. Denn entsprechend der Wahl der Laufzeit ergeben sich unterschiedlich hohe Effektivzinssätze und Zinsänderungsrisiken. Die Wahl der Laufzeit ist abzustimmen zwischen den Kapitalerfordernissen der Unternehmung und den aktuellen Präferenzen der Kapitalmarktes.

Hinsichtlich der Tilgungsmodalitäten stehen der emittierenden Gesellschaft auch wieder eine Reihe von Möglichkeiten offen, die individuell auf die Bedürfnisse der Unternehmung abgestimmt werden:

Basisobjekt	Aktie, Bond, Index
	Währung, Basket, Waren
Basispreis	konstant, variabel
Optionsverhältnis	konstant, variabel
	hoch, niedrig
Optionsfrist	amerikanischer vs.
Laufzeit,	europäischer Optionsrechts-Typ
Stückelung	Mindeststückelung
Ausübungsmodalitäten	Inzahlunggabe, bar
Sicherung des Optionsrechts	Verwässerungsschutzklausel
Optionsrechtsbindung	»build-in«, abtrennbar

Abb. 2.3 Mögliche Aktionsparameter für die Optionsrechtskomponente

Die unterschiedlichen Aktionsparameter für die Ausgestaltung des Optionsrechts wurden schon im 1. Kapitel dargestellt. Daher werden sie hier nur allgemein genannt und systematisch abgebildet. Anhand der Abbildung 2.3 kann der Leser so jederzeit nachvollziehen, wie das Optionsrecht einer Optionsanleihe konstruiert ist.

Um die Ausführungen dieses Abschnitts anschaulich zu beenden, wird im folgenden eine Neuemission der Herlitz AG hinsichtlich ihrer Konstruktion durchleuchtet. Die Herlitz AG, bekanntes Unternehmen der Papier- und Schreibwarenbranche mit Sitz in Berlin, hat Mitte August 1989 eine Optionsanleihe mit Aktien-Optionsscheinen im Gesamtnennbetrag von 100 Mio. DM begeben, eingeteilt in Mindestnennbeträge von 1.000 DM.

Stückelung
Die Optionsschuldverschreibung im Gesamtnennbetrag von 100 Mio. DM ist eingeteilt in auf den Inhaber lautende Teilschuldverschreibungen im Mindestnennbetrag von 1.000 DM (und einem Vielfachen). Jeder Options-Teilschuldverschreibung im Nennwert von 1.000 DM sind zwei Inhaber-Optionsscheine mit Berechtigung zum Bezug jeweils einer bzw. vier, also insgesamt fünf Stammaktien im Nennbetrag von je 50 DM der Herlitz AG beigefügt. Die Scheine können vom 31.8.1989 an von der Teilschuldverschreibung abgesondert werden; danach ist eine Übertragung einzelner Optionsscheine möglich.

Optionsfrist
Das Optionsrecht kann vom 31.8.1989 bis zum 30.7.1999 einschließlich ausgeübt werden mit Ausnahme bestimmter, in den Optionsbedingungen näher ausgeführten, Sperrfristen. Nach dem 30.7.1999 sind die Scheine wertlos.

Basispreis
Der Basispreis beträgt 225 DM je Stammaktie im Nennbetrag von 50 DM.

Ausübung des Optionsrechts
Zur Ausübung des Optionsrechts muß der Inhaber des Optionsscheins eine schriftliche Erklärung unter Nutzung bestimmter Vordrucke gegenüber der Deutschen Bank AG in Berlin als Optionsstelle durch Vermittlung einer Annahmestelle (z.B. die Bank des Anlegers) abgeben, den Basispreis zahlen und den Optionsschein einreichen. Die Optionserklärung ist bindend. Die zu beziehenden Aktien sind vom Beginn des Geschäftsjahres an dividendenberechtigt, in dem sie aufgrund der Ausübung von Optionsrechten entstehen.

Verwässerungsschutz
Der Schutz des Optionsrechts erfolgt bei entsprechenden Kapitalmaßnahmen (z.B. bei Emission weiterer Optionsanleihen, Kapitalerhöhung) durch Ermäßigung des Basispreises oder Einräumung eines Bezugsrechts für OS-Inhaber gemäß der Regelung in den Optionsbedingungen.

Die Emissionsbedingungen für die Anleihekomponente wurden folgendermaßen festgelegt:

Emissionspreis
Die Aktionäre der Herlitz AG sowie die Inhaber aus der 3%-Optionsanleihe von 1984/94 der Herlitz Fin. B.V. können die Optionsschuldverschreibungen im Nennbetragsverhältnis 9:8 zum Ausgabekurs von 135% börsenumsatzsteuerfrei beziehen. Sonstige Investoren können nur über den Erwerb der Bezugsrechte an der Börse die Optionsanleihe beziehen.

Verzinsung
Die Optionsanleihe wird vom 31.8.1989 an mit jährlich 7% verzinst. Die Zinsen sind nachträglich am 31. August der Jahre 1990 bis 1999 fällig.

Laufzeit, Rückzahlung und Kündigungsrechte
Die Laufzeit der Optionsanleihe beträgt zehn Jahre fest. Die Anleiheschuldnerin ist verpflichtet, die Optionsanleihe am 31. August 1999 in einer Summe zum Nennbetrag zurückzuzahlen. Die Anleiheschuldnerin ist nicht berechtigt, die Optionsanleihe zu kündigen. Ein ordentliches Kündigungsrecht der Anleihegläubiger besteht ebenfalls nicht. Außerordentliche Kündigungsrechte sind in den Optionsbedingungen gesondert festgelegt.

Rendite
Bezogen auf den Emissionskurs von 135% beträgt die Rendite für den Bezieher der Optionsanleihe 2,91%. Sie ist auf der Basis der Zahlungsströme nach der finanzmathematischen »internen Zinsfußmethode« ermittelt, wobei davon ausgegangen wird, daß der Käufer die Anleihe bei Endfälligkeit zum Nennbetrag einlöst.

Neben der Rendite aus der Anleihe kommen dem Erwerber die erwähnten Optionsscheine zu, die u.U. einen Marktwert besitzen und damit Rendite-erhöhend wirken können.

Garantieerklärungen
Zur Sicherstellung der Optionsrechte besteht ein bedingtes Kapital in Höhe von 25 Mio. DM. Die Herlitz AG hat eine sog. Negativverklärung abgegeben, in der sie sich gegenüber dem Treuhänder der Anleihegläubiger (in der Regel eine Bank, in diesem Fall die Deutsche Bank AG, Berlin) verpflichtet,

- die Optionsschuldverschreibung mindestens gleichrangig zu besichern, falls während der Laufzeit der Anleihe für andere, nicht aus öffentlichen Mitteln stammende Kredite grundpfandrechtliche Sicherheiten bestellt werden,

- wesentliche Teile des Anlagevermögens nur unter bestimmten Voraussetzungen zu veräußern und festgesetzte Bilanzrelationen zum Verschuldungsgrad und zur Deckung des Anlagevermögens einzuhalten.

Diese Emission und ihre Bedingungen können als repräsentativ für Optionsanleihen mit Aktien-Optionsscheinen auf deutsche Aktien gelten. International lauten die Bedingungen mit einigen Abänderungen sehr ähnlich.

Am Emissionskurs von 135% und einem Zinscoupon von 7% erkennt man, daß es sich um eine Emission nach dem Agio-Modell handelt. Die 35% stellen den sichtbaren Preis für die Optionsrechte (35% * 1.000 DM entsprechen 350 DM für fünf Optionsscheine) dar. Insgesamt fließen der Herlitz AG 135 Mio. DM zu, von denen das Agio in Höhe von 35 Mio. DM in die Kapitalrücklagen eingebucht wird.

Und den Altaktionären und Inhabern früher emittierter Optionsanleihen wurde ein Bezugsrecht im Verhältnis 9 : 8 (auf je 45 Altaktien entfallen Options-Teilschuldverschreibungen im Nennwert von 2.000 DM) gewährt, welches vom 18.8. bis 29.8.89 an verschiedenen deutschen Börsen gehandelt wurde und bis zum 31.8.89 auszuüben war. Für die Aktionäre bedeutete dies einen zusätzlichen Bonus zur ohnehin anfallenden Jahresdividende, denn das Bezugsrecht notierte in der Spitze immerhin bei 10,60 DM.

2.2 Neue Emissionsstrategien – Covered Warrants

Optionsanleihen sind längst nicht mehr der einzige Weg, auf dem Optionsscheine emittiert werden. Seit Mitte 1989 sind sog. »Covered Warrants« (gedeckte Optionsscheine) in Mode gekommen. Zwar entsprechen sie aus Anlegersicht weitgehend den Optionsanleihen beigefügten Scheinen, aus Emittentensicht ergeben sich jedoch entscheidende Unterschiede. Daher werden im folgenden Covered Warrants als selbständige Emissionsstrategie vorgestellt.

Covered Warrants (gedeckte Optionsscheine) sind die Entdeckung des Jahres 1989. Seit Anfang 1989 vergeht in der Schweiz kaum eine Woche, in der nicht gleich mehrere gedeckte Optionsscheine emittiert werden. Eingeführt wurde diese Innovation von Brokerhäusern, die vor allem den Markt für Optionsscheine auf japanische Aktien beleben wollten, und teuere, in US-$ notierte Aktien-Optionsscheine kauften, stückelten und dann gesplittet separat als Optionsscheine in anderen Währungen emittierten. Aber auch Covered Warrants auf Schweizer Aktien erfreuten sich großer Beliebtheit, zumal die Schweizer Emittenten zusätzlich den Vorteil haben, daß sie über das Vehikel der Covered Warrants (CWs) die ausländischen Investoren für einen bestimmten Zeitraum indirekt an den ansonsten für diese Investorengruppe gesperrten Namensaktien beteiligen können.

Mitte des Jahres schwappte diese Welle dann in die Bundesrepublik Deutschland über und sorgte für wahre Wechselbäder an den Börsen. Von den einen begeistert gefeiert, weil Covered Warrants Aktienbestände in größerem Umfang binden und so das Angebot frei umlaufender Aktien verkleinern, von den anderen als Warnsignal für das Ende der Hausse gedeutet, traten die Covered Warrants ihren Siegeszug an: Kursgewinne von 50% und mehr an einem Tag (!) schienen dem Konzept recht zu geben, Optionsscheine mit kürzeren Laufzeiten zu begeben, die in ihrer Funktionsweise nahe den bekannten Aktien-Optionsscheinen aus klassischen Optionsanleihen sind, von der Herkunft aber entscheidende Unterschiede aufweisen können.

Einen derben Rückschlag erlitten die Covered Warrants dann aber während der Kursturbulenzen im Oktober 1989: So verlor ein Covered Warrant auf die Mercedes Holding 89/91 von einem Tag auf den anderen mehr als 60% seines Wertes und fiel von 34 DM auf 13 DM.

2.2.1 Finanzierungskonzept

Was sind Covered Warrants? Diese Optionsscheine resultieren entweder auch aus der Emission einer Optionsanleihe oder aber der Emittent besitzt das Basisobjekt, in der Regel Aktien, selbst in einem gesperrten Sonderdepot und hat es dort hinterlegt. Oder er hat Zugriff auf die Wertpapiere über einen Stillhalter, z.B. einen hauseigenen Investmentfonds. Die zugrundeliegenden Aktien, die mit dem Covered Warrant bezogen werden können, können sowohl Aktien der emittierenden Gesellschaft selbst oder aber Aktien anderer Unternehmen sein.

Eine weitere Möglichkeit besteht darin, nicht direkt die Aktien einzudecken, sondern sich hochpreisige klassische Aktien-Optionsscheine zu kaufen, deren Optionsverhältnis zu splitten, und dann die neuen Warrants als gedeckte Optionsscheine (OS-gedeckte Warrants) und somit selbständige Wertpapiere zu verkaufen.

Die ersten Covered Warrants wurden bereits Ende September 1988 von der Deutschen Bank emittiert: Sie emittierte am 27.9.1988 100 Mio. Sfr über ihre Tochtergesellschaft Deutsche Bank Luxembourg S.A. mit Optionsscheinen zum Bezug von Conti-Gummi-Aktien. Hierdurch wurde ein Aktienbestand der Bank aus der Kapitalerhöhung des Reifenherstellers ein Jahr zuvor in Form von Optionsscheinen »veroptioniert«.

Allgemein gesprochen entstehen CWs bei der Emission einer Optionsanleihe dadurch, daß der Optionsanleihe Scheine beigefügt werden, die nicht zum Bezug der emittierenden Gesellschaft berechtigen, jedenfalls nicht auf Aktien aus einer bedingten Kapitalerhöhung, sondern die zum Bezug von Aktien einer beliebig anderen Gesellschaft berechtigen.

Das eigentliche Covered-Warrant-Fieber begann dann Anfang des Jahres 1989 in der Schweiz. Dort wurden bereits seit 1986 Covered Warrants separat und ohne Anleihe als gesonderte Wertpapiere begeben.

Sehr beliebt und durch den Kursaufschwung am Züricher Ring sehr gut in der Performance, gingen die CWs reißend weg, so daß der deutsche Kapitalmarkt bald nachzog. Den Mut zur Innovation bewies Anfang September '89 Trinkaus und Burkhardt, die Privatbank aus Düsseldorf, und emittierte als erstes Institut Covered Warrants in DM. Sicherheitshalber stattete man die Optionsscheine noch mit einem Optionsrecht auf eigene Aktien aus. Schon kurz nach Bekanntwerden des Vorhabens war die Emission vielfach überzeichnet, so daß die Emission von geplanten 100.000 auf 125.000 Scheine aufgestockt wurde. Trotzdem stieg der Kurs am ersten Handelstag des Scheins vom Emissionskurs 55 auf 88 DM. Beflügelt durch diesen Erfolg, emittierte die Privatbank gleich neue Covered Warrants auf die Viag AG. Auch hier lagen die ersten Kurse mit 93 DM erheblich über dem Emissionskurs von 65 DM. Die Folge waren eine Flut von Emissionen neuer Covered Warrants.

Bei der Emission dieser Aktien-gedeckten Covered Warrants, die gesondert und ohne Anleihe begeben werden, wird im Gegensatz zu traditionellen Optionsscheinen kein neues Aktienkapital in Form einer bedingten Kapitalerhöhung geschaffen. Bei CWs, für die ein Deckungsbestand in Aktien gehalten wird, werden bereits existierende Aktien zur Deckung verwendet. Und bei CWs, die aus dem Splitting hochpreisiger Optionsscheine entstehen, hält der Emittent für die Einlösung der Bezugsverpflichtung eine entsprechende Anzahl von Warrants der Gesellschaft. Für diese vom Emittenten als Deckung gehaltenen Optionsscheine (Basis-Warrants), ist im Vorfeld natürlich eine bedingte Kapitalerhöhung beschlossen worden, so daß die Basis-Warrants im Rahmen einer klassischen Optionsanleihe begeben wurden. Dies hat aber mit der Emission der Covered Warrants selbst nichts zu tun. Daher ist auch keine Zustimmung irgendwelcher Aktionäre und Vorstände notwendig, so daß der Emittent seine Emission ganz auf Marktgegebenheiten wie Stimmung, Präferenzen und allgemeinen Trend abstellen kann. Wie dies zu Konflikten führen kann, zeigt das Beispiel von zwei CW-Emissionen im September 1989 auf RWE-Aktien.

So emittierte die Morgan Stanley GmbH Frankfurt, Tochter des gleichnamigen amerikanischen Brokers, Anfang September 1989 gegen den Willen des RWE-Vorstands CWs auf RWE-Aktien. Das führte zu Verstimmungen derart, daß der RWE-Vorstand nun doch einverstanden, ja sogar bemüht war, eine andere Bank dazu zu veranlassen, noch eine CW-Emission zu starten. Nicht, weil die erste Emission so gut gelaufen war, sondern um Morgan Stanley quasi »eins auszuwischen«, indem die Konditionen bei der zweiten Emission wesentlich besser ausgestaltet wurden als bei der von Morgan Stanley (MS), damit dieser seine CWs nicht beim Publikum plazieren kann. In der Tat kam gleich zwei Tage nach der ersten bereits die nächste CW-Emission auf RWE-Aktien, diesmal von der Dresdner Bank und mit Zustimmung des RWE-Vorstands. Entsprechend fiel der Kurs der MS-Covered Warrants. Wer aber die »Dummen« waren, ob nur Morgan Stanley oder bereits engagierte Anleger, darüber waren keine zuverlässigen Informationen zu bekommen. Im nachhinein waren beide Emissionen nur für die Emittenten ein Gewinn, denn beide CWs waren sechs Wochen nach der Emission nur noch die Hälfte wert.

Da die CWs zum Bezug von bereits existierenden Aktien einer Gesellschaft berechtigen, müssen der Emittent der CWs und die Gesellschaft, deren Aktien zu beziehen sind, keineswegs identisch sein.

Neuerdings existieren auch bei den CWs Put Warrants, die zum Verkauf von Aktien berechtigen. Trinkaus und Burkhardt emittierte am 20.11.89 mit den ersten 200.000 Put Warrants die ersten verbrieften Verkaufsoptionen. Ein Put Warrant berechtigt jeweils zur Gutschrift von einem Viertel der Differenz, um die am Ausübungstag der Basispreis den Kassakurs einer Stammaktie der Schering AG übersteigt. Der Emissionkurs betrug 29 DM, der Basispreis 750 DM. Die Optionsfrist läuft vom 20.11.89 bis zum 19.11.91. Dabei ist allerdings bei Ausübung keine effektive Auslieferung der Aktien, sondern lediglich die Zahlung eines entsprechenden Differenzbetrages vorgesehen. Der Break-Even-Punkt für einen Anleger liegt auf Emissionsbasis gerechnet bei einem Aktienkurs von 634 DM.

2.2.2 Deckungsbestand

Emittenten waren in der Vergangenheit ausnahmslos Banken und Broker, die Kontakte zu entsprechendem Großkapital, in welcher Form auch immer, haben und die als Stillhalter fungieren. Diese halten die Aktien in ihren Depots und sind bereit, ein Optionsrecht in Form der CWs zu verkaufen.

Woher sich der Emittent die für die Emission notwendigen zu beziehenden Aktien aber selbst besorgt, ist für die Funktionsweise der CWs im Prinzip unwichtig. Entscheidend ist nur, daß die gedeckten Scheine nicht aus einer eigenen bedingten Kapitalerhöhung des Emittenten hervorgehen, also kein neues, zusätzliches Aktienkapital entsteht.

Strategien
1. Aktienkauf am Markt
2. Aktienpaket-Übernahme von Großinvestoren
3. Fonds als Stillhalter in Aktien
4. Beteiligungsübernahme (z.B. bei 15% Beteiligungsgrenze)
5. Aus Kapitalerhöhung einer dritten Unternehmung
   (z.B. Deutsche Bank aus Conti Kapitalerhöhung)
6. Hochpreisige Optionsscheine kaufen und das OV splitten
7. Eine Gegenposition durch OTC-Optionen
8. Eine Gegenposition durch börsenmäßig gehandelte Optionskontrakte

---

Abb. 2.4 Strategien zur Beschaffung des Deckungsbestandes für CWs

Die Maßnahmen zur Beschaffung des notwendigen Deckungsbestandes können, wie aus Abbildung 2.4 ersichtlich, vielfältig sein:

- Der Emittent der CWs kauft sich die notwendige Anzahl der Aktien allmählich am Markt auf oder übernimmt ein Paket von anderen Investoren.

- Die zu beziehenden Aktien befinden sich bereits in einem Depot eines Investors, der bereit ist, als Stillhalter zu fungieren und gegen eine entsprechende Prämie seinen Aktienbestand in Form der Optionsscheine per Termin zu verkaufen. Stillhalter können hauseigene Investmentfonds sein, die u.a. in Aktien investieren, oder sonstige Kapitalsammelstellen, bis hin zu vermögenden Privatinvestoren.

- Eine Gesellschaft A möchte ihre Beteiligung an Gesellschaft B abbauen und verkauft diese Beteiligung per Termin in Form der CWs. Diese Möglichkeit könnte besonders im Rahmen einer Gesetzesreform bzgl. der Beteiligungspolitik der Banken interessant werden. Gemäß dieser Reform wird diskutiert, ob die Banken ihre Beteiligungen an einer Gesellschaft auf maximal 15% beschränken sollen. Tritt diese Reform einmal in Kraft, könnten die Banken den Rest der Beteiligung gewinnbringend per Termin verkaufen. Allerdings müßten die OS-Bedingungen sicherstellen, daß die Ausübung garantiert erfolgen wird (z.B. niedriger Basispreis).

- Die Aktien können wie im Falle der Deutschen Bank aus einer Kapitalerhöhung einer anderen Gesellschaft stammen. Diese Alternative bietet sich nur Banken und Brokern, da diese bei Kapitalerhöhungen in der Regel die Aktien der das Kapital erhöhenden Bank in Eigenverantwortung übernehmen und am Markt zu plazieren suchen. Läuft die Plazierung aufgrund von Marktstörungen (wie geschehen) nicht reibungslos, nimmt die Bank die Aktien in ihren Eigenbestand oder in hauseigene Fonds. So stehen die Aktien jederzeit zur Verfügung, um CWs bei Bedarf plazieren zu können.

- Der Emittent der Covered Warrants deckt sich nicht direkt mit den zu beziehenden Aktien ein, sondern sichert sich über billigere, herkömmliche Optionsscheine ab (vgl. Arbitrage-Emissionen). Diese kann er entweder selbst am Markt kaufen oder er findet wiederum einen Stillhalter in Optionsscheinen, der bereit ist, seine Optionsscheine per Termin gegen eine Prämienzahlung zu verkaufen.

- Der Emittent der CWs kauft Optionen im börsenmäßig organisierten Optionshandel, stückelt den Optionskontrakt, verbrieft die Optionsrechte einzeln und begibt diese dann als Optionsschein. In diesem Fall orientieren sich die OS-Bedingungen jedoch bzgl. einzelner Ausstattungsmerkmale (Laufzeit, Basispreis) direkt an den Bedingungen des zugrundeliegenden Optionskontrakts.

- Der Emittent hält den Deckungsbestand in Form von börsenfreien OTC-Optionen. Im Gegensatz zu börsengehandelten Optionen (exchange-traded-options) sind

Optionen des OTC-(Over-the-counter-)Handels nicht standardisiert. So können längere Laufzeiten und andere, individuell auf die Interessen der Vertragsparteien abgestimmte Optionsbedingungen vereinbart werden. Diese Form zur Beschaffung des Deckungsbestandes eignet sich somit besonders zur Emission längerlaufender Optionsscheine.

Dies sind nur einige der Möglichkeiten zur Deckung des notwendigen Aktienbestandes. Weitere Beschaffungsmaßnahmen und Mischformen sind natürlich denkbar. So emittierte die Merrill Lynch Wertpapiere GmbH im September 1989 CWs zum Bezug der japanischen Mitsubishi Heavy Industries, Ltd., Tokyo. Zur Deckung ihrer Verpflichtung aus diesen Optionsscheinen unterhält die Emittentin sowohl Warrants als auch Aktien der entsprechenden Gesellschaft.

2.2.3 Ausstattungsmerkmale

Alle bisher emittierten CWs berechtigen zum Bezug von Aktien. Im Unterschied zu klassischen Aktien-Optionsscheinen auf deutsche Aktien läuft aber die Optionsfrist wesentlich kürzer. Sie beträgt zwischen ein und drei Jahren. Die kurze Optionsfrist ist keineswegs zwangsläufig, ergibt sich aber aus den Motiven der Stillhalter, eine möglichst hohe Prämie für einen absehbaren Zeitraum zu erhalten und einen per Termin verkauften Aktienbstand nicht zu lange halten zu müssen.

Damit CWs in aller Regel als optisch billige Warrants begeben werden können – sog. »low price warrants« – ist das Optionsverhältnis allgemein kleiner als bei klassischen Aktien-Optionsscheinen. Nur wenige CW-Emissionen auf deutsche Aktien haben ein Verhältnis von 1 : 1 festgelegt, bei den meisten nachfolgenden Emissionen variieren die Optionsverhältnisse zwischen 2 : 1 und 4 : 1.

Ein Optionsverhältnis von 4 : 1 bedeutet beispielsweise, daß der Anleger zum Bezug einer Aktie vier Optionsscheine kaufen muß. Der Basispreis zum Bezug der Aktien wird allgemein nahe der aktuellen Börsenkursnotierung gewählt.

Die endgültigen Emissionsbedingungen jedoch werden je nach Präferenz des Emittenten und des Stillhalters gewählt, so daß Abweichungen von diesen Standards denkbar sind. So legte Trinkaus und Burkhardt ein für Covered Warrants auf deutsche Aktien hohes Optionsverhältnis von 1 : 1 fest, der Basispreis zum Bezug einer TUB-Aktie jedoch wurde mit 445 DM mehr als 10% über dem zum Emissionszeitpunkt aktuellen Börsenkurs gefixt. Die sonstigen Optionsscheinbedingungen entsprechen denen von klassischen Aktien-Optionsscheinen. In Abbildung 2.6. ist ein Emissionsbeispiel von CWs zum Bezug einer deutschen Aktie erläutert.

Bei CW-Emissionen, die aus dem Splitting von hochpreisigen Warrants hervorgehen, ergeben sich dagegen etwas andere Bedingungen. Da das Optionsverhältnis des Basis-Warrants beliebig gesplittet werden kann, entspricht das Optionsverhältnis grundsätzlich nur einem Bruchteil des Optionsverhältnisses des Basis-Warrants, entsprechend niedriger ist der Preis des CWs. Und genau dies ist die Intention des Emissionshauses, denn bei Optionsscheinkursen von mehreren tausend US-$ und gewissen Mindestkontraktgrößen sind viele Investoren vom Handel mit diesen Scheinen ausgeschlossen.

Aufgrund der Funktionsweise des Splitting werden die neu entstandenen CWs im folgenden als Splitting Warrants bzw. Optionsschein-gedeckte Warrants bezeichnet. So wurden bei der oben genannten Merrill Lynch-Emission von CWs auf Mitsubishi Heavy-Aktien aus dem US-$-Basis-Warrant mit einem Optionsverhältnis von 1 : 843 neue Covered Warrants mit einem Optionsverhältnis von 1 : 10. Das bedeutet, daß mit einem Optionsschein statt 843 Aktien, zu deren Bezug der Basis-Warrant berechtigt, jetzt zehn Aktien der Mitsubishi Heavy bezogen werden können. Und während zum Emissionszeitpunkt der Basis-Warrant um die 2.500 US-$ notierte, wurden die CWs zu einem Kurs von 64,50 DM emittiert.

Basispreis und Optionsfrist sowie die übrigen OS-Bedingungen entsprechen weitgehend den Bedingungen des Basis-Warrants. Im Beispiel der Mitsubishi Heavy läuft die Optionsfrist des Basis-Warrant bis 2. Juni 1995, die Optionsfrist der CWs bis 3. April 1995.

Der Grund für die etwas früher ablaufende Optionsfrist liegt in der Tatsache, daß der Emittent selbst noch genügend Zeit benötigt, die Optionsrechte des Basis-Warrants auszuüben. Der Basispreis des Basis-Warrants liegt in unserem Beispiel bei 749 Yen, der des Covered Warrants bei 750 Yen. Auch die sonstigen Bestimmungen, z.B. Klauseln zum Verwässerungsschutz, entsprechen denen des Basis-Warrants. Ein Emissionsbeispiel von OS-gedeckten CWs ist in Abbildung 2.5 näher erläutert.

2.2.4 Emissionsmotive

Die Motive des jeweiligen Emittenten sind je nach Art und Herkunft des Deckungsbestandes unterschiedlich. Mal überwiegt der Arbitrage-Gesichtspunkt – bei Splitting Warrants – mal überwiegt der Aspekt einer Zusatzrendite durch die Optionsscheinprämie – bei Aktien-gedeckten CWs. Im folgenden werden beide Basisstrategien näher analysiert, damit der potentielle Investor bei seiner Entscheidung, ob er bei einer Neuemission einsteigen soll oder nicht, besser ausmachen kann, welche Interessen die Emittenten verfolgen.

Arbitrage-Aspekt
Arbitrage-Gesichtspunkte spielen in erster Linie bei Splitting Warrants eine Rolle, bei denen der Emittent Basis-Warrants als Deckungsbestand hält. Bevorzugt wird diese Emissionsstrategie vor allem von Brokerhäusern, die in japanischen und amerikanischen Märkten involviert sind.

Diese Häuser kaufen hochpreisige US-$-Aktien-Optionsscheine zum Bezug japanischer Aktien, die relativ preiswert sind, d.h. nahe ihrem inneren Wert notieren (vgl. Kap.3), und die einen liquiden Markt haben. Da US-$ Warrants auf japanische Aktien hohe Optionsverhältnisse besitzen, kosten sie aufgrund der starken Kursanstiege am Kabuto Cho meist mehrere tausend US-$. Damit sind sie ideal für ein Splitting geeignet. Der Ablauf ist in Abbildung 2.5 dargestellt. Zunächst kauft der Emittent, in diesem Fall das Brokerhaus Merrill Lynch, die notwendige Anzahl von $ Warrants zum Bezug der vorgesehenen Aktien zusammen, stückelt diese dann, verbrieft die Scheine einzeln, und emittiert sie anschließend ohne Anleihe als Covered Warrants.

	Deckungsbestand	Emission
Basisobjekt:	Mitsub. Heavy	Basisobjekt: Mitsub. Heavy
Optionsrechte:	2,5 Mio Optionsrechte	
Emiss.-Vol.:	250.000 Scheine	
Basis-Warrant:	Mitsub. Heavy $-OS 843 Aktien zu 749 Yen Laufzeit bis 2.6.95	Optionsrechte: 1:10 zu 750 Yen Laufzeit: 4.11.89–3.4.95 Emiss.Kurs: 64,50 DM
Kauf:	2966 Scheine à 2.400 US-$ à 1,95 $/DM	
Kaufsumme:	13.880.880 DM	Emiss.-Ertrag: 16.125.000 DM
+ Kosten*:	166.570 DM	./. Emiss.-Kosten: 161.125 DM
Gesamtkosten:	14.047.451 DM	Gesamtertrag: 15.963.875 DM
		./. Gesamtkosten 14.047.451 DM
		Nettoertrag: 1.916.424 DM
		Nettogewinn: 13,64 %

*) Die Kosten beim Kauf wurden auf 1,2% vom Kaufkurs geschätzt, die Emissionskosten wurden mit 1% vom Emissionsbetrag veranschlagt.

Abb. 2.5 Emissionsbeispiel eines OS-gedeckten Covered Warrant

Der Emittent kassiert also einen Nettogewinn von 13,64% auf den eingesetzten Kapitaleinsatz. Dieser Emissionsmechanismus funktioniert, weil der Emittent beispielsweise den Basis-Warrant mit einer Prämie von 3% und einem Gearing Factor von 2,7 gekauft hat (vgl. zu den Kriterien Kapitel 3), und den Investoren die CWs mit einer Prämie von 9% und einem Gearing Factor von 2,6 anbietet. Der Gewinn des Emittenten basiert also auf einer künstlichen Verteuerung der Optionsrechte zu Lasten der Bewertungskriterien bzw. der Chance-Risiko-Position des Investors. Da jedoch oftmals die Neuemissionen im CW-Bereich in Konkurrenz zu klassischen Aktien-Warrants aus Optionsanleihen stehen, hat der Emittent nur einen bedingten Spielraum.

Bei CWs hingegen, bei denen keine herkömmlichen Warrants auf dem Markt sind, können oft höhere Prämien durchgesetzt werden, da die Investoren besonders daran interessiert sein werden, in Scheine auf Aktien zu investieren, bei denen es bisher nicht möglich war.

Dabei ist wichtig zu betonen, daß diese Emission innerhalb von wenigen Tagen abläuft. Allerdings ändert sich durch die Emission auch die Risikoposition des Emittenten. Denn die Basis-Warrants wurden in $ zu 1,95 DM gekauft, die Covered Warrants in DM begeben. Der Emittent trägt somit ein Währungsrisiko bzgl. der Währungsrelationen von Yen zu $ und zur DM. Denn sollte sich der Yen nachhaltig unterschiedlich zu den beiden Währungen verhalten, so besteht die Gefahr von Währungsverlusten. Zusätzlich trägt der Emittent das herkömmliche Emissionsrisiko, das darin besteht, daß die Covered Warrants auch verkauft werden. Da der Emittent jedoch das Timing der Emission selbst bestimmen kann und die Emission von der Planung bis zur Realisation nur wenige Tage in Anspruch nimmt, kann dieses Risiko eher vernachlässigt bleiben. Werden nicht alle CWs verkauft, besteht das Risiko darin, daß der Basis Warrant in der Zwischenzeit im Kurs gesunken ist, so daß bei einem dann wahrscheinlichen Rücktausch Kursverluste (und evtl. Währungsverluste) auftreten können.

Als Fazit kann kurz festgehalten werden, daß Investoren wenn möglich den Kauf von den der Emission zugrundeliegenden US-$ Basis Warrants einem Investment in den Covered Warrants vorziehen sollten. Ist dies aufgrund mangelnder Kapitalkraft nicht möglich, bedarf es einer genauen Analyse, z.B. ob andere Scheine der gleichen Gesellschaft am Markt zu kaufen sind, oder ob das Chance-Risiko-Verhältnis ein gewinnbringendes Investment verspricht. Dies obliegt natürlich einer höchst subjektiven Interpretation. Der Emittent hat jedenfalls seine Marge bereits dann verdient, wenn der Investor ins Risiko geht.

Rendite-Aspekt
Im Bereich der Covered-Warrant-Emissionen mit Aktiendeckung spielen dagegen Rendite-Aspekte der Stillhalter und Provisions- und Handelsgewinne der Emittenten die Hauptrolle. Die Stillhalter sind bestrebt, außer der Dividende auf ihre Aktien durch den Optionsverkauf per Termin in Gestalt der Covered Warrants eine stattliche Prämie zu kassieren, die eine Stillhalterschaft lohnend macht. Und der Emittent kann bei positivem Echo auf die Emission neben Provisionen für die Emission vor allem Handelsgewinne erzielen, wenn die CWs über ihren Emissionskurs steigen, was bei den ersten CW-Emissionen durchweg die Regel war.

In einer Vereinbarung zwischen Stillhalter und Emissionshaus wird vertraglich vereinbart, daß der Stillhalter eine gewisse Anzahl von Aktien bei dem Emissionshaus (Bank) zum Zweck der Sicherstellung der Lieferverpflichtung des Emittenten gegenüber den OS-Inhabern bei Ausübung der Optionsrechte hinterlegt.

Das Emissionshaus seinerseits begibt in eigenem Namen, aber im Auftrag und für Rechnung und Risiko der Stillhalter eine Anzahl von Optionsscheinen, die zum Erwerb von Aktien berechtigen. Die Optionsscheine lauten auf den Inhaber und werden mit einer Prämie begeben, die abzgl. der Spesen den Stillhaltern zugute kommt.

Am Beispiel der ersten Covered-Warrant-Emission im DM-Sektor auf deutsche Aktien, der Trinkaus und Burkhardt Emission mit CWs zum Bezug von gleichnamigen Aktien (Abbildung 2.6), wird die Perspektive des Emittenten und Stillhalters klar.

Deckungsbestand		Emission	
Basisobjekt:	Trink. & Burkh.-Aktie	Trink. & Burkh.-Aktie	
Optionsrechte:	125.000 Stück	E.vol.: 125.000 OS	
Deckungs-		OS-Rechte: 1 : 1 zu 445 DM	
bestand	125.000 Aktien	Laufzeit : 4.9.89 – 4.9.92	
		E.Kurs: 55 DM	
Kauf:	125.000 Aktien à		
	370 DM		
Kaufsumme:	46.250.000 DM	E.-Ertrag:	6.875.000 DM
+ Kosten*:	225.000 DM	./. E.-Kosten:	68.750 DM
Gesamtkosten:	46.475.000 DM	Gesamtertrag:	6.806.250 DM
		Prämienertrag:	14,64 %
		+ Kursgewinn	
		bei Ausübung:	20,27 %

*) Die Kosten beim Kauf wurden auf 0,5% vom Kaufkurs geschätzt, die Emissionskosten wurden auf 1% vom Emissionsertrag veranschlagt.

Abb. 2.6 Emissionsbeispiel eines Aktien-gedeckten Covered Warrant

Dem Emittenten fließen aus der Emission also ca. 6,8 Mio. DM (14,64% auf den Kapitaleinsatz) zu, die – linear verteilt auf die Laufzeit der Covered Warrants – einer jährlichen Optionsprämie von 4,88% entsprechen. Hinzu kommt aber bei Ausübung der Scheine die Differenz zwischen aktuellem Aktienkurs und dem Basispreis, also 445 DM. Dies entspricht linearisiert auf die Laufzeit einer implizierten Kurssteigerung von 6,76% p.a. Läßt man die jetzige Dividendenrendite von 2,5% p.a. außer acht, kassiert der Stillhalter eine Rendite von 11,64% p.a., auch abzüglich möglicher Provisionen an den Emittenten eine satte jährliche Zusatzeinnahme. Und wird der Optionsschein nicht ausgeübt, weil die Aktie über die Börse direkt billiger zu haben ist, dann hat der Emittent auf alle Fälle den Optionsscheinpreis kassiert und senkt seine Verlustschwelle um 55 DM.

Aus Sicht des Emittenten bzw. Stillhalters also eine sichere Sache, wenn die Emission gelingt. Da speziell in Haussephasen die Anleger besonders Scheine mit hoher Spekulationskomponente, sprich hoher Hebelwirkung, suchen, war der Zeitpunkt der Emission mit Ende August 1989 optimal gewählt. Zu diesem Zeitpunkt eilte der DAX-Index von einem Höchststand zum nächsten. Daher wurden die hohen Emissionsprämien und einige Tage nach der Emission sogar noch viel höhere Prämien anstandslos bezahlt.

2.3 Zins-Optionsscheine – Bond Warrants

In den letzten Jahren ist die Idee, das Optionsrecht von der Anleihe zu trennen, zu verbriefen und separat handelbar zu machen, auch für Basisobjekte des Anleihesektors eingeführt worden.

Optionsanleihen mit Zins-Optionsscheinen (Bond Warrants) verbriefen das Recht, eine bestimmte Anleihe (den sog.»Back Bond« als Basisobjekt) zu im voraus festgelegten Konditionen (Basispreis) innerhalb eines bestimmten Zeitraums (Optionsfrist) zu beziehen (Call Bond Warrants) bzw. an den Emittenten zu verkaufen (Put Bond Warrants).

1982 wurden die ersten Zins-OS begeben. Diese Scheine sind alle ausgelaufen. Eine zweite Hochphase der Emission war zwischen 1984 und 1986. Von den damals emittierten Scheine sind nur noch wenige im Handel. Die Emissionen fielen damals in eine deutliche Zinssenkungsphase. Das später wieder ansteigende Zinsniveau und die Zinsstagnation, begleitet mit drastischen Kursverlusten bei den Scheinen, bremste in den folgenden Jahren aber dann die Anlagebereitschaft und damit das Volumen der Neuemissionen. Momentan herrscht auf dem Sektor der Zins-OS »Flaute«. Bisher wurden mit einer Ausnahme nur Call Bond Warrants am Euromarkt emittiert.

Die Bank von Nova Scotia emittierte im Juni 1986 die ersten Zins-Verkaufs-Optionsscheine, die den Inhaber berechtigen, Deposit Notes zu einem bestimmten Kurs an den Emittenten innerhalb einer bestimmten Optionsfrist zurückzugeben.

Bond Warrants werden gewöhnlich in Verbindung mit einer Anleihe (dem sog.»Front oder Host Bond«) als Optionsanleihe, aber auch als getrennte Tranche (als sog.»Naked Warrants«) emittiert, die dann zum Bezug einer bereits eingeführten Anleihe des gleichen oder eines anderen Emittenten, etwa einer Staatsanleihe, berechtigen.

2.3.1 Finanzierungskonzept

Bond Warrants entsprechen in ihrer Konstruktion im wesentlichen Optionsscheinen, die zum Bezug von Aktien berechtigen. Im Gegensatz zur klassischen Optionsanleihe wird jedoch durch die Emission nicht die Höhe des Grundkapitals verändert, so daß es sich um eine reine Fremdkapital-Beschaffungsmaßnahme handelt. Daher entfällt auch die Notwendigkeit der Zustimmung durch die Anteilseigner in der Hauptversammlung.

Der Wert des Zins-Optionsscheins zum Emissionszeitpunkt errechnet sich bei der Emission als Optionsanleihe, analog zur klassischen, als Differenz zur marktgerechten Verzinsung des Front Bonds (beim Niedrig-Zins-Modell) bzw. entspricht dem Agio (beim Agio-Modell). Im Schnitt lag der Anteil des Agios bei den bisherigen Emissionen zwischen 1,5 und 4,5% des Emissionsbetrags. Bei Naked Warrants entspricht der Wert dem jeweiligen Ausgabepreis.

Die Kursentwicklung eines Zins-Optionsscheins wird bestimmt durch das Optionsverhältnis, den Basispreis, die Optionsfrist, die Laufzeit und den Coupon der zu beziehenden Anleihe. Hinzu kommen externe Einflußfaktoren wie u.a. die Einschätzung der künftigen Zinsentwicklung und die Fungibilität (Marktgängigkeit).

Das Optionsverhältnis legt fest, welcher Nominalbetrag des »Back Bonds« über einen Optionsschein ge- oder verkauft werden kann. Im allgemeinen berechtigt ein Optionsschein zum Bezug oder Verkauf von 1000 US-$ bzw. 1000 DM Nominalwert des jeweiligen »Back Bonds«.

Der Basispreis gibt an, zu welchem Kurs der »Back Bond« optiert werden kann. Dabei wird der Kurs üblicherweise in Prozent des Nominalwertes angegeben und liegt bei oder geringfügig über oder unter pari, d.h. 100%. Die Optionsfrist, der Zeitraum, innerhalb dessen das Optionsrecht ausgeübt werden kann, ist bei Bond Warrants gewöhnlich bedeutend kürzer als bei Aktienoptionsscheinen. Sie liegt vorwiegend zwischen einem und drei Jahren. Lediglich ein Call Bond Warrant der Christiana Bank (86/91) weist eine Laufzeit von fünf Jahren auf.

Die Laufzeiten der optierbaren Anleihen variieren von 1986/90 bis 1986/2016. Die Mindestlaufzeit der aus dem Optionsrecht möglicherweise entstehenden Anleihe beträgt gem. Bundesbankvorschrift noch fünf Jahre nach der letzten Möglichkeit der Ausübung des Warrants. Eine weitere Anforderung der Bundesbank betrifft die Fungibilität von Optionsschein und optierbarer Anleihe: Beide müssen, wenn sie am deutschen Kapitalmarkt emittiert werden, an einer deutschen Börse eingeführt werden.

Die optierbaren Anleihen weisen unterschiedlichste Zinscoupons zwischen Zerobond und 7% auf. Diese Angaben stammen vorwiegend aus Emissionen, die 1985/86 stattfanden. Aktuelle Emissionen sind nahezu nicht am Markt zu finden, da Bond Warrants momentan nicht »in« sind. Dies liegt u.a. an der jetzigen Zinssituation, wie weiter unten detailliert gezeigt wird.

Das verbriefte Optionsrecht kann, je nach Ausstattung, das Recht verbriefen,

- die gleiche Anleihe, d.h. den »Front Bond«, zu fixierten Konditionen zu optieren (Call- und Put-Scheine),

- eine andere Anleihe (»Back Bond«) des gleichen Emittenten zu fixierten Konditionen (Call- und Put-Scheine),

- eine weitere Anleihe des gleichen Emittenten zu beziehen (nur Call-Scheine), die nur dann bezogen werden kann, wenn zum Zeitpunkt der Ausübung die Ursprungsanleihe, d.h. der Front Bond, zurückgegeben wird (sog. »Harmless bzw. Wedding Warrant«),

- eine Anleihe des gleichen Emittenten, aber in einer anderen Währung, zu festgelegten Konditionen zu optieren (Call- und Put-Scheine); z.B. berechtigen einige in US-$ gehandelte Bond Warrants zum Bezug von ECU-Bonds. In diesem Fall ist neben der Zinsoption noch eine Währungsoption zu beachten (Währungs-Zins-Optionsschein, Currency Bond Warrant).

2.3.2 Emissionsmotive

Als Emittenten begeben vorwiegend Industrieunternehmen (z.B. Conti Gummi) und Geschäftsbanken (z.B. Dai-Ichi-Kangyo Bank), aber auch Emittenten mit Staatsgarantie (z.B. Deutsche Landesbanken) Anleihen mit Zins-Optionsscheinen bzw. Naked Warrants.

Kostenvorteil
Der Vorteil des Emittenten bei der Ausgabe einer Optionsanleihe mit Bond Warrants liegt in der geringeren Emissionsrendite dieser Optionsanleihe im Vergleich zum herkömmlichen Straight Bond.

Die Finanzierungskosten verringern sich dabei um den Emissionswert des Bond Warrant zum Emissionszeitpunkt. Bei der Emission von Naked Warrants liegt der Zinsvorteil in der Kombination der Konditionenfestlegung der zu beziehenden Anleihe und der Begebung der Warrants.

Die Festlegung des Zinscoupons für die zu beziehende Anleihe richtet sich nach den für den Emittenten derzeit gültigen Marktzinssätzen.Dabei ist nicht der Coupon für die volle Laufzeit des Back Bond zugrunde zu legen, sondern die Rendite für einen um die Laufzeit des Warrants verringerten Bond. Dies entspräche der Effektivrendite, welche der das Optionsrecht ausübende Anleger erhält.

Im Falle einer im Juli 1986 emittierten Optionsanleihe mit Bond Warrants der West LB ergab dies folgende Rechnung: Die Optionsscheine mit einer Laufzeit von drei Jahren von 13.8.86 bis 13.8.89 berechtigten zum Bezug einer zwölfjährigen 6,5prozentigen West-LB-Anleihe zu pari im Nominalwert zu 1.000 DM. Für eine zwölfjährige Anleihe hätte die West LB zum Emissionszeitpunkt einen Coupon von 6,75% zu zahlen, für neunjährige Titel 6,60%. Für diese Anleihe wurde ein Coupon von 6,50% zu pari und ein Preis für den Optionsschein von 34 DM festgelegt. Der Emittent hat also für eine zwölfjährige 6,5prozentige Anleihe 103,40 DM erhalten, was einer Kapitalaufnahme mit einer Rendite von 6% entsprach.

Zins- und Verfügbarkeitsrisiko
Der Emittent geht mit der Ausgabe von Call-Bond-Warrants die Verpflichtung ein, die zu beziehende Anleihe während der Laufzeit zu den vereinbarten Konditionen liefern zu müssen. Er geht damit das Risiko fallender Zinsen (Zinsrisiko) mit entsprechenden Opportunitätskosten ein.

Das Zinsrisiko besteht darin, daß in der Zeit zwischen Emission und Ausübung des Optionsrechts die Zinsen fallen, so daß der Emittent eine Anleihe zu günstigeren Konditionen hätte emittieren können. Aber genau auf diesen Zinsrückgang spekuliert der Anleger, der in Zins-Optionsscheinen zum Bezug von Anleihen spekuliert. Damit der Renditevorteil zum Emissionszeitpunkt in Zukunft nicht mit zu hohen Zinskosten bezahlt wird, hat der Emittent bei der Bewertung der Zins-OS eine Reihe von Aspekten einzuschätzen:

• Zinsen und Zinsstrukturen können sich während der Laufzeit des Optionsscheins stark verändern. Existierte z.B. 1986 eine normale Zinsstruktur, d.h., die langfristigen Zinssätze liegen über den Zinssätzen für kurze Laufzeit, so kehrt sich dies seit Mitte 1989 in eine flache bzw. sogar inverse Zinsstrukturkurve um. Bei inverser Zinsstruktur rentieren kurzfristige Anleihen höher als langlaufende Anleihen.

• Die Volatilität (Kursschwankung) eines festverzinslichen Wertpapieres wird in erheblichem Ausmaß von der Restlaufzeit bzw. der Duration bestimmt. Ebenso sind bei Anleihen im Prinzip keine unbegrenzten Kursbewegungen möglich. Das heißt, die Schwankungsbreite ist bei Anleihen geringer als bei Risikopapieren (z.B. Aktien).

• Entsprechend unterschiedlich sind die Kursschwankungen des zu beziehenden Wertpapieres (der Anleihe).

• Insbesondere bei Anleihen mit Kündigungsklauseln kann sich die Volatilität sprunghaft (bei Kündigung) ändern.

Daraus ergeben sich Schlußfolgerungen für die Festlegung der OS-Bedingungen, um das Zinsrisiko (zeitlich) einzuschränken:

• Der optierbare Back Bond kann mit einer langen Laufzeit und einem hohen Zinscoupon ausgestattet sein, der Warrants jedoch nur mit einer kurzen Laufzeit, innerhalb der die Zinsentwicklung für den Emittenten überschaubar bleibt.

• Der Warrant kann eine sehr lange Laufzeit haben, der optierbare Back Bond ist mit einer nicht wesentlich längeren Laufzeit oder einem niedrigeren Zinscoupon ausgestattet. Hierbei sind z.T. Vorschriften bzgl. der Mindestrestlaufzeit der optierbaren Anleihe nach Ablauf des Bond Warrants zu berücksichtigen.

• Der Bezugskurs wird nicht fest fixiert, er kann sich im Zeitablauf ändern, z.B. abhängig von der Restlaufzeit des Warrants.

• Der Emittent sichert den Warrant durch eine Zinsoption ab, d.h., er kauft eine entsprechende Option, trennt diese und verbrieft sie in kleineren Stückelungen und emittiert diese als Warrant mit einer höheren Prämie als die Optionsprämie. Die Strategie ist sicher, schmälert aber die Gewinnmarge bzw. die Zinsersparnis des Emittenten.

Hinzu kommt ein aufgrund der Unsicherheit der Optionsausübung für den Emittenten nicht genau planbares Fremdkapitalvolumen. Dieser Nachteil (Verfügbarkeitsrisiko) kann ebenfalls im Wege der OS-Bedingungen nivelliert werden:

Beispielsweise emittierte die Dai-Ichi-Kangyo Bank im Februar 1986 die erste DM-Optionsanleihe mit Bond Warrants über 300 Mio. DM, endfällig am 14.12.1996, mit einem Zinssatz von 6,50% und einem Ausgabekurs von 100,25%. Die Anleihe ist frühestens nach fünf Jahren und danach jederzeit zu 100% kündbar. Gleichzeitig wurden 300.000 Warrants zu 25 DM pro Warrant emittiert. Jeder Warrant berechtigt zum Bezug von Nominal 1.000 DM einer weiteren Anleihe mit einem Basispreis von 100% und sonst gleichen Konditionen wie die Ursprungsanleihe, aber unkündbar. Trotz der separaten Verbriefung des Warrants wurde die Anleihe nur zusammen mit dem Warrant als Optionsanleihe emittiert. Bis 1.3.91 kann das Optionsrecht nur in Verbindung mit der Rückgabe der Ursprungsanleihe ausgeübt werden. Danach kann das Optionsrecht normal, d.h. Warrant plus Zahlung des Basispreises, ausgeübt werden.

Dieses Konzept garantiert dem Emittenten ein konstantes Fremdkapitalvolumen, da in den ersten fünf Jahren die optierbare Anleihe nur durch Hingabe des »Front Bonds« (Ursprungsanleihe) bezogen werden kann. Danach ist der Front Bond jederzeit kündbar. Falls also das Optionsrecht danach ausgeübt wird, könnte der Front Bond im gleichen Umfang gekündigt werden.

Die Kündigungsmöglichkeit dieser zehnjährigen Anleihe nach fünf Jahren entspricht – wirtschaftlich gesehen – einer Kaufoption. Dafür zahlt der Emittent dem Anleger eine Prämie in Form eines geringeren Emissionskurses. Bei dem zum Emissionszeitpunkt herrschenden Zinsniveau von 6,40% hätte eine mit 6,50% und zehn Jahren Laufzeit ausgestattete Anleihe 100,75% gekostet.

Ein weiterer Aspekt aus Emittentensicht ist, daß relative Präferenzen verschiedener Anlegerkreise ausgenutzt werden können. Die Investoren in der Anleihe werden längerfristig orientiert und somit vielfach nicht mit den Käufern der Warrants identisch sein, die mit relativ geringem Einsatz eine Spekulation auf fallende Zinsen suchen und eher kurzfristig orientiert sein werden.

2.4 Währungs-Optionsscheine – Currency Warrants

Eine weitere Variation hinsichtlich der Ausstattung des Optionsrechts stellt die Optionsanleihe mit Währungs-Optionsscheinen (Currency Warrants) dar. Diese Anleiheform unterscheidet sich von der klassischen Optionsanleihe dadurch, daß die Optionsrechte sich nicht auf Aktien, sondern auf Fremdwährungsbeträge beziehen. Das bedeutet, daß die jeder Teilschuldverschreibung beigefügten Währungs-Optionsscheine ein Optionsrecht verbriefen, welches darin besteht, während einer festgelegten Optionsfrist in einem bestimmten Optionsverhältnis einen festgelegten Betrag einer bestimmten Währung zu einem festgesetzten Wechselkurs kaufen (Call Currency Warrants) oder verkaufen (Put Currency Warrants) zu können. Analog zu Optionsanleihen mit Bond Warrants gilt auch hier, daß die Emission einer Optionsanleihe mit Currency Warrants nicht der Zustimmung der HV bedarf, da es sich nicht um eine Maßnahme zur Kapitalerhöhung handelt, sondern um eine reine Fremdkapitalbeschaffung. Currency Warrants wurden in letzter Zeit zunehmend als separate Tranche, als bereits bekannte Naked Currency Warrants begeben.

Vielen Anlegern sind bereits Devisenoptionen bekannt. Diese sind entweder bzgl. Laufzeit, Ausstattung bzw. Optionsbedingungen, Handel und Clearing standardisiert oder sie werden zwischen den Handelsparteien individuell vereinbart.

Die Form der börsenmäßig organisierten Optionskontrakte werden »Exchange-traded options« genannt und haben eine maximale Laufzeit von einem Jahr, während die individuell gehandelten Optionen, die im Freiverkehr gehandelt werden, die sog. OTC-(Over-the-counter)-Optionen, unterschiedliche Optionsbedingungen, z.B. eine längere Laufzeit und höhere Kontraktgröße, haben können.

Die Optionsfrist der Währungs-Optionsscheine ist ebenso wie die der OTC-Devisenoptionen allgemein länger als die an Optionsbörsen standardisierten Laufzeiten von Devisenoptionen.

2.4.1 Finanzierungskonzept und Ausstattungsmerkmale

Der Wert von Währungs-Optionsscheinen zum Emissionszeitpunkt ergibt sich entsprechend der Emissionsformen: Beim Agio-Modell stellt das Agio den sichtbaren Preisanteil für das Optionsrecht dar. Beim Niedrig-Coupon-Modell errechnet sich der Wert aus der kalkulatorischen Reduzierung des Emissionskurses des Anleiheteils bis zu der Rendite, die der vergleichbarer Anleihen entspricht. Der Emittent geht mit der Emission von Währungs-Optionsscheinen nicht zwangsläufig ein Währungsrisiko durch eine offene Währungsposition ein. Vielmehr kauft der Emittent im Regelfall im Freiverkehr (OTC-Markt) angebotene börsenfreie, d.h. nicht an die Standardisierung der Kontrakte gebundene Devisenoptionen, teilt den Gesamtbetrag der Option in einzelne Tranchen auf, verbrieft die Tranchen jeweils separat und emittiert diese dann als Optionsscheine. Der Emittent macht sich durch diese Technik Marktzugangbeschränkungen für bestimmte Anlegergruppen zum Devisen-Options-Freiverkehrsmarkt zum Nutze.

Neben den drei Anlegerkreisen, die für Emissionen von Optionsanleihen als Investoren in Frage kommen (Investoren in die Anleihe »cum«, in die »ex«, in die Scheine), werden mit Währungs-Optionsscheinen zwei neue Anlegerkreise angesprochen, denen bisher der Zugang zum Devisen-Optionsgeschäft verwehrt blieb:

• Privatanleger, die aufgrund von rechtlichen Zugangsbeschränkungen – im OTC-Markt sind nur Banken, Institutionelle und Broker als Marktteilnehmer zugelassen und können Geschäfte tätigen – sowie wirtschaftlicher Zugangsbeschränkungen – bei den im Freiverkehr von Banken angebotenen Devisenoptionen ist ein Mindesteinsatz von 5 Mio. DM bzw. 1 Mio US-$ erforderlich – nicht am Devisen-Optionshandel partizipieren. So kann jetzt auch der Kleinanleger direkt an der Entwicklung einer Währung, z.B. des US-$ partizipieren und sein Depot gegen Währungsverluste absichern oder sich einen bestimmten Dollarkurs für seine geplante USA-Reise sichern.

• Institutionelle Anlegergruppen, die aufgrund bestimmter Vorschriften vom klassischen Optionshandel ausgeschlossen sind (vgl. Kapitel 1.3) und quasi auf den Markt für Währungs-Optionsscheine angewiesen sind.

Mit diesem innovativen Instrument ermöglicht der Emittent den Anlegern indes ein Währungsengagement mit kleineren Beträgen und den Institutionellen eine indirekte Teilnahme am Devisen-Optionsmarkt.

2.4.2 Emissionsmotive

Der Vorteil aus Sicht der Emittenten liegt in den geringeren Finanzierungskosten als bei vergleichbaren Straight Bonds mit gleicher Risikoposition. Dies ergibt sich aus dem Sachverhalt, daß der Emittent eine OTC-Option mit einer Optionsprämie von beispielsweise 9% kauft, und die Optionsscheine dann mit einer höheren Prämie von z.B. 12% emittiert. Die höhere Prämie ist als Kostenbeitrag für die separate Verbriefung und Stückelung zu interpretieren sowie für den Vorteil der Anleger, daß die Optionsscheine in der Regel amtlich an einer Börse notiert werden, und der Markt so für Investoren transparenter wird.

Beispielsweise emittierte die Deutsche Bank im November 1986 eine der ersten Optionsanleihen mit Währungs-Optionsscheinen (300 Mio. DM, 6%, fällig am 2.1.1992). Jeder Teilschuldverschreibung von nominal 5.000 DM sind zwei Optionsscheine beigefügt, die zum Bezug von 500 bzw. 2.000 US-$ zu einem Basispreis von 2,06 DM/US-$ in einer knapp zweijährigen Optionsfrist, vom 1.12.86 bis 4.11.88 berechtigen.

Der damalige Emissionskurs von 112% bedeutete, daß bei einem Zinscoupon, der zum Emissionszeitpunkt dem Marktzins entsprach, das Agio von 12% (600 DM) als Preis der beiden US-$ Call Currency Warrants zu betrachten ist. Den Angaben des Emissionshaus zufolge wurde die OTC-Option mit einer Prämie von 7% (350 DM) gekauft. Daraus entsteht für den Emittenten ein Gewinn von 5% (bzw. 250 DM) pro Tranche. Wird diese Differenz abzüglich einer geschätzten Kostenpauschale mit den zu zahlenden Zinskosten verrechnet und auf die Laufzeit der Anleihe linearisiert, dann entsteht für den Emittenten in diesem Beispiel eine Ersparnis von 0,75% p.a. Der beispielhafte Finanzierungsablauf einer Optionsanleihe mit Währungs-Optionsscheinen ist in Abbildung 2.7 noch einmal zahlenmäßig dargestellt.

Gemäß den Angaben des IFR (International Financial Review, monatliche Finanzzeitschrift) lagen bei den bisher emittierten Optionsanleihen mit Währungs-Optionsscheinen die Prämien für die Optionsscheine zwischen 25% bis 30% über denen vergleichbarer OTC-Optionen.

Besonders 1989 erlebten Currency Warrants einen wahren Boom, überwiegend als Naked Warrants. Hierbei werden die Optionsscheine ohne Anleihe begeben. Sie dienen also nicht der Beschaffung von kostengünstigem Fremdkapital, sondern fördern dann lediglich das sog.»off-balance-sheet«-Geschäft, d.h. das bilanzneutrale Geschäft in Form von Provisionseinnahmen und Handelsgewinnen.

Finanzierungsablauf einer Währungs-Optionsanleihe (Währungs-OA)

Ziel

Das Unternehmen will eine sechsjährige Anleihe über 300 Mio. DM begeben, zu günstigsten Konditionen.

Strategie

1. Kauf einer OTC-US-$-Kaufoption zur Ausstattung als Währungs-OA.
2. Interne Stückelung (5.000 DM je Tranche), Verbriefung und Emission als Währungs-OA.
3. Verkauf der Anleihe cum mit einer höheren Prämie als bei der gekauften Option.

Ergebnis

1. Kauf der Option (2.500 $ je Tranche, Bezugskurs 2,06 DM, 2 Jahre Laufzeit, Prämie):

Optionsbetrag	150.000.000 $
Kapitaleinsatz (Optionsbetrag * 7%)	10.500.000 $

2. Interne Stückelung und Verbriefung

3. Verkauf der Option als Optionsschein mit 12%-Prämie

	18.000.000 $
Optionsüberschuß	7.500.000 $
abzüglich Kosten (geschätzt)	750.000 $
Emissionsüberschuß 6.750.000 $	
bezogen auf den Anleihebetrag (angenommener $-Kurs: 2,00 DM)	4,5%
linealisiert auf die Laufzeit (= Ersparnis p.a.)	0,75%

Abb. 2.7 Finanzierungsablauf einer Optionsanleihe mit Currency Warrants

2.5 Index-Optionsscheine – Index Warrants

In jüngster Vergangenheit wurden eine Reihe von Optionsscheinen emittiert, die sich auf unterschiedliche Aktienindices als Basisobjekt beziehen. Den Anfang machten 1988 Bankers Trust, Zürich, und Salomon Brothers, die Index-Optionsscheine auf den japanischen Nikkei-Dow-Jones auflegten. Index Warrants auf Schweizer und holländische Aktienindices folgten. Ende 1988 wurden dann erstmals von Bankers Trust und der Deutschen Bank Suisse Index Warrants in Sfr aufgelegt, die sich auf den deutschen Aktienmarkt, nämlich den FAZ-Index beziehen. Erstmals konnten Investoren damit den »Markt kaufen oder verkaufen«.

Wer also glaubt, daß die deutschen Aktienkurse steigen, braucht seitdem nicht mehr einzelne Blue Chips kaufen, sondern kauft mit einem Index Warrant den Aktienmarkt als Ganzes. Und wer sich gegen fallende Kurse absichern will, braucht seine Standardwerte nicht zu verkaufen, sondern kann ebenfalls in Index Warrants investieren.

Denn wie bei allen Warrant-Arten unterscheidet man bei Index Warrants Scheine zum Kauf des Index, sog. Bull Warrants (Index Call Warrants), und Scheine zum Verkauf des Index, sog. Bear Warrants (Index Put Warrants).

Mittlerweile existieren auch für den deutschen Kapitalmarkt eine Reihe von Index Warrants, die sich auf die beiden bekanntesten Aktien-Indices beziehen. Neben dem FAZ-Index, auf den es diverse Index Warrants in Sfr gibt, steht dabei natürlich der DAX (Deutscher-Aktien-Index) im Vordergrund, dem auch im Rahmen der Deutschen Terminbörse (DTB) die größere Bedeutung zukommt.

Die Dresdner Bank landete im September 1989 mit den ersten DM-Optionsscheinen auf den DAX einen wahren Coup: Insgesamt legte die Dresdner Bank 950.000 Scheine mit Optionsrechten auf den DAX auf. 400.000 Scheine berechtigen zum Bezug des DAX-Index (DAX-Bull-Warrants) zu einem Basispreis (Indexstand) von 1750 DM, während 450.000 Scheine zum Verkauf des DAX-Index (DAX-Bear-Warrants) zu einem Basispreis von 1600 DM (Indexpunkten) berechtigen.

Da der DAX-Index ein synthetisches Konstrukt darstellt, das weder real bezogen noch geliefert werden kann, berechtigen die Scheine nur zur Gutschrift eines Geldbetrages, der sich aus der Differenz zwischen Basispreis und Indexstand zum Ausübungszeitpunkt ergibt. Pro Indexpunkt erhält der Warrant-Inhaber 1 DM.

Die Finanzwelt jedenfalls nahm diese Idee begeistert auf, obwohl indexorientierte Finanzprodukte nicht neu sind. Denn besonders in Zeiten starker Preisvolatilität, z.B. hoher Inflationsraten, besteht ein Bedürfnis, sich gegen die daraus resultierenden Wertänderungsrisiken durch Abschluß indizierter Verträge abzusichern oder sie zu begrenzen. Nicht zuletzt verdanken es die Optionsbörsen diesem Umstand, daß ihre Produktpalette hinsichtlich unterschiedlichster Index-Optionen so großes Anlegerinteresse findet.

Dazu existieren an den Finanzmärkten bereits Anleihen mit einer Indexierung der laufenden Verzinsung und/oder mit einer Indexierung des Rückzahlungsbetrages. Anleihen mit Indexierung der laufenden Verzinsung an bestimmte Basisgrößen, z.B. Gold-, Ölpreis oder Inflationsrate, sind schon länger bekannt.

Die Indexierung des Rückzahlungsbetrages war bis Anfang der 80iger Jahre auf Gold als Bezugsgröße begrenzt. Erst seit 1985 wurde der Rückzahlungsbetrag als Anleihekomponente zunehmend variiert, einmal in Form sog. ICONs (Index Currency Option Notes) – hier ist der Rückzahlungsbetrag an eine Währung geknüpft – zum anderen in Form sog. Aktienindex-Anleihen – hier ist der Rückzahlungsbetrag an einen Aktienindex gebunden.

Besonders die Jahre 1986 und '87 erlebten mehrere Emissionen in diesem Bereich. So emittierte Daiwa Europe eine Aktienindex-Anleihe, deren Rückzahlungsbetrag mit dem Nikkei-Dow-Jones-Aktienindex verbunden ist, und auch die Deutsche Bank legte eine DM-Index-Anleihe auf. Hier wurde der Rückzahlungskurs an den FAZ-Aktien-Index gekoppelt.

An diesem kleinen Exkurs wird bereits deutlich, wie breit gefächert das Angebot an indexierten Instrumenten ist. Aber besonders in Ländern, in denen keine Indexoptionen auf den Aktienmarkt existieren, weil es (noch) keine Optionsbörse gibt, stoßen Index Warrants sowohl bei institutionellen Anlegern als auch bei Privatinvestoren auf großes Interesse und schließen somit eine Investmentlücke.

2.5.1 Finanzierungskonzept

Das Basisobjekt ist wie angesprochen keine einzelne Aktie, sondern ein Index. Bei den bisherigen Emissionen waren es durchweg Aktien-Indices. Denkbar sind aber auch Optionsscheine auf Rohstoff- und Metall-Indices oder Renten-Indices. Als Basisobjekte sind alle die Indices denkbar, die von den diversen Optionsbörsen als Basisobjekte ihrer Index-Optionen und Futures verwandt werden. Im folgenden stehen aber Index Warrants auf Aktien-Indices im Vordergrund.

Ein Index beruht auf bestimmten Standardwerten, die nach bestimmten Kriterien gewichtet die größte Bedeutung an einer Börse haben. Typische Auswahlkriterien sind entweder das Grundkapital, die Börsenkapitalisierung oder der Börsenumsatz. Der mittlerweile weit verbreitete DAX-Index beispielsweise ist ein Performance-Index, der auf 30 deutschen Standardwerten beruht, die nach ihrem an der Frankfurter Wertpapierbörse zugelassenen Grundkapital gewichtet sind. Weitere Auswahlkriterien sind neben den oben genannten Faktoren frühe Eröffnungskurse. Performance-Index bedeutet, daß Erträge wie Dividendenzahlungen und Bezugsrechtserlöse über einen Bereinigungsfaktor mit in die Berechnung einfließen, weil fiktiv unterstellt wird, daß diese Erträge wieder reinvestiert werden.

Der DAX spiegelt als Laufindex die fortlaufende Kursentwicklung während einer Börsensitzung wider. Im Laufe der Börsensitzung fließen die Kassakurse wie eine variable Notierung in die Berechnung des DAX mit ein. Konzipiert wurde der DAX von der Arbeitsgemeinschaft der Deutschen Wertpapierbörsen und seit seiner Einführung im Frühsommer 1988 wird der DAX von der Frankfurter Wertpapierbörse minütlich während der Börsenzeit ermittelt und grafisch auf dem Börsenpaket dargestellt.

Wie erwähnt, stellt ein Index ein synthetisches Finanzkonstrukt dar, so daß das Optionsrecht auf den Index nie konkret ausgeübt werden kann, sondern der OS-Inhaber stets zum Ausübungszeitpunkt vom Emittenten statt des konkreten Basisobjekts einen Geldbetrag ausgezahlt bekommt. Ein Index Bull Warrant (Index-Kauf-Optionsschein) berechtigt somit zur Gutschrift eines Geldbetrages. Dieser entspricht der Differenz zwischen dem Basispreis und dem in einer bestimmten Währung, z.B. DM ausgedrückten höheren Gegenwert des Indexstandes zum Ausübungszeitpunkt. Je höher also der Indexstand zum Ausübungszeitpunkt, desto höher ist die Differenz zum Basispreis und somit der dem Investor zustehende Geldbetrag. Entsprechend berechtigt ein Index Bear Warrant (Index-Verkaufs-Optionsschein) zur Gutschrift eines Geldbetrages, der der Differenz zwischen dem in Währung ausgedrückten niedrigeren Gegenwert des Indexstandes und dem Basispreis bei Ausübung entspricht (Dresdner Bank). Hier gilt: Je tiefer der Indexstand zum Ausübungszeitpunkt, desto höher die Differenz zwischen Basispreis und Indexstand und damit der dem Investor zustehende Geldbetrag.

Im allgemeinen entspricht eine Währungseinheit einem Indexpunkt. Im Falle der in Abbildung 2.8 abgebildeten Emission von DAX-Warrants kann der Inhaber nach Maßgabe der Optionsscheinbedingungen von der Dresdner Bank (der Optionsscheinschuldnerin) also die Gutschrift eines DM-Betrages verlangen. Ist der Anleger Inhaber eines DAX Bull Warrants, entspricht der Betrag der Differenz, um die der in DM ausgedrückte Gegenwert des Schlußstandes des DAX den Basispreis des DAX Bull Warrants (1750 DM) zum Ausübungszeitpunkt überschreitet.

Beim DAX Bear Warrant entspricht der vom Investor zu verlangende Betrag der Differenz, um die der Basispreis des DAX Bear Warrant (1600 DM) den in DM ausgedrückten Gegenwert des Schlußstandes des DAX zum Ausübungszeitpunkt überschreitet.

Die übrigen OS-Bedingungen entsprechen weitgehend denen von herkömmlichen Optionsscheinen: Die Optionsfrist gibt an, innerhalb welchen Zeitraums der Inhaber eines Index Warrants sein Optionsrecht ausüben und den Geldbetrag verlangen kann. Sie ist im Vergleich mit klassischen Aktien-Optionsscheinen kürzer und variiert zwischen einem und drei Jahren. Die Optionsfrist der DAX Warrants der Dresdner Bank läuft vom 28.9.89 bis zum 28.9.90 einschließlich. Die Ursache für die kurze Laufzeit liegt in der Art der Sicherungsposition begründet: Die Dresdner Bank hat ihre DAX-Emission nach eigenem Bekunden durch Kauf- und Verkaufsoptionen auf einzelne, den DAX repräsentierende Aktien abgesichert.

Das Optionsverhältnis gibt an, auf wieviel Indexeinheiten sich ein Index Warrant bezieht. Bei den bisherigen Emissionen beziehen sich die Index-Optionsscheine auf eine (1:1), eine zehntel (10:1) oder eine hundertstel (100:1) Indexeinheit, d.h. ein Indexpunkt des zugrundeliegenden Index entspricht der Währungseinheit von einem, zehn oder 100 Scheinen.

81

400.000 DAX Bull Warrants der Dresdner Bank Aktiengesellschaft auf den Deutschen Aktienindes (DAX),
die zur Gutschrift eines Geldbetrages berechtigten, der der Differenz zwischen einem Basispreis und dem in DM ausgedrückten höheren Gegenwert des DAX-Schlußstandes bei Ausübung entspricht, und

450.000 DAX Bear Warrants der Dresdner Bank Aktiengesellschaft auf den Deutschen Aktienindex (DAX),
die zur Gutschrift eines Geldbetrages berechtigen, der der Differenz zwischen dem in DM ausgedrückten niedrigeren Gegenwert des DAX-Schlußbestandes und dem Basispreis bei Ausübung entspricht.

Basispreise	DAX Bull Warrants: DM 1.750,– DAX Bear Warrants: DM 1.600,– Der DAX-Schlußbestand am 7. September 1989 wurde mit 1.641,19 festgestellt.
Optionsfrist	*Das Optionsrecht kann in der Zeit vom 28. September 1989 bis zum 28. September 1990 einschließlich ausgeübt werden.*
Ausgabepreise	DM 90,– je DAX Bull Warrant DM 80,– je DAX Bear Warrant
Börseneinführung	Die Zulassung der DAX Bull Warrants zur amtlichen Notierung und zum Handel an der Frankfurter Wertpapierbörse ist vorgesehen.
Verbriefung	Die DAX Bull Warrants und die DAX Bear Warrants werden in je einem Global-Inhaber-Optionsschein verbrieft.
Wertpapier-Kenn-Nr.	DAX Bull Warrants: 804.628 DAX Bear Warrants: 804.629
Euro Clear	DAX Bull Warrants: 61.618 DAX Bear Warrants: 61.617
Cedel	DAX Bull Warrants: 357.192 DAX Bear Warrants: 357.197
Zeichnungsfrist	8. und 11.September 1989. Zuteilung sowie gegebenenfalls vorzeitiger Zeichnungsschluß bleiben vorbehalten.
Zahltag	20. September 1989

Abb. 2.8 Emission von Index Warrants auf den DAX

Die Ausübung der Optionsscheine erfolgt analog zu der von Aktien-Optionsscheinen über eine schriftliche Optionserklärung bei der Optionsstelle, evtl. unter Vermittlung der Annahmestellen. Statt des Basisobjekts, z.b. einer Aktie, erhält der Investor dann einen Geldbetrag.

Auch die Verbriefung und Lieferung entspricht der von herkömmlichen Warrants. In aller Regel werden Optionsscheine in einem Global-Inhaber-Optionsschein verbrieft, d.h., Einzelurkunden werden nicht erstellt; effektive Optionsscheine werden also nicht ausgegeben. Erwirbt ein Anleger einen Index Warrant, stehen ihm Miteigentumsanteile an dem jeweiligen Global-Inhaber-Optionsschein zu, der bei einer Treuhandstelle hinterlegt ist. So sind die DAX-Scheine beim Frankfurter Kassenverein hinterlegt. Für die Übertragbarkeit (Fungibilität) ist diese Art der Verbriefung nicht von Nachteil: Die Miteigentumsanteile können genauso wie einzelne Inhaber-Urkunden übertragen werden, national über bestimmte inländische Kassenvereine, international über bekannte Clearing-Gesellschaften (Abwicklungsstellen) wie Euro-Clear oder Cedel. Wichtig ist nur, daß die Optionsscheine Inhaberpapiere und keine Namenspapiere sind, d.h., daß die Urkunde auf den Inhaber und nicht auf den speziellen Namen des Besitzers lautet. Denn Namenspapiere erfordern bei jedem Kauf oder Verkauf eine Umtragung der Papiere und verzögern (und verteuern) damit den Handel. Bei allen bisher emittierten und aktiv gehandelten Optionsscheinen ist dies gegeben. Das gilt auch für alle anderen Arten von Optionsscheinen.

Eine Verwässerungsklausel wie bei klassischen Aktien-Optionsscheinen ist in den Optionsbedingungen von Index Warrants natürlich nicht notwendig, aber Anpassungsklauseln können vorgesehen werden. Diese gelten dann für den Fall, daß die zum Emissionszeitpunkt maßgeblichen Konzepte und Berechnungen des Index nicht mit denen vom Ausübungszeitpunkt vergleichbar sind. Das wäre beispielsweise der Fall, wenn der DAX nicht mehr notiert und ersetzt oder eine andere formelmäßige Berechnung erfolgen würde. Für diese Fälle ist z.B. in den OS-Bedingungen der Dresdner DAX-Emission vorgesehen, daß ein Sachverständiger, der von der Frankfurter Wertpapierbörse bestimmt wird, eine Anpassung des Basispreises vornimmt oder die Dresdner Bank eigenständig den DAX weiter berechnet.

Diese Anpassung des Basispreises gilt insbesondere für solche Fälle, in denen der aktuelle DAX auf nicht vom Markt ausgelöste Kursveränderungen der unterliegenden Werte angepaßt wird, d.h., wenn die Gewichtungsfaktoren des Index erneuert werden; beispielsweise aufgrund von Dividendenzahlungen, Kapitalveränderungen oder Fusionen, Übernahmen oder Konkursen einzelner, im Index enthaltener Gesellschaften.

2.5.2 Emissionsmotive

Für den Emittenten stehen neben Provisions- und Handelsgewinnen noch Arbitrage-aspekte im Vordergrund des Interesses. Denn will der Emittent Index Warrants begeben, bleiben ihm mehrere Alternativen, die Optionsrechte der Optionsscheine gegenzusichern. Theoretisch kann der Emittent zwar eine offene Position eingehen, d.h., er hat keine Gegenposition zu den Optionsrechten der Warrants aufgebaut, praktisch ist dies jedoch irrelevant, da durch das Wertänderungsrisiko der Optionsrechte dem Emittenten stets zu hohe Verlustpotentiale drohen. Zur Absicherung bleiben dem Emittenten mehrere Möglichkeiten. Im folgenden werden nur einige Basis-Strategien zum Hedging der Warrant-Position aufgeführt:

- Der Emittent erwirbt eine Index-Option, splittet diese, verbrieft Bruchteile dieses Optionskontraktes separat und emittiert diese dann als Index Warrants. Diese Alternative ergibt sich nur für die Indices, für die Index-Optionen börslich handelbar sind. Und auch die übrigen Bedingungen wie Laufzeit, Basispreise etc. wären an die Bedingungen der börsenmäßig organisierten Index-Optionskontrakte gebunden.

- Der Emittent erwirbt die im Index enthaltenen Aktien bzw. findet Stillhalter, die diese bereits im Depot haben. Entsprechend den Covered Warrants können dann Index Warrants zum Bezug dieser Aktien, die den Index repräsentieren, begeben werden. Diese Alternative ist nur von theoretischer Bedeutung, da sie zum einen zu kapitalintensiv und damit zu teuer ist; zum anderen ermöglicht sie nur die Emission von Bull Index Warrants. Zur Emission von Bear Warrants wäre eine weitere Hedging-Position erforderlich: Denkbar wäre in diesem Zusammenhang, daß ein institutioneller Anleger bereit wäre, gegen eine Prämie das aktuelle Aktienkursniveau per Bear Warrant zu kaufen. Durch eine Prämie von z.B. 20% würden sich seine zukünftigen Einstandskurse dann pauschal um diesen Prozentsatz reduzieren. Ob dies jedoch risikopolitisch von diesem Anleger zu vertreten wäre, muß bezweifelt werden. Es sei denn, dieser hat sich wiederum per Option anderweitig abgesichert.

- Der Emittent kauft sich Optionen auf die den Index repräsentierenden Aktien. Dabei achtet der Emittent darauf, daß er die Kauf- und Verkaufsoptionen so wählt, daß Sie sich deltaneutral zum Index entwickeln. Das Delta einer Option beschreibt, wie stark sich der Optionspreis theoretisch verändert, wenn sich das zugrundeliegende Basisobjekt um einen Punkt verändert. Deltaneutral bedeutet also, daß die Summe der Wertänderungen der gekauften Optionen (Produkt der Anzahl der gekauften Optionen und dem Delta dieser Option) der Wertänderung des zugrunde liegenden Basisobjekts, in diesem Fall dem Index, entspricht. Nur dann ist die Position theoretisch vollständig abgesichert. Anschaulich dargestellt bedeutet dies: Ändert sich der Index um ein Prozent und ändert sich der Wert der gekauften Optionen ebenfalls um ein Prozent, dann ist das Investment deltaneutral; ändert sich der Wert der gekauften Optionen jedoch um weniger als ein Prozent, dann ist das Investment deltanegativ; entsprechend ist die Strategie deltapositiv, wenn die Wertänderung der Optionen größer als die Wertänderung des zugrundeliegenden Basisobjektes ausfällt.

Diese letzte Form der Absicherung hat auch die Dresdner Bank für ihre DAX-Emission verwendet. Bei dem Erwerb der Optionen hat sie Art und Anzahl der Optionen (Calls und Puts) auf die verschiedenen Aktien so zusammengestellt, daß sie in ihrer theoretischen Wertentwicklung exakt der Indexentwicklung entsprechen: also eine deltaneutrale Absicherung.

Um die gelaufene DAX-Emission zahlenmäßig nachvollziehen zu können, bedarf es folgender Annahmen: Unterstellt man, daß die Optionen in den Tagen vor der Emission gekauft wurden, kann eine durchschnittliche Optionsprämie von 7% auf die Kaufoptionen und von 5% auf die Verkaufsoptionen angenommen werden. Der DAX-Schlußstand am 7.9.89, dem Emissionstag, betrug 1641,19 Indexpunkte. Bei Emissionskursen von 90 DM für die Bull-Scheine und von 80 DM für die Bear-Scheine, ergibt sich unter Beachtung der jeweiligen Basispreise eine Prämie für die Bull-Scheine von 12,1% und für die Bear-Scheine von 7,6%. Damit bleibt abzüglich von Emissionskosten etc. ein geschätzter Profit von 8,0%. Bei einem Emissionsvolumen von 72 Mio. DM ein sattes Geschäft für den Emittenten.

Dem Emittenten bleiben schätzungsweise 5,8 bis 7 Mio. DM. Dieser Überschuß verbleibt nur aufgrund der Arbitrage zwischen dem börsenmäßig organisierten Optionshandel und der Emission am Optionsscheinmarkt. Die Dresdner Bank hat nach eigenem Bekunden diese vereinnahmten Emissionprämien (Stillhalterprämien) aber buchungstechnisch noch nicht als Gewinn verbucht, sondern auf ein sog. Vorschaltkonto verbucht. Diesem Vorschaltkonto werden mögliche weitere Gewinne oder Verluste, z.B. durch Ausübung, gutgeschrieben bzw. belastet. Der Saldo wird erst zum Laufzeitende gebildet. So sichert sich die Bank gegen alle Eventualitäten ab. Denn die Vorteilhaftigkeit dieser Emission zeigt sich erst am Ende der Laufzeit. Trotz alledem beginnt die Bank die Rechnung mit einem guten Polster.

Hinzu kommen noch Handelsgewinne, denn neben der Funktion als Emittent kommt noch die Funktion als Marktmacher (Market Maker) hinzu. Market Maker sind Banken oder Broker, die einen Markt in einem bestimmten Wertpapier oder Finanzierungsinstrument unterhalten und entsprechende An- und Verkaufskurse auf dem Bildschirm oder per Telefon publizieren. In diesem Fall stellt also die Dresdner Bank börsentäglich Geld- und Briefkurse (Ankauf- und Verkaufskurse) und ist bereit, die Warrants zu diesen Kursen zu handeln. Zwischen Geld- und Briefkurs liegt meist eine Spanne von ein bis fünf Prozentpunkten, die der Market Maker kassiert; er erhält die Marge zum einen als Gegenleistung für seine Handelsaktivitäten umd zur Unterhaltung des Sekundärmarktes, zum anderen als Polster für mögliche Verluste aufgrund von Kursschwankungen.

Die Market-Maker-Funktion ist für den Handel von Optionsscheinen wichtig, denn ist ein Schein nicht liquide, d.h. nicht leicht handelbar, weil nur wenig Umsatz zustande kommt, wird er für viele Investoren als Trading-Investment uninteressant. Geringe Umsatztätigkeit bedeutet, daß nur kleine Stückzahlen gehandelt werden, mit der Folge, daß größere Positionen nur mit Kursaufschlägen gekauft bzw. nur mit Kursabschlägen verkauft werden können. Solche Märkte sind zu spekulativ, weil eine faire Kursfindung durch Manipulation der Umsatztätigkeit behindert werden kann.

Existieren aber für einen Schein ein oder mehrere Market Maker, dann kann der Warrant börsentäglich auch außerhalb der Börsenzeiten ständig gehandelt werden. Und wird ein Schein nicht amtlich oder im Freiverkehr an der Börse gehandelt, ist es sogar die einzige Handelsmöglichkeit. Am Beispiel des japanischen Optionsscheinmarktes in Sfr wird die Bedeutung des Market-Maker-Systems am besten deutlich (Kap. 7).

2.6 Basket-Optionsscheine – Basket Warrants

Eine Variation der klassischen Aktien-Optionsscheine stellen die seit 1988 bekannten Basket-Optionsscheine dar. Im Unterschied zu den herkömmlichen Aktien Warrants beziehen sich Basket Warrants nicht nur auf eine einzelne Aktie, sondern, wie der Name schon andeutet, auf einen Korb von Aktien. In der Regel sind dies Aktien verschiedener Gesellschaften. Bei den bisherigen Emissionen überwog dabei die Zusammenstellung der Basisobjekte nach Branchenzugehörigkeit. Das heißt, die Gesellschaften gehören meist einer Branche an. So emittierte das Brokerhaus Merrill Lynch per Valuta 14.11.89 100.000 gedeckte Optionsscheine »Deutscher Chemie Basket« zum Bezug diverser Aktien aus der deutschen Groß- und Spezialchemie. Und auch bei den übrigen Basket-Emissionen sagt die Bezeichnung bereits alles über das Basisobjekt aus: Die Palette reicht von Basket-Pharma über Railway-Basket und Banken-Basket bis zum Car-Basket, Green-Basket und Retail-Basket.

Basket-Emissionen haben im Laufe des Jahres 1988 ihren Anfang in der Schweiz genommen. Von dort aus expandierte das Basket-Fieber aufgrund von spektakulären Emissions- und anschließenden Kurserfolgen in andere Länder des Kontinents. So stieg beispielsweise eine der ersten Basket-Emissionen in der Schweiz überhaupt, der Basket Pharma Warrant, innerhalb eines halben Jahres von 200 auf über 3.000 Sfr Diesem Optionsschein lagen eine Roche-Baby, drei Sandoz-Namen und neun Ciba-Geigy-Namen zugrunde. Dieser Aktienkorb konnte bis 26.10.89 zu einem Gesamtpreis von 59.000 Sfr bezogen werden. Durch die positive Kursentwicklung dieser

Aktien und die günstige Ausstattung der Scheine explodierte dieser innerhalb von sechs Monaten um mehr als 1.000%.

Mittlerweile wird auch in der Bundesrepublik Deutschland der »Aktienkorb« als Basisobjekt zunehmend beliebter. Mitte 1989 emittierte die CSFB den ersten Warrant zum Bezug eines Aktienkorbes. Dies fand eine Vielzahl von Nachahmern, so daß mittlerweile mehr als ein Dutzend Warrants mit Bezugsrecht auf Aktienkörbe auf dem Markt sind. Bei den bisherigen Emissionen in diesem Marktsegment wurden bislang nur Aktienkörbe als Basisobjekt zusammengestellt.

Andere Zusammenstellungen sind auch hier denkbar: So könnten sich Basket-Optionsscheine auch auf einen Anleihekorb oder Indexkorb beziehen. Oder wie wäre es mit einer Emission, die sich auf einen Währungskorb bezieht, zum Bezug von US-$, Can-$, NZ-$ und Aus-$ gleichzeitig? Damit könnte sich ein Investor dann zu einem bestimmten Zeitpunkt die unterschiedlichen $-Kurse für eine Rundreise durch diese Länder vorzeitig sichern.

Letztlich sind der Phantasie (theoretisch) keine Grenzen gesetzt, solange sich die Emission verkaufen läßt. Praktisch jedoch sind der Vielfalt auch hier Grenzen gesetzt, denn welcher Investor würde eine Emission durchschauen, deren Scheine sich auf einen Wertpapierkorb als Basisobjekt beziehen, zum Bezug von nominal 3.000 DM einer 6%-Anleihe 88/98 zu pari, fünf Aktien von BASF zu 340 DM, drei Aktien von IBM zu 129 US-$, 120 Aktien von Sony zu 9.900 Yen, 500 $ zu 1,90 DM ..., ganz zu schweigen vom ökonomischen Sinn und Zweck dieser Emission.

Diese überspitzte Darstellung zeigt, daß, ganz zu schweigen vom ökonomischen Konzept, auch die Transparenz für potentielle Investoren gewahrt bleiben muß.

2.6.1 Finanzierungskonzept

Bisher ist wenigstens bei den Baskets sowohl die Übersicht als auch der ökonomische Relevanz erhalten geblieben. Denn Aktienkörbe als Basisobjekte unterliegen den gleichen Aspekten wie klassische Optionsscheine.

Sie lassen den Anleger an der Wertentwicklung bestimmter Aktien teilhaben. Doch in bezug auf die Emissionsaspekte und das Finanzierungskonzept wird deutlich, daß Basket-Emissionen eine Menge von den Covered Warrants übernommen haben. Denn letztendlich steckt hinter einem Basket nichts anderes als ein Korb mehrerer, einzelner CWs.

Wie bereits oben angedeutet, besteht das Basisobjekt also aus einer Mehrzahl von Einzelbasisobjekten, sprich mehreren Aktien verschiedener Gesellschaften, die als ein Korb (Basket) mit einem oder mehreren Basket-Optionsscheinen bezogen werden können.

87

Die Emittenten haben die zu beziehenden Aktienkörbe bislang unter einem bestimmten Gesichtspunkt zusammengestellt: Der Aktienkorb wurde bis auf wenige Ausnahmen branchenbezogen ausgestattet, d.h., ein Basket Warrant berechtigt zum Bezug von Aktien verschiedener Gesellschaften derselben Branche.

Für potentielle Investoren bedeutet das die Möglichkeit, branchenbezogen zu investieren und es entfällt für den Anleger wie schon bei Index Warrants die Notwendigkeit zur Selektion einzelner Werte, da er bestimmte Marktsegmente durch das Basisobjekt als ganzes erwirbt: Konnte der Investor bei Index Warrants den Gesamtmarkt kaufen oder verkaufen, so kann er mit Basket Warrants eine bestimmte Branche kaufen. Basket Warrants können also bei einer branchenbezogenen Ausstattung auch als eine Art Branchen-Index-Warrants interpretiert werden.

Daneben sind jedoch auch Aktienkörbe begeben worden, die weder branchenbezogen noch nach anderen Kriterien zusammengestellt sind. So berechtigt ein sog. Cross-Basket-Optionsschein in Sfr gleichzeitig zum Bezug von Banken-, Maschinenbau- und Einzelhandelsaktien. Hierbei stand nach Aussagen des Emissionshauses das Interesse des Stillhalters im Vordergrund, seinen Depotbestand per Optionsrecht zu veräußern. Aufgrund der Euphorie für Basket-Emissionen erhielt dieser dabei eine wesentlich höhere Stillhalterprämie (ca. 10,0% p.a.) als er bei gleicher Ausstattung im börsenmäßig organisierten Optionshandel (ca. 7,5% p.a.) in der Schweiz erhalten hätte. Für den Stillhalter eine willkommene und renditeerhöhende Zusatzeinnahme, zusätzlich zu den Erträgnissen aus Dividenden- oder Bezugsrechtszahlungen.

Das Risiko des Investors jedoch hat sich durch die schlechteren Emissionbedingungen wesentlich erhöht: Am Beispiel in Kapitel 5.3, Abb. 5.13 wird deutlich, daß der Aktienkorb um 11% stärker steigen muß, um mit einem Investment des Basket Warrants die gleiche Performance zu erzielen wie mit einer vergleichbaren Option.

Zudem ist das Verlustrisiko für den Investor aufgrund des höheren Kapitaleinsatzes beim Schein höher als bei der vergleichbaren Option. Und je höher die Emissionsprämien für den Optionsschein, desto stärker reduzieren sich bei einem Aktien-Deckungsbestand für den Stillhalter die Break-Even-Kurse, bei denen er Verluste erleidet. Das heißt, sollten die Aktienkurse innerhalb oder bis zum Ende der Optionsfrist unter die Basispreise fallen, so daß die Scheine nicht ausgeübt werden, ermäßigen sich die Einstandskurse kalkulatorisch um die erhaltenen Stillhalterprämien. Je höher die Prämie, desto tiefer sind die Kurse, bei denen die Verlustgrenze beginnt.

Bei anderen Strategien zur Beschaffung des Deckungsbestandes erhöht sich mit zunehmender Emissionsprämie entsprechend die Gewinnmarge des Emittenten. Dies sind Vorteile, die der Stillhalter nur aufgrund fehlender Transparenz der Anleger hinsichtlich der Emissionsmotive und Bewertung der Scheine und der Euphorie für Basket-Emissionen erzielen konnte. Am folgenden Emissionsbeispiel werden die Vorteile deutlich.

Basket Warrant		Option
Basisobjekt:	Aktienkorb mit Aktien A,B,C	Aktienkorb mit Aktien A,B,C, (begeben als klassische Option auf einzelne Aktien)
Basispreis:	1.000 Sfr	1.000 Sfr (als Summe der Einzelbasispreise)
Optionsverh.:	1 OS : 1 Aktienkorb	1 Option : 1 Aktienkorb
Optionsfrist:	15.10.89–15.10.91	15.10.89–15.10.91
Emissionspreis:	140,00 Sfr	92,50 Sfr (als Summe der Einzelemissionspreise)
Kurswert der Aktien A,B,C zum Emissionszeitpunkt:	950 Sfr	950 Sfr
Emiss.-Prämie:	20%	15%

Abb. 2.9 Veroptionierung von Aktien als Basket Warrant versus Option

Während sich durch eine Veroptionierung in Form börsenmäßig gehandelter Optionskontrakte die Einstandskurse kalkulatorisch um 9,7% (Emissionspreis/Kurswert des Basket zum Emissions-Zeitpunkt) reduzieren, können bei der Veroptionierung durch Basket Call Warrants die Kurse sogar bis zu 15% fallen, bis der Stillhalter in die Verlustzone kommt. Die Kehrseite dieses Emittentenvorteils ist eine verschlechterte Risikoposition des Investors (vgl. Kapitel 5.6 »Strategien mit Basket Warrants«), der rational beurteilt in diesem Emissionsbeispiel besser in Optionen investiert. Allerdings wird es kaum einen direkt vergleichbaren Optionskontrakt an der Börse geben, so daß sich der Investor durch mehrere Optionskontrakte die gleichen Rechte zusammenstellen muß, die der Basket Warrant besitzt, z.B. durch den Kauf der entsprechenden Einzelaktien-Kaufoptionen.

Bisher sind nur Emissionen am Markt plaziert worden, die zum Bezug von Aktienkörben berechtigen (sog. Basket Call Warrants). Basket Put Warrants dagegen fehlen noch als Anlagealternative. Wie die Basisstrategien zur Beschaffung des Deckungsbestandes jedoch zeigen, sind auch Put Basket Warrants möglich. Bisher aber sind die Strategien mit Basket-OS noch auf steigende Aktienkurse begrenzt.

Die übrigen OS-Bedingungen entsprechen weitgehend denen von einzelnen Covered Warrants: Die Optionsfrist gibt an, innerhalb welchen Zeitraums der Inhaber eines Basket Warrants sein Optionsrecht ausüben und den Aktienkorb beziehen kann. Sie ist im Vergleich mit klassischen Aktien-OS erheblich kürzer und variiert wie bei den CWs zwischen einem und vier Jahren.

Das Optionsverhältnis gibt an, welche und wie viele der jeweils im Aktienkorb enthaltenen Aktien bezogen werden können, bzw. wieviel Aktienkörbe ingesamt bezogen werden dürfen. Die Angaben bzgl. des Optionsverhältnisses beziehen sich auf das Optionsrecht eines oder mehrerer Optionsscheine. Während bei den klassischen Scheinen und den CWs meist das Optionsverhältnis pro Optionsschein angegeben wird, gehen die Emissionshäuser bei Baskets mehr dazu über, das Optionsverhältnis für eine Mehrzahl von Optionsscheinen anzugeben. Damit bezieht sich ein Optionsschein nur auf einen Bruchteil des Aktienkorbes. Zur tatsächlichen Ausübung sind dann meist eine Mindestanzahl von Optionsrechten erforderlich.

So berechtigen zehn Optionsscheine des von Merrill Lynch im November emittierten »Deutscher Chemie Basket« zum Bezug von je neun Aktien der Bayer AG, der BASF AG, der Hoechst AG, sowie von vier Aktien der Degussa AG und drei Aktien der Schering AG. Ein Optionsschein bezieht sich also nur auf ein Zehntel des Aktienkorbes. Die Kursnotierung des in Sfr begebenen Warrants, die sowohl im Freiverkehr als auch an der Vorbörse von Zürich notiert werden, bezieht sich dagegen nicht auf die zehn, sondern nur auf den Wert eines Optionsscheins. Diese Aspekte der Emissionsbedingungen sind unbedingt für die Analyse und Bewertung des Scheins zu beachten. Dazu bietet sich die im dritten Kapitel dargestellte Kennziffer Optionsverhältnis (OV) an: Sie gibt die Zahl der Optionsrechte pro OS an und ist definiert als OV = Zahl der beziehbaren Aktien (Basisobjekte) dividiert durch die notwendige Zahl von Optionsscheinen.

Ebenso ist die Tatsache von Bedeutung, daß der Schein sich zwar auf Aktien bezieht, die in DM notiert werden, und daß der Basispreis in DM festgelegt ist, daß der Schein selbst aber in Sfr notiert wird. Der Basispreis in den OS-Bedingungen von Basket Warrants ergibt sich entweder aus der Summe der als Aktienkorb zu beziehenden Aktien oder er wird als sog. kombinierter Gesamtausübungspreis angegeben. Dieser Basispreis ist im Falle einer Ausübung des Scheins neben der Einreichung desselben zusätzlich zu zahlen, deshalb wird in der Literatur häufig auch von Zuzahlung gesprochen. So beläuft sich der kombinierte Ausübungspreis im Emissionsbeispiel der Merrill Lynch auf 13.000 DM für den oben angegebenen Aktienkorb.

Die Ausübung der Optionsscheine erfolgt analog zu der von Aktien-OS über eine schriftliche Optionserklärung bei der Optionsstelle, evtl. unter Vermittlung der Annahmestellen. Dabei ist aber zu beachten, ob nur ein Optionsschein oder mehrere Scheine gleichzeitig zur Ausübung eingereicht werden müssen. Bei Ausübung erhält der Investor dann unter Zuzahlung des vertraglich vereinbarten Basis- bzw. Ausübungspreises die Aktien des Aktienkorbes.

Auch die Verbriefung und Lieferung entspricht der von herkömmlichen Warrants. In aller Regel werden Optionsscheine in einem Global-Inhaber-Optionsschein verbrieft, d.h. Einzelurkunden werden nicht erstellt; effektive Optionsscheine werden also nicht ausgegeben.

Hinsichtlich der Übertragbarkeit gelten die Ausführungen des Kapitels über Covered Warrants.

Eine Verwässerungsklausel schützt ebenso wie bei den beiden anderen Optionsscheinen auf Aktien, dem klassischen Warrant und den CWs, die Investoren vor Kapitalmaßnahmen, die zu einer Wertminderung ihres Optionsrechts führen könnten.

2.6.2 Deckungsbestand

Hinsichtlich des Deckungsbestandes ergeben sich wieder auffällige Analogien zu Covered Warrants: Denn entgegen den klassischen Warrants und analog den Covered Warrants sind für die Emission von Basket Warrant keine bedingten Kapitalerhöhungen der Gesellschaften vonnöten, deren Aktien als Basisobjekt optierbar sind. Es findet also wie bei den CWs keine Schaffung von neuem, zusätzlichem Aktienkapital statt. Der Emittent hat zur Erfüllung der verbrieften Optionsrechte einen Deckungsbestand zu halten, der entweder aus bereits am Markt vorhandenen Aktien, aus Beteiligungspaketen institutioneller Investoren, aus relativ preisgünstigeren Optionsscheinen gedeckt wird oder durch börsenfreie oder börsenmäßig gehandelte Optionen abgesichert werden kann.

Die Möglichkeiten zur Beschaffung des Deckungsbestandes sind also identisch mit denen der Covered Warrants. Sie sollen hier nur nochmal kurz dargestellt werden, detaillierte Ausführungen finden Sie in Kapitel 2.2:

• Der Emittent der Basket Warrants kauft sich die notwendige Anzahl der verschiedenen Aktien allmählich am Markt oder übernimmt einzelne Aktienpakete von anderen Investoren.

• Die zu beziehenden Aktien befinden sich bereits in einem Depot eines Investors, der bereit ist, als Stillhalter zu fungieren und gegen eine entsprechende Prämie seinem Aktienbestand in Form der Optionsscheine per Termin zu verkaufen.

• Eine Gesellschaft möchte ihre Beteiligungen an einer oder mehreren Gesellschaften abstoßen und verkauft diese Beteiligung per Termin in Form von Basket-Optionsscheinen. Allerdings müßten die Optionsscheinbedingungen sicherstellen, daß die Ausübung garantiert erfolgen wird, damit die Beteiligung tatsächlich abgestoßen wird (z.B. niedriger Basispreis).

• Die Aktien können aus einer Kapitalerhöhung der betreffenden Gesellschaften stammen. Diese Alternative bietet sich auch wieder nur Banken und Brokern, da diese bei Kapitalerhöhungen in der Regel die Aktien der das Kapital erhöhenden

Gesellschaften in Eigenverantwortung übernehmen und am Markt zu plazieren suchen. Diese Alternative zur Schaffung des notwendigen Deckungsbestandes ist jedoch problematisch, da gleich mehrere Kapitalerhöhungen verschiedener Gesellschaften notwendig wären.

- Der Emittent der Basket Warrants deckt sich nicht direkt mit den zu beziehenden Aktien ein, sondern sichert sich über billigere, herkömmliche Optionsscheine ab und sichert sich Arbitrage-Profite. Diese kann er entweder selbst am Markt kaufen oder er findet wiederum einen Stillhalter in Optionsscheinen, der bereit ist, seine Optionsscheine per Termin gegen eine Prämienzahlung zu verkaufen. Auch hier können sich Abstimmungsprobleme zwischen Bedingungen der Basis-Warrants und der begebenen Basket Warrants ergeben.

- Der Emittent der Baskets kauft Optionen auf die optierbaren Basisobjekte (Aktien) im börsenmäßig organisierten Optionshandel, stückelt die Optionskontrakte, verbrieft die Optionsrechte als Basket einzeln und begibt diese dann als Basket-Optionsschein. In diesem Fall orientieren sich die Optionsscheinbedingungen jedoch bzgl. einzelner Ausstattungsmerkmale (Laufzeit, Basispreis) direkt an den Bedingungen des zugrundeliegenden Optionskontrakts. Diese Alternative würde auch die Emission von Put Basket Warrants ermöglichen.

- Der Emittent hält den Deckungsbestand in Form von börsenfreien OTC-Optionen. Diese Form zur Beschaffung des Deckungsbestandes eignet sich besonders zur Emission längerlaufender Basket-Optionsscheine. Call- und Put-Baskets sind möglich.

Dies sind nur einige der Basisstrategien zur Deckung des notwendigen Aktienbestandes. In der Praxis sind verfeinerte Strategien und vor allem Mischformen üblich, die die einzelnen Strategien kombinieren.

2.6.3 Emissionsmotive

Die Ausführungen zu den Motiven der Emittenten können kurz und knapp ausfallen, denn sie entsprechen weitgehend denen bei Covered Warrants.

Für den Emittenten stehen neben Provisions- und Handelsgewinnen je nach Art der Beschaffung des Deckungsbestandes darüber hinaus noch:

Arbitrage-Aspekte
Bei einem Deckungsbestand aus Basis-Optionsscheinen und/oder Optionen ergeben sich aus dem Ankauf der Basis-Optionsscheine bzw. Optionen mit einer niedrigen Prämie und dem Verkauf der Optionsscheine mit einer deutlich höheren Emissionsprämie Arbitrageprofite.

Rendite-Aspekte
Bei einem Deckungsbestand in Form von Aktien erhöht sich durch das Agio des Optionsscheins, das als Stillhalterprämie dem Stillhalter zufließt, die Rendite des Stillhalters.

Hedging-Aspekte
Bei einem Deckungsbestand in Form von Aktien reduzieren sich durch die von den Anlegern gezahlten Stillhalterprämien (in Form der Prämie) die Einstiegskurse und damit die Verlust-Break-Even-Kurse des Stillhalters in Höhe der Stillhalterprämie.

2.7 Waren-Optionsscheine – Commodity Warrants und andere

Mit den oben dargestellten Typen und Arten von Optionsscheinen haben Sie die momentan wichtigsten OS-Arten bereits kennengelernt. Daneben existieren noch OS-Arten, die momentan an den OS-Märkten nicht gerade »in« sind. Den Optionsscheinen auf Waren (Commodity Warrants) fehlt im Moment die notwendige Kursphantasie bei den zugrundeliegenden Basisobjekten, z.B. Optionsscheinen auf Gold oder Öl; den anderen begegnet man noch mit einer gewissen Skepsis, da ihre Erscheinungsform noch zu innovativ erscheint: Die Form sog. Going-Public-Optionsanleihen steckt noch in den Kinderschuhen, soll aber hier wenigstens kurz vorgestellt werden.

Neben Optionsscheinen, die sich auf eine bestimmte Basisobjekt-Art beziehen (wie Aktien, Anleihen, Währungen), sind auch solche emittiert worden, die ein Wahlrecht bezüglich des Basisobjekts beinhalten (etwa ein Optionsrecht auf eine Aktie oder einen Fremdwährungsbetrag). Auch noch andere Kombinationen wären denkbar, etwa die Wahl, ob das optierbare Basisobjekt ge- oder verkauft werden kann (Optionsschein mit einem Wahlrecht zwischen Call- oder Put-Optionsrecht). Je komplizierter aber solche Konstruktionen sind, desto schwieriger wird die Bewertung und Analyse der Scheine.

Auch Optionsscheine zum Bezug von Waren, die in Form, Gestalt und Qualität standardisiert sind, berechtigen zum Bezug oder zur Lieferung eines vertraglich bestimmten Basisobjekts zu einem fixierten Basispreis. Dieses Recht kann entweder innerhalb einer festgelegten Optionsfrist (OS amerikanischen Typs) oder nur an einem bestimmten Optionstag (OS europäischen Typs) ausgeübt werden. An den OS-Märkten notieren nur eine relativ kleine Zahl von Commodity Warrants und die meisten Optionsscheine resultieren bereits aus Emissionen von vor einigen Jahren.

2.7.1 Gold-Optionsscheine

Die bekanntesten Optionsscheine auf Waren sind Gold-Optionsscheine. Sie dürfen nicht mit Goldminen-Aktien verglichen werden. Während diese Wertpapiere unkündbare Anteilsscheine an einer Unternehmung mit allen üblichen Anteilseignerrechten und -pflichten darstellen, sind Gold Warrants weder unternehmensgebundene Papiere noch haben sie eine unbegrenzte Laufzeit.

Gold als Kapitalanlage erlebte seinen letzten Boom während der schwarzen Tage des Börsencrash im Oktober 1987. Wurden nach Expertenschätzungen 1986 allein von Privatinvestoren über 26 Mio. Feinunzen des Edelmetalls gekauft, so schwoll die Kaufwut nach dem 19. Oktober 1987 noch weiter an. Gerade sicherheitsbewußte Investoren setzten auf die Alternative Gold als Krisenschutz. In der Folgezeit jedoch ließ die Nachfrage nach Gold erheblich nach, während sich das Angebot erhöhte, was sich auch in fallenden Goldpreisen niederschlug. Somit ließ auch das Interesse an Gold-orientierten Warrants spürbar nach.

Gold-Optionsscheine bieten den Anlegern die Möglichkeit, mit einem wesentlich geringeren Kapitaleinsatz als er beispielsweise für den Kauf einer Unze erforderlich ist, an der Kursentwicklung des Goldpreises für diese Unze zu partizipieren. Die Gold Warrants verbriefen einem Inhaber das Recht, eine vertraglich genau bestimmte Menge Gold bestimmter Qualität zu einem fixierten Preis bis zu einem bestimmten oder an einem bestimmten Zeitpunkt kaufen (Call-Gold-Optionsscheine) oder verkaufen (Put-Gold-Optionsscheine) zu können. Entsprechendes gilt allgemein für Waren-Optionsscheine. Bekannt sind Commodity Warrants im Metallbereich bislang nur auf Edelmetalle. Nicht-Edelmetalle wurden bisher nicht als Optionsscheine verbrieft, obwohl die rege Umsatztätigkeit an diversen Optionsbörsen der Welt zeigt, daß Anleger auch in diesen Märkten Spekulationspotential sehen.

Wird ein Optionsschein physisch ausgeübt, z.B. bei einem Gold-Call Warrant, erhält der Anleger dann unter Zuzahlung des Basispreises die entsprechende Menge Gold.

So sichert beispielsweise ein Gold-Optionsschein von Echo Bay Mines das Recht, bis zum 9. September 1991 sechs Unzen Gold zum Preis von 560 $ je Unze zu kaufen. Dieses Beispiel zeigt auch bereits deutlich, woran es momentan hapert: Die Basispreise sind – aufgrund des nachhaltigen Kursrückgangs der letzten Jahre – zu hoch, so daß die erhoffte Hebelwirkung der Scheine, eigentlich eines der Gütesiegel von Optionsscheinen, selbst bei kräftigen Kursavancen des Goldes völlig illusorisch bleibt. Zudem erwarten momentan und in naher Zukunft nur ausgesprochen wenige Experten stark steigende Goldpreise. Bedingt durch den sich am Ende '89 belebenden Goldhandel und den damit verbundenen festeren Kursen für das gelbe Metall erwachte unerwartet die Emissionstätigkeit im Gold-Warrant-Bereich. Einen Neuanfang wagte im November 1989 die Salomon Brothers Finanz AG aus Zürich: Sie begab

120.000 Gold-Optionsscheine (durch eine Gold-Option gedeckt) für Anleger, die auf steigende Goldkurse setzen wollen. Ein Warrant wurde mit 111 Sfr emittiert und berechtigt in der Zeit vom 7.12.89 bis zum 6.5.91 zum Bezug einer Feinunze Gold zum Preis von 360 US-$.

Es folgten kurz danach ein Schweizer Bankenkonsortium und Führung der Banca del Gottardo, Lugano. Das Bankensyndikat emittierte 60.000 Call und 30.000 Put Warrants. Der Emissionspreis betrug jeweils 112 Sfr, wobei der Endverfall der Calls der 27.5.1991 und der Puts der 26.2.1990 ist. Der Basispreis pro Warrant beträgt 380 US-$ für eine Unze Gold. Statt physischer Lieferung erfolgt Barauszahlung.

Und auch die Rothschild Bank Zürich mischte im Emissionsgeschäft mit: Sie begab einen Call Warrant zu 112 Sfr mit einem Basispreis von 370 $ je Unze und einer Optionsfrist bis zum 8. April 1991.

Die Motive der Emittenten sind bei Gold-Optionsscheinen durchaus unterschiedlich: Ist der Emittent ein Produzent von Gold, z.B. eine Mine, dann wird der Gold Warrant vorwiegend unter Renditegesichtspunkten emittiert. Zum einen erhält der Stillhalter (z.B. eine Mine) ein höheres Agio auf den Warrant als auf eine entsprechende Option, zum anderen erniedrigt sich in Höhe der Stillhalterprämie theoretisch der Förderpreis einer optierbaren Menge Gold.

Wird der Commodity Warrant von anderen Unternehmen außerhalb der Goldproduktion begeben, z.B. von Finanzinstituten, kann davon ausgegangen werden, daß der bereits bekannte Arbitrage-Aspekt zwischen Options- und OS-Markt im Vordergrund steht (wie bei der Emission von Salomon Brothers Inc. und Rothschild).

2.7.2 Öl-Optionsscheine

Für Furore sorgten eine Zeitlang Öl-Optionsscheine, die zum Bezug von Öl berechtigen. Waren Anleger, die die hohe Volatilität des flüssigen Goldes zu Spekulationsengagements nutzen wollten, bislang auf die Rohölmärkte von Rotterdam oder New York in Form von Options- oder Warentermingeschäften angewiesen, so hat er seit etwa zwei Jahren die Möglichkeit, im Schweizer Telefonverkehr gehandelte Öl-Optionsscheine zu erwerben. Zwar werden zur Zeit nur wenige Öl-Warrants annähernd aktiv gehandelt, aber bei aufkeimendem Interesse könnte die Emissionstätigkeit schlagartig zunehmen. Es erübrigt sich eigentlich, zu sagen, daß es unerläßlich ist, sich über die genauen Konditionen zu informieren. Denn nirgends existiert eine so große Vielfalt von unterschiedlichen Qualitäten wie im Öl-Sektor.

So berechtigt der Öl-OS von Montedison Finance Overseas 87/92 beispielsweise zum Bezug von 20 Barrel Rohöl zu einem Preis von 23,55 $ je Barrel. Bei einem Optionsschein-Preis von 25 Sfr einem Rohöl-Preis von 19 $ je Barrel und einem Wechselkurs von 0,62 $/Sfr bedeutet das, daß der Ölpreis auf 24,35 $ je Barrel steigen muß, damit der Bezug über den Schein genauso viel kostet wie der Direktkauf am Spotmarkt. Anders ausgedrückt wäre der OS erst bei einem Anstieg des Ölpreises um 27,9% von 19 $ auf 24,35 $ je Barrel das wert, was er heute kostet.

Die Spekulation mit Öl-Optionsscheinen hat jedoch eine andere Intention als die von Gold Warrants: Es geht beiden Kontrahenten weniger um eine physische Lieferung oder Abnahme des Öl, d.h. nicht um eine effektive Ausübung der Scheine, sondern um eine bartechnische Abwicklung. Dies wird deutlich, wenn man sich das Ausübungsprocedere verdeutlicht: Öl-OS werden ähnlich Terminkontrakten vor oder bei ihrer Fälligkeit durch Gegengeschäfte glattgestellt. Dies geschieht durch den Verkauf der erworbenen Öl-Scheine. Falls also der aktuelle Ölpreis zum Ausübungszeitpunkt über dem Basispreis eines Call Warrants liegt, findet lediglich ein Barausgleich zwischen den Kontrahenten statt: Der Inhaber des Scheins erhält wie bei Index Warrants den Differenzbetrag zwischen dem Basispreis des Scheins und dem dann gültigen Spotpreis an der New York Mercantile Exchange. Ölfässer brauchen zur effektiven Ausübung nicht bewegt zu werden. Liegt der Basispreis über dem aktuellen Kurs, verfällt der Call Warrant.

Mit dem Abwicklungsprocedere wird auch schon deutlich, unter welchem Blickwinkel die Emittenten Öl-Scheine begeben: Der von anderen OS-Formen bekannte Arbitrage-Aspekt zwischen Options- und/oder Terminmarkt und dem Markt für Optionsscheine ist das Hauptmotiv des Emittenten. Es wird entweder ein Kontrakt an einer der bekannten Options- oder Warenterminbörsen erworben oder ein börsenfreier Kontrakt vereinbart, dieser wird dann gesplittet, das Optionsrecht einzeln verbrieft und als Optionsschein emittiert. Die unterschiedlichen Prämiensätze in den einzelnen Marktsegmenten bringen den Arbitragevorteil für den Emittenten: Zwischen dem Kauf einer Öl-Option mit einem Aufgeld von 7% und der Emission eines Scheins mit identischen Konditionen mit einer Prämie von 14% verbleiben dem Emittenten bei einem Emissionsvolumen von 20 Mio. $ immerhin 1,4 Mio. $ vor Abzug von Kosten. Er nutzt damit seinen Vorteil, daß er den Marktzugang zu Marktsegmenten hat, den andere Investorengruppen nicht haben (vgl. Kapitel 1.4.) Nur wenige Emittenten sind darauf erpicht, tatsächliche Öl-Bestände in Form von Optionsscheinen zu veroptionieren. Dazu sind u.a. auch die optierbaren Bestände zu klein.

Ein Manko dieses Marktsegments ist die chronische Marktenge dieser Scheine. Zum einen existieren nur relativ wenige Scheine, zum anderen wurden diese nur in geringer Stückzahl begeben, so daß größere Order zum Kauf oder Verkauf eines Öl Warrants nur bedingt ausgeführt werden können. Hier ist es unbedingt erforderlich, streng limitiert zu ordern bzw. sich damit abzufinden, daß die Ordererfüllung mehrere Tage dauern kann. Ansonsten kann der Anleger eine böse Überraschung erleben, daß er zu wesentlich höheren Kursen kauft als geplant.

Aufgrund dieser Marktenge, der geringen Anzahl der Marktteilnehmer und der daraus resultierenden Illiquidität der Öl Warrants ist ein Investor besser beraten, direkt in Öl-Optionen zu investieren. Denn um eine »schnelle Mark« zu verdienen, wenn z.B. die OPEC überraschende Beschlüsse faßt, muß ein Investor schnell reagieren können.

2.7.3 Going Public Warrants

Der Oktober-Crash von 1987 hat auch seine guten Seiten: Eine davon ist die Kreation eines innovativen Instruments zur Fremd- und bedingten Eigenkapitalbeschaffung in Gestalt von Going-Public-Optionsanleihen (GP-Anleihen). Entwickelt und emittiert wurde die neue Anleiheform kurz nach dem Crash durch die Zürcher Bank Julius Bär.

Ausgerichtet ist die GP-Anleihe auf private Aktiengesellschaften, die in absehbarer Zeit den Gang an die Börse planen. Sie begeben eine Optionsanleihe, deren Optionsscheine zum Bezug von Aktien berechtigen, die zum Zeitpunkt der Anleiheemission noch nicht börsennotiert sind. Erst während der Laufzeit der Schuldverschreibung geht das Unternehmen an die Börse.

Dem Emittenten bringt dies zunächst einmal eine laufende Verzinsung, die weit unter dem Niveau eines Straight Bonds liegt. Zum anderen ist ein Teil der später noch zu emittierenden Aktien bereits indirekt durch die Optionsrechte des Scheins plaziert.

Die Idee enstand, weil zum Zeitpunkt des »schwarzen Montags« 1987 die Pläne zum Börsengang von einigen Firmen bereits in der Schublade lagen. Und die durch die Aktien-Emission zufließenden Mittel waren bereits in der Finanzplanung berücksichtigt. Doch durch den Crash wurden sämtliche Pläne durchkreuzt und alternative Finanzierungsmöglichkeiten mußten schnell entwickelt werden.

So wurde im Mai 1988 das neue Instrument vorgestellt: Der Schweizer Stahlhersteller Von Moss Holding AG begab in Zusammenarbeit mit Julius Bär die erste Going-Public-Anleihe. Inszwischen haben mehrere börsenreife, aber noch nicht börsennotierte Firmen dieses Finanzierungsinstrumente genutzt. Neben weiteren Schweizer Gesellschaften haben die niederländische Econocom Intl. NV und bereits drei deutsche Firmen diese Form der Kapitalbeschaffung für sich entdeckt.

Als Emittent einer GP-Anleihe kommen wie bereits erwähnt nur Gesellschaften in Frage, die noch nicht börsennotiert sind, aber einen solchen Schritt in absehbarer Zeit erwägen. Diese Unternehmen emittieren dann eine GP-Anleihe, die als zusätzliches Ausstattungsmerkmale Optionsrechte enthält, die zum Bezug von später zu emittierenden Aktien berechtigen.

Für den Emittenten bedeutet dies zunächst Zinsvorteile, denn die GP-Anleihe wird als Gegenleistung für die Optionsscheine mit einem niedrigeren Coupon ausgestattet als eine normale Anleihe. In den konkreten Fällen lag die Verzinsung zwischen 2% und 3,5% bei einer jeweils fünfjährigen Laufzeit. Straight Bonds hätten mit einen Coupon von 4,5% bis 6% ausgestattet werden müssen, je nach Zeitpunkt der Emission und Bonität des Emittenten.

Sollte der Emittent während der fünfjährigen Laufzeit der GP-Anleihe den Gang an die Börse nicht antreten oder der Obligationär auf sein Optionsrecht verzichten, so wird den Anlegern ein Rückzahlungskurs angeboten, der deutlich über pari liegt und der dann zu einer marktkonformen Verzinsung führt.

Zu dem Gang an die Börse ist der Emittent also nicht verpflichtet. Interessant wird es für die Investoren, wenn der Emittent aber tatsächlich während der Laufzeit den GP-Anleihe an die Börse geht: Der Inhaber einer GP-Teilschuldverschreibung hat dann das Recht, die Optionsrechte von der Teilschuldverschreibung zu trennen und dafür entsprechend Aktien-Optionsscheine zu erhalten, die während einer bestimmten Optionsfrist dazu berechtigen, Stamm- oder Vorzugsaktien des Emittenten zu Original-Emissionsbedingungen zu zeichnen, wobei der Aktienanteil meist bei 60% des Nennwertes der Obligation liegt. Allerdings ist der Anleger nicht verpflichtet, Anleihe und Optionsrecht zu trennen.

Wird das Optionsrecht aber getrennt, so wird die GP-Anleihe ex Warrant am Ende der Laufzeit zu pari zurückgezahlt. Nach einer Publikumsöffnung entspricht die GP-Anleihe also einer klassischen Optionsanleihe.

Für den OS-Inhaber bedeutet dies praktisch, daß er, im Gegensatz zu anderen Erstzeichnern der Aktien-Emission, seine Zeichnungsentscheidung bis zum Ende der Laufzeit des Warrants hinausschieben kann, um zu warten, wie sich der Börsenkurs der Aktie in der Zwischenzeit entwickelt. Ist die Entwicklung positiv, d.h., steigt der Aktienkurs über den Emissionskurs, übt er sein Optionsrecht aus. Liegt der Aktienkurs am Ende der Optionsfrist unterhalb des Zeichnungskurses oder entspricht diesem, übt er sein Optionsrecht nicht aus und erhält eine Rückzahlung der Anleihe zu pari. Das maximale Risiko, das er dabei eingeht, ist auf einen jährlichen Zinsverlust in Höhe des niedrigen Zinscoupons, also 2% bis 4% begrenzt. Ein kalkulierbares Risiko.

Für den Emittenten bringt die Emission einer GP-Anleihe neben Zinsersparnissen noch weitere Vorteile: Zunächst kann der Emittent die geplante Börseneinführung zu einem ihm günstig erscheinenden Zeitpunkt durchführen. Und bei Börseneinführung kann davon ausgegangen werden, daß ein Teil der zu plazierenden Aktien durch die Warrants bereits vorplaziert ist, ohne irgendwelche Preiskonzessionen an die Inhaber der GP-Anleihe machen zu müssen.

Das folgende Beispiel der ersten Emission dieses Finanzierungsinstruments der Von Moos AG zeigt, wie das Going-Public-Konzept praktisch funktioniert. Im Mai 1988 hat die Von Moos Holding AG unter Führung der Julius Bär AG eine 2%-GP-Anleihe 88/93 mit einem Volumen von 30 Mio. Sfr begeben. Die Mindeststückelung betrug 50.000 Sfr. Die Konditionen wurden wie folgt festgelegt:

- Im Falle einer Nicht-Börseneinführung oder bei Nichtausübung des Optionsrechts erhält der Inhaber der GP-Teilschuldverschreibung den Nominalbetrag zu Pari (100%) zurück.

- Im Falle einer Börseneinführung und einer Ausübung der Optionsrechts erhält der Inhaber ein Umtauschrecht der Optionsrechte in Optionsscheine, die ihn dazu berechtigen, Aktien der Von Moos AG zum Emissionskurs zu erwerben. Abgetrennt von der Teilschuldverschreibung, hängen an jeder Teilschuldverschreibung 15 Warrants mit einer Laufzeit von zwei Jahren ab Datum der Börseneinführung.

Im Oktober 1988 ging die Von Moos AG dann an die Börse. Am 3.10.88 wurde ein Emissionskurs von 2.150 Sfr pro Inhaberaktie bekanntgegeben. Die Zeichnungsfrist lief bis zum 12.10.88. Obwohl die Aktie außerbörslich im Vor-Valuta-Handel nur bei 2.200 Sfr gehandelt wurde, hatten bereits am Ende der Zeichnungsfrist alle Inhaber der GP-Anleihe von ihrem Umtauschrecht Gebrauch gemacht und Anleihe und Scheine getrennt. Die GP-Anleihe, begeben zu 100%, notierte cum Warrant vor der Börseneinführung bei 118%, nach der Emission notierte die Anleihe ex Warrant nur noch bei 88%, also aufgrund des niedrigeren Zinscoupons wie eine Niedrigzins-Anleihe (Deep-Discount-Bond). Die Warrants notierten nach der Trennung um 700 Sfr. Addiert man Anleihe ex und Scheine, so ergibt sich ein theoretischer Gesamtwert der GP-Anleihe von 115%. Für diesen Zeitraum eine lukrative Kapitalverzinsung für die Investoren.

Noch ist dieses Medium Neuland für Unternehmen und Banken, doch befassen sich viele Firmen mit dem Gedanken an eine Börseneinführung. Viele Firmen sind börsenreif, aber noch nicht börsennotiert. Sollte also die Börse weiterhin attraktiv für die Eigenkapitalbeschaffung bleiben, dann ist auch mit zunehmender Emissionstätigkeit in diesem Bereich zu rechnen.

3 Modelle und Methoden zur Bewertung von Optionsscheinen

In diesem Kapitel werden verschiedene Modelle und Methoden für die Bewertung von Optionsscheinen dargestellt, um dem Anleger eine höhere Transparenz bei der Analyse von Warrants zu ermöglichen. Es wird ein Instrumentarium geschaffen, mit dessen Hilfe sich der Optionsscheinmarkt allgemein und eine konkrete Investmententscheidung im speziellen besser analysieren und einschätzen lassen.

Es werden Bewertungskriterien und Zusammenhänge offengelegt, die verdeutlichen sollen, warum so manche bisher erfolgversprechende Methode im Zuge der Deutschen Terminbörse (DTB) zu veralten droht, aber immer noch angewandt wird. Und es wird erklärt, warum Warrants scheinbar aus dem Nichts plötzlich im Kurs steigen und gezeigt, wie die Anleger an solchen Kursentwicklungen partizipieren können. Abschließend werden die verschiedenen vorgestellten Bewertungsprinzipien auf ihre Vorteilhaftigkeit für ein Investment untersucht.

Die Preisfindung bei Optionsscheinen ist in der Praxis ein schwieriges Kapitel. In der Bundesrepublik Deutschland dominieren noch paritätsbezogene Bewertungsmethoden, die sich im wesentlichen auf den Kurs des Basisobjekts, den Basispreis, das Optionsverhältnis und die Laufzeit stützen. Das gesamte wirtschaftliche Umfeld, wie Zinsniveau oder Dividendenrenditen, fließt ebenso wenig in die Kursbestimmung mit ein wie das unterschiedliche Risiko, daß OS-Inhaber mit unterschiedlichen Basisobjekten eingehen. Diese Faktoren werden höchstens als subjektiver Bestimmungsfaktor in einer Analyse mit berücksichtigt, ohne aber deren Quantifizierung durch das Bewertungsmodell selbst zu erreichen.

In den USA und im angelsächsischen Raum dagegen ist die Bewertung von Warrants in Anlehnung an die Bewertung von Optionskontrakten auf der Grundlage sog. Optionspreismodelle längst ein übliches Verfahren. Für Händler von Optionen und Warrants an den US-Börsen gehört ein Taschenrechner, der auf Knopfdruck die Werte dieser Modelle liefert, zur Standardausrüstung.

Nur in der Bundesrepublik Deutschland befindet sich die Anwendung dieser auch unter Black/Scholes-Modellen bekannten Bewertungsmodelle erst in den Kinderschuhen. Dabei ermöglichen solche Modelle eine rationale Bewertung auf der Grundlage von Überlegungen, die an sämtlichen Optionsbörsen der Welt gang und gäbe sind.

Hier stützt man sich noch auf die paritätsbezogenen Bewertungsmethoden. Der Grund: Viele Banker und Anleger halten die Modelle für mathematisch zu anspruchsvoll und haben noch Respekt vor ihrer Anwendung. Und die Experten diskutieren, ob die Ergebnisse der Formeln auf Optionen überhaupt auf langlaufende Optionsscheine anwendbar sind. Ganz zu schweigen von den Marktbeschränkungen, die einen vollkommenen Kapitalmarkt im Sinne der Modelle behindern.

Doch die DTB wirft ihre Schatten voraus: In jüngster Zeit wenden sich daher immer mehr Research-Abteilungen von Banken und Brokern diesen Modellen zu – nicht zuletzt auch mit Blick auf das wachsende Angebot und Handelsvolumen von Warrants.

Und daß die »richtige« Bewertungsmethode zur richtigen Zeit sehr erfolgversprechend sein kann und welche Kursavancen sie auslösen kann, zeigt die Entwicklung vieler Optionsscheine vom Sommer 1989.

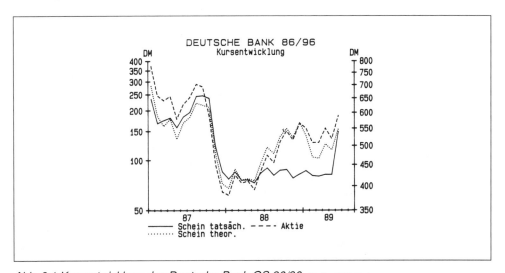

Abb. 3.1 Kursentwicklung des Deutsche-Bank-OS 86/96 Quelle: SMH-Bank

So stiegen beispielsweise der Deutsche Bank OS 86/96 und der OS 87/92 in wenigen Wochen um 85% und mehr, obwohl die Aktie im gleichen Zeitraum nur eine Performance von 10,9% zeigte. Die Scheine waren vorher als bis zu 56% unterbewertet klassifiziert worden. Diese Kursrally kann also als Folge der Korrektur dieser Unterbewertungen angesehen werden. Wer das wußte, hat ein gutes Geschäft gemacht. Gleiches gilt für Scheine der Bayer AG, der BASF AG oder der Metallgesellschaft.

3.1 Wertbestimmende Faktoren von Optionsscheinen

Die Einflußfaktoren auf die Kurse von Optionsscheinen und seine Schwankungen sind vielfältig. Aber ebenso komplex ist die Liste der Faktoren, die Einfluß auf die theoretische und praktische Wertfindung eines Warrants ausüben.

Der Markt bestimmt die Kurse der Warrants, aber wer oder was bestimmt, ob ein Schein angemessen bewertet oder über- oder unterbewertet ist?

Der erste Bereich von Einflußfaktoren ergibt sich unmittelbar aus den OS-Bedingungen. Letztere wurden bereits in 1.2 vorgestellt. Von den unterschiedlichen OS-Parametern sind insbesondere das Basisobjekt selbst, der Kurs des Basisobjekts, der Basispreis, das Optionsverhältnis und die Optionsfrist von Bedeutung. Zusammen mit dem Kurs des Optionsscheins finden diese Parameter Eingang in die paritätsbezogenen Bewertungsmethoden. Ihre Bedeutung ist vorweg in der Abbildung 3.2 zusammengefaßt.

Art des Basisobjekts	Je nach Basisobjekt ist eine betriebswirtschaftliche (z.B. bei Aktien) und/oder eine gesamtwirtschaftliche Analyse (z.B. bei Devisen-OS) erforderlich.
Kurs des Basisobjekts	Je höher das Kursniveau des Basisobjekts, desto wertvoller ist c.p. ein Kauf-Optionsschein. Ein Verkaufs-Optionsschein ist um so wertvoller, je niedriger das Kursniveau des Basisobjekts liegt.
Basispreis	Je niedriger der Basispreis, desto wertvoller ist der Kauf-Optionsschein. Je höher der Basispreis bei einem Verkaufs-Optionsschein, desto wertvoller wird dieser.
Optionsverhältnis	Je größer das Optionsverhältnis je Optionsschein, desto mehr ist der Optionsschein wert.
Optionsfrist	Ein Optionsschein ist um so wertvoller, je länger die (Rest-) Optionsfrist ist.

Abb. 3.2 Wertbestimmende Faktoren aus den OS-Bedingungen

Daneben existiert der andere Bereich, der im weitesten Sinne das Umfeld des Optionsscheins betrifft. Zum einen sind dies allgemeine Finanzmarktdaten, wie beispielsweise das aktuelle heimische oder ausländische Zinsniveau für Kredite bzw. Anlagen für bestimmte Laufzeiten, oder Zinsdifferenzen.

Zum anderen sind dies spezielle Daten über das Basisobjekt selbst. Hier gilt es, neben der Berücksichtigung periodischer Erträge, z.b. Zins- oder Dividendenzahlungen, vor allem die auftretenden Kursschwankungen des Basisobjekts aus der Vergangenheit zu messen, damit der Optionsscheinkäufer das Risiko für einzelne Basisobjekte besser einschätzen kann. Denn Schwankungen von Aktien fallen höher aus und sind anders zu bewerten als die von Aktienindices, und die wiederum höher und anders als die von Währungen oder von Rentenindices. Die Parameter des Umfeldes eines Warrants sind in Abbildung 3.3 kurz dargestellt. Ihre Erläuterung erfolgt im gesamten 3. und ausführlich im 4. Kapitel.

Weiterhin existieren eine Reihe von Einflußfaktoren, die bei speziellen OS-Konstruktionen wertbeeinflußend wirken können. Bei Bezugspreisen in Fremdwährung ist z.B. die erwartete Entwicklung des betreffenden Devisenkurses bei der Einschätzung der Chancen und Risiken der Scheine mit zu berücksichtigen. Ähnliches gilt für Optionsscheine, die in Fremdwährung notiert, während Aktienkurs und Basispreis in Heimatwährung notieren. Diese Sondereinflußfaktoren werden an gegebener Stelle entsprechend näher erläutert.

Der wichtigste Einflußfaktor ist zweifelsohne die Art des Basisobjekts, also ob eine Aktie, ein Index etc. bezogen werden kann, sowie das Basisobjekt selbst. Es bedarf immer eines Blicks in die Vertragsbedingungen, um zu sehen, um welche Art von Basisobjekt es sich handelt. Denn auch Aktie ist nicht gleich Aktie, es können Stamm- oder Vorzugsaktie sein, Namens- oder Inhaberaktien, und auch bei anderen Basisobjekten treten Unterschiede im Detail auf.

Ein weiterer wichtiger wertbestimmender Faktor ist die Art des Optionsrechts, ob das Optionsrecht nur am Ende der Laufzeit ausübbar ist (»europäischer Optionstyp«), oder ob es mit wenigen Ausnahmen (sog. Sperrfristen) während der gesamten Laufzeit des Optionsscheins ausgeübt werden kann (»amerikanischer Optionstyp«). Theoretisch wären beide OS-Typen gleich wertvoll, wenn

• das Basisobjekt während der Optionsfrist keine Erträge wie Dividenden oder Zinserträge abwerfen würde, und

• das Basisobjekt oder der Optionsschein selbst per Termin verkauft werden könnte.

Da beide Voraussetzungen in vielen Ländern und auch in der Bundesrepublik Deutschland nicht gegeben sind, ist ein amerikanisches Optionsrecht c.p. wertvoller als ein europäisches Optionsrecht, denn ein Anleger kann im Laufe der Optionsfrist jederzeit frei entscheiden, wann er ausüben oder verkaufen will.

Heimisches Zinsniveau	Je höher das aktuell herrschende inländische Zinsniveau, desto wertvoller ist ein Optionsschein. Denn das Kapital, welches der Anleger durch den Kauf des Warrants anstatt des Basisobjekts, z.B. einer Aktie, spart, kann er zu höheren Zinsen am Kapitalmarkt anlegen.
Ausländisches Zinsniveau	Ähnliche Aussage wie bei heimischem Zinsniveau, denn der Anleger könnte den Restbetrag seines Kapitals alternativ zum herrschenden Zinssatz auch im Ausland anlegen.
Dividenden-rendite	Je höher die Dividendenrendite, desto weniger wert ist ein Optionsschein zum Bezug von Aktien. Denn ein Warrant ist nicht dividendenberechtigt, so daß bei steigender Dividenden-rendite der Kursabschlag am Tag ex Dividende größer wird und die Anleger tendenziell Aktieninvestments präferieren werden. Ein Verkaufs-Optionsschein dagegen würde von einem hohen Dividendenabschlag profitieren. Allerdings dürften Aktien mit einer hohen Dividendenrendite im Kurs nach unten besser abgesichert sein als andere Aktienwerte.
Ausschüttungs-quote	Je höher die Quote der Gewinnnthesaurierung, d.h., je höher der Gewinnanteil, der im Unternehmen verbleibt, desto (weniger) wertvoller ist ein Aktien-Optionsschein zum Bezug (zum Verkauf) von Aktien. Bei steigender Thesaurierungsquote erhöht sich tendenziell eher der Substanz- bzw. Ertragswert einer Unternehmung, und damit bei gleichbleibendem KGV der Kurs.
Kurs-schwankungen	Je größer die Kursschwankungen (Volatilität genannt) des Basisobjekts, desto wertvoller ist der Optionsschein. Denn je höher die Kursvolatilität des Basisobjekts, desto spekulativer sind die Kurschancen und -risiken eines Scheins. Das gilt für beide Arten von Scheinen.
Verwässerungs-quote	Je größer der Anteil des optierbaren Aktienkapitals am gesamten Aktienkapital der Gesellschaft, desto weniger wertvoll ist ein Optionsschein zum Bezug von Aktien. Denn durch Aktien-Optionsscheine aus Optionsanleihen wird das Aktienkapital einer AG erhöht und es tritt eine Gewinnverwässerung ein. Dies gilt nicht für Covered oder Basket Warrants, unabhängig davon, ob deren Deckungsbestand Aktien oder andere Optionsscheine sind.

Abb. 3.3 Wertbestimmende Faktoren aus dem Umfeld des Optionsscheins

Bei einem Optionsschein mit europäischem Optionsrecht kann er bei einem zwischen-zeitlichen Kursanstieg nur durch Realisation von Kursgewinnen an diesem Anstieg partizipieren. Will er ausüben, dann ist nur der Kurs eines bestimmten Tages für ihn relevant. Die Wahlfreiheit entfällt.

Derzeit sind alle in der Bundesrepublik Deutschland gehandelten Aktien-OS, Covered und Basket Warrants mit einem amerikanischen Optionsrecht ausgestattet. Das gleiche gilt für Index und Bond Warrants. Bei Devisen-Optionsscheinen muß schon genauer auf die Bedingungen geachtet werden: Eine Reihe von ihnen ist mit einem europäischen Optionsrecht ausgestattet. Je nach Optionsfrist und Zinsdifferenzen sind diese dann, modelltheoretisch fundiert, erheblich weniger wert. Auffällig ist jedenfalls, daß sie an den Börsen im Gegensatz zu Currency Warrants amerikani-schen Typs meist mit einem erheblichen Abgeld, d.h. mit einer negativen Prämie gehandelt werden.

Die Zusammenhänge der Werte von Kauf-OS (Call Warrant) und von Verkaufs-OS (Put Warrant) mit den genannten wertbestimmenden Kriterien sind keineswegs linear, sondern vielmehr sehr komplex. Zudem verläuft die Wertentwicklung eines Kauf-OS ebenso wie die eines Verkaufs-OS in Abhängigkeit von einzelnen der aufgeführten Größen unterschiedlich, je nachdem, auf welchem Niveau sich die übrigen Faktoren befinden.

Und schließlich kann ein Faktor auch contraproduktive Einflüße haben. So läßt sich wohl leicht plausibel machen, daß ein steigendes inländisches Zinsniveau zwar theoretisch den Wert eines Call Warrants auf Aktien erhöht, aber daß steigende Zinsen gleichzeitig tendenziell fallende Aktienkurse bewirken können, je nach Aus-maß des Anstiegs und des Niveaus. Und je höher eine Dividendenrendite, desto interessanter könnte eine Aktie für Anleger mit der Folge steigender Kurse der Aktie und als Folge dessen des Kauf-OS werden. Verkaufs-OS würden an Attraktivität verlieren, zumal der Kurs als fundamental abgesichert angesehen werden könnte. Andererseits bedeutet ein hoher Dividendenabschlag einen entsprechend hohen Dividendennachteil für die Kauf-Optionsscheine. Die konträren Interpretationspunkte wären beliebig erweiterbar.

Last but not least führen psychologische Einflußfaktoren oft genug zu noch größeren Über- oder Untertreibungen auf dem Optionsscheinmarkt als auf den Märkten der Basisobjekte. Dies wurde nicht zuletzt am One-Day-Crash vom 16.10.89 deutlich.

3.2 Vorüberlegungen

Bevor wir in die verschiedenen Bewertungsprinzipien direkt einsteigen, sind noch kurz einige Vorüberlegungen anzustellen, die eine spätere Vergleichbarkeit und die direkte

Anwendung erleichtern werden. Zum einen geht es dabei um die Standardisierung von Aktien- und OS-Kursen und berechneter Bewertungsgrößen, damit verschiedene Optionsscheine derselben Gesellschaft besser eingeschätzt werden können. Die Standardisierung soll den Nachteil unterschiedlicher Basispreise verschiedener Scheine eliminieren, um so die Scheine einer Gattung, z.B. Aktien-OS, vergleichbar zu machen. Zum anderen ist es wichtig, daß die unterschiedlichen Optionsverhältnisse vergleichbar gemacht werden können, so daß sich die Bewertung stets auf dieselbe Anzahl von Optionsrechten bezieht.

Weiterhin sind in den letzten Jahren Optionsscheine international aufgelegt worden, d.h., sie wurden in mehreren Währungen gleichzeitig emittiert. Daher ist der Berücksichtigung unterschiedlicher Währungen von Basispreis, Basisobjekt und Optionsschein besondere Bedeutung beizumessen, denn der Einfluß von veränderten Währungsrelationen kann starke Auswirkungen haben.

Und schließlich geht es um die Berücksichtigung der anfallenden Transaktionskosten. Dies ist nicht nur im Rahmen einer Performance-Analyse von Bedeutung, sondern vor allem für die Arbitrageure, die mit diesen Kursausgleichsgeschäften für die Kursfindung an den Börsen von großer Bedeutung sind.

3.2.1 Standardisierung – das S/E-Konzept

Die Standardisierung von Aktien- und Optionsscheinkursen kann als ein Instrument zur Beurteilung von verschiedenen Optionsscheinen derselben Gesellschaft interpretiert werden; mittels Division durch eine Standardisierungsgröße werden die absoluten Kurse oder Werte in relative Kurse transformiert. Standardisierungsgröße ist der jeweilige Basispreis E des Optionsscheins.

Die Kurse des Basisobjekts (K) und des Optionsscheins (OS) sowie der Parität (P) werden durch den festgelegten Basispreis (E) dividiert und so in die standardisierten Kurs k (für das Basisobjekt), os (für den Schein) und p (für die Parität) umgewandelt.

$$k = K / E$$

3.1

$$os = OS / E$$

3.2

$$p = P / E$$

3.3

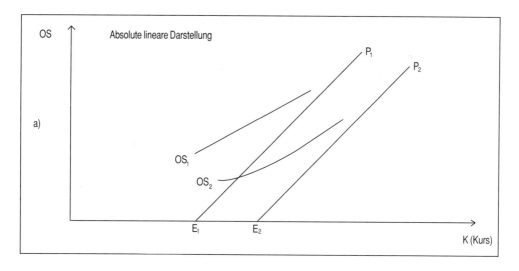

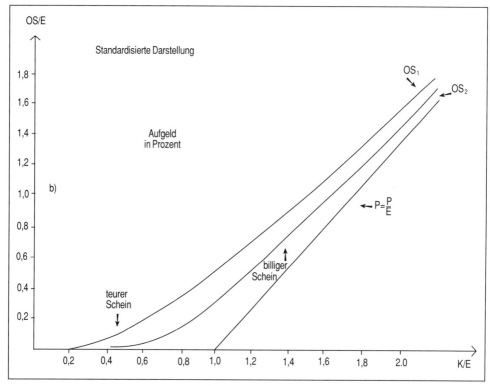

Abb. 3.4 Kursdarstellung in absoluter linearer (a) und in standardisierter (b) Darstellung

Mit Hilfe der Abbildung 3.4, die zwei Kauf-OS zum Bezug von Aktien der gleichen Gesellschaft zeigt, kann die Vorteilhaftigkeit relativer anstatt absoluter Kursdarstellungen erläutert werden:

Im Diagramm a) der Abbildung 3.4 sind die Kurse zweier verschiedener Optionsscheine derselben Gesellschaft mit ihren unterschiedlichen Basispreisen und dem Kurs des einen Basisobjekts, der optierbaren Aktie der Gesellschaft dargestellt.

Die Kurskurven entsprechen beobachteten Kursen der Scheine bei bestimmten, gleichzeitig zustande gekommenen Kursen der Aktie und sei als Durchschnittskurve interpretiert. Die Geraden P1 und P2 stellen die Geraden für die Parität der beiden Scheine dar. Liegt der Quotient K/E unterhalb 1, bedeutet dies, daß der Kurs des Basisobjekts unterhalb des Basispreises notiert. Die Parität ist null, der Warrant ist aus dem Geld. Erst oberhalb des Basispreises ergibt sich ein positiver innerer Wert (Parität) für einen Schein, der dann im Geld ist. Der Verlauf und die Interpretation der Parität erfolgt ausführlich in Kapitel 3.3.1.

Im Diagramm b) der Abbildung 3.4 sind die standardisierten Kurse des Basisobjekts und der Scheine eingezeichnet. Werden OS und S auf den Basispreis E normiert, so werden Warrants mit unterschiedlichen Optionsverhältnissen vergleichbar. Die 45o-Linie (standardisierte Parität) beginnt auf der Abzisse beim Punkt E (E/E), dort, wo das standardisierte Aktienkursniveau (S/E) 1 ist. Daher gilt die Kurve für alle Scheine mit unterschiedlichen Basispreisen.

Der Vorteil bei der Vergleichbarkeit liegt auf der Hand: Sind alle Parameter gleich, dann repräsentiert die obere Kurve einen teuren, die untere Kurve einen billigen Schein. Liegen in diesem Diagramm zwei Punkte direkt übereinander, dann repräsentieren sie zwei Scheine mit dem gleichen standardisierten Aktienkursniveau. Der Schein 1 wird bei gleichem Aktienkursniveau mit einer höheren Prämie bewertet als der andere Schein. Diese Aussage gilt als Maßstab zur Preiswürdigkeit nur bei sonst identischen OS-Bedingungen. Ansonsten ist die Prämie für sich genommen allerdings nur ein Mosaikstein für eine Anlageentscheidung. Aber auf die Bedeutung der Prämie weist insbesondere Kapitel 3.3.2 hin. Die sonstigen Kriterien sind zur Ergänzung hinzuzuziehen.

Insbesondere mit dem standardisierten Aktienkursniveau »k« kann grafisch gut die Stimmung eines Marktes erkannt werden. Mit Hilfe eines sog. K/E oder auch S/E-Diagramms lassen sich die Grafiken für mehrere Szenarien interpretieren. S/E steht für den Quotienten Stock-Price/Exercise-Price (Aktienkurs/Basispreis).

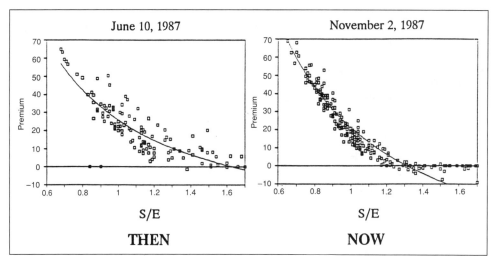

Abb. 3.5: Warrant-Kurve im Zeitvergleich: vor dem Crash 1987 vs. nach dem Crash 1987
Quelle: James Capel

Der S/E Quotient drückt, vereinfacht dargestellt, den Anstieg des Basisobjekts seit der Emission dar, wenn man davon ausgeht, daß z.B. bei Aktien der Basispreis zum Zeitpunkt der Emission in etwa dem aktuellen Aktienkurs entspricht:

- So kann ein Schein in seiner Bewertung über einen beliebig langen Zeitraum hinsichtlich der Bewertungskriterien Prämie und Aktienkursniveau beurteilt werden. Das Diagramm zeigt dann, bei welchem Aktienkursniveau der Schein in der Vergangenheit welche Prämie und welchen Kurs hatte. Ein Vergleich mit dem aktuellen Kurs des Warrant zeigt eine relative Unter- oder Überbewertung des Scheins zur Vergangenheit.

- Es kann auch ein Gesamtmarkt oder ein Marktsegment (z.B. eine Branche) bzgl. der oben genannten Kriterien zu einem Zeitpunkt interpretiert werden. Per EDV werden von allen Kursen der Scheine und betreffenden Aktien Prämie und standardisiertes Aktienkursniveau berechnet und auf dem Bildschirm angezeigt. Die Interpretation der Ergebnisse ist vielfältig:

a) Ein Vergleich zweier oder mehrerer Zeitpunkte kann zeigen, wie die Bewertung und damit die Stimmungen und Erwartungen eines Marktes sind (Abbildung 3.5). So konnte nach dem Crash '87 festgestellt werden, daß sich die Prämien der Scheine bei gleichem Aktienkursniveau im Vergleich zur Vor-Crash-Zeit rapide reduziert hatten – ein Indiz für die zunehmende Unsicherheit des Marktes.

b) Man kann die Bewertung eines bestimmten Warrants im Vergleich zu anderen Scheinen besser einschätzen. Das ist besonders wichtig bei verschiedenen Scheinen derselben Gesellschaft oder derselben Branche.

Bislang ist diese grafische Methode vor allem von Brokerhäusern wie dem etablierten Brokerhaus James Capel als Stimmungsparameter vorwiegend für japanische Aktienmärkte eingesetzt worden. Mit leichten Abwandlungen kann dieses Prinzip zur Selektion und zum Timing aber auch für andere Aktienmärkte oder sonstige Finanzinstrumente, z.B. Currency Warrants, verwandt werden.

Diese Art von grafischer Korrelationsanalyse kann nur sinnvoll per EDV durchgeführt werden, aber dann ist ihre Aussagekraft hinsichtlich der Bewertungsrelationen für das Timing und hinsichtlich der Marktstimmung nicht zuvernachlässigen.

3.2.2 Homogenisierung

Bei der Bewertung von Optionsscheinen werden die unterschiedlichen Größen wie Parität oder Prämie meist auf ein Optionsrecht bezogen, damit bei empirischen Untersuchungen des OS-Wertes das Optionsverhältnis OV nicht explizit als Variable berücksichtigt werden braucht. Daher werden die Optionsscheinkurse durch OV dividiert, so daß man sog. homogenisierte OS-Kurse (OS_{HOM})erhält. Ein derart homogenisierter Warrant-Kurs spiegelt nur das Optionsrecht auf eine Einheit des Basisobjekts wider.

$$OS_{HOM} = OS \, / \, OV$$

3.4

Lies: OS_{HOM} ist der Quotient aus OS dividiert durch OV.

Dadurch können verschiedene Warrants derselben Gesellschaft wie auch Warrants verschiedener Gesellschaften besser miteinander verglichen und analysiert werden.

So berechtigt der Hoechst OS 75/6.90 zum Bezug von fünf Aktien der Hoechst AG, d.h., OV = 5. Dividiert man den Kurs dieses Scheins von 820 DM am 10.10.89 durch OV, dann erhält man den homogenisierten OS-Kurs.

Bei Vergleichsuntersuchungen, insbesondere mit dem anderen Hoechst-OS von 83/93, können dann bessere und vergleichbarere Ergebnisse erzielt werden.

Dieser Zusammenhang ist auch für Anlageentscheidungen von zentraler Bedeutung, denn immer wieder findet sich in Börsenbriefen die Aussage, daß Optionsscheine mit einem großen Optionsverhältnis, wie sie vor allem bei japanischen Aktien-Optionsscheinen in US-$ oder DM vorkommen, eine besonders hohe Hebelwirkung hätten, da dort der Kapitaleinsatz im Vergleich zum direkten Erwerb der hohen Anzahl der

Basisobjekte besonders gering sei. Diese Aussage ist schlichtweg falsch. Der Beweis ist wahrlich einfach und wird in Kapitel 4.3 angetreten.

3.2.3 Währungsmix

In den letzten Jahren werden zunehmend Optionsanleihen oder nur Scheine international plaziert. Damit mobilisieren die Gesellschaften nicht nur zusätzliches Investorenpotential, sondern steigern auch ihren Bekanntheitsgrad im Zuge des Binnenmarktes 1993 international. Und handfeste Vorteile in Form von niedrigeren Emissionsrenditen senken die Hemmschwelle zur Emission.

Für die Bewertung ergibt sich daraus die Notwendigkeit, die verschiedenen Währungen von Basispreis, Basisobjekt und Optionsschein explizit in eine Bewertung miteinfließen zu lassen.

Je nachdem, auf welche Währungen die Preise und Kurse lauten, muß das mathematische Instrumentarium unterschiedlich erweitert werden. Grundsätzlich sind dabei, wie in Abbildung 3.6 ersichtlich, acht unterschiedliche Fälle denkbar. Dort steht »DM« als Synonym für inländische Währung, während »WAE« die Fremdwährungen symbolisiert.

	1.	2.	3.	4.	5.	6.	7.	8.	(9.)
E	DM	DM	DM	DM	WAE	WAE	WAE	WAE	WAE1
K	DM	DM	WAE	WAE	DM	WAE	DM	WAE	WAE1
OS	DM	WAE	DM	WAE	DM	DM	WAE	WAE	WAE2

Abb. 3.6: Währungsmix von Basispreis (E), Basisobjekt (K) und Warrant (OS)

Der neunte Fall in Abbildung 3.6 beschreibt als Unterpunkt von Fall 8 folgendes Szenario: Der Kurs des Optionsscheins lautet auf eine andere Fremdwährung als der Basispreis und der Kurs des Basisobjekts. Als Beispiel mag der Warrant der National Westminster 85/7.90 gelten, dessen Basispreis zum Bezug der Aktien der gleichnamigen Gesellschaft auf GBP lautet, ebenso wie das Basisobjekt selbst, dessen Warrant aber in Sfr in der Schweiz gehandelt wird.

Als weiterer Unterpunkt von Fall 4 ist die Situation denkbar, daß sämtliche Preise und Kurse auf drei verschiedenen Währungen lauten – von denen eine z.B. die inländische Währung sein kann, nicht aber sein muß. So ist durchaus denkbar, daß der Basispreis für eine japanische Aktie in DM fixiert wird, der Schein in Sfr begeben wird, während die Aktie in Tokio oder Osaka in Yen notiert. Bisher ist allerdings kein Beispiel bekannt.

Im Devisenhandel ist ebenso wie im Aktienhandel eine Geld-Brief-Kursspanne üblich, zu denen Devisen gehandelt werden. Hinzu kommt bei Kleinorders noch die Spanne, die sich die Bank pro Devisengeschäft einrechnet.

Daher entsteht die Notwendigkeit, sich bei der Berechnung verschiedener Kriterien darüber im klaren zu sein, daß beim Kauf eines Warrant in Fremdwährung der Briefkurs plus der Bankspanne und beim Verkauf des Scheins der Geldkurs minus der Bankspanne der Währung genommen wird. Für Privatanleger aber sollte es ausreichend sein, wenn der jeweilige, amtlich ermittelte Mittelkurs der Währung genommen wird, da die Spanne mit z.B. $^4/_{10}$ bis $^8/_{10}$ Pfennig beim US-$ nicht wesentlich erscheint. Für Großkundschaft sollten jedoch die Währungsaspekte exakt in die Bewertung mit einfließen.

3.2.4 Transaktionskosten und Steuern

Die Transaktionskosten sind gerade für einen Tradingmarkt wie den OS-Markt von Bedeutung. Dies gilt zum einen, weil häufige Umwälzungen des Depots erhöhte Provisionen, Gebühren, Spesen etc. verursachen, die den Gewinn mindern; Und zum anderen, weil Arbitrage-Transaktionen von Brokern und Börsenhändlern häufig die Kursfeststellung mit beeinflussen. Und eine Arbitrage-Transaktion lohnt sich effektiv nur, wenn inkl. der Kosten noch ein Profit unterm Strich bleibt. Als Folge dessen werden zwar die grundlegenden Bewertungskriterien vereinfacht ohne Berücksichtigung der Kosten dargestellt, aber dort, wo Kosten anfallen können, wird das mathematische Instrumentarium dann um die Kosten erweitert, so daß aus den Brutto- dann Nettogrößen werden.

Die verrechneten Kostensätze ergeben sich aufgrund durchschnittlicher Werte bei Arbitragegeschäften. Sie werden jeweils gesondert angegeben. Zusätzlich ist zumindest noch vorläufig die Börsenumsatz-Steuer (BUSt) zu berücksichtigen. Weitere, individuell anfallende Spesen (z.B. bei Orders an ausländischen Optionsscheinmärkten) oder Steuern können naturgemäß nicht mit in eine Berechnung mit einfließen.

3.3 Paritätsbezogene Bewertung

Im Rahmen der paritätsbezogenen Bewertung von Optionsscheinen werden im wesentlich Parameter herangezogen, die unmittelbar aus den Optionsscheinbedingungen und den laufenden Kursaufzeichnungen entnommen werden können. Daher ist diese Form der Bewertung mit verhältnismäßig geringem organisatorischen Aufwand zu realisieren. Auch das mathematische Instrumentarium ist relativ unkompliziert. Im folgenden werden insbesondere die Zusammenhänge für Kauf-OS dargestellt. Nachdem das Grundprinzip erklärt ist, wird dann kurz, aber umfassend auf die Berechnung für Verkauf-Optionsscheine eingegangen – sofern diese am Markt erhältlich sind. Ebenso werden die anfallenden Transaktionskosten berücksichtigt. Anhand einer Vielzahl von Beispielen werden Berechnungen für Optionsscheine zum Bezug unterschiedlicher Basisobjekte vorgeführt.

3.3.1 Parität des Optionsscheins

Als Parität P (Synonyma: innerer oder rechnerischer Wert, Substanzwert) bezeichnet man die Differenz zwischen dem aktuellen Kurs des Basisobjekts K und dem Basispreis E unter Berücksichtigung des Optionsverhältnisses OV. Liegt der aktuelle Kurs des Basisobjekts unterhalb des Basispreises, dann beträgt der Wert der Parität Null. Erst bei einem Kurs oberhalb des Basispreises wird die Parität positiv:

$$P = \begin{bmatrix} OV * (K-E) & \text{für } K > E \\ 0 & \text{sonst} \end{bmatrix} = max[0; OV * (K-E)]$$

3.5

Lies: P ist das Maximum von Null und OV mal (K minus E)

Parameter:
E: Basispreis
K: aktueller Kurs des Basisobjekts
OV: Optionsverhältnis
P: Parität
WAE: Fremdwährungs- bzw. Devisenkurs; wird die Währung in 100 Einheiten (1 DM : 100 Yen) notiert, dann WAE * 100 multiplizieren bzw. durch 100 dividieren. Wird die Währung in einer Einheit (1 DM : 1 US-$) notiert, entfällt dies.

Viele Marktteilnehmer lassen auch eine negative Parität berechnen und weisen diese dann in ihren Publikationen aus. Diese tritt auf, wenn der aktuelle Kurs des Basisobjekts unter dem Basispreis liegt. Diese Parität wird in der Literatur üblicherweise als rechnerischer Wert bezeichnet. Ist die Parität negativ, dann notiert der Schein »Out-of-the-money«. Liegt die Parität nahe der Nullgrenze, notiert der Schein »At-the-money«. »In-the-money« notiert ein Schein, dessen Parität positiv ist. Die Zusammenhänge sind in Abbildung 3.7 grafisch erläutert.

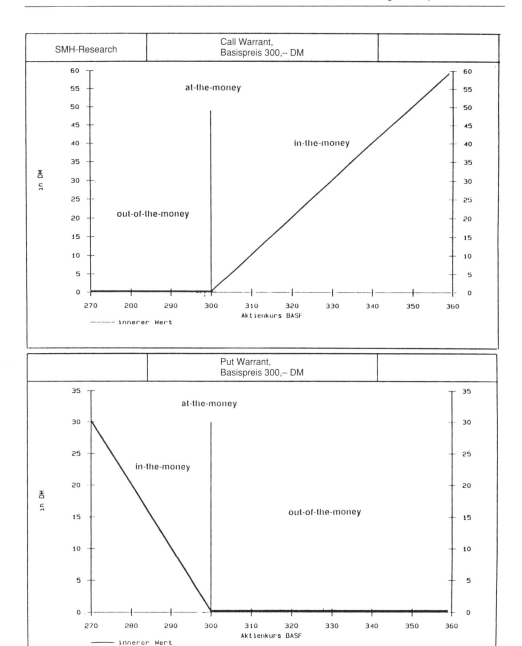

Abb. 3.7 Innerer Wert eines Call Warrant (a) und eines Put Warrant (b) Quelle: SMH-Research

Die Parität als absoluter Wert bzw. Betrag wird generell in der Währung angegeben, in der der Schein notiert wird. Daher wird diese Größe auch Parität in Währung genannt. Divergieren die Währungen von Basispreis und Kurs des Basisobjekts, sind die entsprechenden Devisenkurse zu berücksichtigen. Dies war z.B. beim alten Deutsche Bank Schein von 1977 der Fall: Der Basispreis war in US-$ fixiert, während die Aktie in DM notiert. Notiert der Basispreis in ausländischer Währung, der OS und das Basisobjekt in Heimatwährung, gilt für K > E:

$$P = OV * (K - E * WAE/100)$$

3.6

Notiert der Optionsschein in DM, der Basispreis und der Kurs des Basisobjekts in Fremdwährung, wie bei nahezu allen japanischen Scheinen, dann gilt für KE:

$$P = OV * [(K - E) * WAE/100]$$

3.7

Die Parität kann auch als Parität in Prozent des Optionsscheinkurses angegeben werden. Dieser Faktor gibt an, wieviel Prozent seines aktuellen Börsenkurses der Optionsschein überhaupt wert ist. Unterstellt man für Schein und Parität dieselbe Währung, dann gilt:

$$P \text{ in } \% \text{ OS: } (P / OS) * 100$$

3.8

Für die bessere Vergleichbarkeit ist es von Vorteil, die Parität auf den Optionsschein mit dem kleinsten Optionsverhältnis (z.B. 1 : 1) zu beziehen. Denn es ist unmittelbar einsichtig, daß Warrants mit einem Vielfachen des Optionsverhältnisses (z.B. 1 : 10) auch ein Vielfaches, z.B. um das Zehnfache, höher im Wert sind. Dies unterstützt die Vergleichbarkeit bei Scheinen mit unterschiedlich hohen Optionsverhältnissen.

Grafisch kann der Zusammenhang zwischen der Parität P des Kauf-Optionsscheins und dem Kurs des Basisobjekts K wie in Abbildung 3.8 dargestellt werden.

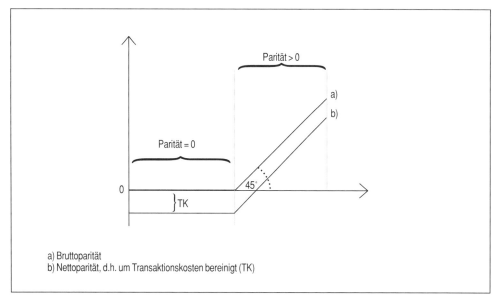

Abb. 3.8: Zusammenhang zwischen der Parität (P) eines Warrant und Kurs (K)
des Basisobjekts

Führt man die Berechnung der Parität exakt durch, dann entsteht die Notwendigkeit, Transaktionskosten zu berücksichtigen. Dies ist insbesondere für Arbitragegeschäfte von Bedeutung. Daher soll hier in Brutto- und Nettoparität unterschieden werden. Formel 3.5 gibt die Bruttoparität wieder.

Bei der Nettoparität wird fiktiv die Ausübung des Scheins zum aktuellen Börsenkurs unterstellt. Die dabei anfallenden Transaktionskosten (TK_A, Ausübung und sofortiger Verkauf der Aktien) mindern den Wert von Optionsscheinen z.T. erheblich und dies um so mehr, je größer das Optionsverhältnis ist. Es gilt für K > E:

$$\text{Bruttoparität } P_B = OV * (K - E * WAE/100) \tag{3.9}$$

$$\text{Nettoparität } P_N = OV * (K * (1 - TK_A) - E * WAE/100) \tag{3.10}$$

Je nachdem, wie exakt und unter welchen Prämissen man rechnet, kann dann die Parität in Prozent des Optionsscheinkurses auf die Brutto- oder auf die Nettoparität bezogen werden. In Formel 3.8 ist die Bezugsgröße die Bruttoparität.

117

Beispiel: Kaufhof OS 86/9.98 zum Bezug der Kaufhof ST zu einem Basispreis E von 482 DM im Optionsverhältnis OV von 1 : 1. Am 24.10.89 notierte die Kaufhof-Aktie bei 565,50 DM. Die Parität in DM betrug also P = 1 * (565,50 − 482 DM) = 83,50 DM. Es wird eine Steigerung von 50 DM auf 615,50 DM angenommen, dann würde die Parität auf P = 615,50 − 482 = 133,50 DM ansteigen. Der Optionsschein notierte am 24.10.89 bei 207,50 DM. Damit liegt er wesentlich über seinem paritätischen Wert. Sein innerer Wert in Prozent des OS liegt deshalb nur bei: 83,50 / 207,50 DM = 40,24%. Steigt der Aktienkurs nominal um 50 DM, dann bedeutet dies für die Aktie einen prozentualen Anstieg um 8,8%, während sich die Parität um 60% erhöht. Der Optionsschein-Inhaber könnte also bei einem Einsatz in Höhe der Parität von 83,50 DM den gleichen nominalen Gewinn von 50 DM verbuchen wie der Aktionär, der jedoch dafür 565,50 DM einsetzen muß. Den Restbetrag könnte der Scheininhaber in Anleihen anlegen und zusätzliche Zinsen kassieren. Gleichzeitig würde der Scheininhaber bei einem Totalverlust nur 83,50 DM verlieren, der Aktionär dagegen kann bis zu 565,50 DM verlieren. Diese Vorteile, der geringere Kapitaleinsatz, die prozentual höhere Gewinnchance und das begrenzte Verlustpotential führen dazu, daß ein rationaler Investor in jedem Fall den Schein kaufen würde. Noch deutlicher wird die Situation, wenn die Parität Null wäre. Es sollte plausibel sein, daß jeder die kostenlosen Optionsscheine nachfragen würde. Aber es würde sich wohl kaum ein Anbieter dieser kostenlosen Scheine finden. Diese Argumentation sollte verdeutlicht haben, warum ein Optionsscheinkurs, der noch Gültigkeit besitzt, an den Börsen normal über dem Paritätskurs notiert.

Somit ist im Kurs neben der Parität also stets ein weiterer Preisbestandteil enthalten, den die Anleger aufgrund der eben genannten Vorteile zu bezahlen bereit sind.

*Beispiel: Währungs-Optionsschein der Citicorp I zum Bezug von 500 US-$ zu einem Basispreis von 1,8950 DM bis zum 31.3.92. Bei einem $-Geldkurs am 10.10.89 von 1,8860 DM/$ ergibt sich eine Parität von P = 500 * (1,8860 − 1,8950) = − 4,50 DM. Der Kurs betrug aber 58 DM. Auch hier kann anhand eines angenommenen US-$-Anstiegs verdeutlicht werden, warum der Kurs erheblich über dem Paritätskurs liegt: Steigt der $ auf 1,98 DM/$, dann gewinnt ein Anleger mit einem $-Betrag 5%. Die Parität hingegen würde sich auf 42,50 DM erhöhen, ein überproportionaler Anstieg. Gleichzeitig ist das Verlustrisiko auf den OS-Kurs begrenzt. Dagegen kann der Anleger des $-Betrages bis zu 500 * 1,8950 DM = 947,50 DM verlieren. Dies und der Vorteil des erheblich geringeren Kapitaleinsatzes rechtfertigen für viele Anleger den höheren Kurs des Scheins.*

Beispiel: Index Warrants der Dresdner Bank 89/9.90 zum Verkauf des DAX-Index zu 1.600 Indexpunkten. Bei einem Indexstand per 24.10.89 von 1.507 Punkten ergibt sich eine Parität von P = 1 * (1.600 − 1.507) = 93 DM. Der Kurs des DAX Bear Warrant notierte bei 157 DM. Die Differenz drückt die Kurserwartungen für den Aktienindex aus, in diesem Fall rechnen also Anleger damit, daß der Index noch weiter fällt. Die obengenannten Vorteile verbinden sich bei diesem Warrant mit der Chance, auf fallende Kurse des Gesamtmarktes zu spekulieren.

Anhand dieses letzten Beispiels wird auch deutlich, wie sich die Parität für Verkauf-Optionsscheine berechnet. Es gilt im Gegensatz zu Formel 3.5:

$$P = \begin{bmatrix} OV * (K{-}E) \ \text{für } K{>}E \\ 0 \qquad\qquad sonst \end{bmatrix} = max[0; OV * (E{-}K)]$$

3.11

Lies: P ist das Maximum von Null und OV mal (E minus K).

Entsprechend gilt auch hier, daß je nach Währungskonstellation die Berechnung modifiziert werden muß.

Wieviel mehr als die Parität die Anleger nun zu bezahlen bereit sind, wird durch das Aufgeld bzw. die Prämie ausgedrückt.

3.3.2 Aufgelder und Prämien von Optionsscheinen

Für die Bewertung eines Optionsscheins ist der aktuelle Börsenkurs relevant. Denn nur zu diesem Kurs kann der Investor die Scheine kaufen oder verkaufen. Dieser Marktpreis wird wie alle Preise auf Finanzmärkten (theoretisch) durch Angebot und Nachfrage bestimmt.

Die Untergrenze für diesen Marktpreis jedoch bildet die Parität, denn liegt diese oberhalb des Börsenkurses, dann könnten Arbitrageure diese Gelegenheit nutzen, die Scheine auszuüben und sich sichere Gewinne einstecken. Es sei denn, die Transaktionskosten würden die Differenz zwischen Börsenkurs abzgl. der Parität übersteigen. Daher muß sich die eben getroffene Aussage genau genommen auf die Nettoparität beziehen, d.h., für den Börsenkurs des OS gilt:

$$OS \geq P_N \geq max\,[0; OV * (K * (1 - TK_A) - E * WAE/100)]$$

3.12

Lies: OS ist größer oder gleich der Nettoparität bzw. das Maximum von 0 und der Nettoparität.

Dieser Zusammenhang liegt vor allem in der Tatsache begründet, daß Börsenkurse niemals negativ sind, d.h., es gilt immer $OS \geq 0$. Außerdem würden Arbitrage-Transaktionen dafür sorgen, daß sich die Unterbewertung abbaut.

Wie oben gezeigt wurde, wird der Börsenkurs während der Laufzeit bei Optionsscheinen mit amerikanischem Optionsrecht (tägliche Ausübungsmöglichkeit) in der Regel über der Parität liegen, d.h., es gilt OS ≥ P.

Als Differenz ergibt sich das sog. Aufgeld AU (Synonym: Agio), das angibt, um wieviel der indirekte Erwerb des optierbaren Basisobjekts (Kauf des Scheins und sofortige Ausübung des Optionsrechts unter Zuzahlung des Basispreises z.B. für eine Aktie) teuerer ist als der direkte Erwerb des Basisobjekts über die Börse (Börsenkurs). Für das Agio gilt:

$$AU = A = OS + E - K$$

3.13a

oder

$$AU = OS + E + DIV_N - K$$

3.13b

Setzt man das Agio in Bezug zum Börsenkurs des Basisobjekts, dann erhält man die Prämie, die in Prozent des Kurses des Basisobjekts in der Definition der Praktiker den Prozentsatz angibt, den ein Käufer z.B. einer Aktie mehr bezahlen muß, wenn er die Aktie indirekt über den Schein erwirbt als sie direkt über die Börse zu erwerben (direkter Aktienerwerb). Die Berechnung der Prämie in Prozent ergibt sich gemäß Formel 3.14:

$$PR = [(OS + E - K) / K] * 100$$

3.14a

oder

$$PR = (A / K) * 100$$

3.14b

oder

$$PR = [((OS + E) / K) - 1] * 100$$

3.14c

oder

$$PR = [((OS + E + DIV_N - K) / K)] * 100$$

3.14d

Für Verkaufs-Optionsscheine gilt folgender Zusammenhang

$$A = OS + K - E$$

3.15

$$PR = [(OS + K - E) / K] * 100$$

3.16

$$PR = (A / K) * 100$$

3.17

Die Interpretation der Prämie bei Put Warrants differiert im Vergleich zu der von Call Warrants: Die Prämie besagt, um wieviel weniger der indirekte Verkauf eines Basisobjekts, z.B. einer Aktie (Kauf des Basisobobjekts an der Börse und Kauf des Scheins, sofortige Ausübung und Verkauf des Basisobjekts zum vereinbarten Basispreis), einbringen würde als der direkte Verkauf des Basisobjekts. Da Leerverkäufe bei uns nicht zulässig sind, ist diese Interpretation weniger praxisnah als die von Call Warrants.

Löst man Formel 3.14 nach OS auf, dann kann man den Wert des Scheins für jeden beliebigen Kurs des Basisobjekts und jede beliebige Prämie ausrechnen. Die Schätzung des ungefähren Kurses des Scheins bei einem unterstellten Kursanstieg des Basisobjekts und einer vermuteten Prämie des Scheins errechnet sich nach Formel 3.18:

$$OS = (1 + PR) * K - E$$

3.18

Aufgeld und Prämie werden oft nicht voneinander unterschieden. Um Fehler bei der Interpretation zu vermeiden, soll die Abgrenzung zwischen der absoluten Größe Aufgeld (Agio) und der relativen Größe Prämie nochmal deutlich hervorgehoben werden:

Das Aufgeld gibt an, um welchen absoluten Betrag der indirekte Kauf des Basisobjekts teurer ist als das direkte Kaufgeschäft. Oder anders ausgedrückt: Das Aufgeld gibt den absoluten Betrag an, um den das Basisobjekt (bei OV ungleich 1 multipliziert mit OV) bis zum Ende der Optionsfrist steigen muß, damit der Optionsschein dann wert ist, was er heute bereits kostet.

Und die Prämie gibt an, um wieviel Prozent der indirekte Kauf des Basisobjekts teurer ist als der direkte Kauf. Mit anderen Worten gibt die Prämie den prozentualen Betrag an, um den das Basisobjekt (bei OV ungleich 1 multipliziert mit OV) in Relation zum aktuellen Kurs des Basisobjekt bis zum Ende der Optionsfrist steigen muß, damit der Optionsschein dann den Wert hat, den er heute als Preis kostet.

Die Prämie kann also als Barometer für die Kurserwartung interpretiert werden, bzw. der erwartete Kursanstieg des Basisobjekts ist in Form der Prämie bereits antizipiert.

Beispiel: BASF OS 86/01 mit einem Basispreis E von 308 DM, Optionsverhältnis OV 1:1. Bei Kursen vom 24.10.89 des Scheins von 90,50 DM und der Aktie von 275 DM ergibt sich eine negative Parität von minus 33 DM. Für das Aufgeld und die Prämie ergeben sich folgende Werte:

$$A = OS + E - K$$

$$A = 90,50\ DM + 308\ DM - 275\ DM = 123,50\ DM$$

$$PR = [(OS + E - K) / K] * 100$$

$$PR = [(90,50\ DM + 308\ DM - 275\ DM) / 275\ DM] * 100 = 44,9\%$$

Beispiel: Von der japanischen Gesellschaft Mitsubishi Mng.& Cem. OS (Code 5238) sind eine Reihe von Optionsscheinen in DM, US-$ und Sfr auf den Markt. Davon stammt nur der US-$ aus einer Optionsanleihe der Gesellschaft. Die übrigen Scheine sind alle gedeckte Warrants.

a) Mitsub. Mng. & Cem. US-$ OS 88/9.92 mit einem Basispreis von 720,20 Yen pro Aktie und einem Optionsverhältnis von 1 : 936. Die Bruttoparität beträgt 1123,2 $, die Nettoparität 1034,9 $ bei einem Aktienkurs von 890 Yen; bei einem Warrantkurs von 1825 US-$ ergeben sich folgende Werte ($/Yen: 141,50):

$$PR_{MOD} = [(OS/OV + E * WAE_{B2.1}) / (K * WAE_{B2.1})] - 1$$

$$PR_{MOD} = [(1825 / 936 + 720,2 * 141,50) / (890 * 141,50)] - 1 = 11,9\%$$

b) Als Vergleich dazu wird der gedeckte Mitsub. Mng. & Cem. DM OS 89/6.92 bewertet. Der Basispreis beträgt 722 Yen bei einem Optionsverhältnis von 1 : 10. Der aktuelle Kurs notiert bei 890 Yen. Bei einer Bruttoparität von 21,90 DM und einem Scheinkurs von 33 DM ergibt sich bei einem DM/Yen Kurs von 1,30/100 Yen für Prämie und Leverage (LF, vgl. Kapitel 3.3.2):

$$PR_{MOD} = [(OS / OV + E * WAE_B) / (K * WAE_B)] - 1$$

$PR_{MOD} = (33\ DM\ /\ 10 + 722\ *\ 1{,}30\ /\ 100)\ /\ (890\ *\ 1{,}30\ /\ 100)= 9{,}6\%$

$LF = K\ /\ ((OS\ /\ WAE)\ /\ OV)$

$LF = 890\ Yen\ /\ ((33\ DM\ /\ 1{,}30\ *\ 100)\ /\ 10) = 3{,}5$

Beispiel: Währungs-Optionsschein der Citicorp. I zum Bezug von 500 US-$ zu einem Basispreis von 1,8950 DM/$ bis zum 31.3.92. Bei einem $-Geldkurs am 10.10.89 von 1,8450 DM/$ ergibt sich eine Parität von P= − 25,00 DM. Bei einem Scheinkurs von 54 DM ergibt sich eine Prämie wie folgt:

$$PR = \frac{OV * E + OS - OV * K}{OV * K} * 100$$

$$PR = \frac{500\ \$ * 1{,}8950\ DM/\$ * 54\ DM - 500\ \$ * 1{,}8450\ DM/\$}{500\ \$ * 1{,}8450\ DM/\$} = 8{,}56\%$$

Beispiel: Zins-Optionsschein der Citicorp 89 Call zum Bezug einer 7%-Bundesanleihe 89/20.10.99. Der Schein hat ein OV von 1 : 100 DM der Anleihe, Optionsfrist bis 25.10.90. Die Anleihe notierte per 18.10.89 bei 99,85%. Die Parität beträgt (K * OV − E * OV) − 0,15 DM. Bei einem Emissionskurs für den Schein von 2,55 DM errechnet sich eine Emissionsprämie von (DM steht für Inlandswährung, WAE wäre entsprechend Fremdwährung):

$$PR = \frac{OV\ DM * E\% + OS - K\% * OV\%}{K\% * OV\%} * 100$$

$$PR = \frac{100\ DM * 100\% + 2{,}55\ DM - 99{,}85\% * 100\ DM}{99{,}85\% * 100\ DM} = 2{,}704\%$$

Es wurde bereits oben erwähnt, daß im Falle einer negativen Prämie möglicherweise Arbitragetransaktionen einsetzen. Voraussetzungen sind hierfür allerdings,

• daß der Kurs des Scheins so weit unter der Nettoparität notiert, daß sich eine Arbitrage trotz der anfallenden Transaktionskosten noch lohnt; mit anderen Worten: Die Summe aus dem Kurs des Scheins plus den Transaktionskosten muß kleiner als die Nettoparität (Verkaufskurs des Basisobjekts abzgl. Transaktionskosten) sein, damit sich ein Kursausgleichsgeschäft lohnt;

• daß der Schein mit einem amerikanischen Optionsrecht ausgestattet ist, so daß er überhaupt jederzeit ausübbar ist.

So werden in jüngster Vergangenheit teuere und auf DM-Basis gehandelte Optionsscheine auf japanische Aktien regelmäßig weit unterhalb ihrer Nettoparität gehandelt. Dabei haben zwar alle Scheine ein amerikanisches Optionsrecht, manche optierbaren Aktien sind aber sog. »non margin«-Papiere. Bei dieser Art von Wertpapieren sind Kreditkäufe und -verkäufe nicht erlaubt. Die effektiven Stücke werden nicht sofort, sondern erst nach einer Frist von teilweise mehreren Wochen geliefert. Will aber jemand Aktien verkaufen, muß er die Stücke liefern können, d.h., er muß sie effektiv im Depot haben. Ein Arbitrageur hat dies natürlich nicht. Normalerweise können institutionelle Investoren die Aktien leer verkaufen, d.h., Aktien bereits verkaufen, bevor sie sich in ihrem Besitz befinden. Bei diesen »non margin«-Papieren allerdings funktioniert dies nur mit Einschränkungen.

Zwar kann der Schein ohne weiteres ausgeübt werden (in Aktien gewandelt werden), aber will der Arbitrageur gleichzeitig mit der Ausübung die Aktien (leer) verkaufen (was die Regel sein dürfte), muß er sich die effektiven Stücke der Aktie zum Verkauf gegen eine Gebühr ausleihen, da er die Aktien, die ihm aus der Ausübung zustehen, ja nicht sofort, sondern erst nach einer Frist von einigen Tagen oder Wochen erhält. Da er aber diese Frist aufgrund des hohen Kursrisikos nicht abwarten kann (da bei Kursverlusten sein Arbitragegeschäft nicht mehr aufgeht) und er die optierten Aktien sofort verkaufen will, muß er sich diese bei anderen Marktteilnehmern (Fonds etc.) ausleihen. Die anfallenden Kosten muß er dabei in die Arbitrage mit einrechnen. Dieser Umstand erklärt, warum einige Scheine teilweise erheblich unter ihrer Nettoparität (P_N) notieren.

Mit folgenden Instrumenten kann sich ein Arbitrageur die Vorteilhaftigkeit solcher Geschäfte errechnen:

Beispiel: Falls $K > E$ und $OS + TR_{OS} < P_N$ bzw.

$$OS * (1 + TR_{OS}) < K * (1 - TR_K) - E = P_N:$$

Der Anleger kauft den Schein (Preis: $OS + TR_{OS}$) und übt sofort sein Optionsrecht unter Zuzahlung des Basispreises E aus. Er bezahlt also für eine Einheit des Basisobjekts (z.B. eine Aktie) $OS + TR_{OS} + E$. Gleichzeitig verkauft er das optierte Basisobjekt zum aktuellen Tageskurs (abzgl. Transaktionskosten). Er erhält $K * (1 - TR_K)$.

Sein Arbitrageerfolg:

$$K * (1 - TR_K) - (OS + TR_{OS} + E) = P_N - OS > 0$$

oder

$$(K * (1 - TR_K) - E) - OS * (1 + TR_{OS}) = P_N - OS > 0$$

Es erfolgt solange Arbitrage, wie P_N > OS bzw. P_N < OS > 0 ist.

Der Vergleich der Prämien zweier Scheine ist aussagekräftiger als ein Vergleich der entsprechenden Aufgelder, da die Prämie in Relation zum Kapitaleinsatz gesetzt wird. Das Aufgeld als absolute Größe kann zu Verzerrungen führen. In der Abbildung 3.9 sind die Zusammenhänge grafisch erläutert.

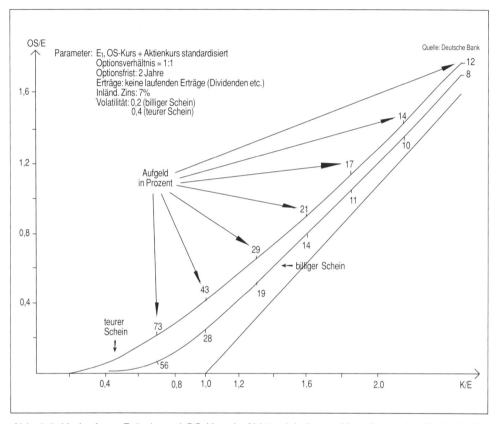

Abb. 3.9 Verlauf von Prämie und OS-Kurs in Abhängigkeit vom Kursniveau des Basisobjekts

Es zeigt sich deutlich die Entwicklung der Höhe der Prämie und des OS-Kurs in Abhängigkeit des Kursniveaus des Basisobjekts. Mit zunehmendem Kursniveau des Basisobjekts nimmt die Prämie ab, weil die Vorteile, die einen Optionsschein im wesentlichen ausmachen (geringerer Kapitaleinsatz, begrenztes Verlustrisiko, prozentual höhere Gewinnchance) bei steigenden OS-Kursen aufgrund steigendem Kurs des Basisobjekts relativ abnehmen. Anders gesagt, nimmt die Parität relativ zum Aufgeld mit steigendem Kursniveau zu, d.h., der innere Wert steigt, während der

125

Zeitwert (vgl. hierzu Kapitel 4.7) des Optionsscheins gegen Null geht. Weiter unten wird gezeigt, daß diese Entwicklung eine mathematische Notwendigkeit darstellt. Aber die Prämie ist kein fixer Wert. Ihre Höhe hängt vielmehr von einer Reihe von Einflußgrößen ab, deren komplexe Wirkungsstruktur nur schwer zu erfassen ist. Daher haben beispielsweise Bewertungsmodelle, wie sie in Kapitel 3.4 vorgestellt werden, versucht, ein rationales Bewertungsschema zu entwickeln. Aber die wichtigsten Einflußparameter auf die Prämienhöhe sind mit Sicherheit der Basispreis, der Kurs des Basisobjekts, die Rest-Optionsfrist und die Volatilität. Dabei nimmt die Prämie tendenziell ab (zu),

- je höher (niedriger) das Kursniveau des Basisobjekts im Vergleich zum Basispreis liegt, das heißt, je tiefer (höher) bei gegebenem Kursniveau der Basispreis liegt bzw. je höher (tiefer) bei gegebenem Basispreis der Kurs des Basisobjekts notiert;

- je geringer (länger) die Rest-Optionsfrist ist.

Wie bei einem Vergleich verschiedener Kennziffern im Anschluß an diesen Abschnitt gezeigt wird, führt aber eine alleinige Orientierung an der Prämienhöhe zu einer Bevorzugung von Warrants, die weit im Geld sind. Dort liegt das standardisierte Kursniveau des Basisobjekts (K/E) deutlich über 1, während Warrants mit einem K/E bzw. S/E von weniger als 1 vernachlässigt werden. Dies kann zu unvorteilhaften Anlageentscheidungen führen.

Modifikationen
a) Währungsmix
Notieren die Scheine OS, das Basisobjekt K und der Basispreis E nicht in dergleichen Währung, dann müssen die Aufgeld- und Prämienformeln leicht modifiziert werden. Die Prämie gibt in den folgenden Fallbeispielen an, um wieviel Prozent der indirekte Aktienkauf über den Optionsschein (Kauf des Scheins und sofortige Ausübung) für einen Inländer teurer (bei negativer Prämie billiger) ist als der direkte Kauf der Aktie. WAE_B stellt dabei den Briefkurs der jeweiligen zu erwerbenden Fremdwährung dar.

Je nachdem, welche Währungsrelationen zwischen den jeweiligen Größen festgelegt worden sind, finden die folgenden modifizierten Prämienformeln Anwendung.

1. Optionsschein, Kurs des Basisobjekts und der Basispreis notieren in derselben Währung; Anwendung findet dann Prämienformel 3.14. Dies gilt natürlich für das Gros der Optionsscheine zum Bezug deutscher Aktien.
2. Der Optionsschein und das Basisobjekt notieren in Inlandswährung, der Basispreis dagegen wird in Fremdwährung festgelegt. Diese Konstellation war bislang nur beim mittlerweile ausgelaufenen Deutsche Bank OS 77/87 zu finden. Die modifizierte Prämienformel PR_{MOD} lautet:

$$PR_{MOD} = ((OS/OV + E * WAE_B) / K) - 1$$

3.19

3. Optionsschein und Basispreis lauten auf inländische Währung; Der Kurs des Basisobjekts notiert aber in Fremdwährung. Noch ist kein Schein mit dieser Konstruktion bekannt. Die modifizierte Prämienformel PR_{MOD} lautet:

$$PR_{MOD} = (OS/OV + E) / (K * WAE_B)$$

3.20

4. OS wird in inländischer Währung gehandelt, obwohl sowohl der Basispreis als auch der Kurs des Basisobjekts in Fremdwährung notieren. Diese Konstellation trifft für sämtliche DM-Japaner-Optionsscheine zu, also Optionsscheine, die in DM gehandelt, zum Bezug japanischer Aktien, die in Yen notieren, berechtigen. Entsprechend auch für Schweizer Anleger, die Sfr-Japaner kaufen. Es gilt:

$$PR_{MOD} = [(OS/OV + E * WAE_B) / (K * WAE_B)] - 1$$

3.21a

oder

$$PR_{MOD} = (OS / (OV * WAE_B) + E) / K - 1$$

3.21b

5. a) Der Kurs des Warrant, der Basispreis und der Kurs des Basisobjekts lauten auf Fremdwährung.
Diese Situation liegt vor, wenn ein deutscher Investor einen an ausländischen Finanzmärkten gehandelten Warrant erwirbt. Z.B. kauft ein Anleger in Frankreich Scheine der Credit National A oder B. Der Kurs des Scheins lautet ebenso wie der Basispreis und die Aktie auf FF. Dann gilt:

$$PR_{MOD} = [(OS/OV * WAE_B + E * WAE_B) / (K * WAE_B)] - 1$$

3.22a

oder

$$PR_{MOD} = ((OS/OV + E) / K) - 1$$

3.22b

b) Der Optionsschein lautet auf Fremdwährung 1, während der Kurs des Basisobjekts und der Basispreis auf eine andere Fremdwährung 2 lauten.
Dies ist bei nahezu allen englischen Scheinen z.B. auch beim National Westminster OS 85/90 der Fall. Basisobjekt und Basispreis lauten auf GBP, während die Scheine in Sfr gehandelt werden. Auch auf japanische Scheine zum Bezug von Aktien, die in US-$ oder Sfr gehandelt werden, trifft dieses Szenario aus Sicht eines deutschen Anlegers zu. Hier lauten Aktienkurs wie auch Basispreis auf Yen, während die Scheine am Euromarkt in US-$, Sfr, ECU oder Hfl gehandelt werden. Für die Prämienberechnung braucht dann nur der Devisenkurs von Fremdwährung 2 auf Fremdwährung 1 herangezogen werden. Zum Beispiel ist für die Prämienberechnung eines $-Scheins auf japanische Aktien nur die $/Yen-Relation wichtig.

$$PR_{MOD} = [(OS/OV + E * WAE_{B2.1}) / (K * WAE_{B2.1})] - 1$$

3.23

6. Optionsschein und der Kurs der Basisobjekts lauten auf Fremdwährung, der Basispreis wird in Inlandswährung fixiert. Es gilt:

$$PR_{MOD} = ((OS/OV + E) * WAE_{B2.1}) / K - 1$$

3.24

7. Optionsschein lautet auf Fremdwährung, der Basispreis und der Kurs des Basisobjekts lauten auf inländische Währung. Dieses Szenario bietet sich einem englischen Anleger, der z.B. den National Westminster OS 85/90 kauft. Der Schein notiert in Sfr, während Basispreis und Kurs des Basisobjekts auf GBP lauten. Dies gilt im übrigen für nahezu alle am Euromarkt gehandelten Scheine auf englische Aktien. Auch japanische Investoren, die Scheine am Euromarkt kaufen, erwerben Scheine in Fremdwährung, obwohl Aktie und Basispreis auf Yen lauten.

$$PR_{MOD} = ((OS/OV * WAE_B + E) / K) - 1$$

3.25

8. a) Optionsscheinkurs und Basispreis lauten auf Fremdwährung, der Kurse des Basisobjekts auf Inlandswährung. Es gilt:

$$PR_{MOD} = (OS/OV * WAE_B + E) / (K * WAE_B) - 1$$

3.26

b) Standardisierung
Die Prämienberechnungen gelten für Warrants mit einem Optionsverhältnis von OV = 1 : 1. Prinzipiell kann man diese Prämienformel stets verwenden. Für Scheine mit von 1 : 1 abweichenden Optionsverhältnissen homogenisiert man den Schein, indem man den Kurs des Warrant durch die Anzahl der Optionsrechte teilt: OS/OV. Auf den Sinn der Homogenisierung wurde bereits in Kapitel 3.2.2 eingegangen. Bei Optionsscheinen, die ein Optionsverhältnis ungleich 1 haben und für die der Basispreis gleichzeitig modifiziert werden muß, weil er sich auf ein OV von 1:1 bezieht, kann Formel 3.14 modifiziert werden. Es gilt:

$$PR_{MOD} = (OS + E) / (OV * K) - 1$$

3.27

Als Beispiele können der Henkel OS 87/94 und alle Dresdner Bank OS von 1983 bis 1986 gelten.

c) Periodisierung
In jüngster Vergangenheit wird versucht, die Bewertung des Aufgeldes zu modifizieren, um einige Nachteile, die gegenüber anderen Bewertungmodellen bestehen, zu mildern. Dazu gehört beispielsweise die Berücksichtigung der Rest-Optionsfrist eines Optionsscheins. Dafür berechnet man das jährliche Aufgeld in Prozent bzw. die jährliche Prämie. Das jährliche Agio in Prozent (PR_J) ergibt sich aus der Prämie nach Formel 3.14, dividiert durch die Rest-Optionsfrist (OF) des Optionsscheins:

$$PR_J = [((OS + E - K) / K) * 100] / OF$$

3.28

Das jährliche, absolute (prozentuale) Aufgeld besagt, um wieviel Einheiten (Prozent), gemessen in der Währung des OS, sich das Basisobjekt pro Jahr verändern muß, damit der Optionsschein am Ende der Optionsfrist das wert ist, was er heute bereits kostet. Beträgt das jährliche, absolute Aufgeld z.B. 4 DM, so muß sich das Basisobjekt jährlich um diesen Betrag verändern, damit die Parität des Optionsscheins seinen heutigen Börsenkurs erreicht. Unterstellt wird also quasi ein linearer Kursverlauf.

d) Dividendennachteil
Ein weiterer Nachteil ist der Dividendennachteil, den ein Aktien-Optionsschein gegenüber der Aktie besitzt. Während er sich bei einem Put Warrant auf Aktien positiv auswirken würde, wird der Call Warrant bei dem Dividendenabschlag je nach Höhe des Abschlags weniger wert. Um diesen Einfluß mit in die Berechnung einfließen zu lassen, kann bei der Prämienberechnung der Dividendennachteil (DIV_N) mit eingerechnet werden. Für die Prämie gilt dann:

$$PR_{DN} = ((OS + DIV_N + E - K) / K) * 100$$

3.29

Je höher der Dividendennachteil, desto höher wird c.p. die Prämie eines Kauf-Optionsscheins sein, vice versa bei Verkaufs-Optionsscheinen.

Die Legende vom niedrigen Aufgeld
Nun ist bisher das Aufgeld bzw. die Prämie eines der wichtigsten Bewertungskriterien bei der Beurteilung von Optionsscheinen. Bei vielen Marktteilnehmern ist die Vorstellung verwurzelt, daß Warrants mit einer niedrigen Prämie preiswert, solche mit einer hohen dagegen teuer sind. Aber die wenigsten Anleger sind sich darüber im klaren, daß es einige mathematische Gesetzesmäßigkeiten gibt, die die Bedeutung des Aufgeldes als Entscheidungskriterium stark in Frage stellen.

Denn Experten argumentieren, daß sich bereits aus den Prämienformeln zwingend ergibt, daß das Aufgeld tendenziell mit fallenden Kursen des Basisobjekts steigt und aufgrund des mathematischen Zusammenhangs auch steigen darf, auch wenn der Optionsschein bereits fast wertlos ist, da der Basispreis konstant bleibt. Dagegen rechtfertigen Warrants, die bereits im Geld stehen, tendenziell ein um so niedrigeres prozentuales Aufgeld, je weiter der aktuelle Börsenkurs des Basisobjekts den Basispreis übersteigt.

Würde diese Aussage zutreffen, dann würden Optionsscheine mit einem standardisierten Kursniveau des Basisobjekts von unter 1 (Warrants »Out of the money«) zwangsläufig eine höhere Prämie als Optionsscheine haben, die hoch im Geld stehen, weil der Kurs des Basisobjekts unabhängig vom OS-Kurs weit über seinem Basispreis liegt.

Beispiele für derartige Konstellationen sind z.B. die Scheine von Veba oder Viag. Hier liegt der Basispreis sehr deutlich unter dem aktuellen Börsenkurs, der Warrant steht also weit im Geld. Dagegen stehen Scheine wie Conti 87/97, Deutsche Bank 86/96 oder VW 86/01 deutlich aus dem Geld und rechtfertigen nach modelltheoretischen Berechnungen hohe Aufgelder.

Beispiel: Bayer OS 87/97, E = 330 DM, OV = 1 : 1, DIV = 12 DM.

Szenario A: Der hypothetische Kurs des Basisobjekts, der Bayer-Aktie, betrage 230 DM. Der Warrant ist also aus dem Geld, da der Basispreis über dem Börsenkurs liegt. Die Prämie betrage bei einem fiktiven Kurs des Bayer-Scheins 87/97 (oder errechnet nach Black/Scholes) von 28 DM:

$$PR_{DN} = ((28 + 12 + 330 - 230) / 230) * 100 = 60,8\%$$

Selbst wenn der Optionsschein nur 1 DM kosten würde, wäre das Aufgeld mit 49,1% noch extrem hoch.

$PR_{DN} = ((1 + 12 + 330 - 230) / 230) * 100 = 49,1\%$

Bei einem weit über den Basispreis steigenden Aktienkurs der Bayer wird das prozentuale Aufgeld dagegen immer kleiner, weil der innere Wert steigt, der Kapital-vorteil immer geringer und eine Ausübung immer wahrscheinlicher wird. Zudem geht der Zeitwert gegen Null, d.h., tendenziell wird die Rest-Optionsfrist bei steigendem Kursniveau abnehmen (eine Ausübung wird wahrscheinlicher).

Szenario B: Der hypothetische Kurs des Basisobjekts, der BAYER-Aktie, betrage 500 DM. Da der Warrant weit im Geld liegt, ist nur noch ein geringes Aufgeld gerechtfertigt. Die Prämie betrüge bei einem fiktiven Kurs des BAYER OS 87/97 von 180 (250 DM) DM:

$PR_{DN} = ((180 + 12 + 330 - 500) / 500) * 100 = 4,4\%$

Und selbst wenn der aktuelle Börsenkurs des Scheins theoretisch stark überbewertet ist, ergibt sich eine wesentlich geringere Prämie.

$PR_{DN} = ((250 + 12 + 330 - 500) / 500) * 100 = 18,4\%$

Bei einem Kurs von 287 DM der Bayer Aktie am 26.10.89 ergibt sich ein theoretischer Preis nach dem in Kapitel 3.4 vorgestellten Black & Scholes-Modell für den Schein von ca. 87,50 DM. Setzt man diesen Wert in die Berechnung für das prozentuale Aufgeld ein, dann ergibt sich ein theoretisches Aufgeld von 49,7%. Das aktuelle Aufgeld beträgt am 26.10.89 dagegen 53,78%. Damit ist der Optionsschein in etwa korrekt bewertet.

Dieses Beispiel zeigt deutlich, daß es bei einer Orientierung der Anlageentscheidung am Aufgeld zu Fehleinschätzungen kommen kann. Wesentlich ist, das Verhältnis von Basispreis zu aktuellem Kurs des Basisobjekts zu berücksichtigen. Nur dann, wenn zwei Optionsscheine das gleiche Verhältnis von Basispreis zum Kurs des Basisob-jekts haben und die sonstigen Optionsscheinbedingungen gleich sind (was quasi nicht vorkommt), kann mit Hilfe des Aufgeldes sinnvoll entschieden werden, welcher Schein der preiswertere ist. In Kapitel 3.4 wird dies anhand von Optionspreis-theoretischen Überlegungen noch deutlicher.

3.3.3 Gearing Factor und Hebelwirkung (Leverage-Effekt)

Einen Großteil ihrer Attraktivität ziehen die Optionsscheinmärkte aus der Tatsache, daß Anleger mit Warrants bei gleichem Kapitaleinsatz erheblich mehr verdienen können als mit den zugrundeliegenden Basisobjekten. Und auch mit einem geringeren Kapitaleinsatz können sie an Kursentwicklungen gleichstark partizipieren wie sonst nur Anleger mit einem wesentlich größeren Budget. Damit ergeben sich neue Anlagealternativen auf neuen Märkten.

Doch bei der genauen Definition und Interpretation des Begriffs Hebel (Leverage) gibt es in der Fachwelt unterschiedliche Auffassungen. Einige lehnen ihn als Entscheidungskriterium auch rundherum ab.

Da aber vor allem Börsenbriefe und -zeitschriften viele ihrer Anlageempfehlungen und heißen Tips mit einer hohen Hebelwirkung des empfohlenen Scheins begründen, wird im folgenden genauer auf die Definition, Interpretation und Konsequenz des Leverage-Effekts eingegangen.

Die Hebelwirkung (Leverage Effekt) bei Optionsscheinen wird durch den geringeren Kapitaleinsatz beim Investment der Scheine im Vergleich zum Basisobjekt determiniert, hängt also ab vom Quotienten des Kurses des Basisobjekts dividiert durch den Optionsscheinkurs unter Berücksichtigung des festgelegten Basispreises.

Je höher der Leverage, desto stärker wird nach traditioneller Sichtweise also in der Regel bei gegebener Veränderung des Kurses des Basisobjekts die Kursänderung des Optionsscheins ausfallen. Entsprechend nehmen Chancen und Risiken mit steigendem Hebel tendenziell zu.

Um die Hebelwirkung messen zu können, muß der Anleger ein Instrumentarium benutzen, welches die Performance (Rendite) von Optionsschein und Basisobjekt für einen bestimmten Zeitraum messen kann.

Dies geschieht, mathematisch formuliert, mit Hilfe der Kurselastizität des Optionsscheins in bezug auf den Kurs des Basisobjekts, z.B den Aktienkurs. Die Elastizität gibt an, um das Wievielfache der prozentualen Kurssteigerung/-senkung des Basisobjekts ein Optionsschein steigt oder fällt.

$$EAST_M = (dC / C) : (dS / S) = (dC / dS) * (S / C)$$

3.30

Einfacher ausgedrückt: Man vergleicht die prozentualen Kursänderungen von Optionsschein und Basisobjekt, die in einem bestimmten, frei wählbaren Zeitraum zu beobachten sind.

$$ELAST = \frac{(OS_{T2} - OS_{T1})/OS_{T1}}{(K_{T2} - K_{T1})/K_{T1}} = \frac{ELAST_{OS}}{ELAST_K}$$

3.31

Dieser Quotient zeigt das Verhältnis der relativen Kursänderung des Optionsscheins zu der sie verursachenden relativen Kursänderung des Basisobjekts und wird als Leverage LV bezeichnet. Diese Gegenüberstellung wird für einen bestimmten Zeitraum vorgenommen und durch einen frei wählbaren Anfangszeitpunkt T1 und einen ebenfalls frei wählbaren, späteren Endzeitpunkt T2 determiniert.

Stieg in einem bestimmten Zeitraum eine optierbare Aktie beispielsweise um 8%, der Schein dagegen um 20%, so hatte der Leverage ex post (im nachhinein gemessen) einen Leverage von LV = 3.

Theoretisch ist der Leverage stets größer als eins. Er ist um so größer, je weiter der Optionsschein aus dem Geld steht und tendiert für sehr weit im Geld stehende Optionsscheine gegen eins. Und der Leverage hat leider die unangenehme Eigenschaft, daß die prozentual größere Kursänderung des Scheins sowohl bei Kurssteigerungen als auch bei Kursrückgängen auftritt: Steigt das Basisobjekt im Kurs, steigt der Optionsschein prozentual stärker; fällt das Basisobjekt im Kursniveau, dann fällt der Kurs des Schein prozentual stärker.

Eine Aussage über den Leverage setzt allerdings die Kenntnis der im Elastizitätsquotienten ELAST enthaltenen Größen voraus. Denn Theorie und Praxis sind sich nicht immer einig.

OS_{T1} und OS_{T2} sind die Kurse des Optionsscheins und K_{T1} und K_{T2} sind die Kurse des Basisobjekts zu zwei ausgewählten Zeitpunkten, Daten, die der Markt liefert. Zur Bestimmung der Kursveränderung des Scheins im Verhältnis zur Kursänderung des Basisobjekts braucht man eine Theorie über die Reaktionsfreudigkeit des Scheins.

Wählt man die Zeiträume stetig klein, z.B. täglich, dann erhält man eine Zeitreihe der Hebelwirkung und somit einen Anhaltspunkt über die Reaktion des Scheins bei Kursänderungen des Basisobjekts.

Allerdings gelten diese Ergebnisse stets ex post, d.h., die Reaktion des Scheins läßt sich exakt nur im nachhinein ermitteln. Angaben über den in Zukunft erwarteten Leverage können nur Schätzungen sein.

In Kurzfristvergleichen (z.B. bei Kursvergleichen von zwei oder mehreren aufeinanderfolgenden Börsentagen) kann der Leverage unter 1 liegen. Das heißt, in diesem Fall hat das Basisobjekt den Optionsschein outperformed, d.h. eine höhere prozentuale Kursveränderung zu verzeichnen als der betreffende Optionsschein. Immer wieder treten diese gegenläufige Kursbewegungen zwischen den Kursen von Scheinen und Basisobjekten auf: So kann durchaus eine Erhöhung des Optionsscheinkurses trotz einer Verringerung des Kurses des Basisobjekts auftreten (z.B. bei Empfehlung durch einschlägige Börsendienste) – und umgekehrt.

Im längerfristigen Kursvergleich gilt aber wie oben gesagt, daß der Leverage stets größer eins ist, d.h. ELAST > 1.

Verfahren zur Bestimmung der Hebelwirkung
Das Hauptproblem bei der Bestimmung des Leverage ist die Berechnung des Leverage ex ante, d.h. des zukünftigen Leverage-Effekts. Exakt ist dies ohnehin nicht möglich, die Bestimmung kann nur näherungsweise erfolgen. Die Unsicherheit rührt vor allem von Seiten der Höhe des Aufgeldes und der Prämie, die ein Schein bei alternativen Kursszenarien in Zukunft ausweist.

Daher wird allgemein versucht, der Bestimmung des Aufgeldes durch Unterstellung der Konstanz des absoluten Aufgeldes (beim LF) oder des prozentualen Aufgeldes (Prämie) Herr zu werden.

Leverage Factor
Am weitesten verbreitet ist die Schätzung des zukünftigen Leverage mit Hilfe des sog. Leveragefaktors (LF). Dieser (Synonyma: Hebel, Hebelwirkung) ist definiert als Quotient aus aktuellem Kurs des Basisobjekts und Optionsscheinkurs:

$$LV = LF = K / OS$$

3.32

Der Leveragefaktor gibt an, wieviel weniger an Kapital der Optionsscheininhaber investieren muß, um an der gleichen Zahl an Basisobjekten zu partizipieren, wie der Inhaber eines Basisobjekts. Anders ausgedrückt, um das Wievielfache der Optionsscheininhaber im Vergleich zum Direkterwerber des Basisobjekts bei gleichem Kapitaleinsatz wie dieser teilnimmt. Somit wird das Wesen der Optionsscheine erfaßt, mit einem geringeren Kapitaleinsatz als dem Kurs des Basisobjekts an der Kursentwicklung des Basisobjekts zu partizipieren.

Bei der Schätzung des Leverage-Faktors wird unterstellt, daß sich der Schein prozentual um das LF-fache stärker im Kurs ändert als das optierbare Basisobjekt. Da der LF nur zeitpunktbezogen ermittelt werden kann, wird das zu diesem Zeitpunkt bestehende Aufgeld als fixer Parameter übernommen und ein konstant bleibendes Aufgeld bei Kursveränderungen des Basisobjekts unterstellt. Diese Annahme ist durchaus realistisch, denn sie führt bei steigenden Kursen zu einem Abbau des prozentualen Aufgeldes (das absolute Aufgeld bezieht sich dann auf einen höheren Kurs), während der Schein bei Kursrückgängen des Basisobjekts Prämie aufbaut (der Nenner des Quotienten der Formel 3.14 wird kleiner), eine Annahme, die durch die tägliche Praxis bei der Kursbildung bestätigt wird.

Fallen die Kurse allerdings stark, dann wird die Interpretation des LF unsinnig: Notiert eine Aktie beispielsweise bei 200 DM, der Schein bei 40 DM, d.h., LF = 5, und unterstellt man einen Aktienkursrückgang von 30% auf 140 DM, dann würde dies für den Schein bei einem LF von 5 einen Rückgang von (5 * 30%) 150% auf −20 DM bedeuten. Negative Kurse sind jedoch nicht möglich.

Das Beispiel zeigt, daß der Leverage-Faktor LF nicht zur Schätzung des zukünftigen Kurses des Scheins bei starken unterstellten Kursrückgängen des Basisobjekts verwendet werden kann.

Bei Optionsscheinen, die in einer anderen Währung als die Aktie notieren, und bei Scheinen, die ein Optionsverhältnis ungleich 1 haben, sind folgende Modifikationen erforderlich:

LF, wenn OS in Fremdwährung notiert, während der Kurs des Basisobjekts in Inlandswährung lautet (b. bei Notierung in 100 Einheiten):

$$LV = LF = K / (OS * WAE)$$

3.33a

$$LV = LF = K / (OS / WAE * 100)$$

3.33b

LF, wenn der OS ein Optionsverhältnis von ungleich 1 besitzt:

$$LV = LF = K / (OS * OV^*)$$

3.34a

bzw.

$$LV = LF = K / (OS / OV)$$

3.34b

OV*: Berücksichtigt Zahl der notwendigen Warrants und die Zahl der optierbaren Basisobjekts, d.h., bei 1 : 4 steht für OV = 1/4.

OV: Berücksichtigt nur die Zahl der optierbaren Basisobjekte, d.h., bei 1 : 4 steht für OV = 4.

LF, wenn OS in Fremdwährung, der Kurs des Basisobjekts in Inlandswährung notiert und der Schein ein OV ungleich 1 besitzt (z.B. alle DM-Japaner):

$$LV = LF = K / ((OS / WAE * 100) * OV^*)$$

3.35

Beispiel: Dresdner Bank OS 86/91 II, mit einem Basispreis von 407 DM und einem OV von 1,0555. Das OV ergibt sich aus der Tatsache, daß 18 Scheine zum Bezug von 19 Aktien der Dresdner Bank berechtigen. Ein ursprüngliches OV von 1 : 1 wurde bei einer Kapitalerhöhung ebenfalls erhöht. Da das OV ungleich 1 ist, muß es extra berücksichtigt werden. Am 24.10.89 notierte die Aktie bei 324,80 DM, der Schein bei 96,90 DM. Das absolute Aufgeld beträgt 179 DM. Einem OV von 1 : 1 zu 407 DM entspricht ein OV von 18 : 19 zu 385,42 DM (407 : 1,056).

$$LV = LF = 324,80\ DM / (96,90\ DM * 18 / 19) = 3,54$$

Angenommen, die Dresdner Bank-Aktie steigt um 60 DM, dann steigt der Schein um (60 * 1,055 =) 64,40 DM. Es gilt:

Aktie: 324,80 + 60 DM = 384,80 DM (18,6% Steigerung)
Schein: 96,90 + 64,40 DM = 161,30 DM (66,4% Steigerung)

Die prozentuale Steigerung des Warrant beträgt nach Schätzung des LF das 3,56--fache (Hebel) der prozentualen Steigerung der Aktie.

Beispiel: Ryobi OS 88/95, mit einem Basispreis von 721 Yen und einem OV von 1 : 502. Am 24.10.89 notierte die Aktie in Tokio bei 963 Yen. Der Schein kostete in Frankfurt 2090 DM. Für die Berechnung des LF ist der Devisen Kurs von 1,30 DM/100 Yen erforderlich.

$$LV = LF = 963\ YEN / ((2090\ DM / 1,30\ Yen) * 100 * 1 / 502) = 3,0$$

Gearing Factor
Eine bei den Anlegern weniger bekannte aber auch gebräuchliche Kennzahl ist der Gearing Factor (GF).

Der Gearing Factor gibt an, um wieviel Prozent der Optionsschein steigt, wenn sich der Kurs des Basisobjekts um einen Prozentpunkt verändert. GF wird definiert als:

$$LV = GF = (E / (OS/OV)) + 1$$

3.36

oder

$$LV = GF = \frac{K * OV}{OS * WAE}$$

3.37

Während der Leveragefaktor LF die Konstanz des absoluten Aufgeldes unterstellt, geht der Gearing Factor GF von der Konstanz des prozentualen Aufgeldes, also der Prämie aus. Die Unterstellung eines konstanten, absoluten Aufgeldes (wie beim LF) dürfte noch einsichtig sein, da dies bei steigenden Kursen eine fallende Prämie bedeutet, während sich bei fallenden Kursen eine steigende Prämie ergibt, der Schein also noch Prämie aufbaut.

Dieses Phänomen ist in der Praxis auch zu beobachten und tritt auch bei Options-preis-theoretischen Modellen auf.

Die Annahme einer gleichbleibender Prämie indes kann nur schwer gerechtfertigt werden und erweist sich auch als weit weniger einsichtig als die Annahmen des Leveragefaktors.

Problematisch wird der Gearing Factor vor allem bei steigenden Kursen des Basis-objekts: Notiert eine Aktie beispielsweise bei 200 DM, der Schein mit einem Basispreis von 180 DM und einer Prämie von 10% bei 40 DM, d.h., LF = 5, und unterstellt man einen Aktienkursanstieg von 30% auf 260 DM, dann würde dies für den Schein bei einem LF von 5 einen Anstieg von (5 * 30% =) 150% auf 100 DM bedeuten. Gemäß dem GF würde eine konstante Prämie einen Anstieg auf 106 DM (Anstieg 165%) erwarten lassen.

Man erkennt also deutlich, daß bei einem starken Anstieg des Kursniveaus des Basisobjekts und einer unterstellten gleichbleibenden Prämie der Gearing Factor einen wesentlich stärkeren Kursanstieg des Optionsscheins mit einschließt.

Das Beispiel zeigt, daß der Gearing Factor nicht zur Schätzung des zukünftigen Kurses des Scheins bei unterstellten starken Kursanstiegen des Basisobjekts heran-gezogen werden sollte, da im Falle der Berechnung unter Annahme von starken Kurssteigerungen OS-Inhaber übervorteilt werden.

Daß der Gearing Factor trotzdem immer wieder in den verschiedensten Publikationen auftaucht – vor allem in sonst kompetenten Börsenbriefen und Wirtschaftszeitschrif-ten – bleibt rätselhaft, hängt aber wohl damit zusammen, daß der Gearing Factor grundsätzlich höher liegt als der Leverage Faktor LF, es sei denn, der Optionsschein notiert mit einem Abgeld, dann kehrt sich dieses Verhältnis um. Bei einem Warrant, der mit einer negativen Prämie gehandelt wird, bleibt diese Bewertung (wegen Konstanz der hier negativen Prämie) auch für den Fall von weiteren Kursveränderun-gen bestehen. Auch ein Zeichen für die Problematik bei der Interpretation des Gearing Factor.

Liegt aber der GF höher als der LF, dann läßt sich aus Sicht der Börsenbriefe natürlich besser pro und contra Kauf eines Scheins argumentieren. Doch fundierter sind diese Anlagetips deswegen noch lange nicht.

Beispiel: Kaufhof OS 86/98, Bedingungen: E = 482 DM, OV = 1 : 1, Kurs der Aktie am 24.10.89 bei 568 DM, der Schein bei 204 DM. Das Aufgeld beträgt 118 DM bzw. 20,77% (konstant).

$$LV = LF = (568\ DM\ /\ 204\ DM) = 2,78$$

$$LV = GF = (482\ DM\ /\ 204\ DM) + 1 = 3,36$$

Angenommen, die Kaufhof-Aktie steigt um 80 DM. Dann gilt:

Aktie: 568 DM + 80 DM = 648 DM (14,1% Steigerung)

Bei einer aktuellen Prämie von 20,77% würde der Optionsschein bei einem GF von 3,36 um (3,36 * 14,1%) 47,37% steigen, was einer absoluten Kurssteigerung von 96,65 gleichkäme. Annahmegemäß ergibt sich beim Schein dann wieder eine Prämie von 20,77%.

Schein: 204 DM + 96,65 DM = 300,65 DM (47,37% Steigerung)

Die prozentuale Steigerung des Warrant nach Schätzung des GF beträgt das 3,36-fache (Gearing Factor) der prozentualen Steigerung der Aktie.

Beispiel: Ryobi OS 88/95, mit einem Basispreis von 721 Yen und einem OV von 1 : 502. Am 24.10.89 notierte die Aktie in Tokio bei 963 Yen. Der Schein kostete in Frankfurt 2090 DM. Für die Berechnung des LV ist der Devisen-Kurs von 1,30 DM/ 100 Yen erforderlich.

$$LV = GF\ 721\ Yen\ /\ ((2090\ DM\ /\ 1,30\ Yen) * 100* 1\ /\ 502) + 1 = 3,25$$

Im Vergleich zwischen LF und GF zeigt sich, daß der GF – wie oben erläutert – aufgrund der Konstanz des prozentualen Aufgeldes statt des absoluten Aufgeldes höher liegt als der LF.

Effektiver Leverage
Ein weiteres Verfahren, daß speziell die Problematik eines konstanten absoluten oder prozentualen Aufgeldes aufhebt, stellt die Berechnung des effektiven Hebels (EL für effektiver Leverage) dar. Statt eines konstanten Aufgeldes wird mit einem Aufgeld gearbeitet, daß sich mit zunehmender Höhe negativ auf den Hebel auswirkt. Das Argument lautet, daß besonders Scheine mit einem hohen Aufgeld lediglich Aufgeld bzw. Prämie abbauen, also im Kurs unterproportional reagieren, wenn der Kurs des Basisobjekts stark anziehen.

Bei diesem von Mathematikern vorgeschlagenen Verfahren finden sowohl das aktuelle Aufgeld als auch der LF Berücksichtigung. Voraussetzung für die Anwendung dieses Verfahrens ist also die Berechnung der beiden ersten Verfahren. Definiert ist der effektive Hebel:

$$LV = EL = LV / (1 + PR)^2$$

3.38

oder

$$LV = EL = LV / (1 + A / 100)^2$$

3.39

Das Aufgeld wirkt sich quasi hebelmindernd aus, d.h., je höher das Aufgeld, desto kleiner der effektive Hebel im Vergleich zum Leverage-Effekt.

Der Leverage-Effekt (LV) und der effektive Hebel sind nur gleich, wenn der Schein mit einem Aufgeld von 0% gehandelt wird. In diesem Fall wird sich der Warrant bei Kursveränderungen des Basisobjekts entsprechend seinem Leverage (seiner Hebelwirkung) verhalten.

Beispiel: Kaufhof OS 86/98, Bedingungen: E = 482 DM, OV 1 : 1, Kurs der Aktie am 24.10.89 bei 568 DM, der Schein bei 204 DM. Das Aufgeld beträgt 118 DM bzw. 20,77% (konstant).

$$LV = LF = (568 \ DM / 204 \ DM) = 2,78$$

$$LV = GF = (482 \ DM / 204 \ DM) + 1 = 3,36$$

$$LV = EL = 2,78 / (1 + 0,2077)^2 = 1,91$$

Angenommen, der Schein würde mit einem Aufgeld von a) 25,5%, b) 30,5% c) 0% gehandelt, dann ergäben sich folgende EL:

a) $LV = EL = 2,78 / (1 + 0,2550)^2 = 1,76$

b) $LV = EL = 2,78 / (1 + 0,3050)^2 = 1,63$

c) $LV = EL = 2,78 / (1 + 0,0000)^2 = 2,78$

Je höher also das aktuelle Aufgeld, desto niedriger ist bei gegebenem LF (c.p.) der effektive Hebel und desto höher die Wahrscheinlichkeit, daß der Schein bei Kursanstiegen des Basisobjekts nur Aufgeld abbaut. Und je höher der aktuelle Hebel, desto höher ist c.p. der effektive Hebel. Bei einem Kurs des Scheins, der seinem inneren Wert entspricht, sind LF und EL gleich hoch.

Beispiel: Ryobi OS 88/95, mit einem Basispreis von 721 Yen und einem OV von 1 : 502. Am 24.10.89 notierte die Aktie in Tokio bei 963 Yen. Der Schein kostete in Frankfurt 2090 DM. Für die Berechnung des LV ist der Devisenkurs von 1,30 DM/ 100 Yen erforderlich.

$$LV = EL = 3,0 / (1 + 0,0821)^2 = 2,56$$

Im Vergleich zwischen LF und EL zeigt sich, daß der EL – wie oben erläutert – bei einem positiven Aufgeld niedriger liegt als der LF.

Der effektive Leverage ist also eine Kennziffer, die als Bewertungskriterium beide Bereiche eines Scheins, die es einzuschätzen gilt – Hebel und Prämie -, integriert und sich so für eine realistische Einschätzung eines Scheins eignet.

Realisierter Leverage
Die einzige Methode, die die Hebelwirkung eines Scheins ex post, d.h. im nachhinein mißt, ist die tatsächlich anhand von vergangenen Kursdaten ermittelte Hebelwirkung. Sie kann mit Hilfe der ELAST-Formel ermittelt werden:

$$ELAST = \frac{(OS_{T2} - OS_{T1})/OS_{T1}}{(K_{T2} - K_{T1})/K_{T1}} = \frac{ELAST_{OS}}{ELAST_K}$$

3.40

Da sie aber nur für vergangene Kursdaten ermittelt werden kann, ist sie für eine Anlageentscheidung nur von eingeschränkter Bedeutung: Denn ein hoher Hebel in der Vergangenheit sagt nichts über den zukünftigen Hebel eines Scheins aus.

Beispiel: Siemens OS 86/6.92, Basispreis 620 DM, OV = 1 : 1.
Der tatsächliche Leverage soll für den Zeitraum vom 7.2.89 (T1) bis zum 24.10.89 (T2) expost ermittelt werden.
Die Kurse per 07.02.89: Aktie 531,50 DM, OS 103,80 DM,
Die Kurse per 24.10.89: Aktie 544 DM, OS 145,50 DM.
Schätzung des LV nach LF = 5,12.

$$ELAST = \frac{(145,50 - 103,80)/103,80}{(544 - 531,50)/531,50} = \frac{40,2\%}{2,4\%} = 16,75\%$$

Der tatsächliche Leverage lag also während des oben genannten Zeitraums erheblich über dem geschätzten Leverage-Effekt. Der Grund dafür kann in den veränderten Bewertungsmodellen für Warrants gesehen werden. Für den Zeitraum von 18.10.88 bis zum 31.1.89 ergab sich beispielsweise folgendes Szenario:

$$ELAST = \frac{(104-96)/96}{(522,50-489,50)/489,50} = \frac{8,3\%}{6,7\%} = 1,24\%$$

Hier war der LF also wesentlich niedriger.

Das zeigt, daß der Leverage eines bestimmten Optionsscheins keine fixe Größe darstellt, sondern höchst unterschiedlich sein kann.

3.3.4 Chance und Risiko des Leverage – hochheblige Scheine ausgehebelt?

Wie man beim Siemens OS 86/6.92 sehen konnte, ist der Leverage zwar theoretisch zu schätzen, in der Praxis aber ist meist ein von diesen Schätzungen abweichender, realisierter Leverage festzustellen.

Zur Bestimmung der Kursveränderung des Scheins im Verhältnis zur Preis bzw. Kursänderung des Basisobjekts (Leverage) braucht man also eine Theorie über die Reaktion des Scheins auf Kursänderungen des Basisobjekts. Da bislang eine schlüssige Theorie fehlt, setzt man das Verhältnis $(OS_{T2} - OS_{T1}) : (K_{T2} - K_{T1})$ gleich 1 und rechnet vereinfachend mit K/OS, d.h. mit dem Quotienten des LF. Das trifft die Realität annähernd, solange die Warrants weit im Geld stehen. Und auch bei am Geld stehenden Scheinen ist das Verhältnis $(OS_{T2} - OS_{T1}) : (K_{T2} - K_{T1})$

- bei Warrants mit sehr langer Rest-Optionsfrist und

- bei Warrants mit sehr kurzer Rest-Optionsfrist

ungefähr gleich 1, d.h., die »rechnerische« Performance der betreffenden Warrants (LF * Performance des zugrundeliegenden Basisobjekts) wird nahezu der tatsächlich erzielten entsprechen. Ausnahmen bestätigen auch hier die Regel, da die Kurselastizität des Scheins aufgrund von Kursänderungen des Basisobjekts zu stark auch von den übrigen Determinanten beeinflußt wird.

Aber je weiter der Optionsschein aus dem Geld ist, d.h., je weiter der aktuelle Kurs des Basisobjekts unter dem Basispreis steht, desto größer wird der Fehler einer Schätzung mit Hilfe des LF im Gegensatz zur ex post ermittelten ELAST-Formel, d.h. dem realisierten Hebel sein. Vor allen Dingen ist ein großer Hebel nicht unbedingt ein positiver Faktor: Ist der Leverage groß, die Rest-Optionsfrist aber extrem kurz, so bedeutet das einen beschleunigten Verfall des Zeitwertes (vgl. Kapitel 3.4 und 4.7). Da kann es passieren, daß in der kurzen Rest-Optionsfrist auftretende Kurssteigerungen des Scheins aufgrund eines im Kurs steigenden Basisobjekts durch die Kurssenkung infolge der weiter abnehmenden Rest-Optionsfrist kompensiert wird.

In Abbildung 3.10 sind der Leverage Faktor (LF) und die Elastizität (ELAST) für im Geld und aus dem Geld stehende Scheine eingezeichnet. Man sieht deutlich die sich je nach Schätzverfahren ergebenden unterschiedlichen Bewertungs- bzw. geschätzten Kursniveaus.

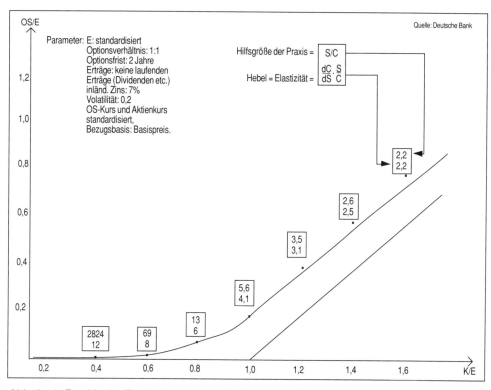

Abb. 3.10 Empirische Ergebnisse unterschiedlicher LV-Schätzungen

Das beste Ergebnis, weil ex post, ist aber durch die Berechnung des realisierten Hebels gemäß ELAST zu erwarten. Die Elastizität, oder in der Sprache der Anleger der Leverage-Faktor, wird durch K/OS nur bei weit im Geld stehenden Warrants der Realität angenähert. Und der LF hängt entscheidend von den sonstigen Preisdeterminanten, z.B. der Restlaufzeit des Optionsrechts und vom K/E-Niveau ab. Nähere Ausführungen hierzu finden sich im Kapitel über Black & Scholes-Modelle.

Es sei abschließend noch einmal darauf verwiesen, daß der Leverage eines bestimmten Optionsscheins keine fixe Größe darstellt, sondern c.p. um so mehr variiert,

- je größer der Zeitraum der verglichenen Kurs gewählt wird,

- je größer die absoluten Kursunterschiede der verglichenen Kurse sind,

- je größer die Kursänderung des Basisobjekts pro Zeitintervall ist und

- je kürzer die Restlaufzeit des Optionsrechts ist.

Zudem eignen sich die vorgestellten Verfahren allesamt nur zur Schätzung des LV. Nur ELAST gibt exakte Ergebnisse, aber leider nur ex post.

Als klassisches Beispiel brachte die Bank in Lichtenstein, Frankfurt, im August 1989 in ihrer Research-Publikation einen Artikel über die Hebelwirkung. Die Analysten zeigen, daß die meisten Anleger auf Warrants mit möglichst hohem Hebel setzen und andere Bewertungskriterien meist völlig außer acht lassen. Doch sind hochheblige Warrants nicht immer die preiswertesten Scheine. Im Gegenteil, das Research-Team konnte zeigen, daß diese hochhebligen Warrants meist die theoretisch teuersten Warrants (nach Berechnung eines modifizierten Optionspreismodells) waren und daher keineswegs ihren Leverage ausnutzten.

So stiegen Anfang Juli bei hausseartigen Kurssteigerungen beispielsweise besonders die Dresdner Bank OS 86/91 (LF von 3,28) und Deutsche Bank OS 87/92 (LF von 3,53) stark an, weil sie im Vergleich zu den anderen Warrants der gleichen Gesellschaft die höchsten Hebel aufwiesen. Die Kursperformance dieser ausgesuchten Warrants verlief in den darauf folgenden drei Wochen allerdings enttäuschend. Während die Aktie der Deutschen Bank vom 10.7. – 31.7.89 von 630,50 auf 674 DM (+ 6,89%) anstieg, verlor der Warrant von 178,80 auf 177 DM (– 1,01%). »Rechnerisch« geschätzt mit Hilfe des LF hätte die Deutsche Bank OS ca. 24% (3,53 * 6,89%) zulegen müssen. Der Deutsche Bank OS 83/91, der per 10.7.89 lediglich einen Hebel von 1,8 aufwies, bei einem Aufgeld von 6,4%, entwickelte sich im gleichen Zeitraum von 343 DM auf 360 DM, immerhin ein Kursanstieg von 5%. Hier hätte der Anleger besser den Schein mit dem niedrigeren Leverage gewählt, da dieser näher an der Parität notierte. Ähnlich verliefen die Kursdiskrepanzen bei der Dresdner Bank.

Diese, den berechneten Hebeln entgegensätzlich verlaufenden Kursentwicklungen zeigen sich allzu oft: Scheine mit hohen Hebeln, aber mit einer hohen Prämie performen schlechter als Scheine der gleichen Gesellschaft, die zwar einen niedrigen Hebel, aber dafür auch eine niedrige Prämie aufweisen.

Das zeigt daß bei Scheinen nicht nur auf die Hebelwirkung geschaut werden darf, sondern daß das Kurssteigerungspotential tendenziell von anderen Bewertungskriterien bestimmt wird.

3.3.5 Sonstige Bewertungskriterien

Neben diesen grundlegenden Bewertungskriterien der paritätsbezogenen Bewertungsmethoden (Parität, Prämie, Leverage) bieten sich noch eine Reihe ausgesuchter Kennziffern als Ergänzung zur verbesserten Beurteilung eines Warrants an. Jeder Anleger hat während seiner Beschäftigung mit dem Thema Optionsscheine neben den grundlegenden Größen meist seine eigenen Kennziffern. Dem soll hier wenigstens im Ansatz Rechnung getragen werden.

Manche mögen diesen Abschnitt als eine Sammlung verschiedenster Bewertungskriterien ansehen, andere finden vielleicht eine langersehnte neue Beurteilungsgröße.

Die hier erläuterten Kennziffern basieren teilweise auf eigenen Erfahrungen im Trading und Research mit Optionsscheinen, teilweise werden sie von Brokern und Banken oder von Experten und Theoretikern benutzt (Währungsparameter bleiben unberücksichtigt).

Break-Even-Punkt
Der Break-Even-Punkt gibt an, bei welchem Kurs des Basisobjekts der Schein auf heutiger Kursbasis eine Prämie von 0% besitzt. Das heißt, bis auf diesen Kurs muß das Basisobjekt steigen, damit der Warrant das wert wird, was er heute bereits kostet. Anders ausgedrückt: Der Break-Even-Punkt gibt in Anlehnung an die wirtschaftswissenschaftliche Theorie den (Kurs-)Punkt an, bei dem das OS-Investment rechnerisch auf heutiger Basis in die Gewinnzone gelangt. Definiert ist der Break-Even-Punkt (BE) üblicherweise als:

$$BE = \frac{OS * OV * E}{OV}$$

3.41

Interpretiert werden kann dieser Wert entweder als absoluter Wert und gibt dann den Kurs an, bei dem der Schein das wert ist, was er heute kostet. Oder man setzt den BE in Beziehung zum aktuellen Kurs des Basisobjekts und erhält dann den Break-Even-Prozentsatz. Dieser Prozentsatz gibt dann die Steigerung an, die ein Basisobjekt erreichen muß, damit das OS-Investment von der Verlust- in die Gewinnzone gelangt bzw. damit die Parität des Warrant identisch mit dem aktuellen Optionsscheinkurs wird.

Beispiel: Ryobi OS 88/95, mit einem Basispreis von 721 Yen und einem OV von 1 : 502. Am 24.10.89 notierte die Aktie in Tokio bei 963 Yen. Der Schein kostete in Frankfurt 2090 DM. Für die Berechnung des BE ist der Devisenkurs von 1,30 DM/ 100 Yen erforderlich.

$$BE = \frac{2090\ DM * 100/1,30\ Yen + 721\ Yen * 502}{502} = 1041\ Yen$$

Das heißt, bei einem aktuellen Warrantkurs von 2090 DM ist der Warrant erst bei einem Kurs der Aktie von 1041 Yen (aktuell 963 Yen) das wert, was er heute kostet, d.h., bei diesem Aktienkurs entspricht die Bruttoparität dem heutigen aktuellen Warrantkurs. Das entspricht einem erforderlichen Kursanstieg von 8,1%. Auf Basis der Nettoparität ergäbe sich ein etwas höherer BE, in diesem Fall bei 1059 Yen bzw. 9,9%.

Sensitivität
Die Sensitivität gibt an, um wieviel der rechnerische Wert eines Warrants steigt, wenn sich der Kurs des Basisobjekts um eine Einheit (Währungs-, Kurs- oder Indexeinheit etc.) verändert (siehe Abbildung 3.11).

$$SENS = (K + 1 - E) * OV - (K - E) * OV$$

3.42

Bei Scheinen auf Aktien entspricht dies meist dem OV multipliziert mit der Währungseinheit. Bei DM-Warrants auf DM-Aktien heißt dies bei einem überwiegenden OV von 1 : 1 pro Änderung der Aktie um eine Einheit eine Sensitivität von 1 DM.

Beispiel: Währungs-Optionsschein der Citicorp I zum Bezug von 500 US-$ zu einem Basispreis von 1,8950 DM bis zum 31.3.92. Bei einem $-Geldkurs am 10.10.89 von 1,8450 DM/$ ergibt sich eine Parität von P = − 25 DM. Die Sensitivität des DM/Dollar-Kurses bei einer Wechselkurseinheit (0,01 DM) ergibt sich wie folgt:

$$SENS = (1,845\ DM/\$ + 0,01 - 1,895\ DM) * 500\ \$ - (1,845\ DM/\$ - 1,895\ DM) * 500\ \$ = 5\ DM$$

3.41

Delta	Sensitivität des Optionsscheins gegenüber Kursschwankungen des Basisobjekts. Das Delta gibt an, um welchen (DM-)Betrag sich der theoretische Kurswert des Warrants ändert, wenn sich das Basisobjekt um eine (DM-)Einheit ändert.
Gamma	Sensitivität des Delta gegenüber Kursänderungen des Basisobjekts und damit indirekt des Warrants. Gibt an, um wieviel sich das Delta ändert, falls sich das Basisobjekt um eine Einheit ändert. Daraus läßt sich berechnen, um wieviel sich der Warrant bei größeren Kursschwankungen theoretisch ändert.
Vega	Beschreibt die Sensitivität des Optionsscheins gegenüber Volatilitätsschwankungen des Basisobjekts.
Theta	Beschreibt den Zeitwert eines Warrants. Wichtig für die Berechnung des täglichen Wertverlustes aufgrund sinkender Rest-Optionsfrist.

Abb. 3.11 Sensitivitäten eines OS-Kurses

Verwässerungs-Faktor (Delution Factor)
Dieser Faktor tritt bei Aktien-Optionsscheinen auf und gibt den Investoren einen Anhaltspunkt, um wieviel das bestehende Grundkapital der Gesellschaft, die den Schein emittiert hat, verwässert bzw. erhöht wird. Das bedeutet vor allem, daß neben einer Kapitalverwässerung auch die zukünftig erzielten Gewinne (Dividenden) der Gesellschaft sich dann auf einen höheres Grundkapital beziehen und somit eine Art Gewinnverwässerung eintritt.

Um diesen Aspekt aufgrund der zunehmenden Emissionstätigkeit von Equity-Linked Bonds (Optionsanleihen) entsprechend zu berücksichtigen, kann ein sog. Kapitalverwässerungs-Faktor definiert werden. Er kann relativ einfach in Prozent des Grundkapitals ermittelt werden:

$$VF = 1 - \frac{Bed.\ Kap.\ durch\ OA}{bisheriges\ GK * Bed.\ Kap.}$$

3.43

Dabei entsprechen die Werte jeweils den Nominalwerten. Das heißt, es wird nur die nominale Kapitalaufstockung durch die Optionsanleihe in Beziehung zum nominalen Grundkapital in Beziehung gesetzt, das Agio bleibt unberücksichtigt, da es in die Kapitalrücklagen fließt. Die Daten zur Ermittlung des VF stammen aus Emissionsprospekten oder Geschäftsberichten. Die Datenbeschaffung sollte also nicht das Problem darstellen.

Alternativ kann man auch den prozentualen Anteil der bedingten nominalen Kapitalerhöhung am bisherigen Grundkapital (nominal), also den Verwässerungseffekt VE
messen.

$$VE = \text{Bed. Kap. durch } OA / \text{bisheriges } GK * 100$$

3.44

Der VE ist besonders aussagekräftig bei Gesellschaften, die mehrere Optionsanleihen ausstehen haben. So beläuft sich der Anteil bei manchen Gesellschaften auf über
30% (Conti Gummi, AVA, Glunz).

Die Aktie, die der OS-Inhaber mit seinem Optionsrecht beziehen kann, verliert im
Moment der Ausübung aufgrund des Verwässerungseffektes zwangsläufig an Wert.
Will der Anleger diesen Effekt bei der Preisbildung des Optionsscheins berücksichtigen (die Preisbildung des Warrants hängt ja direkt vom Wert der zu beziehenden Aktie
ab), muß der Warrant um diesen Verwässerungseffekt bereinigt werden. Der Wert
des OS ergibt sich somit aus der Multiplikation mit VF.

Bei Covered Warrants entfällt dies, da diese Scheine nicht durch eine bedingte
Kapitalerhöhung gedeckt sind, sondern durch die Optionsscheine aus einer solchen
Emission oder aus umlaufenden Aktien. Damit beziehen sich die CWs auf bereits
vorher emittiertes Grundkapital (vgl. hierzu Kapitel 4.4).

Basisobjekt plus 10
Manche Broker bieten ihren Kunden den Service, daß sie die Paritätsänderung des
Scheins bei einer unterstellten Kursänderung des Basisobjekts von 10% errechnen.
Dies stellt mathematisch nichts anderes dar, als die in Formel 3.42 definierte Sensi-
tivität nicht auf eine Einheit des Basisobjekts zu beziehen, sondern auf 10% des
Kurses des Basisobjekts zu setzen.

$$B + 10 = (K * 1,1 - E) * OV$$

3.45

To Double Warrant
Die in Formel 3.45 gemachten Aussagen treffen ähnlich für Formel 3.46 zu. Hier wird
berechnet, um wieviel Prozent der Kurs des Basisobjekts steigen muß, damit sich der
Schein rechnerisch verdoppelt. Es gilt:

$$DW = \frac{BE + {}^{OS}/_{OV} - K}{K} * 100$$

3.46

Kapitaleinsatzverhältnis (KEV)

Manche Banken geben nicht den LF an, sondern drehen den LF-Quotienten um und nennen das Ergebnis das Kapitaleinsatzverhältnis des Scheins (KEV) im Vergleich zum Basisobjekt. Das Ergebnis ist eine Dezimalzahl, die, mit 100 multipliziert, den prozentualen Kapitaleinsatz für den Warrant angibt. Dividiert man diesen Wert wieder durch 100, erhält man den LF.

$$KEV = (OS/OV) / K * 100$$

3.47

High & Low-Werte

Eine einfache, aus dem Aktienmarkt bekannte Kennziffer ist die Angabe der Höchst- und Tiefstkurse für einen Schein seit Emission bzw. für einen bestimmten Zeitraum.

Während die vorherigen Größen berechnet wurden, erhält man diese Werte aus Marktdaten. Aus einer Kursreihe werden dann z.B. per EDV die jeweiligen High- und Low-Kurse ermittelt.

Ähnliches gilt für High und Lows hinsichtlich der Prämie, die Aufschluß über die aktuelle Bewertung in Relation zur Vergangenheit gibt.

So bietet z.B. Morgan Stanley, einer der Market Maker in Optionsscheinen in Europa, seinen Kunden einen sog. »Japanese Warrants Service«, ein monatlich erscheinendes Chartbuch für japanische Aktien und Warrants in unterschiedlichsten Währungen. Dort werden neben ausführlichen Emissionsdaten High und Lows für die Aktien- und Warrantkurse, für die Prämie und den Gearing Factor seit der Emission angegeben und grafisch angezeigt. Ein Service, den man sich sonst nur mit Börsenprogrammen oder speziellen Programmen für Optionsscheine erreicht (vgl. hierzu Hinweise in Kapitel 7.1).

Es sind natürlich noch eine ganze Reihe weitere Daten und Kennziffern möglich, z.B. wieviel Prozent des Scheins bereits ausgeübt sind etc. Aber in den vorherigen Abschnitten wurden die wesentlichsten Bewertungskriterien vorgestellt und kommentiert.

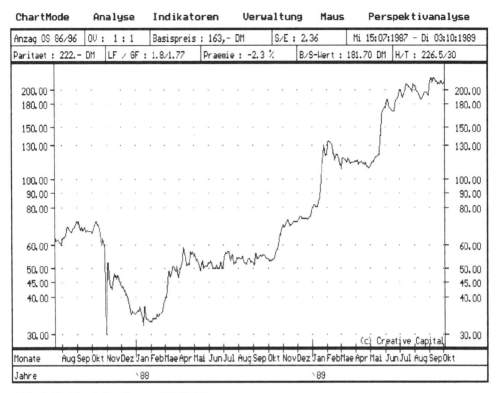

Abb. 3.12 Chart des Anzag OS 86/96

3.4   Modellbezogene Bewertung

Während international Optionen und Optionsscheine nach rationalen Optionspreis-modellen bewertet werden, überwiegt national trotz der DTB noch die paritätsbezo-gene Bewertung von Optionsscheinen. Dabei kann eine Bewertung, die nur auf Basispreis, Optionsverhältnis, Kurs des Warrants und des Basisobjekts basiert, kaum befriedigen. Zu ungenau und unvollständig sind die Ergebnisse, die vielen als Grund-lage für eine Anlageentscheidung dienen.

Denn es wird weder das unterschiedliche Risiko, das die einzelnen Optionsschein-Inhaber eingehen, noch das wirtschaftliche Umfeld berücksichtigt. Und das z.B. Zinsniveaus und Dividendenrenditen Einfluß auf die Entwicklung von Aktien- und anderen Kursen haben, ist selbst einem Laien klar.

149

Daher wird das 1973 von den Amerikanern Black & Scholes entwickelte Optionspreis-modell heute übereinstimmend als Meilenstein in der Entwicklungsgeschichte der Bewertung von Optionsrechten jeglicher Art angesehen.

Während sich die Bewertung nach Black & Scholes international sehr schnell etabliert hat und man sich praktisch an allen großen Options- und Terminbörsen am Black & Scholes-Prinzip orientiert, findet es in der Bundesrepublik Deutschland erst in jüngster Zeit eine breitere Anerkennung. Dabei ermöglicht es auch für Optionsscheine eine rationale Bewertung und bietet so eine fundierte Grundlage für eine Investmentent-scheidung.

Der Grund, daß sich die Optionspreismodelle erst langsam durchsetzen, mag zum einen an ihrer auf den ersten Blick komplizierten mathematischen Berechnung liegen. Zum anderen wird noch (!) von einigen Fachleuten bestritten, daß sich die Modelle überhaupt auf Optionsscheine übertragen lassen und aussagekräftig genug sind. So werden immer wieder Marktrestriktionen als Argumente contra Black & Scholes angeführt.

Das folgende Kapitel gibt eine Einführung in das Bewertungsprinzip nach Black & Scholes, wobei insbesondere die Grundlagen und wichtigsten Zusammenhänge des Prinzips erläutert werden.

Es wird bewußt auf die Darstellung von komplizierten mathematischen Formeln und Ableitungen verzichtet. Zwar werden an einigen Stellen grundlegende Zusammen-hänge mathematisch besser verständlich, aber eine verbale Erläuterung erleichtert auch dem Nicht-Mathematiker das Verständnis.

Am Schluß dieses Kapitels werden Sie jedoch in der Lage sein, anhand eines Beispiels die Berechnung des sog. »fairen Preises« eines Warrants nachzuvollziehen. Und wenn nicht, dann überlassen Sie zumindest die Berechnung ihrem Computer.

3.4.1 Duplikations-Prinzip und -Portefeuille

Der von Black & Scholes berechnete »faire Wert« bzw. »faire Preis« einer Option bzw. eines Warrants beruht auf dem sog. Duplikationsprinzip. Dieses Prinzip leitet sich aus dem Gesetz des »Law of one price« ab und besagt, daß zwei Finanztitel, die in jedem Zustand des Marktes identische Zahlungsströme versprechen, denselben Preis ha-ben müssen. Dieses Prinzip geht davon aus, daß an den Kapitalmärkten ein Finanz-titel (z.B. ein Wertpapier) mit Hilfe anderer Finanzinstrumente kopiert werden kann. Ist dies nicht der Fall, lassen sich risikolose Arbitragegewinne erzielen, indem man den billigeren Titel kauft und den teueren verkauft.

Auch die Arbitrage zwischen Optionsanleihen cum, ex und Warrant, die in den Kapiteln 3.3.2 und 5.3.3 ausführlich erläutert werden, basieren auf dem Prinzip der Duplikation.

Black & Scholes leiten ihr Prinzip (und Formel) am Beispiel einer Duplikation eines Kauf-Optionsrechts (z.B. ein Call Warrant) her und legen dabei eine Reihe von Voraussetzungen zugrunde. Daher soll als Beispiel folgendes Szenario dienen:

Situation
Der Anleger hat die Wahl zwischen einem direkten Kauf eines beliebigen Wertpapiers und dem Kauf eines Call Warrant, der zum Bezug dieses Wertpapieres berechtigt (Call Optionsrecht). Mit beiden Anlagestrategien kann er unabhängig von der Kursentwicklung das gleiche sichere Endvermögen erzielen. Bedingungen des Call Warrant:

Rest-Optionsfrist	6 Monate (europäischer Optionstyp)
Optionsverhältnis	1 : 1
Basispreis	100 DM
Aktueller Kurs	104 DM.
Inländisches	
Zinsniveau	8% p.a.

Ziel
Er möchte wissen, bei welchem Kurs des Warrants beide Strategien (Kauf des Warrant oder Kauf des Wertpapiers) für ihn finanziell identisch sind und wieviel Optionsscheine er kaufen muß, um an den erwarteten Kursveränderungen genauso teilzuhaben wie beim direkten Kauf. Im Falle einer Unterbewertung einer Strategie könnte er dann diese wählen.

Der Anleger erwartet eine Veränderung des Kursniveaus entweder auf 110 DM oder auf 95 DM. Im ersten Fall wäre der innere Wert der Option positiv (+ 10 DM), bei einem Kurs von 95 DM allerdings wäre der innere Wert 0.

Strategie A
Er kauft 100 Wertpapiere zu einem Gesamtbetrag von (100 * 104 DM =) 10.400 DM. Gleichzeitig nimmt er einen Kredit von 9.135 DM auf. Der Betrag, der insgesamt einzusetzen ist, beträgt demnach 1.265 DM.

Strategie B
Er könnte eine gewisse Anzahl von Kauf-Optionsscheinen zum Bezug des Wertpapiers zu einem Kurs von 8,43 DM kaufen. Aber dafür muß er wissen, wieviel Scheine er kaufen muß (durch Bestimmung des »Options-Delta«) und ob der Preis angemessen ist. Als Gesamtkaufbetrag stehen ihm wie oben 1,265 DM zur Verfügung.

Ergebnisse – Strategie A
Fällt der Kurs des Wertpapiers am Optionstag auf 95 DM, dann ist der Wertpapierbestand 9.500 DM wert. Der Kredit von 9.135 DM muß inkl. der Zinsen von 8% p.a. zurückgezahlt werden. Die fällige Gesamtrückzahlung beträgt 9.500 DM, so daß ein Saldo von 0 übrigbleibt. Vom Saldo ist in allen Berechnungen jeweils das eingesetzte

Eigenkapital (EK) abzuziehen. So ist hier das EK verloren (900 DM Kursverlust + 365 DM Zinsaufwand).

Steigt der Kurs auf 110 DM, dann sind die Wertpapiere 11.000 DM wert. Abzüglich der Kreditrückzahlung von 9.500 DM bleibt per Saldo ein Gewinn von 1.500 DM (abzgl. EK = 235 DM).

Ergebnisse – Strategie B

Bei einem Kursverfall unter den Basispreis, d.h. bei einem Kursverfall auf 95 DM, ist der Warrant am Ende der Optionsfrist wertlos. Das heißt, das der für die Optionsscheine eingesetzte Betrag (Eigenkapital) wie bei der Strategie A verloren ist. Steigt dagegen der Kurs auf 110 DM an, beträgt der innere Wert jedes Optionsscheins 10 DM. Um dann per Saldo wie oben einen Gewinn von 1.500 DM (abzgl. EK) zu erzielen, müßte er zuvor 150 Scheine kaufen. Man sieht bereits, daß beide Strategien in beiden Fällen die gleichen Zahlungsströme versprechen. Daher müssen sie auch den gleichen Preis haben. Für die Strategie A muß der Anleger 1.265 DM investieren, die Strategie B muß demnach genauso viel kosten. Bei 150 Call Warrants sind dies (1.265 DM / 150 =) 8,43 DM pro Schein. Wäre dies nicht der Fall, so würde der Anleger bei einem Preis von über (unter) 8,43 DM pro Schein die Strategie A (B) vorziehen.

Der Übersicht halber seien die beiden erwarteten Kursszenarien in einer sog. Duplikationsmatrix in Abbildung 3.13a–f zusammengefaßt. In den Duplikationsmatrizen a–c wird vom Kauf einer konstanten Anzahl von Optionsrechten ausgegangen.

Heute (T1)		Verfalltag (T2)			
			95 DM		110 DM
Kauf 100 WPs Kreditaufnahme	− 10.400 DM + 9.135 DM		+ 9.500 DM − 9.500 DM		+ 11.000 DM − 9.500 DM
= Eigenkapital	+ 1.265 DM	Saldo	0 DM	Saldo	+ 1.500 DM
OS-Kauf (150 ST*8,43 DM)	− 1.265 DM		0 DM (95-100) < 0		10 DM (110-100) = 10 DM
= Eigenkapital	+ 1.265 DM	Saldo	0 DM	Saldo	+ 1.500 DM

Abb. 3.13a Eigenkapitaleinsatz 1.265 DM; OS-Kurs = fairer OS-Preis

Heute (T1)		Verfalltag (T2)	
		95 DM	110 DM
Kauf 100 WPs Kreditaufnahme	− 10.400 DM + 8.975 DM	+ 9.500 DM − 9.327 DM	+ 11.000 DM − 9.327 DM
= Eigenkapital	+ 1.425 DM	Saldo + 173 DM	Saldo + 1.673 DM
OS-Kauf (150 ST* 9,50 DM)	− 1.425 DM	0 DM (95−100) < 0	10 DM (110−100) = 10 DM
= Eigenkapital	+ 1.425 DM	Saldo 0 DM	Saldo + 1.500 DM

Abb. 3.13b Eigenkapitaleinsatz 1.425 DM; OS-Kurs > fairer OS-Preis

Heute (T1)		Verfalltag (T2)	
		95 DM	110 DM
Kauf 100 WPs Kreditaufnahme	− 10.400 DM + 9.200 DM	+ 9.500 DM − 9.568 DM	+ 11.000 DM − 9.568 DM
= Eigenkapital	+ 1.200 DM	Saldo − 68 DM	Saldo + 1.432 DM
OS-Kauf (158 ST* 8,00 DM)	− 1.200 DM	0 DM (95−100) < 0	10 DM (110−100) = 10 DM
= Eigenkapital	+ 1.200 DM	Saldo 0 DM	Saldo + 1.500 DM

Abb. 3.13c Eigenkapitaleinsatz 1.200 DM; OS-Kurs < fairer OS-Preis

In den Duplikationsmatrizen der Abbildungen 3.13df wird von einem konstanten Eigenkapitaleinsatz von 1.265 DM und unterschiedlichen OS-Kursen ausgegangen.

Heute (T1)		Verfalltag (T2)	
		95 DM	110 DM
Kauf 100 WPs Kreditaufnahme	− 10.400 DM + 9.135 DM	9.500 DM − 9.500 DM	+ 11.000 DM − 9.500 DM
= Eigenkapital	+ 1.265 DM	Saldo 0 DM	Saldo + 1.500 DM
OS-Kauf (150 ST* 8,43 DM)	− 1.265 DM	0 DM (95−100) < 0	10 DM (110−100) = 10 DM
= Eigenkapital	+ 1.265 DM	Saldo 0 DM	Saldo + 1.500 DM

Abb. 3.13d OS-Kurs = fairer OS-Preis

Heute (T1)		Verfalltag (T2)	
		95 DM	110 DM
Kauf 100 WPs	– 10.400 DM	+ 9.500 DM	+ 11.000 DM
Kreditaufnahme	+ 9.135 DM	– 9.500 DM	– 9.500 DM
= Eigenkapital	+ 1.265 DM	Saldo 0 DM	Saldo + 1.500 DM
OS-Kauf	– 1.265 DM	0 DM	10 DM
(133 ST* 9,51 DM)		(95–100) < 0	(110–100) = 10 DM
= Eigenkapital	+ 1.265 DM	Saldo 0 DM	Saldo + 1.330 DM

Abb. 3.13e OS-Kurs > fairer OS-Preis

Heute (T1)		Verfalltag (T2)	
		95 DM	110 DM
Kauf 100 WPs	– 10.400 DM	+ 9.500 DM	+ 11.000 DM
Kreditaufnahme	+ 9.135 DM	– 9.500 DM	– 9.500 DM
= Eigenkapital	+ 1.265 DM	Saldo 0 DM	Saldo + 1.500 DM
OS-Kauf	– 1.265 DM	0 DM	10 DM
(158 ST* 8,00 DM)		(95–100) < 0	(110–100) = 10 DM
= Eigenkapital	+ 1.265 DM	Saldo 0 DM	Saldo + 1.580 DM

Abb. 3.13f OS-Kurs < fairer OS-Preis

Die Duplikationsmatrizen 3.13a–f zeigen, daß eine Kreditaufnahme (oder Kassenhaltung) mit der Wertpapierposition so kombiniert werden kann, daß hieraus ein synthetisches, d.h. künstlich nachgebautes Optionsrecht – in diesem Fall ein Kauf-Optionsrecht – entsteht. Gleiches gilt für ein synthetisches Verkaufs-Optionsrecht.

Wenn es aber möglich ist, mit Hilfe einer risikolosen Anlage (Kreditaufnahme oder Kassenhaltung) und des zu beziehenden Wertpapiers ein Portefeuille (Synonym: Depot) derart zu konstruieren, daß die Zahlungsströme in jedem Zustand denen des Optionsrechts entsprechen, so entspricht der »faire Wert« dieses Optionsrechts genau dem Wert, der für die Konstruktion eines derartigen Depots aufzuwenden ist.

Identische Rückflüsse sind in den Duplikationsmatrizen a und d vorhanden, während in den Matrizen b, c und e, f die Marktpreise ober- bzw. unterhalb des fairen Wertes liegen. Die Auswirkungen der Fehlbewertungen werden an den Salden sichtbar, die in allen Fällen ungünstiger sind als bei der »fairen Bewertung«.

Unter diesem dargestellten Grundprinzip des »Duplikations-Portefeuille« wird in der Optionspreistheorie das Prinzip von Black & Scholes verstanden.

Die Kurserwartungen beziehen sich nun aber nur auf zwei verschiedene Kursszenarien. Nun sind jedoch beliebig viele unterschiedliche Kurse am Verfalltag eines Optionsscheins denkbar. Denn jeder hat eine andere Kurserwartung. Für den risikofreudigen Anleger ist ein Kursanstieg wahrscheinlicher als für einen eher konservativen Investor. Beides kann bei der Berechnung des fairen Preises berücksichtigt werden. Zwar läßt sich der Zusammenhang dann nicht mehr übersichtlich in Matrizenform und ohne eine Formel darstellen, aber wichtig ist, daß das Prinzip gleich bleibt.

Die mehrfache Anwendung des oben dargestellten Prinzips der Duplikation während der Rest-Optionsfrist eines Optionsrechts führt dann zu einem sog. Binomialmodell und der bekannten Black & Scholes-Formel. Dieses Modell hat den Vorteil, daß es unabhängig von der individuellen Risikoneigung der Marktteilnehmer und der Wahrscheinlichkeit des Kursanstiegs oder Kursrückgangs des Wertpapiers ist.

Anstatt dessen wird der »faire Preis« in Abhängigkeit von der Volatilität, der Kursschwankung des Wertpapiers gemessen (z.B. in Prozent pro einer bestimmten Zeiteinheit). Das Maß der Volatilität ist für die Optionsbewertung eine entscheidende Größe. Nur wenn sie vorgegeben ist, kann ein eindeutiger Preis für das Optionsrecht mit Hilfe des Duplikationsprinzips ermittelt werden (vgl. 4.1). Die Volatilität ersetzt quasi die Risikoneigung der Anleger und die Wahrscheinlichkeit einer Kursveränderung. So stellt die Annahme der Kurse von 110 oder 95 DM per Verfalltag des Optionsrechts eine stark vereinfachte Schätzung der Volatilität dar.

3.4.2 Hedge-Portefeuille

Wichtig für die Funktionsfähigkeit der Duplikation ist die Frage, wieviel Optionsrechte der Anleger erwerben muß, damit die Zahlungsströme beider Strategien in jedem Zustand des Marktes identisch bleiben. Dies ist aber nur möglich, wenn die beiden betrachteten Positionen in einem bestimmten Verhältnis gehalten werden.

Ein so konstruiertes Portefeuille kann aus einem sog. Hedge-Portefeuille (Absicherungs-Depot) abgeleitet werden.

Dieses Hedge-Portefeuille soll so beschaffen sein, daß durch den Kauf eines Wertpapiers (z.B. einer Aktie) und gleichzeitigen Leerverkauf eines Optionsrechts in einem bestimmten Verhältnis ein Depot entsteht, in dem jeder Gewinn bzw. Verlust, der aus einem Anstieg oder Rückgang des Kurses des Wertpapieres resultiert, durch den gleichzeitigen und gleich hohen Gewinn oder Verlust des Optionsrechts kompensiert, d.h. ausgeglichen wird. Das heißt, die erwartete Kursentwicklung des Optionsrechts muß der des Wertpapiers entgegengerichtet sein.

Steigt (fällt) der Kurs des Wertpapiers, dann fällt (steigt) der Kurs des Optionsrechts und egalisiert den Kursanstieg (Kursrückgang) des Wertpapiers. Der Saldo bleibt Null (perfect hedge). Der Anleger besitzt dann ein für alle Marktzustände vor Verlust und Gewinn abgesichertes Portefeuille (Depot).

Auf diesem Prinzip basieren sämtliche Hedging-Strategien, die im fünften Kapitel ausführlich anhand von Zahlenbeispielen dargestellt sind. Diese Hedging-Strategie kann auch variiert werden: Je nach Risikoneigung wird der Saldo für alle möglichen Kursszenarien so konstruiert, daß er der individuellen Risikoneigung entspricht. Dies wird anhand eines Anlagesplitting in Kapitel 5.3.2 gezeigt.

Übertragen auf das Duplikations-Prinzip bedeutet dies, daß sich die Zahlungsströme der beiden alternativen Strategien in jedem Zustand des Marktes entsprechen (und nicht kompensieren) sollen.

Beides ist aber nur möglich, wenn die beiden betrachteten Positionen in einem bestimmten Verhältnis gehalten werden. Dieses Verhältnis wird das »Options-Delta« oder einfach »Delta« genannt und ergibt sich aus folgendem Zusammenhang:

$$Options\text{-}Delta = \frac{\ddot{A}nderung\ des\ Preises\ des\ Optionsrechts\ (abs.)}{\ddot{A}nderung\ des\ Kurses\ des\ Basisobjekts\ (abs.)}$$

3.48

$$Beispiel = \frac{10 - 0}{110 - 95} = \frac{10}{15} = \frac{2}{3}$$

Das Delta gibt an, um wieviel sich der Preis des Optionsrechts in Abhängigkeit einer Veränderung des Kurses des Basisobjekts (Wertpapier) verändert. Im oberen Beispiel ändert sich der Wert des Optionsrechts um $^2/_3$ bei einer Veränderung des Wertpapierkurses um einen Punkt. Das Delta ist gleich $^2/_3$. Das heißt, die Kursentwicklung des synthetischen Portefeuilles entspricht exakt dann der des anderen Portefeuille, wenn sich das aus Formel 3.49 ergebende x-fache an Optionsrechten im Vergleich zum zugrundeliegenden Wertpapier gekauft wird. Dieses Verhältnis wird dann als Hedge Ratio bezeichnet.

1 / Optionsdelta

3.49

Übertragen auf die Duplikation heißt dies, daß im oberen Beispiel bei einem Delta von 2/3 der Kauf des 1,5fachen an Optionsrechten im Vergleich zum Wertpapier, d.h. 150 Optionsrechte erforderlich ist. Dies entspricht der sog. Hedge Ratio. Erst dann sind die Zahlungsströme beider Strategien in jedem Zustand des Marktes identisch. Dies entspricht dem Ergebnis in Formel 3.48.

Wenn das Delta bzw. die Hedge Ratio bekannt ist, dann kann das Optionsrecht, z.B. eines Optionsscheins, mit einer risikolosen Anlage oder Kreditaufnahme so kombiniert werden, daß hieraus eine – unabhängig von der Kursentwicklung des Wertpapierkurses – abgesicherte Position entsteht.

3.4.3 Mathematische Formulierung von Black & Scholes

Die vollständige mathematische Formulierung für die Ermittlung des fairen Wertes eines Warrant ergibt sich wie folgt:

$$OS\text{-}Call_{B/S} = K * N_{(x)} - E * (1 + i)^{-OF} * N(X - @ * \sqrt{OF})$$

$$mit \quad x = \frac{\ln(K/E * (1 + i)^{-OF})}{@ * \sqrt{OF}} + 0.5 @ * \sqrt{OF})$$

3.50

oder (unter Berücksichtigung laufender Erträge d):

$$OS\text{-}Call_{B/S} = K * e^{-d*OF} * N(X + @ * \sqrt{OF}) - E * e^{-i*OF} * N_{(x)}$$

$$mit \quad x = \frac{\ln(K/E) + (i - d - 0.5 \; @^2) * OF}{@ \sqrt{OF}}$$

3.51

Parameter:

OS-CAll$_{B/S}$: Fairer Wert eines Call Warrant nach Black & Scholes
K: Kurs des Basisobjekts
E: Basispreis
i: Risikolos erzielbarer inländischer Zinssatz in Prozent p.a.
d: (Dividenden)Rendite des Basisobjekts in Prozent p.a.
OF: Rest-Optionsfrist des Warrant in Jahren
@:   Volatilität (Kursschwankung) gemessen als Standardabweichung der Kursveränderung des Basisobjekts eines freiwählbaren Zeitabschnitts, z.B. p.a.
ln (.):   natürlicher Logarithmus auf der Basis von e
e: 2,71828...= Basis von ln.
N (.):   Wert der kumulierten Normalverteilung

Das mathematische Instrumentarium zur Berechnung europäischer Put-Optionsrechte und amerikanischer Kauf- und Verkauf-Optionsrechte ist vollständig in Anhang 4 aufgeführt.

Aktienkurs	Volatilität				
	20%	22,5%	25%	27,5%	30%
350	219,5	220,9	221,8	223,8	225,2
355	224,4	225,7	226,7	228,3	230,1
360	229,4	230,4	231,6	233,1	234,9
365	234,4	235,3	236,6	238,0	239,8
370	239,4	240,3	241,5	242,9	244,7
375	244,4	245,2	246,4	247,8	249,6
380	249,3	250,2	251,4	252,7	254,4
385	254,3	255,2	256,3	257,7	259,3
390	259,3	260,1	261,2	262,6	264,2
395	264,2	265,1	266,2	267,5	269,1
400	269,2	270,1	271,1	272,4	274,0

Parameter:
E = 163 DM
i = 7,9% p. a.
Div. = 6 DM p. a.
OF = 6,9 Jahre (ohne Kapitalverwässerung)

Abb. 3.14 Bewertung des Anzag OS 86/96 mit Optionspreismodell

3.4.4 Einflußfaktoren auf den »fairen Optionswert«

Die Duplikations-Matrix und die mathematische Formulierung zeigen die Parameter auf, von denen der Wert des Optionsrechts abhängig ist. Akzeptiert man die genannten Prämissen, dann haben folgende Größen einen Einfluß auf den Optionswert (vgl. Kapitel 3.1 und ausführliche Darstellung der Einflußfaktoren im vierten Kapitel):

• Der Basispreis: Je höher der Basispreis, desto geringer (größer) ist der Wert eines Kauf-Optionsrechts (Verkauf-Optionsrechts).

• Die Rest-Optionsfrist: Je länger die Rest-Optionsfrist eines Optionsrechts, desto größer ist deren Wert.

• Das aktuelle Kursniveau des Basisobjekts: Je niedriger (höher) das aktuelle Kursniveau des Basisobjekts, desto geringer (größer) ist der Wert eines Kauf-Optionsrechts bzw. desto größer ist der Wert eines Verkauf-Optionsrechts.

• Der Zinssatz für die Rest-Optionsfrist: Je höher das inländische Zinsniveau für die entsprechende Rest-Optionsfrist, desto größer ist der Wert eines Kauf-Optionsrechts (desto kleiner der Wert des Verkauf-Optionsrechts) und desto geringer wird (bei Abzinsung) die Auszahlung der Kreditaufnahme.

• Die Volatilität des Kurses des zugrundeliegenden Wertpapieres: Je größer die Volatilität, desto größer ist der Wert der Optionsrechte.

3.4.5 Prämissen und Modifikationen

Zur Anwendung des Duplikations-Prinzips legen Black & Scholes allerdings eine Reihe von Voraussetzungen zugrunde, die ideale Bedingungen auf den Aktien- und Options(schein)märkten unterstellen:

1. Das Optionsrecht ist ein »europäisches« Optionsrecht, d.h., die Option kann nur am Ende der Optionsfrist ausgeübt werden.
2. Die Kapitalmärkte sind frei von Transaktionskosten und Einschußzahlungen.
3. Die Steuern sind für alle Transaktionen und Marktteilnehmer identisch.
4. Leerverkäufe (von Aktien und Optionsrechten) sind uneingeschränkt möglich und beliebig teilbar.
5. Die Marktzinssätze (Soll- und Habenzins) für risikolose Anlagen sind gleich (Sollzins = Habenzins), allen Marktteilnehmern bekannt und bleiben konstant.
6. Das zugrundeliegende Wertpapier wirft keine laufenden Erträge ab (keine Dividenden- und Bezugsrechtszahlungen).
7. Für alle Marktteilnehmer sind die Zinssätze gleich und es existieren keine Verschuldungs- und Anlagebeschränkungen.
8. Die Kurse der zugrundeliegenden Wertpapiere folgen einer zufallsbedingten Kursentwicklung (Random Walk-These). Sie sind logarithmisch normalverteilt. Die Volatilität, gemessen als Varianz oder Standardabweichung pro Zeiteinheit, ist konstant.

Legt man diese Idealbedingungen zugrunde, dann hängt der Optionspreis von den in Kapitel 3.4.3 genannten Modellparametern ab.

Eine ausführliche und umfassende Erläuterung der Einflußfaktoren auf den Preis von Optionsscheinen folgt im 4. Kapitel.

Da die Annahmen, die Black & Scholes in ihrem Modell treffen, jedoch kaum an den Märkten gegeben sind, wurden einzelne dieser Voraussetzungen in weitergehenden Modellen aufgehoben und getestet, ob das Modell seine Aussagekraft behält. Im folgenden werden daher kurz die Prämissen diskutiert und untersucht, inwieweit durch Modifikationen die Gültigkeit des Black & Scholes-Prinzips zur Berechnung des »fairen Preises« bestehen bleiben kann.

ad 1. Europäisches Optionsrecht
Die Annahme, daß das Optionsrecht nur am Ende der Optionsfrist ausübbar ist, ist nicht zwingend notwendig. So hat Merton in einem Artikel des Journals »... of Economies and Management« nachgewiesen, daß die Gültigkeit des Black & Scholes-Modell für amerikanische Optionen, bei denen die Ausübung jederzeit möglich ist, auch dann gegeben ist, wenn keine zwischenzeitlichen Erträge anfallen (z.B. bei Währungen). Auch McMillan/Stoll/Whaley haben das Modell für amerikanische Optionstypen modifiziert (Formel im Anhang).

Beispielsweise könnte die Rest-Optionsfrist auch in Teilzeiträume untergliedert werden, in denen keine Dividendenzahlungen anfallen. Je höher aber die zwischenzeitlichen Erträge, desto niedriger der Wert eines Kauf-Optionsrechts.

ad 2. Keine Transaktionskosten und Einschußzahlungen
Einschußzahlungen sind für Optionsscheine nicht relevant. Sie sind per Valuta zzgl. Transaktionskosten zu bezahlen. Daher kann das gezeigte Hedge-Portefeuille kaum ständig gemäß dem Delta angepaßt werden. Ein Kursrisiko läßt sich dann aber nicht vollständig ausschließen. Daher sollten die Transaktionskosten explizit berücksichtigt werden. Eine Möglichkeit (wenn auch unzureichend) wäre die Erhöhung des Kurses um die Höhe der Transaktionskosten beim Kauf (und die beim Verkauf anfallenden Transaktionskosten).

Je höher die Transaktionskosten, desto höher ist der Wert des Optionsrechts.

ad 3. Keine Steuerwirkungen
Diese Annahme ist unrealistisch. Daher wurde die Möglichkeit der Berücksichtigung unterschiedlicher Steuern von Ingersoll (Ingersoll Differential Tax Model) untersucht. Er konnte nachweisen, daß der »faire Preis« von Black & Scholes seine Gültigkeit behält.

ad 4. Leerverkäufe möglich
Auch diese Annahme ist zumindest in der Bundesrepublik noch unrealistisch. Doch auch im Falle der Möglichkeit von Leerverkäufen stünde dem Leerverkäufer aufgrund von Deckungsvorschriften (d.h., ein bestimmter Prozentsatz muß als Sicherheitsleistung in Verwahrung des depotführenden Instituts bleiben) nicht der gesamte Verkaufsbetrag zur Verfügung. Thorpe hat gezeigt, daß diese Annahme annähernd durch ein gut diversifiziertes d.h. breit gestreutes Depot ersetzt werden kann.

ad 5. Sollzinsen gleich den Habenzinsen
Diese Annahme ist ebenfalls unrealistisch. Black selbst untersuchte diese Annahme. Bei steigendem Zinsniveau steigt demnach auch der Wert des Optionsrechts. Und je länger die noch verbleibende Rest-Optionsfrist, desto stärker steigt der Wert des Optionsrechts. Allerdings bleiben Interdependenzen zwischen Zins- und z.B. Aktienkursniveau unberücksichtigt.

ad 6. Keine zwischenzeitlichen Erträge
Zwischenzeitlich gezahlte Dividenden beeinflussen den Wert von Optionsrechten unterschiedlich. Während bei Kaufoptionen in der Bundesrepublik der Basispreis vermindert wird, trifft dies für US-Optionen nicht zu. Optionsscheine sind ebenfalls nicht gegen Dividendenzahlungen geschützt. Je höher also die Dividendenzahlung, desto negativer wirkt sich dies auf Call Warrants aus. Daher ist der Ausschluß von Erträgen problematisch. Und bisher konnte Merton nur für den Fall kontinuierlich und in einem bestimmten Verhältnis zum Aktienkurs gezahlter Dividenden (Merton Pro-

portional Dividend Model) zeigen, daß diese Annahme aufrecht erhalten werden kann. Eine andere Möglichkeit wäre die antizipative Reduzierung des aktuellen Aktienkurses um den voraussichtlichen Dividendenabschlag. So rechnet die SMH-Bank mit einem um den Barwert der bis zum Laufzeitende des Scheins erwarteten Dividendenzahlung (laufenden Erträge) verminderten Aktienkurs (Kurs des Basisobjekts). Dieser so korrigierte Aktienkurs (Kurs des Basisobjekts) wird als Schätzkurs für den aktuellen Marktwert einer Aktie (eines Basisobjekts) verstanden, auf die (das) bis zum Ende der Optionsfrist keine Dividendenerträge (laufenden Erträge) mehr entfallen.

Dieser Schätzkurs wird dann für das Black & Scholes-Modell angewandt.

ad 7. Keine Anlage- und Verschuldungsbeschränkungen
Diese Annahme muß insofern berücksichtigt werden, daß ab einem bestimmten Verschuldungsgrad mit zunehmender Verschuldung der Zinssatz bis zur maximalen Verschuldungsgrenze für Fremdkapital ansteigt. Insofern kann c.p. bei steigendem Verschuldungsgrad ein höherer Wert für das Optionsrecht akzeptiert werden.

ad 8. Kurse entwickeln sich bei konstanter Varianz zufallsbedingt und sind logarithmisch normalverteilt.
Diese Annahme unterstellt eine kontinuierliche zufallsbedingte Kursentwicklung mit einer konstanten Varianz im Zeitabschnitt. Die Varianz mißt im Black & Scholes-Modell die Volatilität (Kursschwankung) des Kurses des Basisobjekts.

Die Annahme einer konstanten und auf historischen Daten basierenden Volatilität führt zu Fehlbewertungen. Denn sie unterstellt einerseits einen informationseffizienten Markt, der Kurssprünge vernachlässigt und Unternehmensfortschritte negiert. Gegen einen derartig informationseffizienten Markt sprechen aber eine Vielzahl von Gründen. So beeinflußen u.a. unerwartete politische Ereignisse, wie z.B. die Aufhebung der innerdeutschen Grenze im November '89, Übernahmegerüchte, die Veröffentlichung unerwarteter Unternehmensberichte, geldpolitische Trends etc. die Märkte. Und Crash-Szenarien wie am 19.10.87 und den folgenden Monaten und am 16.10.89 korrigieren die Varianz aller Aktien und des Index nachhaltig nach oben.

Andererseits wären bei so einem Markt die Kurse nicht zwangsläufig konstant normalverteilt.

Daher untersuchten Cox und Ross eine andere Verteilung (Poissonverteilung) der Kurse, die Kurssprünge mit in die Betrachtung einbezieht.

Die Aussagen über den Verlauf von zukünftigen Kursentwicklungen sind allerdings keineswegs einheitlich. So stehen sich bekanntermaßen Random Walk-Anhänger, Chartisten (Technische Analyse) und Fundamentalisten mit ihren Aussagen gegenüber.

Black & Scholes selbst führten Fehleinschätzungen ihres Modells auf die Verwendung historischer Volatilitäten zurück. So wurde ein Modell entwickelt, das zunächst den »fairen Preis« nach Black & Scholes berechnet; dann wird anhand der am Markt gehandelten Preise für das gleiche Optionsrecht die dem Optionsrecht implizierte Volatilität berechnet. Das ist die Volatilität, mit der das Optionsrecht vom Markt bewertet wird. Ist der Preis des Optionsrechts höher (niedriger) als der »faire Preis«, dann wird das Optionsrecht mit einer höheren (niedrigeren) Kursschwankung als der historischen bewertet. Das heißt, die Marktteilnehmer erwarten eine geringere Volatilität für die Kursentwicklung als bisher. Auf diesen zentralen Zusammenhang wird noch im 4. Kapitel eingegangen.

Auf alle Fälle war dieses von Latane und Rendlemann entwickelte Verfahren mit der implizierten Volatilität (»implied volatility«) dem Modell mit den historischen Varianzdaten überlegen und es konnte bewiesen werden, daß die Volatilität im Zeitablauf variiert.

Viele Institute verwenden hinsichtlich der Berücksichtigung der Volatilität ihre eigenen Rezepte. So verrät die Bank in Lichtenstein, Frankfurt, lediglich, daß ihr Modell zur Berechnung der Volatilität des Basispapiers auf historischen logarithmierten Kursänderungsraten basiert und man in Einzelfällen Anpassungen an normalisierte Kursveränderungsraten (Smoothing) vorgenommen hat.

Schließlich läßt das Modell Einflußfaktoren unberücksichtigt, die speziell für das Anlagemedium Aktien-Optionsschein gelten.

So unterscheiden sich Call Warrant und Call Option in dem wesentlichen Punkt, daß sich das Optionsrecht des Warrant auf Aktien bezieht, die noch nicht an der Börse gehandelt werden, sondern erst noch von der betreffenden Gesellschaft im Rahmen der bedingten Kapitalerhöhung zu emittieren sind. Da sich im Moment der Ausübung der Wert des zu beziehenden Eigenkapitalanteils automatisch verringert, muß die Kapitalverwässerung in die Preisbildung mit einfließen. Die Bank in Lichtenstein hat in Anlehnung an Schwartz (1977) dies in Form eines Kapitalverwässerungsfaktors berücksichtigt. Der Warrant hat somit einen um diesen Verwässerungseffekt geringeren Wert als eine Kaufoption mit gleicher Rest-Optionsfrist.

Zum anderen können der Basispreis, der Kurs des Optionsscheins oder der Kurs des Basisobjekts auf Fremdwährung lauten. Hier müßte man wie beim Kurs des Basisobjekts auch eine Hypothese über den zukünftigen Kursverlauf des relevanten Devisenkurses treffen. Dies könnte über eine Random-Walk-Hypothese erfolgen oder über geschätzte historische oder implizierte Volatilitäten.

3.4.6 Berechnung des Optionswertes nach Black & Scholes

Im folgenden wird anhand eines Beispiels der DM Aktien-Optionsschein der Kaufhof AG 86/1.9.98 zum Bezug der Kaufhof St. mit Hilfe des Black & Scholes-Modells bewertet. Jeder Rechenschritt wird kurz erläutert. Die Normalverteilungswerte werden approximativ berechnet. Im Ergebnis wird der »faire Optionswert« nach Black & Scholes geliefert.

Die Berechnung erfolgt per 15.11.1989. Der Kurs der Kaufhof-Aktie (K) beträgt 590 DM. Der Basispreis (E) beträgt 482 DM. Die Laufzeit des Scheins (OF) bis zum 1.9.98 sind ca. 8,83 Jahre. Als Rendite für relativ risikolose Straight Bonds wird ein Satz von etwa 7,9% genannt. Kaufhof zahlt 8,50 DM Dividende. Das entspricht einer Dividendenrendite von 1,44% p.a. Die Volatilität als einzige nicht direkt beobachtbare Größe wird aus den historischen Kursen der letzten 250 Tage (29,46%) berechnet. Alternativ wird die Volatilität der letzten 30 Tage (66,75%) berechnet. Es sind also:

K = 590; E = 482; i = 0,079; d = 0,0144; @ = 0,2946; OF = 8,83

(1) ln (K / E)= 0,20218

3.51a

(2) $(i - d - 0,5 \cdot @^2) \cdot OF$= 0,18724

3.51b

(3) $@ \cdot \sqrt{OF}$ = 0,87541

3.51c

(4) ((1) + (2)) / (3)= 0,44484

3.51d

(5) $e^{-d \cdot OF}$= 0,88060

3.51e

(6) $e^{-i \cdot OF}$= 0,49779

3.51f

(7) (4) + (3)= 1,32025

3.51g

(8a) N (1,32025)= 0,90662

3.51h

(8b) N (0,44484)= 0,67178

3.51i

Für die Berechnung der kumulativen Standardnormalverteilung wird eine numerische Approximation nach M. Abramowitz und I.A. Stegun (Handbook of Mathematical Functions, Dover, 1965) verwandt. Sie ist im Anhang aufgeführt. Ansonsten können die Werte der standardisierten Normalverteilung jedem Standardlehrbuch der Statistik entnommen werden. Das gleiche gilt für die Anwendung anderer Verteilungen (Binomial- oder Poissonverteilung).

(9) K * (5) * (8a)= 471,04

3.51k

(10) E * (6) * (8b)= 161,19

3.51l

(11) (9) − (10)= 309,85

3.51m

Eingesetzt in Formel 3.51, ergibt sich folgender »faire Preis« für den Optionsschein:

$$OS\text{-}Call_{B/S} = 471,04 - 161,19 = (9) - (10) = 309,85$$

$$mit \quad X = \frac{0,20218 + 0,18742}{0,87541} = \frac{(1) + (2)}{(3)} = (4) = 0,44484$$

Der faire Preis des Warrants liegt bei den oben unterstellten Angaben bei 309,85 DM. Variiert man die Volatilität auf 20% (25%) p.a., dann ergibt sich ein Wert von 283,97 DM (295,29 DM). Das Delta beträgt bei einer Volatilität von 29,5% (25%) 0,822 DM (0,83 DM) pro 1 DM Änderung der Kaufhof-Aktien.

Mit Hilfe von EDV-Programmen können auch mehrere Parameter – z.B. Volatilität und Zins und Dividende – gleichzeitig variiert werden. Der interessierte Investor kann sich so die unterschiedlichen Sensitivitäten selbst berechnen.

3.4.7 So machen Sie die Formel zu Geld

Das Black & Scholes-Prinzip ist in vieler Munde. Nicht zuletzt aufgrund des spektakulären Kursanstiegs vieler Scheine im Laufe des Jahres 1989. Bestes Beispiel war – wie bereits erwähnt – der Deutsche Bank OS 86/96.

Damit seine Anleger die Ergebnisse der Formel auch gewinnbringend in Anlageentscheidungen umsetzen kann, bedarf es aber darüber hinaus noch einiger wichtiger Punkte, die man bei aller Modellberechnung nicht vergessen sollte:

Wann ist ein Schein kaufens- und wann verkaufenswert? Als Anhaltspunkt hierfür dient natürlich der theoretisch ermittelte, »faire Wert« des Optionsrechts. Dieser wird mit der tatsächlichen Bewertung am Markt, d.h., mit dem aktuellen Marktpreis an der Börse verglichen. Liegt der Marktpreis unter dem theoretischen Optionswert, dann wäre dieser Schein als unterbewertet und folgerichtig als kaufenswert einzustufen. Umgekehrt wären Call Warrants (allg. Kauf-Optionsrechte) als verkaufenswert zu beurteilen, wenn der theoretische Optionswert erheblich unter dem aktuellen Marktpreis notiert und somit eine Überbewertung vorliegt.

Aus einem Vergleich des Börsenkurses und dem theoretischen Wert nach Black & Scholes läßt sich auch erkennen, mit welcher Volatilität der Markt das Basisobjekt bewertet. Liegt der Börsenkurs über (unter) dem B/S-Wert, dann erwartet der Markt in Zukunft eine höhere (niedrigere) Volatilität als bisher (die als Grundlage des Modells dient). Diese vom Börsenkurs abhängige Volatilität wird als implizierte Volatilität bezeichnet.

Ab wann ein Schein als über- oder unterbewertet gilt, bedarf einer gesonderten Analyse. So sieht die Bank in Lichtenstein (F&M 9/89) die theoretisch ermittelten Optionswerte als Orientierungshilfe an, die zumindest krasse Unter- oder Überbewertungen aufzeigen können, ohne jedoch mit kurzfristigen spekulativen »Überschießern« (Overshooting) der Marktpreise in beide Richtungen im Widerspruch zu stehen. Sie akzeptiert eine Zone der kurzfristigen, rechnerischen Fehlbewertung von 15 – 20% als Toleranzgrenze, bevor sie eine entsprechende Kauf- oder Verkaufsempfehlung ausspricht. Andere Institute dagegen akzeptieren nur eine Toleranzgrenze von maximal 10%.

Neben der Bewertung können aber weitere Einflußfaktoren eine gewichtige Rolle für die aktuelle Bewertung spielen. Denn gerade im kurzfristigen Trading spielen psychologische Momente eine große Rolle. Diese Stimmungen und Meinungen für einen Markt oder bestimmte Werte können mathematisch nicht berücksichtigt werden. So verloren am 16.10.89 viele Scheine 30% und mehr an Wert, um diesem Kursabschlag am nächsten Tag wieder aufzuholen. Obwohl damit am 16.10.89 viele Scheine theoretisch kraß unterbewertet waren, fanden sich aufgrund großer Unsicherheit bzgl. der weiteren Kursentwicklung keine Käufer am Markt. Am nächsten Tag dann wurden sämtliche Bewertungskriterien samt und sonders außer acht gelassen und es wurde nur gekauft.

Weiterhin mag ein Optionsschein stark überbewertet sein. So notierte der Nixdorf OS im Herbst '89 monatelang bei starken Kursschwankungen zwischen 90 und 210 DM mehr als 100% über seinem theoretischen Wert. Dies ließ sich zu der Zeit nur aufgrund von Übernahmegerüchten erklären. Und auch der Siemens OS bis 92 war laut Black & Scholes klar überbewertet. Doch hier war die Bewertung aufgrund steigender Unternehmensgewinne und steigender Dividende gerechtfertigt: Der Schein stieg prozentual stärker als der andere Siemens OS bis 90, obwohl dieser theoretisch korrekt bewertet war. Das zeigt deutlich, daß eine besonders positive Kurserwartung für das Basisobjekt eine Überbewertung durchaus rechtfertigen kann. Denn Trends und Kurserwartungen – eigentlich als Vorteil von Black & Scholes genannt – sind nun mal nicht mathematisch berücksichtigt. Dies gilt sowohl für ein einzelnes Basisobjekt als auch für den Trend eines Gesamtmarktes.

So kann ein Schein trotz Unterbewertung (Überbewertung) ein schlechtes (gutes) Anlageobjekt darstellen. Man darf deshalb den Markttrend nicht außer acht lassen, wie er etwa aufgrund von fundamentalen Rahmenbedingungen oder technischen Signalen erwartet werden kann.

Dem Anleger ist deshalb abschließend zu empfehlen, den B/S-Wert als Orientierungshilfe zu nutzen, um bei krassen Fehlbewertungen durch den Markt unter Berücksichtigung von Marktfaktoren und psychologischen Momenten eine fundierte Anlageentscheidungen treffen zu können. Dies gilt insbesondere im Zuge der Einführung der Deutschen Terminbörse. Denn zum einen werden auch in der Bundesrepublik dadurch einige Voraussetzungen für die Anwendung des Black & Scholes-Prinzips geschaffen. Zum anderen dürfte es dann nur noch eine Frage der Zeit sein, bis sich auch deutsche Optionsscheine am »fairen« Preis nach Black & Scholes orientieren.

Es gilt also, schnell die Scheine mit Black & Scholes zu bewerten, mit den aktuellen Marktpreisen zu vergleichen und zu entscheiden, ob ein Warrant oder eine Option das bessere Geschäft verspricht.

4 Einflußfaktoren auf den Preis von Optionsscheinen

Im folgenden Kapitel werden die wichtigsten Elemente dargestellt, die den Wert und Preis von Warrants nachhaltig beeinflussen. Zwar wird im Rahmen der einzelnen Ausführungen der anderen Kapitel teilweise schon auf einzelne Einflußgrößen eingegangen, doch bedarf es aufgrund der teilweise komplexen Wirkungsstrukturen einzelner Faktoren dieser übersichtlichen, aber kurzen Zusammenfassung.

Eine dafür notwendige Totalanalyse ist jedoch kaum möglich. Daher basieren die Ausführungen über die einzelnen Einflußparameter auf sog. Teilanalysen (Partialanalysen), die nur die separate Wirkung eines Einflußfaktors auf die abhängige Variable, den Wert des Warrants, untersuchen und alle anderen Einflußfaktoren konstant lassen.

Bislang werden für die Beurteilung einer Warrantposition oft sog. Gewinn-Verlust-Diagramme erstellt und interpretiert. Diese Diagramme beschreiben das tatsächliche Chance/Risiko-Profil jedoch nur ungenügend, da sie sich meist auf das Ende der Optionsfrist beziehen. Warrants jedoch sind Trading Papiere, die nur in den seltensten Fällen bis zur Fälligkeit gehalten werden. Und zwischenzeitlich beeinflußen weitere Parameter den Wert – und damit das Chance/Risiko-Profil eines Warrants.

Mit dem Black & Scholes-Modell ist die Berücksichtigung solcher Faktoren möglich und in Kapitel 3.4 beispielhaft gezeigt worden. Im folgenden werden die Sensitivitäten des Optionswertes gegenüber Veränderungen einzelner Parameter untersucht. Im Vordergrund stehen der Einfluß von unterschiedlichen Volatilitäten des Kurses des Basisobjekts und des Delta, der Änderung der Volatilität (Vega) und einer fallenden Rest-Optionsfrist (Theta) auf den Wert eines Optionsscheins. Dies erfolgt anhand der Duplikationsmatrizen und der Angabe der jeweiligen »fairen Preise«. Damit wird eine vollständige Analyse der Risiko-Position eines Warrants möglich.

4.1 Volatilität des Basisobjekts

Wie bereits kurz angedeutet, fungieren mittlerweile eine Vielzahl von verschiedenen Finanztiteln als Basisobjekte für Optionsscheine. Es dürfte außer Frage stehen, daß ein Investor in Aktien-OS eine andere Anlageintention verfolgt als ein Anleger von

Währungs-OS. Daher kann dieser Aspekt hier vernachlässigt bleiben und die Ausführungen können sich auf folgenden Aspekt konzentrieren:

Es kann festgestellt werden, daß die unterschiedlichen Basisobjekte auch unterschiedliche Kursschwankungen aufweisen.

Früher hieß diese Größe Kursrisiko, heute wird sie als Volatilität bezeichnet. Gemessen wird die Volatilität mit Hilfe statistischer Streuungsmaße wie der Varianz oder der Standardabweichung (in Prozent auf Jahresbasis).

So weisen die Kurse einzelner Aktien in einem bestimmten Zeitabschnitt höhere Kursschwankungen auf als der Index des gesamten Aktienmarktes. Und Zinssatzschwankungen sind geringer und anders zu bewerten als Schwankungen von Indices. Währungs- und Zinssatzvolatilitäten dagegen sind teilweise interdependent.

Modelltheoretisch wurde in Kapitel 3.4.1 ermittelt, daß mit steigender Volatilität auch der Wert des Optionsrechts ansteigt. Von daher spielt die Volatilität bei der Bestimmung eines angemessenen Optionswertes eine entscheidende Rolle. Die Volatilität gibt als eine statistische Größe die Schwankungsbreite von Kursen, Preisen oder Renditen eines bestimmten Finanztitels (z.B. einer Aktie, eines Index, einer Währung etc.) für einen bestimmten Zeitabschnitt an. So bedeutet eine Volatilität von 25% auf Jahresbasis, daß der Kurs im letzten Jahr durchschnittlich zwischen 75% und 125% des heutigen Kurses geschwankt hat. Transformiert in die Zukunft bedeutet dies gleichzeitig, daß im nächsten Jahr der Kurs des betrachteten Basisobjekts mit einer Wahrscheinlichkeit von 67% im Bereich zwischen 75% und 125% des heutigen Kurses liegen wird. Hier charakterisiert die Volatilität die Streuung des Kurspotentials um den heutigen Kurswert. Erst wenn ein Wert für die Volatilität angegeben werden kann, läßt sich mit dem Black & Scholes-Modell ein »fairer Optionswert« ermitteln.

Die Volatilität kann auf verschiedene Art ermittelt werden. Die einfachste aber zugleich die ungenaueste Vorgehensweise ist die der subjektiven Schätzung der Volatilität. Eine weitere Möglichkeit ist die Berechnung der Volatilität auf Basis historischer Kursdaten. Die Problematik bei diesem Verfahren liegt darin, daß die Volatilität der Vergangenheit keineswegs für die zukünftige Kursentwicklung gelten muß. In Kapitel 3.4 wurde bereits aufgezeigt, daß die Annahme einer konstanten Varianz, d.h. einer gleichhohen und gleichbleibenden Kursschwankung, unrealistisch ist. Zudem basiert die exakte Berechnung der Volatilität üblicherweise auf der Annahme, daß sich Wertpapierkurse im Zeitablauf zufallsbedingt und nicht systematisch entwickeln. Von daher wird die Volatilität meist trendbereinigt errechnet und als trendbereinigte Standardabweichung angegeben. Mathematisch wird die Volatilität mit Hilfe der jährlichen Standardabweichung gemessen.

Situation

Ein Wertpapier hat folgenden Kursverlauf: 100 – 110 – 105 – 115 – 130 DM.

Im 1. Schritt wird die prozentuale Veränderung der Kurse berechnet. Die prozentuale Kursveränderung ist aussagekräftiger als die absolute, weil z.B. ein Kursanstieg von 10 DM bei einem Kurs von 200 DM einen Wertzuwachs von 5% bedeutet, während 10 DM Kursanstieg bei 100 DM Einsatz 10% ausmachen.

Im 2. Schritt wird der logarithmus naturalis (ln) der prozentualen Veränderung berechnet. Der (ln) wird deshalb benutzt, da eine gleiche absolute Veränderung (Anstieg oder Rückgang) sich in unterschiedlichen prozentualen Veränderungsraten ausdrückt.

Im 3. Schritt wird der Mittelwert der Logarithmen berechnet.

Im 4. Schritt wird die Abweichung der einzelnen (ln) von dem Mittelwert berechnet.

Im 5. Schritt werden sämtliche Einzelabweichungen quadriert, damit alle Abweichungen (positiv und negativ) positiv werden. Der daraus berechnete Mittelwert wird als Varianz bezeichnet.

Periode (1)	WP-Kurs K (2)	Schritt 1 K/(K-1) (3)	Schritt 2 ln von (3) (4)	Schritt 4 (4)- 0,066 (5)	Schritt 5 Quadrat v.(5) (6)
1	100				
2	110	1,100	0,095	0,029	0,0008
3	105	0,955	– 0,047	0,020	0,0126
4	115	1,095	0,091	0,025	0,0006
5	130	1,130	0,123	0,057	0,0033
n = 5			Summe 0,262		Summe 0,0174

Schritt 3: Mittelwert 0,262 / 4 = 0,066
Schritt 6: Varianz 0,0174 /(n-2) = 0,0058
Schritt 7: Jahresvarianz 0,0058 * 12 = 0,0696
Schritt 8: Historische Volatilität 0,2634.

Um die Varianz zu annualisieren, multipliziert man die Varianz mal 12 und erhält so eine Jahresrate. Aus dem Produkt 0,0696 zieht man die Quadratwurzel und erhält mit +/– 0,2634 die historische Volatilität bzw. Standardabweichung.

Sie besagt, daß der Kurs mit einer Wahrscheinlichkeit von 67% auf Jahressicht um 26,34% um den heutigen Kurs schwanken wird.

Quelle: Deutsche Bank

Abb. 4.1 Berechnung der Volatilität auf Basis historischer Kurswerte

Ein drittes Verfahren der Volatilitätsberechnung ist die sog. implizierte Schätzung. Hier wird aus gegebenen Marktpreisen für Optionsscheine die im Kurs vom Markt unterstellte Annahme für die Volatilität errechnet. Der Wert wird dementsprechend als »implizierte Volatilität« bezeichnet. Mathematisch erfolgt die Berechnung durch Auflösung der Black & Scholes-Formel nach der Standardabweichung.

Je nach unterschiedlicher Berechnungsmethode für die Volatilität ergeben sich auch nach Black & Scholes unterschiedliche Optionswerte. Einen »richtigen« Wert für ein Optionsrecht kann es deshalb auch nicht geben, da es keinen »richtigen« Wert für die Volatilität gibt. Hat man sich jedoch auf ein angemessenes Verfahren zur Ermittlung eines Volatilitätswertes geeinigt, kann ein »fairer Preis« berechnet werden. Als Anhaltspunkt kann der interessierte Anleger für die deutschen Standardaktien die Volatilität in der Börsenzeitung und im Handelsblatt nachlesen. Anhand des Beispiels in Abbildung 4.1 wird die Berechnung der Volatilität auf Basis historischer Werte gezeigt. Denn so manche Scheine berechtigen zum Bezug von Nebenwerten, deren Volatilitäten nicht angegeben werden.

Heute (T1)		Verfalltag (T2)	
		90 DM	115 DM
Kauf 100 WPs	− 10.400 DM	+ 9.000 DM	+ 11.500 DM
Kreditaufnahme	+ 8.660 DM	− 9.000 DM	− 9.000 DM
= Eigenkapital	+ 1.740 DM	Saldo 0 DM	Saldo +2.500 DM
OS-Kauf	− 1.740 DM	0 DM	15 DM
(167 ST* 10,42 DM)		(90−100) < 0	(115−100) = 15 DM
= Eigenkapitel	+ 1.740 DM	Saldo 0 DM	Saldo +2.500 DM
Bei einer Volatilitätssteigerung von 110/95 DM auf 115/90 steigt der »faire Optionswert« von 8,43 DM in Abb. 3.13. auf 10,42 DM.			

Abb. 4.2a Duplikations-Matrix für alternative Volatilitäten: Volatilität bisher 95/110 DM (vgl. Abb. 3.13); jetzt 90/115 DM (Delta 0,6; Hedge Ratio 1,67)

Heute (T1)		Verfalltag (T2)	
		96 DM	109 DM
Kauf 100 WPs Kreditaufnahme	− 10.400 DM + 9.237 DM	+ 9.600 DM − 9.600 DM	+ 10.900 DM − 9.600 DM
= Eigenkapital	+ 1.162 DM	Saldo 0 DM	Saldo +1.300 DM
OS-Kauf (144 ST* 8,07 DM)	− 1.162 DM	0 DM (96−100) < 0	+90 DM (109−100) = 90 DM
= Eigenkapitel	+ 1.162 DM	Saldo 0 DM	Saldo +1.300 DM
Bei einer Volatilitätsreduktion von 110/95 auf 109/96 fällt der »faire Optionswert« von 8,43 DM auf 8,07 DM.			

Abb. 4.2b Duplikations-Matrix für alternative Volatilitäten: Volatilität bisher 95/110 DM (vgl. Abb. 3.13); jetzt 96/109 DM (Delta 0,69, Hedge Ratio 1,45)

So ist in der in Abbildung 3.13a–f aufgestellten Duplikations-Matrix ersichtlich, daß sich der Optionswert erhöht, wenn bei sonst gleichbleibenden Elementen nur die (vereinfachte) Volatilität auf 115 und 90 ansteigt. Die Duplikations-Matrix wird in Abbildung 4.2a–b dargestellt.

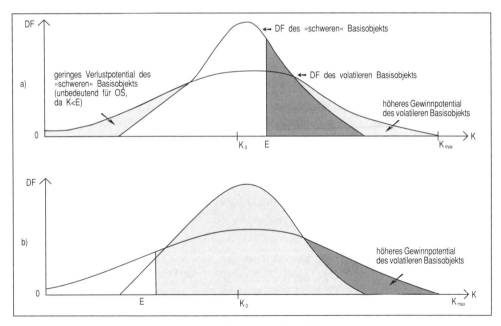

Abb. 4.3 Kursstreuungen mit unterschiedlich hoher Volatilität

171

Grafisch veranschaulicht die Abbildung 4.3 unterschiedliche Kursstreuungen mit Hilfe von Wahrscheinlichkeitsverteilungen bzw. sog. Dichtefunktionen.

Hieraus wird ersichtlich, daß auch der Erwartungswert des Optionsscheins mit dem Bezugsrecht auf das volatilere Basisobjekt (flache Dichtefunktion) höher ist als der des anderen Warrants, da ihm bei gleichen Verlustrisiken höhere Gewinnchancen gegenüberstehen.

Profis geben sich aber nicht mit der Berechnung der Volatilität zufrieden; sie berechnen zusätzlich noch den Einfluß von Volatilitätsänderungen. Diese Sensitivität der Änderung des Optionswertes gegenüber Volatilitätsschwankungen wird als Vega oder Epsilon eines Optionsrechts bezeichnet. Fällt beispielsweise die Volatilität eines Basisobjekts von 25% auf 24%, dann läßt sich mit Hilfe der Black & Scholes-Formel ausrechnen, um wieviel sich der theoretische Wert des Optionsrechts verringert.

So hat das SMH-Research festgestellt, daß Volatilitätsschwankungen vor allem At-the-money-Optionsrechte beeinflussen, während die Vegas von Optionsrechten, die tief im oder aus dem Geld notieren, vergleichsweise klein sind.

Als Fazit bleibt festzuhalten, daß der theoretische Wert eines Warrant um so größer ist, je volatiler das zugrundeliegende Basisobjekt ist. Optionsscheine auf volatilere Basisobjekte müßten paritätstheoretisch deshalb mit höheren Prämien bzw. Aufgeldern bewertet werden, da den steigenden Gewinnmöglichkeiten aufgrund des Wahlcharakters des Optionsrechts keine höheren Verlustrisiken gegenüberstehen. Dies gilt insbesondere im Zusammenhang mit dem aktuell herrschenden Kursniveau des Basisobjekts. Das heißt, je niedriger bei gegebener Volatilität das Kursniveau des Basisobjekts und der Basispreis, desto größer der Optionswert.

Insofern haben Crash-Tage noch ihre guten Seiten: Denn extrem fallende Kurse der Basisobjekte erhöhen c.p. die Volatilität und somit das Vega eines Optionsrechts. Es stört nur die Tatsache, daß das Kursniveau so stark gefallen ist, daß sich der innere Wert entsprechend reduziert hat.

4.2 Bedeutung des Kursniveaus des Basisobjekts

Der wichtigste Einflußfaktor für den Wert eines Optionsscheins ist zweifellos der Kurs des zugrundeliegenden Basisobjekts. Allerdings variiert die Stärke dieses Einflusses erheblich mit der Position des Scheins zum Geld. Optionsscheine, die tief im Geld sind, d.h., deren S/E-Koeffizient deutlich über 1 liegt, reagieren wertmäßig deutlich stärker auf Kursveränderungen als ein Warrant, der weit aus dem Geld ist. Wie stark sich der theoretische Wert eines Optionsscheins gegenüber Schwankungen des

Kurses des Basisobjekts ändert, kann über das sog. Delta (bekannt aus Kapitel 3.4) gemessen werden.

Das Delta – die Sensitivität des Optionsscheins gegenüber Kursschwankungen des Basisobjekts – gibt an, um welchen Betrag in Währung (DM) sich der theoretische Marktwert des Warrants ändert, falls sich die Aktie um einen Punkt in Währung ändert.

Bei Put Warrants bewirkt ein Ansteigen des Kurses des Basisobjekts eine Wertminderung im theoretischen Marktwert. Die Deltas von Verkaufs-Optionsrechten sind immer negativ, d.h. der Kursveränderung des Basisobjekts entgegengerichtet. Das SMH-Research hat festgestellt, daß In-the-money-Warrants sowohl für Kauf- als auch für Verkaufs-OS die höchsten absoluten Deltas aufweisen, während Optionsrechte Out-of-the-money die geringste Reagibilität (Veränderung) hinsichtlich der Schwankungen des Kurses des Basisobjekts zeigen.

In Kapitel 3.3.1 wurde festgestellt, daß der innere Wert eines Scheins absolut und im Verhältnis zum Aufgeld steigt, je höher das Kursniveau des Basisobjekts im Verhältnis zum Basispreis notiert, d.h. je größer S/E ist. Bei Scheinen dagegen, die am Geld oder aus dem Geld notieren, ist der innere Wert meist Null oder der rechnerische Wert sogar negativ. Trotzdem haben auch diese Scheine einen Preis. Der aktuelle Börsenkurs kann somit gedanklich in zwei Wertbestandteile geteilt werden: in den deterministischen, d.h. eindeutig bestimmbaren, und den stochastischen, d.h. zufallsabhängigen Preisbestandteil.

Die Parität (innerer Wert) stellt den deterministischen Preisbestandteil des Scheins dar. Sie ergibt sich aus einem eindeutigen funktionalen Zusammenhang: Sind die Parameter Kurs des Basisobjekts, Basispreis und Optionsverhältnis (evtl. Währung) bekannt, dann kann der deterministische Preisbestandteil eindeutig bestimmt werden.

Der andere, der stochastische Preisbestandteil – in der paritätsbezogenen Bewertung Aufgeld bzw. Prämie genannt – wird in der Optionspreistheorie als Zeitwert bezeichnet. Danach hat jeder Warrant einen Zeitwert, der mit sinkender Rest-Optionsfrist des Scheins, wenn alle anderen Einflußfaktoren unverändert bleiben, täglich sinkt, so daß der theoretische Marktwert des Warrants einen Wertverlust hinnehmen muß. Die Höhe des täglichen Wertverlustes kann durch das sog. Theta gemessen werden. Es wird in Kapitel 4.7 erklärt.

In der Abbildung 4.4 wird die typischerweise konvexe Funktion des Optionsscheinkurses in Abhängigkeit des Kurses des Basisobjekts deutlich. Das impliziert mit zunehmendem standardisierten Kursniveau einen sukzessiv steigenden inneren Wert sowie eine sukzessiv fallende Prämie. Dieser Zusammenhang ist zwingend, wie sich aus Abbildung 4.5 und auch aufgrund von Formel 3.14c ergibt. Denn wer in diesem mathematischen Zusammenhang für verschiedene Kurse des Basisobjekts die Prämien berechnet, der erhält eine Hyperbel.

173

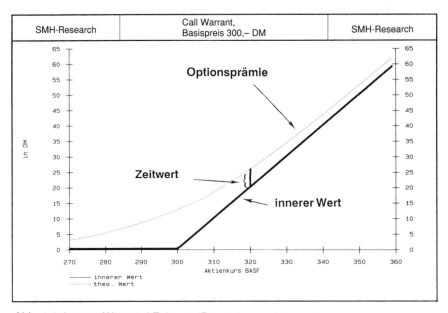

Abb. 4.4 Innerer Wert und Zeitwert (Prämie) eines Warrant Quelle: SMH-Research

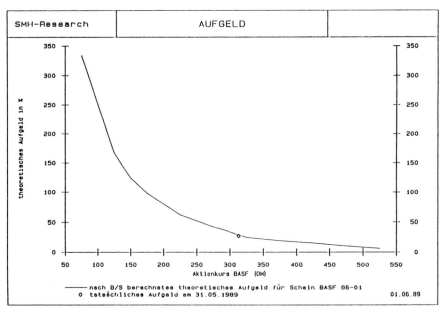

Abb. 4.5 Verlauf des Aufgeldes für alternative Kursniveaus Quelle: SMH-Research

Das heißt, bei steigenden Kursen des optierbaren Basisobjekts steigt zwar ein Call Warrant überproportional im Kurs. Der Ausübungskurs (Summe aus OS-Kurs plus Basispreis plus evtl. Dividendennachteil) dagegen steigt nur unterproportional, da die Komponente Basispreis ja konstant bleibt. Ein verblüffend einfacher Zusammenhang, der vielen jedoch nicht klar ist und die ganze Prämienberechnung in Frage stellt.

Die Funktion der Prämie als Puffer bei niedrigem Kursniveau bzw. bei Kursrückgängen wurde bereits in Kapitel 3.3.2 ausführlich erläutert. Daher kann an dieser Stelle auf eine weitere Darstellung verzichtet werden.

Wichtig ist das standardisierte Kursniveau des Basisobjekts (K/E) nicht nur für die Prämienberechnung, sondern auch für den Leverage Effekt eines Optionsscheins. Dieser basiert auf dem niedrigeren Kapitaleinsatz im Verhältnis zum Basisobjekt. Definiert war der Leverage als K/OS.

Anhand des folgenden Beispiels läßt sich verdeutlichen, daß mit steigenden Kursen des Basisobjekts der erwartete Leverage-Effekt aufgrund des immer kleiner werdenden Kapitaleinsatzverhältnisses (K/OS) stets abnimmt.

Beispiel: Anzag-OS 86/96, E = 163 DM, OV: 1 : 1, OF: 31.8.96.

Vergleich per 25. Mai 89 und 26. Juli 89 der Bewertungsparameter Prämie, Leverage und S/E.

25.6.89: Aktienkurs 291 DM, OS-Kurs 121,90 DM

P = – 2,10% ; LV = LF = 2,38 ; S/E = 1,78

26.7.89: Aktienkurs 373 DM, OS-Kurs 198 DM

P = – 3,20% ; LV = LF = 1,88 ; S/E = 2,28

Während die Aktie um 28,2% anstieg, performte der Anzag-OS um 62,4%. Das entspricht einem realisierten Leverage von 2,21.

Andererseits steigt der Leverage dadurch, daß sich der stochastische Preisbestandteil, auch Prämie genannt, mit steigendem Kursniveau zugunsten des inneren Werts reduziert. Als Gesamteffekt allerdings bleibt ein steigender Kapitaleinsatz beim Optionsschein im Verhältnis zum Kurs des Basisobjekts, d.h., die Vorteile des Scheins nehmen im Vergleich zum Basisobjekt ab. Vice versa gilt dies für Kursrückgänge beim Basisobjekt.

Nach Meinung des Verfassers sollte das Kriterium Prämie bzw. Aufgeld nur im Kontext mit den anderen Einflußelementen Leverage, standardisiertes Kursniveau und theoretischer Marktwert bzw. implizierte Volatilität gesehen werden. Eine alleinige Orientierung an dem Faktor Prämie kann zu Fehlentscheidungen führen, da Scheine, die

Out-of-the-money mit einer hoher Prämie notieren, als zu teuer eingestuft werden, obwohl diese Scheine selbst bei einem OS-Kurs von Null aufgrund der Prämienformel zwangsläufig noch eine hohe Prämie haben. Und Scheine mit einer niedrigen Prämie werden bevorzugt, da sie tief im Geld notieren, obwohl sie keineswegs vorteilhafter sind.

Von daher ist dem Anleger abzuraten, sich an der noch weit verbreiteten Maxime »je niedriger die Prämie, desto besser ist der Schein bewertet« zu orientieren.

4.3 Optionsverhältnis

Hinsichtlich des Optionsverhältnisses (OV) kursieren auch noch vielerorts Mißverständnisse. Viele Börsenempfehlungen basieren auf der Annahme, daß Warrants mit großen Optionsverhältnissen, meist Optionsscheine japanischer Emittenten, auch entsprechend hohe Hebelwirkungen haben müßten. Dies muß klar dementiert werden, denn eine Entscheidung auf der Grundlage solcher Annahmen ist für den Anleger keineswegs vorteilhaft. Hierauf wurde bereits mehrfach hingewiesen. Zwar ist ein Warrant um so mehr wert, je höher sein Optionsverhältnis ist, aber diese Aussage bezieht sich keineswegs auf den Leverage. Denn Scheine mit hohen Optionsverhältnissen hätten nur dann einen höheren Leverage, wenn der Preis für diesen Warrant nicht höher als für andere Scheine mit niedrigem Optionsverhältnis wäre. Dies ist jedoch nicht der Fall. Im Gegenteil, einige Scheine mit extrem hohen Optionsverhältnissen kosten mehrere tausend Dollar. Das heißt, der Kapitaleinsatz für Scheine mit einem OV 1 beträgt normalerweise entsprechend das OV-fache des Betrags, den ein Schein mit einem OV = 1 kosten würde. Ansonsten würden Arbitragetransaktionen einsetzen.

Zwecks besserer Vergleichbarkeit wurde in Kapitel 3.2.2 eine Homogenisierung der OS-Kurse auf ein vergleichbares Optionsverhältnis von OV = 1 vorgeschlagen. Ziel ist also gerade, den Einflußfaktor Optionsverhältnis zu eliminieren. Das erscheint notwendig, damit Optionsscheine mit unterschiedlichen Optionsverhältnissen der gleichen Gesellschaft vergleichbar werden. Dies gilt vor allem für japanische Warrants. Denn wurden früher vorwiegend »High price warrants« mit hohen Optionsverhältnissen begeben, so überwiegen seit Anfang 1989 »Low price warrants«, also optische billigere Optionsscheine, die entsprechend mit einem niedrigeren Optionsverhältnis ausgestattet sind. Um die unterschiedlichen Emissionen und Optionsscheine miteinander vergleichen zu können, ist diese Form der Standardisierung sehr empfehlenswert.

Wird diese Homogenisierung vorgenommen, erhält man als Entscheidungsgrundlage den Preis für ein Optionsrecht. Dann wird das OV für den Anleger nicht mehr den Ausschlag pro oder contra eines bestimmten Warrants geben.

4.4 Basispreis

Auf die Bedeutung des Basispreises wurde bereits in Kapitel 3.2.1 hingewiesen. Dort wurde festgestellt, daß dem Basispreis insbesondere im Verhältnis zum aktuellen Kursniveau des Basisobjekts eine Bedeutung zukommt. Denn bei gegebenem Kursniveau des Basisobjekts ist der theoretische Marktwert eines Call Warrant um so größer (niedriger), je niedriger (höher) der Basispreis festgelegt wird. Vice versa gilt dies für Verkaufs-OS. Anhand der Duplikationsmatrix aus Abbildung 3.13 kann dieser Zusammenhang gut dargestellt werden.

Heute (T1)		Verfalltag (T2)			
			95 DM		110 DM
Kauf 100 WPs Kreditaufnahme	− 10.400 DM + 9.135 DM		+ 9.500 DM − 9.500 DM		+ 11.000 DM − 9.500 DM
= Eigenkapital	+ 1.265 DM	Saldo	0 DM	Saldo	+ 1.500 DM
OS-Kauf (188 ST* 6,73 DM)	− 1.265 DM		0 DM (95−102) < 0		8 DM (110−102) = 8 DM
= Eigenkapital	+ 1.265 DM	Saldo	0 DM	Saldo	+ 1.500 DM
Bei einer Basispreiserhöhung 100 DM auf 102 DM sinkt der »faire Optionswert« von 8,43 DM in Abb. 3.13 auf 6,73 DM.					

Abb. 4.6a Duplikationsmatrix für alternative Basispreise: Basispreis bisher 100 DM (Abb. 3.13); jetzt 102 DM (Delta = 0,53, Hedge Ratio = 1,875)

Heute (T1)		Verfalltag (T2)			
			95 DM		110 DM
Kauf 100 WPs Kreditaufnahme	− 10.400 DM + 9.135 DM		+ 9.500 DM − 9.500 DM		+ 11.000 DM − 9.500 DM
= Eigenkapital	+ 1.265 DM	Saldo	0 DM	Saldo	+ 21.500 DM
OS-Kauf (125 ST* 10,12 DM)	− 1.265 DM		0 DM (95−98) < 0		12 DM (110−98) = 12 DM
= Eigenkapital	+ 1.265 DM	Saldo	0 DM	Saldo	+1.500 DM
Bei einer Basispreisermäßigung von 100 DM auf 98 DM steigt der »faire Optionswert« von 8,43 DM in Abb. 3.13 auf 10,12 DM.					

Abb 4.6b Duplikationsmatrix für alternative Basispreise: Basispreis bisher 100 DM (vgl: Abb. 3.13); jetzt 98 DM (Delta 0,66, Hedge Ratio 1,25)

Man sieht in Abbildung 4.6b, daß der theoretische Optionswert mit fallendem Basispreis ansteigt.

Der Parameter Basispreis ist besonders für einen Vergleich von Scheinen geeignet, die zum Bezug desselben Basisobjekts berechtigen, also z.b. zum Bezug von Aktien der gleichen Gesellschaften. Mit Hilfe einer Standardisierung können gemäß der paritätsbezogenen Bewertung mit Hilfe der Faktoren Basispreis und Prämienhöhe Vorteilhaftigkeitskriterien ausgearbeitet werden. Eindeutig ist dabei die Entscheidung, wenn der Schein mit dem höchsten Basispreis gleichzeitig die niedrigste Prämie hat. Bei einer solchen Konstellation wäre der Schein kaufenswert, da er einen sehr viel höheren Hebel, aber keine höhere Prämie haben wird als vergleichbare Scheine. Daher ist eine solche Situation kaum denkbar und wenn, dann wird sie nur von kurzer Dauer sein.

Bei Scheinen mit einer in etwa gleich hohen Prämie wäre der Schein vorzuziehen, der den höheren Basispreis hat. Dieser wird auch eine höhere Hebelwirkung als der andere haben, da der geringere Kapitaleinsatz nicht durch eine höhere Prämie kompensiert wird.

Problematischer wird die Beurteilung, wenn der Schein mit dem höchsten Basispreis gleichzeitig die höchste Prämie besitzt. In diesem Fall sollte der Anleger beispielsweise das jährliche Aufgeld mit heranziehen. Aus der modellbezogenen Bewertung könnte ein Vergleich der aktuellen Marktbewertung mit den theoretischen Optionswerten Aufschluß über unterschiedliche Bewertungsniveaus geben. Da die ersten beiden Fälle eher die Ausnahme als die Regel sind und meist der dritte Fall vorliegt, sieht man bereits, daß auch hier die Prämie als Entscheidungskriterium keineswegs ausreicht.

4.5   Rest-Optionsfrist

Die Rest-Optionsfrist wird meist von den Anlegern erst mit in die Betrachtung einbezogen, wenn sie kürzer als ein Jahr ist. Dabei kann mit Hilfe des Theta, das den täglichen Wertverlust mißt, bereits vorher im Optionspreismodell der Zeitwert berechnet werden. Und je länger die Rest-Optionsfrist, desto höher und stabiler ist dieser Zeitwert, der in Form der OS-Prämie vom Anleger bezahlt wird. Mit abnehmender Rest-Optionsfrist fällt dagegen der Zeitwert beschleunigt ab. Empirische Untersuchungen haben sich bislang nur auf den Wert des Warrant konzentriert, Untersuchungen hinsichtlich des Leverage Effekts sind nicht bekannt. Für den Optionsschein gilt, daß mit zunehmender Rest-Optionsfrist das Optionsrecht allgemein wertvoller wird, c.p. also eine höhere Prämie gerechtfertigt wäre. Dies gilt allerdings nur für amerikanische Optionsrechte, die jederzeit ausübbar sind. Optionsscheine mit europäischen Optionsrecht, wie sie vor allem bei Currency Warrants vorkommen, sind dagegen generell weniger wert, da bei ihnen die Wahlfreiheit zwischen Ausübung und Verkauf im Falle von Kursgewinnen entfällt. Der Anleger kann ausschließlich über eine Gewinnrealisation an den Kursgewinnen partizipieren. Will er dagegen ausüben, ist für ihn des Kurs der Basisobjekts am Optionstag entscheidend.

In der Literatur wird empfohlen, daß ein Anleger bei Rest-Optionsfristen von über drei Jahren den Einfluß unterschiedlicher Rest-Optionsfristen vernachlässigen kann. Dies gilt allerdings bei Aktien-Optionsscheinen nur bedingt. Denn will ein Anleger z.B. den jährlichen Dividendennachteil eines Aktien-OS mit bewerten, dann ist die gesamte Rest-Optionsfrist von Bedeutung. Bei Scheinen ohne zwischenzeitliche bzw. mit nur geringen zwischenzeitlichen Erträgen dagegen kann eine unterschiedlich lange Rest-Optionsfrist eher vernachlässigt bleiben, da das Theta – also der tägliche Wertverlust – für vergleichsweise hohe Rest-Optionsfristen von mehreren Jahren relativ stabil bleibt. Das heißt, die täglichen Wertverluste sind minimal, während es bei kürzeren Rest-Optionsfristen zu einer erheblichen Beschleunigung des Wertverfalls kommt. Mit sinkender Rest-Optionsfrist wird das Theta also immer wichtiger. Die Höhe des täglichen Wertverlustes wird auch in der Duplikationsmatrix der Abbildungen 4.7a–b durch das sog. Theta gemessen.

Heute (T1)		Verfalltag (T2)	
		95 DM	110 DM
Kauf 100 WPs Kreditaufnahme	– 10.400 DM + 9.318 DM	+ 9.500 DM – 9.500 DM	+ 11.000 DM – 9.500 DM
= Eigenkapital	+ 1.082 DM	Saldo 0 DM	Saldo +1.500 DM
OS-Kauf (150 ST* 7,21DM)	– 1.082 DM	0 DM (95–100) < 0	10 DM (110–100) = 10 DM
= Eigenkapital	+ 1.082 DM	Saldo 0 DM	Saldo +1.500 DM
Bei einer abnehmenden Rest-Optionsfrist von sechs auf drei Monate macht sich der Zeitwert (Theta) bemerkbar. Der theoretische Optionspreis sinkt von 8.43 in Abb. 3.13 auf 7,21 DM. Das liegt an der Tatsache, daß aufgrund der geringeren Rest-Optionsfrist der mit 8% abgezinste Betrag von 9.500 bei drei Monaten höher als bei sechs Monaten ist (9.318 DM < 9.135 DM).			

Abb. 4.7a Duplikationsmatrix für alternative Rest-Optionsfristen: Rest-Optionsfrist bisher 6 Monate (Abb. 3.13); jetzt 3 Monate (Delta = 0,66, Hedge Ratio = 1,5)

Heute (T1)		Verfalltag (T2)	
		95 DM	110 DM
Kauf 100 WPs Kreditaufnahme	– 10.400 DM + 8.967 DM	+ 9.500 DM – 9.500 DM	+ 11.000 DM – 9.500 DM
= Eigenkapital	+ 1.433 DM	Saldo 0 DM	Saldo +1.500 DM
OS-Kauf (150 ST* 9,55 DM)	–1.433 DM	0 DM (95–100) < 0	10 DM (110–100) = 10 DM
= Eigenkapital	+ 1.433 DM	Saldo 0 DM	Saldo +1.500 DM
Nimmt die Rest-Optionsfrist von sechs auf neun Monate zu, dann steigt entsprechend der Zeitwert. Der B/S-Wert steigt von 8.43 in Abb. 3.13. auf 9,55 DM (8.967 DM > 9.135 DM).			

Abb. 4.7b Duplikationsmatrix für alternative Rest-Optionsfristen: Rest-Optionsfrist bisher
6 Monate (Abb. 3.13); jetzt 9 Monate (Delta 0,66, Hedge Ratio 1,5)

Besonders interessant sind für viele Anleger und Börsendienste erfahrungsgemäß Scheine mit kurzen Laufzeiten. Denn gerade bei Scheinen mit kurzen Rest-Optionsfristen können sich interessante Trading-Chancen bieten, da mit abnehmender Rest-Optionsfrist die Scheine Prämie abbauen werden, d.h., der Prämien-Puffer wird geringer, so daß der Schein bei Kursschwankungen des Basisobjekts nahezu um das LV-fache schwankt. Ein spekulativ eingestellter Investor sollte sich allerdings im klaren darüber sein, welches hohe Risiko er bei extrem kurzen Rest-Optionsfristen eingeht. Denn enormen Gewinnchancen stehen auch empfindliche Verlustpotentiale gegenüber. Auf diese spekulative Variante des OS-Trading wird in Kapitel 5.3.3 ausführlicher eingegangen.

4.6   Zinsniveau und Währungseinflüsse

Ein Einflußfaktor, der besonders für die modellbezogene Bewertung von Bedeutung ist, sind die Zinssätze für die Rest-Optionsfrist eines Optionsrechts. Hier gilt, je höher der Zinssatz für laufzeitadäquate Anlagealternativen, desto größer ist der Wert eines Call Warrant (desto kleiner ist der Wert eines Put Warrant). Je höher nämlich der Zinssatz, desto geringer wird die Auszahlung der Kreditaufnahme. Auch die Auswirkung unterschiedlicher Zinssätze kann anhand der Duplikations-Matrix in Abbildung 4.8a–b veranschaulicht werden.

Heute (T1)		Verfalltag (T2)	
		95 DM	110 DM
Kauf 100 WPs	− 10.400 DM	+ 9.500 DM	+ 11.000 DM
Kreditaufnahme	+ 9.271 DM	− 9.500 DM	− 9.500 DM
= Eigenkapital	+ 1.129 DM	Saldo 0 DM	Saldo +1.500 DM
OS-Kauf	− 1.129 DM	0 DM	10 DM
(150 ST* 7,53 DM)		(95−100) < 0	(110−100) = 10 DM
= Eigenkapital	+ 1.129 DM	Saldo 0 DM	Saldo +1.500 DM
Bei einem sinkenden Zinsniveau für Anlagen, die mit der Rest-Optionsfrist des OS laufzeitkongruent sind, von 8% p.a. auf 5% p.a. sinkt der B/S-Wert von 8,43 DM in Abb. 3.13 auf 7,53 DM. Das liegt an der Tatsache, daß aufgrund des geringeren Zinsniveaus die 9.500 DM mit 5% statt mit 8% abgezinst werden.			

Abb. 4.8a Duplikations-Matrix für alternative Zinssätze: Zinssatz bisher 8% p. a. (Abb. 3.13); jetzt 5% p.a. (Delta = 0,66, Hedge Ratio = 1,5)

Heute (T1)		Verfalltag (T2)	
		95 DM	110 DM
Kauf 100 WPs	− 10.400 DM	+ 9.500 DM	+ 11.000 DM
Kreditaufnahme	+ 8.977 DM	− 9.500 DM	− 9.500 DM
= Eigenkapital	+ 1.423 DM	Saldo 0 DM	Saldo +1.500 DM
OS-Kauf	− 1.423 DM	0 DM	10 DM
(150 ST* 9,49 DM)		(95−100) < 0	(110−100) = 10 DM
= Eigenkapital	+ 1.423 DM	Saldo 0 DM	Saldo +1.500 DM
Mit steigendem Zinsniveau steigt auch der B/S-Wert. Er steigt von 8.43 in Abb. 3.13 auf 9,49 DM.			

Abb. 4.8b Duplikations-Matrix für alternative Zinssätze: Zinssatz bisher 8% p.a. (Abb. 3.13); jetzt 12% p.a. (Delta = 0,66, Hedge Ratio = 1,5)

Steigende Zinsen erhöhen zwar theoretisch den Wert eines Optionsrechts, gleichzeitig können sie z.B. jedoch auch kontraproduktiv auf den Aktienmarkt wirken. Denn mit steigenden Renditen wird der Rentenmarkt im Vergleich zum Aktienmarkt relativ attraktiver, so daß verstärkt Umschichtungen stattfinden könnten. Diese Aspekte sind modelltheoretisch bislang nicht erfaßt und können so nur subjektiv berücksichtigt werden.

Unter Währungseinflüssen werden hier die in Kapitel 3.2.3 vorgestellten acht unterschiedlichen Währungkonstellationen verstanden, die beim Basispreis, Kurs des Basisobjekts und Kurs des Warrants denkbar sind. Wichtig sind die unterschiedlichen Währungsrelationen deshalb, weil Kursgewinne im Schein aufgrund steigender Kurse des Basisobjekts durch Währungsverluste reduziert, gerade kompensiert oder durch Währungsgewinne multipliziert werden können. Oder ein in Fremdwährung steigender Basispreis wird durch einen fallenden Wechselkurs eliminiert, so daß der Anleger trotz steigender Kurse des Basisobjekts nicht am Kursanstieg partizipiert.

Für viele Anleger werden die Wechselkursrelationen DM/Yen, Sfr/Yen und US-$/Yen wichtig sein, da japanische Optionsscheine in der Gunst der Investoren ganz oben stehen. Hier ergeben sich speziell für DM-Japaner (wie bei allen in DM notierten Warrants zum Bezug von Basisobjekten, z.B. Aktien, die in Fremdwährung notieren) folgende währungspolitischen Auswirkungen:

Steigt der Devisenkurs der DM im Vergleich zum Yen von 1,28 auf 1,38 DM pro 100 Yen, so steigt bei sonst gleichbleibenden Kursen und Preisen der innere Wert des Scheins. Somit würde sich bei gleichbleibender Prämie der OS-Kurs erhöhen. Steigt dann auch zusätzlich das Basisobjekt in Fremdwährung, hätte der Schein quasi einen zweifachen Leverage: Der Schein würde aufgrund von Währungs- und Basisobjektkurs-induzierten Wertsteigerungen im Kurs ansteigen. Gleichzeitig könnte der stärkere Yen dazu führen, daß die Yen-Anleger verstärkt in DM investieren, wenn sie auf Währungsgewinne durch eine wieder stärker werdende DM setzen. Dies könnte der dritte Einflußfaktor auf den Scheinkurs sein, der den Kurs des Warrant nach oben treiben könnte.

Fremdwährungseinflüsse sind bislang im Black & Scholes-Modell nur bedingt umsetzbar, da die Berücksichtigung zukünftiger Kursverläufe (Random Walk oder historisch orientiert) unklar bleibt.

Entsprechend würde ein fallender Wechselkurs tendenziell fallende OS-Kurse implizieren, wenn der Kurs der Basisobjekts nicht diesen Rückgang kompensiert.

4.7   Sonstige Einflußfaktoren

Es bleiben noch eine Reihe von Einflußfaktoren, die nicht im Rahmen dieses Kapitels besprochen wurden, die aber dennoch einen Einfluß auf den Optionswert haben.

Dies ist zum einen bei Aktien Warrants der Verwässerungseffekt der Eigentumsanteile bei Ausübung des Optionsscheins und zum anderen die Verwässerungsschutzklauseln bei weiteren Kapitalmaßnahmen während der Optionsfrist bereits am Markt plazierter Scheine.

Inwieweit eine Ausübung von Optionsscheinen das bestehende Grundkapital verwässert und wie man diesen Effekt bei der Preisfindung berücksichtigen kann, wurde bereits in Kapitel 3.3.5 in Form des Kapitalverwässerungsfaktors (KEF) erläutert.

Der Einfluß von Verwässerungschutzklauseln auf den OS-Preis kann aufgrund empirischer Untersuchungen bei Anlageentscheidungen vernachlässigt bleiben. Denn die OS-Inhaber werden entweder in Form einer Erhöhung des Optionsverhältnisses (bei Kapitalerhöhungen aus Gesellschaftsmitteln) oder über die Gewährung von Bezugsrechten angemessen an der Kapitalerhöhung beteiligt.

Bei Kapitalherabsetzungen gilt ähnliches: Bei Scheinen ausländischer Emittenten werden bei einer Kapitalherabsetzung (d.h. einer Zusammenlegung des Grundkapitals) die OS-Bedingungen entsprechend angeglichen. Die Wirkung auf die Scheine ist neutral. Bei inländischen Scheinen dagegen findet man eine Garantie, den Inhabern unbedingt und unwiderruflich die ordnungsgemäße Verschaffung von Aktien nach Maßgabe der für diese Optionsscheine geltenden OS-Bedingungen zu gewährleisten. Das würde bei Kapitalherabsetzungen dazu führen, daß die OS-Bedingungen unverändert bleiben, mit der Konsequenz, daß der OS-Kurs steigt, weil der innere Wert steigt (im Verhältnis der Kapitalzusammenlegung). Allerdings kommen solche Situationen bislang äußerst selten vor.

Des weiteren müssen eventuell anfallende laufende Erträge wie Dividenden- oder Bezugsrechtszahlungen bei der Preisfindung berücksichtigt werden, da sie einen unmittelbaren Einfluß auf den Aktienkurs haben. In Kapitel 3.4.4 wurde dazu bereits der Hinweis gegeben, daß die SMH-Bank bei Aktien-Optionsscheinen eine Vorgehensweise empfiehlt, die die Ausschüttungen bis zum Ende der Optionsfrist des Optionsscheins mit in die Berechnung einbezieht: »Danach wird der Aktienkurs um den Barwert der bis zum Laufzeitende des Scheins erwarteten Dividendenzahlung vermindert, und der so korrigierte Kurs wird als Schätzwert für den aktuellen Marktwert einer theoretischen Aktie verstanden, auf die bis zum Ende der Optionsfrist keine Dividendenzahlungen entfallen. Auf die so konstruierte Modellaktie wird dann die Black & Scholes-Formel angewandt.«

4.8   Fazit

Es bleibt abschließend festzuhalten, daß, neben dem Kurs des Basisobjekts selbst, vor allem die Volatilität den entscheidenden Einflußfaktor auf den Optionswert darstellt. Je höher die erwartete Kursschwankung, desto höhere Gewinnchancen bieten sich dem Anleger bei gleichbleibendem Verlustrisiko. Und es konnte schon in Kapitel 3.3.2 gezeigt werden, daß fallende (steigende) Kursniveaus steigende (fallende) Prämien bedingen. Gleichzeitig fällt (steigt) mit steigendem Kursniveau des Basisobjekts die Vorteilhaftigkeit der Hebelwirkung von Optionsscheinen. Und je kürzer die

183

Rest-Optionsfrist, desto stärker sollte der Anleger auf den inneren Wert eines Warrant achten, weil der Zeitwert verstärkt abnimmt und eine hohe Prämie nicht rechtfertigt. Eine genaue Analyse der einzelnen Preisbestandteile des OS-Kurses kann der Anleger mit Hilfe der dargestellten Sensitivitäten vornehmen.

5 Anlegermentalität und Strategien

5.1 Analyse des Basisobjekts

Vor einer Analyse des Optionsscheins sollte in aller Regel die Analyse des Basisobjekts, beispielsweise einer Aktie oder einer Währung, stehen. Man kann sogar noch weitergehen und fordern, daß vor einer speziellen Analyse des Basisobjekts eine Einschätzung der Verfassung des gesamten wirtschaftlichen Umfeldes, z.B. des gesamten Aktienmarktes, stehen sollte. Hat sich der Anleger dann eine Meinung hinsichtlich des zukünftigen Trends des Basisobjekts und speziell von den Kursveränderungen eines bestimmten Basisobjekts gemacht, so kann er versuchen, über verschiedene Investment-Strategien mit und ohne Optionsscheinen an dieser erwarteten Kursveränderung (überproportional) zu partizipieren.

Die Bedeutung der fundamentalen Analyse liegt in der Auswahl des richtigen Basisobjekts, damit ein Optionsschein, der sich auf dieses Basisobjekt bezieht, ge- oder verkauft werden kann. Daneben tritt üblicherweise die technische Analyse, im weitesten Sinne eine Analyse und Deutung von Charts, die die Frage des richtigen Timing zu beantworten versucht. Schließlich sollte der Anleger nicht vergessen, eine sog. Depot- oder Portefeuille-Analyse vorzunehmen, die die Frage der Mischung und Diversifikation zur Risikostreuung eines Wertpapier-Depots behandelt. Erst nach diesen vorgeschalteten Analysen kommt die eigentliche Optionsscheinanalyse zum Tragen, die den vorteilhaftesten Optionsschein für ein Investment als Ergebnis liefert.

Trotz aller Bedeutung der genannten Analysen beeinflussen aber noch eine Reihe anderer Faktoren den Markt, die Entscheidungen des Anlegers und somit die Kurse. So hatte z.B. die Psychologie einen erheblichen, in Extremsituationen wie beim Crash vom Oktober 1987 und beim One-Day-Crash vom 16.10.89 einen entscheidenden und unüberwindbaren Einfluß auf den Markt; dies gilt aufgrund der Kurssensibilität vor allem für den Optionsscheinmarkt.

Fundamentale Analyse (des Basisobjekts)	Welches Basisobjekt kommt für ein OS-Investment überhaupt in Frage? Welches Basisobjekt kann per OS ge- oder verkauft werden?
Technische Analyse (Chartanalyse)	Wann soll der OS gekauft werden (Timing)?
Portefeuille-Analyse **Optionsschein-Analyse**	Wie viele Scheine soll der Investor kaufen/verkaufen? Wie hoch soll der Depotanteil des Investments sein? Welcher Optionsschein soll ge- oder verkauft werden?

Abb. 5.1 Dem Investment in Optionsscheinen vorgeschaltete Analysen

Da die Psychologie des Marktes nur sehr schwer bestimmbar und erst recht schwer meßbar ist, kann dieser Faktor zahlenmäßig auch nur ungenügend in einer Analyse berücksichtigt werden. Trotz allem sollte die Stimmung eines Marktes nicht unberücksichtigt bleiben. Wie dies in einer OS-Analyse aussehen kann, wurde in Kapitel 3.2.1 anhand einer S/E-Grafik erläutert.

Grundsätzlich existieren an den Finanzmärkten bekanntlich Kauf- (Call Warrants) und Verkaufs-Optionsscheine (Put Warrants). Entsprechend der Analyse des Basisobjekts ist es nur dann sinnvoll, einen Kauf-Optionsschein, der zum Bezug eines Basisobjekts berechtigt, zu erwerben, wenn man einen Kursanstieg des jeweiligen Basisobjekts erwartet. Ausnahmen von dieser Regel ergeben sich aus Arbitrage-Gesichtspunkten,

* wenn der gekaufte Schein günstiger als andere Scheine der Gesellschaft notiert und man einen Nachholbedarf beim Kurs erwartet,

* wenn man den Schein mit anderen Instrumenten nicht hedgen, d.h. den erwarteten Cash-flow des Scheins nicht preiswerter duplizieren kann,

* wenn der Schein theoretisch unterbewertet ist,

* wenn man den Schein und die Anleihe ex Warrant kauft, um sie zusammenzufügen und als Anleihe cum mit einem Arbitrage-Gewinn wieder zu verkaufen, und aus markttechnischen Aspekten,

* wenn man mit Hilfe eines Aktien- oder Basket-Optionsscheins sich ein Beteiligungspaket an der oder den Gesellschaften kaufen will,

- wenn man mit Aktien-Optionsscheinen bei außergewöhnlichen Kapitalmaßnahmen der Gesellschaft teilhaben will (z.B. Gewährung von Bezugsrechten, bei Kapitalherabsetzungen etc.),

- wenn man erwartet, daß ein bestimmter Optionsschein von einem Börsenbrief empfohlen, von einem Fonds gekauft oder sonstwie »getippt« wird, oder wenn man nähere Informationen anderer Art besitzt.

Entsprechende Aspekte gelten umgekehrt für den Verkauf von Kauf-Optionsscheinen. Im Normalfall erwartet der Käufer eines Kauf-Optionsscheins aber eine Kurssteigerung des optierbaren Basisobjekts.

Einen Verkaufs-Optionsschein zu kaufen, der berechtigt, ein bestimmtes Basisobjekt innerhalb einer fixierten Frist zu einem festgelegten Kurs zu verkaufen, ist folgerichtig nur dann sinnvoll, wenn der Käufer einen Kursrückgang des Basisobjekts erwartet.

In jedem Fall sollte aber eine umfassende Analyse der betreffenden Basisobjekte und des Marktes erfolgen. Auf das Instrumentarium und die Methoden zu einer Analyse, z.B. der fundamentalen und technischen Aktienanalyse, kann hier natürlich nicht näher eingegangen werden. Für weitere Einzelheiten ist daher auf die entsprechende Fachliteratur zu verweisen.

Aber gerade bei Optionsscheinen ist es nicht damit getan, Tips von Börsenbriefen und -zeitungen, Anlageberatern oder BTX-Diensten unkritisch zu übernehmen. Denn die Vergangenheit hat gezeigt, daß viele Anleger oft unreflektiert in die Tips investierten und ihre Order unlimitiert billigst oder bestens in den Markt gaben, so daß die Kurse am Tag der Empfehlung oder kurz danach ungerechtfertigt hochstiegen.

Diejenigen, die davon profitieren, sind stets der Berufshandel und die Herausgeber des Börsenbriefs selbst. Sie verkaufen am Tag ihrer Empfehlung oder gehen short, d.h., nehmen einen Leerverkauf in Optionsscheinen vor, um sie einen oder einige Tage später billiger zurückzukaufen. So wurde am 21.8.89 ein Optionsschein der japanischen Eidensha 89/93 von einem Börsenbrief zum Kauf zu 1.475 US-$ empfohlen, der am Tag der Empfehlung aufgrund massiver Käufe der Abonnenten des Börsenbriefes um 20% auf 1.775 US-$ stieg, obwohl die Aktie diesen Anstieg keineswegs rechtfertigte. Dem Herausgeber des Briefes konnte dies nur recht sein, hatte er nach Gerüchten zufolge doch für sich privat, seinen Optionsscheinfonds und seine Vermögensverwaltung zuvor mehr als 4.000 (!) Scheine, das entspricht mehr als 40% der gesamten Emission, gekauft. So konnte er kurzfristig einen Teil mit erheblichem Gewinn verkaufen.

Während der Eidensha-OS nach der Empfehlung wenigstens noch weiter anstieg, so daß die Anleger diese Empfehlung noch gewinnbringend verkaufen konnten, wurde eine Woche später der Schein der spanischen Banesto getippt, der sich seit der

Empfehlung als echter Flop erwies: Am Montag, dem 4.9.89, zum Freitagskurs von 20 DM empfohlen, stieg der Schein um 40% auf 28 DM. Auch hier hatte sich die Aktie nur wenig verändert, so daß der Anstieg allein in der Empfehlung begründet ist. Viele Händler sind hier nach eigenen Angaben zufolge short gegangen. Bereits am Mittwoch, ganze zwei Tage nach der Empfehlung, notierte der Schein wieder bei 22,90 DM, ein Verlust von fast 20%. Die Händler konnten sich also erheblich günstiger wieder eindecken. Und seitdem ging es weiter steil bergab. Bereits fünf Wochen später betrug der Verlust 64%, der Banesto-OS notierte bei 10 DM. Auch hier dürfte in erster Linie der Herausgeber selbst profitiert haben.

Die Anleger ziehen also meist den kürzeren, es sei denn, der Markt an sich oder die Aktie entwickeln sich positiv und der Kurs des Scheins steigt aus rationalen (fundamentalen) Gründen weiter und nicht nur aus Gründen dieser Art von Kursmanipulation.

Allerdings muß deutlich darauf hingewiesen werden, daß die Anleger an einer solchen Kursentwicklung auch selbst Schuld haben, nutzen sie doch nicht die Möglichkeit, ihre Order zu limitieren, sondern sie ordern beim Kauf billigst und beim Verkauf bestens. Eine Erscheinung, die mit als Ursache des Crash vom 16.10.89 angesehen werden kann, als so mancher Optionsschein Kursverluste von 60% und mehr zu verzeichnen hatte.

Damit der Anleger eigene Ideen und Anlageempfehlungen aufgrund der vorliegenden Fakten kritisch beurteilen kann, wurden im dritten Kapitel Bewertungskriterien und -methoden vorgestellt. In diesem Kapitel geht es nun darum, nach einer Analyse des Optionsscheins die Ergebnisse in konkrete Anlagestrategien umzusetzen.

5.2   Spekulanten, Arbitrageure und Hedger

Die Umsetzung von Analyseergebnissen in bestimmte Anlagestrategien erfolgt naturgemäß sehr subjektiv. Obwohl die meisten Strategien eine rationale Entscheidungsfindung unterstellen, spielen viele weitere Faktoren eine wichtige Rolle, die nicht in mathematisch orientierten Modellen Eingang finden. Man spricht dann z.B. von der »Psychologie des Marktes«. Hinter diesem schwer faßbaren Begriff verbergen sich Erwartungen, Stimmungen und unterschiedlichste Risikoeinstellungen, manchmal aber auch Berechnung und purer Kapitalismus.

Die Motive, warum gerade in den letzten Jahren zunehmend Investoren den Optionsscheinmarkt entdecken und in Scheine investieren, sind vielfältig. Jedes Motiv ist ehrenwert und jede Gruppe von Marktteilnehmern ist für die Funktionsfähigkeit des Marktes wichtig:

Die einen kaufen aus purer Lust an der Spekulation und hoffen auf überproportionale Kursgewinne. Dies ist neben risikofreudigen, privaten und institutionellen Anlegern vor allem auch der Berufshandel, der von kurzfristigen Kursveränderungen profitieren will. Der Berufshandel – Makler und Händler von Banken, auch als Kulisse bekannt – handelt auf eigene Rechnung oder für die Nostro-Bestände der Banken. Und aufgrund unterschiedlicher Informationsvorteile, die diese Profis gegenüber privaten Anlegern genießen, tun sie dies meist mit gutem Erfolg. Dafür ist natürlich das Medium Optionsschein als kurzfristiges Trading-Papier besonders geeignet. Diese Gruppe der Marktteilnehmer – die Spekulanten – dürfte wohl die zahlenmäßig größte sein. Trotzdem wird in diesem Abschnitt versucht, zu zeigen, daß Optionsscheine nicht ausschließlich ein Investment für hartgesottene Spekulanten und Profis sind.

Andere Anlegerschichten – die Gruppe der Hedger – nutzen das Instrument Optionsschein nämlich, um bestehende Depots abzusichern. Die Hedger nutzen die Möglichkeiten, mit Warrants Strategien zur Verlustbegrenzung eines Basis-Investments zu »fahren«. Mit einem Hedging-Investment mit Optionsscheinen können so Verluste, die im Basis-Investment entstehen, durch gleichhohe Gewinne im Warrant-Investment kompensiert werden. Dieses Motiv der Absicherung bestehender Investments ist besonders bei Put Warrants zu beobachten, z.B. bei Put Currency Warrants.

Ein anderes Hedging-Motiv ist das sog. antizipative Hedging: Hierbei geht es darum, sich für ein später vorzunehmendes Investment schon vorzeitig die als günstig erachteten Kurse zu sichern. Mit diesem Hedging-Investment mit Optionsscheinen können so etwaige höhere Kurse, die bei der dann später erfolgenden Durchführung des Basis-Investments zu zahlen sind, durch gleichhohe Gewinne im Warrant-Investment kompensiert werden.

Es bleibt noch eine für die Kursfindung am Markt besonders wichtige Gruppe von Marktteilnehmern – die Arbitrageure: Die kleine Schar von Arbitrageuren, vorwiegend institutionelle Marktteilnehmer, achtet tagtäglich darauf, daß Über- oder Unterbewertungen von Scheinen aus Optionsanleihen und der »cum« und »ex« ausgenutzt werden, um sichere Arbitragegewinne zu erzielen. Stellt ein Arbitrageur fest, daß eine Anleihe »cum« tiefer notiert als ihr innerer Wert, kauft er die »cum«, trennt sie in »ex« und Scheine und verkauft diese beiden Teile jeweils separat an der Börse. Umgekehrt fügt er Scheine und »ex« zusammen, wenn er beide dann als »cum« mit einer Arbitragemarge wieder veräußern kann.

Daneben nutzt ein Arbitrageur auch Unterbewertungen von einzelnen Scheinen: Werden Scheine mit einem hohen Abgeld gehandelt, sind aber jederzeit ausübbar, dann nimmt er die Ausübung vor und kassiert die Differenz zwischen dem inneren Wert des Scheins und dem bezahlten Kurs des Optionsscheins.

Im folgenden wird versucht, den unterschiedlichen Motiven der verschiedenen Investorengruppe Rechnung zu tragen: Dabei können nur die jeweiligen Basisstrategien – nach Art der Basisobjekte gegliedert – erläutert werden, auf Misch- oder kombinierte Strategien wird nur sporadisch hingewiesen.

5.3 Strategien mit Aktien-Optionsscheinen

In den letzten Jahren eilten viele Aktienbörsen von einem Rekord zum nächsten. Nach anfänglicher Skepsis wandten sich immer mehr Anleger dem Optionsscheinmarkt zu. Dargestellt als die schönste und aufregendste Art für Anleger, an diesen Kursaufschwüngen teilzuhaben, wurde der Optionsschein zum Bezug von Aktien populär.

Trotz der immens gestiegenen Zahl der Marktteilnehmer ist das Potential an Marktteilnehmern noch keineswegs ausgeschöpft. Denn neben risikofreudigen Investoren können auch konservative Anleger durch Optionsscheine am Aufschwung bestimmter Aktien teilhaben, ohne ihren Anlagegrundsätzen untreu zu werden. Zwar ist bei den beiden Strategien des Kaufs von Optionsscheinen zum Bezug von Aktien das Anlageziel die Erzielung von Kursgewinnen, da Optionsscheine keine laufende Rendite (mit Ausnahme von möglichen Bezugsrechten) abwerfen. Doch die konservativen Anleger nehmen ein Anlagesplitting ihres Kapitals vor: Statt ihr gesamtes Kapital in eine Anlageart zu stecken, wird es entsprechend der persönlichen Risikoeinstellung aufgeteilt.

Ist ein Investor von den Kurschancen einer bestimmten Aktie überzeugt, so kann er zwischen mehreren Anlagealternativen wählen: Zum ersten bietet sich ihm die Möglichkeit, die Aktien direkt über die Börse zu beziehen. Existiert für die Aktiengesellschaft eine Zulassung für den Optionshandel, so kann der Anleger auch mit dem Kauf von Optionskontrakten von der erhofften Kursveränderung der Aktie profitieren.

Schließlich kann er statt der direkten Anlage in der Aktie ein Investment in Optionsscheinen der Gesellschaft erwägen, falls er diese Optionsscheine begeben hat. Je nach Risikoneigung kann er bei der Anlage in Optionsscheinen dabei grundsätzlich zwei Strategien verfolgen:

1. Der spekulativ eingestellte Investor investiert sein Kapital nicht in Aktien, sondern kauft für den gesamten Kapitalbetrag Optionsscheine. Aufgrund der Hebelwirkung partizipiert er stärker am erhofften Kursanstieg, als ihm dies beim direkten Aktieninvestment mit dem ihm zur Verfügung stehenden Kapital möglich gewesen wäre. Diese Hebelwirkung (Leveragefaktor) läßt sich gemäß Formel 3.14 stark vereinfacht als Quotient von Aktienkurs und OS-Kurs darstellen und begründet sich in dem geringeren Kapitaleinsatz bei Optionsscheinen. In Kapitel 5.3.1 wird auf diese spekulative Variante näher eingegangen.

2. Der eher risikoscheue Anleger nimmt ein Anlagesplitting seines Kapitals vor und investiert, statt für den zur Verfügung stehenden Kapitalbetrag eine bestimmte Zahl von Aktien zu kaufen, in die entsprechende Zahl von Optionsscheinen, die zum Bezug der Anzahl von Aktien berechtigen, die er von seinem Kapital hätte kaufen können. Oder er investiert nur einen bestimmten Teil seines Kapitals in Optionsscheine, unabhängig von der Anzahl der Scheine. Da Optionsscheine zum Teil erheblich billiger sind als die Aktien, zu deren Bezug sie berechtigen, partizipiert der Anleger dann mit einem geringeren Kapitaleinsatz an den erwarteten Kurssteigerungen. Der Rest des Kapitals wird dann anderweitig, meist festverzinslich, angelegt. In welchem Verhältnis das Kapital gesplittet wird, hängt wie angedeutet von der persönlichen Risikoeinstellung des Anlegers ab. Die geringere Höhe des Einsatzes gegenüber der direkten Aktienanlage ergibt sich aus dem Quotienten Optionsscheinpreis/Aktienkurs, ausgedrückt in Prozent. In Kapitel 5.3.2 wird gezeigt, warum diese weniger riskante Variante für die konservative Anlegerschaft geeignet ist.

5.3.1 Risikofreudige Strategien

Die meisten Investoren von Optionsscheinen dürften wohl wie erwähnt aufgrund rein spekulativer Überlegungen in Optionsscheine investieren.

Sie setzen auf eine entsprechende Kursveränderung der Aktie, bei Kauf-Optionsscheinen auf einen Anstieg der zu beziehenden Aktie. Spekulative Anleger haben eine positive Einstellung zum Risiko, d.h., sie sind sehr risikofreudig.

Der spekulativ orientierte Investor kauft für den gesamten ihm zur Verfügung stehenden Betrag Optionsscheine und ist sich sehr wohl bewußt bzw. sollte es sich sein, daß sich die Kursveränderungen der Aktie in der Regel aufgrund des geringeren Kapitaleinsatzes um das LV-fache auf die Optionsscheine niederschlagen. So nimmt er überproportional an den Kursbewegungen der Aktie teil, mehr als ihm dies bei einem direkten Engagement in der Aktie möglich gewesen wäre. Dies gilt aber leider nicht nur für einen Kursanstieg, sondern auch bei Kursrückgängen. Zwar wird in der Literatur immer wieder betont, daß im Falle zurückgehender Kurse die Prämie steigt, aber das darf nicht darüber hinwegtäuschen, daß Kursverluste trotzdem oft um ein vielfaches höher als bei der betreffenden Aktie ausfallen.

Im folgenden Zahlenbeispiel wird die Hebelwirkung, vereinfacht definiert als das Kapitaleinsatzverhältnis von Aktie zu Optionsschein (LF = S/OS), im Vergleich zwischen Direkt-Engagement und OS-Kauf sowohl bei positiven als auch bei negativen Kursveränderungen sichtbar.

Situation
Ein risikofreudiger Investor hat zur Kapitalanlage 50.000 DM zur Verfügung. Er überlegt sich, ob er direkt in die Aktie der Henkel AG investieren soll oder ob der Kauf von Henkel OS 87/94 vorteilhafter ist.

Der Kennzahlen des Scheins: Basispreis 500 DM, OV: 1 : 1,1, Optionsfrist 87/7.10.94; Innerer Wert zum Berechnungszeitpunkt 60,50 DM, Prämie 17,2%, Aufgeld 95,00 DM.

Ziel
Der risikofreudige Anleger rechnet mit steigenden Kursen für die Henkel-Aktie und möchte an diesem erwarteten Kursanstieg überproportional partizipieren.

Strategie: Direktes Aktien-Engagement
Kauf am 19.10.89 der Henkel-Aktien zu einem Kurs von 555 DM. Der Anleger setzt sein gesamtes Kapital zum Kauf der Aktien ein und erwirbt 90 Aktien. Der Kauf der Aktien erfordert 49.950 DM (zzgl. Transaktionskosten).

Chance
Dividenden und Kursgewinne der Aktien. Unterstellt man eine durchschnittliche Dividendenrendite von aktuell 1,7%, so erhält der Investor 849 DM p.a. Zzgl. 0,5625% Steuergutschrift ergeben sich 1.327 DM p.a. Bei Kursgewinnen der Aktien in drei Jahren

durchschnittlich	ergibt sich eine Gesamtrendite
von 10% auf 610,50 DM	von 5,6% p.a. (58.926 DM)
von 20% auf 666,00 DM	von 8,5% p.a. (63.921 DM)
von 30% auf 727,50 DM	von 11,6% p.a. (69.456 DM)
von 50% auf 832,50 DM	von 18,3% p.a. (82.887 DM)

Risiko
Dividenden abzüglich der Kursverluste der Aktien. Entfällt aber neben den Dividenden der Kursgewinn, entspricht die Rendite der Dividendenrendite von 1,7% p.a. plus eventuell der Steuergutschrift. Entfallen auch zusätzlich die Dividendenzahlungen, entspricht die Rendite den Kursveränderungen der Aktien. Diese sind zur Vergleichbarkeit zu periodisieren. Im Extremfall droht neben einem Dividendenausfall eventuell der Konkurs der Gesellschaft mit der Folge eines Totalverlusts des gesamten Kapitals von 50.000 DM. Dieser Fall dürfte jedoch eher hypothetisch sein. Wird aber die Dividende von 1,7% p.a. gezahlt, und verändert sich die Aktie innerhalb der drei Jahre im Kurswert

durchschnittlich	ergibt sich eine Gesamtrendite
um 5% auf 582,75 DM	von 4,1% p.a. (56.429 DM)
um – 10% auf 499,50 DM	von ./. 0,7% p.a. (48.936 DM)
um – 20% auf 444,00 DM	von ./. 4,4% p.a. (43.941 DM)
um – 30% auf 388,50 DM	von ./. 8,7% p.a. (38.946 DM)

Strategie: Optionsschein-Investment

Der Anleger kauft statt Aktien für sein gesamtes Kapital nun den Optionsschein der Henkel AG 87/94. Am 19.10.89 notierte der Schein bei 160 DM. Er kauft 312 Stück und investiert 49.920 DM.

Chance

Kursgewinne der Optionsscheine. Da die Optionsscheine mit Ausnahme von Bezugsrechten bei Kapitalerhöhungen keine laufenden Erträge erzielen, sind Kursgewinne die einzige Einnahmequelle. Unterstellt man, daß sich die prozentuale Prämie leicht abbaut, während das absolute Aufgeld nahezu unverändert bleibt, dann ergeben sich folgende Renditen für ein OS-Investment bei Aktienkurssteigerungen von

durchschnittlich	stehen die OS bei	ergibt sich eine Rendite
10% auf 610,50 DM	209,50 DM (+ 31%)	von 31% (65.364 DM)
20% auf 666,00 DM	265,00 DM (+ 66%)	von 66% (82.680 DM)
30% auf 727,50 DM	326,50 DM (+105%)	von 105% (101.868 DM)
50% auf 832,50 DM	431,50 DM (+169%)	von 169% (259.740 DM)

Entsprechend der Laufzeit müßten diese Kursgewinne noch periodisiert werden.

Risiko

Kursverluste aus den Optionsscheinen. Im Extremfall kann der gesamte Kapitaleinsatz verlorengehen, wenn die Aktie bis zum Ende der Optionsfrist nicht über dem Basispreis, zu dem sie mit dem Optionsschein bezogen werden kann, notiert. Sonstige Kursverluste werden durch eine leicht steigende Prämie ein wenig abgefangen, aber nicht durch laufende Erträge gemildert, da diese bei Optionsscheinen ja nicht anfallen. Die Verluste wären zur Vergleichbarkeit gemäß der Laufzeit des Engagements zu periodisieren. Verändert sich die Aktie im Kurswert um

durchschnittlich	stehen die OS bei	ergibt sich eine Rendite
– 5% auf 582,75 DM	175 DM (+ 9,3%)	von 9,3% (54.600 DM)
– 10% auf 499,50 DM	98 DM (–38,8%)	von – 38,8% (30.576 DM)
– 20% auf 444,00 DM	45 DM (–72,0%)	von – 72,0% (14.040 DM)
– 30% auf 388,50 DM	10 DM (–93,7%)	von – 93,7% (3.120 DM)

Im Ergebnis sieht man, daß die Kursveränderungen bei den Optionsscheinen wie erwartet erheblich stärker ausfallen als bei den Aktien. Diese Tatsache läßt sich durch den niedrigeren Kapitaleinsatz bei den Scheinen gegenüber der Aktie erklären (Hebelwirkung).

Als Fazit bleibt festzuhalten, daß spekulative Investoren in Optionsscheine investieren, um sich diese größeren prozentualen Kursveränderungen im Vergleich zu den korrespondierenden Kursveränderungen der optierbaren Aktie zunutze zu machen. Enwickeln sich die Aktien entsprechend seinen Vorstellungen, so macht er einen überproportional hohen Gewinn im Vergleich zu einem Direkt-Engagement oder einer konservativen Anlage. Dafür ist sein Verlustrisiko auch erheblich höher, zumal Optionsscheine nur eine begrenzte Laufzeit im Gegensatz zu Aktien aufweisen, die eine unbefristete Gültigkeit besitzen.

Die überproportionalen Kursschwankungen werden dabei tendenziell um so größer sein,

- je höher das Kapitaleinsatzverhältnis Aktienkurs/Optionsscheinkurs ist, d.h., je geringer der Kapitaleinsatz beim Schein im Vergleich zur Aktie,

- je geringer die Prämie des Scheins und,

- je geringer das Aktienkursniveau ist.

5.3.2 Konservative Strategien

Bei einer vergleichenden Betrachtung zwischen den Alternativen Aktienkauf oder Optionsschein kombiniert mit einer Festzinsanleihe sind einige Aspekte zu beachten, die individuell vom Investor entschieden werden müssen.

1. In welchem Verhältnis will er sein Kapital in Anleiheteil und Scheine splitten? Die Entscheidung ist abhängig von seiner Risikoneigung.
2. Wie wird sich die Kombination »Anleihe und Schein« im Vergleich zur Aktie voraussichtlich entwickeln? Die Antwort ist abhängig von der Bewertung des Scheins und von den möglichen Szenarien.
3. Welche Unterschiede ergeben sich bei den laufenden Erträgen bei einem Vergleich der Investments? Die Unterschiede ergeben sich in Abhängigkeit von der Dividendenrendite und der laufenden Anleiheverzinsung.

Die Idee, die hinter dem Konzept des Anlagesplittings steht, beruht darauf, daß die laufende Verzinsung des Anleiheteils, die als sicher unterstellt werden soll, quasi ein »Sicherheitsnetz« für den Investor darstellt. Denn im Falle des Totalverlustes des Optionsscheinteils mildern die Zinsen und Zinseszinsen den nominalen und realen Verlust.

Je nach Risikoneigung wird der Anteil, für den der Anleger Optionsscheine erwirbt, daher höher oder niedriger sein. Wünscht der Anleger beispielsweise eine nominale Kapitalerhaltung, so muß er bei einer Laufzeit des Investments von drei Jahren und einem Zinsniveau von 8% p.a., von 10.000 DM etwa 7.940 DM in den Anleiheteil investieren, damit die Zinsen und Zinseszinsen am Ende der Laufzeit seine 10.000 DM eingesetztes Kapital ergeben. Den Rest legt er in Scheinen an. Entsprechend sinkt der Rentenanteil, wenn – bei gegebenen Parametern – der Investor bereit

Kursrisiko	Anleiheteil	Optionsscheine
0%	79,38%	21,62%
5%	75,41%	24,59%
10%	71,44%	28,55%
20%	63,51%	36,49%
50%	39,69%	60,31%
100%	0,00%	100,00%

Abb. 5.2 Kapital-Splitting in Anleiheteil und Optionsschein (Annahmen: drei Jahre Laufzeit, Zinsniveau 8%, Anleihezinsen und Tilgung gelten als sicher)

ist, ein Kursrisiko von 10% oder mehr einzugehen. Die Tabelle in Abbildung 5.2 gibt einen Überblick über die verschiedenen Splitting-Prozentsätze.

Entsprechend lassen sich die Splitting-Prozentsätze für alternative Laufzeiten und Zinsniveaus berechnen. Bewertungstechnisch entspricht die Kombination Anleihe plus Optionsschein einer Optionsanleihe cum Warrant. In der Praxis jedoch ist der Markt für Optionsanleihen cum sehr eng und wenig liquide, weil in der Regel schnell nach der Emission die cum in ex und Scheine getrennt werden. Ein Investment in andere Rentenwerte bietet da wesentlich mehr Flexibiltät. Außerdem ist dann nicht das gesamte Kapital, mit der Anleihe als Gläubiger und mit dem Schein als potentieller Anteilseigner, an ein Unternehmen gebunden, so daß auch aus risikotechnischer Sicht eine beliebige Kombination Anleihe plus Optionsschein einer Optionsanleihe cum vorzuziehen wäre.

Die relative Kursentwicklung einer Direktanlage in der Aktie und dem Kauf einer Kombination von Anleihe und Optionsschein wird im wesentlichen von der Prämie des Optionsscheins und dem Optionsschein-Delta bestimmt.

Beide Investments werden sich ähnlich entwickeln, wenn die Optionsprämie gering ist. Ist die Prämie des Scheins sogar Null, wird sich der Kurs des Optionsscheins absolut mindestens wie der der Aktie verändern. Beträgt die Prämie dagegen 10%, dann wird sich der Kurs des Optionsscheins bis zum Ende der Optionsfrist unterproportional verändern, da mit abnehmender Laufzeit die Prämie abgebaut wird und gegen Null tendiert. Temporär allerdings kann ein Warrant-Investment günstiger sein: Dies gilt für den Fall, daß sich bei einem Rückgang des Aktienkurses erfahrungsgemäß zwischenzeitlich die Prämie erhöht, also den Rückgang quasi abfedert.

Welche Prämie der Investor nun für gerechtfertigt hält, hängt von vielen Einflußfaktoren ab. Neben den in Kapitel 3.1 genannten Faktoren, die sich nur auf den Optionsschein beziehen, ist bei einer Kombination von Anleihe und Optionsschein in Form einer Optionsanleihe cum noch ein weiterer Aspekt zu beachten:

Durch die Kombination erreicht der Investor ein Sicherheitsnetz in Form der Anleihekomponente, das bei Kursrückgängen den Verlust mildert. Für dieses Sicherheitsnetz ist er deshalb auch bereit, eine angemessene Prämie zu bezahlen. Diese ist um so eher gerechtfertigt, je schneller das Sicherheitsnetz greift. Beträgt der Anteil der Optionsscheinkomponente z.B. 15% der nominalen 100% der cum, so wird ein möglicher Kursrückgang der Optionsanleihe cum vergleichsweise beschränkt sein: Denn nach 15% Kursrückgang würde die Optionsanleihe zu einem reinen Rentenwert.

Kombiniert der Investor einen beliebigen Rentenwert mit einen beliebigen Optionsschein, dann bestimmt er selbst die Prozentsätze, die den einzelnen Komponenten zukommen. Dann gelten für die einzelnen Komponenten die jeweiligen Einflußfaktoren.

Das Optionsschein-Delta, bereits aus den Kapiteln 3.4 und 4.1 bekannt und wichtig für die Hedge Ratio, drückt das Verhältnis der Kursentwicklung des Optionsscheins zur Kursentwicklung des zu beziehenden Basisobjekts aus.

Liegt das Delta unterhalb (oberhalb) von 1, verläuft die Kursveränderung des Warrant absolut geringer (stärker) als die des Basisobjekts. Liegt das Delta bei 1, bewegen sich rechnerisch beide Kurse gleich.

Es ist dabei wichtig, absolute von relativen Maßen zu unterscheiden. Während die absolute Kursveränderung durch das Delta ausgedrückt wird, wird die relative (prozentuale) durch den Leverage (Hebel) ausgedrückt.

In einen Vorteilhaftigkeitsvergleich von direktem Aktienkauf oder Kombination Anleihe plus Schein muß auch die Ertragsdifferenz zwischen beiden Alternativen mit einbezogen werden. Sie ergibt sich aus der Dividendenrendite der Aktie (plus etwaige Bezugsrechtserträge) und der fixen laufenden Verzinsung der Anleihekomponente.

Hier gilt, je niedriger (höher) die Dividendenrendite im Vergleich zur laufenden Verzinsung, desto eher ist eine höhere (niedrigere) Prämie für die Kombination Anleihe plus Warrant gerechtfertigt. Die Prämie entfällt entweder auf den Schein oder die Optionsanleihe cum selbst wird mit einem Aufgeld gehandelt.

Liegt die Rendite der Kombination (oder Optionsanleihe cum Warrant) voraussichtlich oberhalb der Dividendenrendite, so würde eine Prämie des Scheins (oder der Optionsanleihe cum Warrant) bis zum Ende der Optionsfrist durch den Ertragsvorteil der Kombination Anleihe plus Warrant im Vergleich zur Dividendenrendite der zu beziehenden Aktie im Zeitablauf kompensiert oder mehr als kompensiert, d.h. negativ werden, je nach Höhe der Prämie.

Als vorläufiges Fazit bleibt folgendes festzuhalten:

1. Je niedriger die Prämie des Optionsscheins und je näher das Delta gleich 1 liegt, desto ähnlicher ist die Kursentwicklung von Optionsschein und Aktie.
2. Je höher der Leverage des Optionsscheins und je niedriger seine Prämie, desto stärker wird der Schein prozentual im Vergleich zur Aktie steigen und desto vergleichsweise kleiner kann die Optionsschein-Komponente sein.
3. Je kleiner der Wert des Optionsscheins im Vergleich zum Gesamtwert der Kombination, desto eher ist eine Prämie gerechtfertigt.
4. Je größer die Volatilität der Aktie und des Scheins, desto eher ist eine höhere Prämie gerechtfertigt.

Eine Anlagekombination »Festzinsanleihe plus Optionsschein« (bzw. Optionsanleihe cum OS) wird im Vergleich zu einem Direktengagement in der zu beziehenden Aktie um so interessanter sein,

- je geringer die Prämie und je höher der Leverage des Optionsscheins,

- je früher das Sicherheitsnetz der Anleihekomponente greift, d.h., je geringer c.p. der Anteil der Optionsscheinkomponente ist (je nach Risikoneigung),

- je höher der laufende Ertrag der Kombination im Vergleich zur Dividendenrendite der Aktie ist, d.h. je höher die Renditedifferenz.

Abschließend muß aber auch darauf aufmerksam gemacht werden, daß diese Variante besonders sicherheitsbewußt konzipiert ist. Das heißt, auch bei exorbitanten Kursgewinnen der Optionsscheinkomponente erhöht sich die Gesamtrendite der kombinierten Anlage nur unterproportional: Beträgt der Anteil der Optionsscheinkomponente beispielsweise 20% und verdoppelt sich der Wert innerhalb von drei Jahren, so erhöht die Optionsscheinkomponente c.p. die Gesamtrendite nur um 6,6% p.a.

Um die Ausführungen plastischer darzustellen, soll im folgenden ein Zahlenbeispiel die Konstruktion des Anlagesplitting erläutern.

Situation
Ein Investor hat zur Kapitalanlage wieder einen Betrag von 50.000 DM zur Verfügung. Er überlegt sich, ob er direkt in die Aktie der Henkel AG investieren soll oder ob ein Anlagesplitting in einen Straight Bond und den Henkel OS 87/94 die bessere Alternative ist. Das Kapital steht dem Anleger drei Jahre lang zur Verfügung. Die Kennzahlen des Scheins: Basispreis 500 DM, OV: 1 : 1,1, Optionsfrist 87/7.10.94; Innerer Wert zum Berechnungszeitpunkt 60,50 DM, Prämie 17,2%, Aufgeld 99,00 DM.

Ziel

Er rechnet zwar mit steigenden Kursen für die Henkel-Aktie und will an diesem erwarteten Kursanstieg teilhaben, möchte aber im Extremfall ein minimales Risiko tragen.

Strategie: Direktes Aktien-Engagement

Kauf per 19.10.89 der Henkel-Aktien zu einem Kurs von 555 DM. Er setzt sein gesamtes Kapital zum Kauf der Aktien ein und erwirbt 90 Aktien. Der Kauf der Aktien erfordert 49.950 DM (zzgl. Transaktionskosten).

Chance

Dividenden und Kursgewinne der Aktien. Unterstellt man eine durchschnittliche Dividendenrendite von aktuell 1,7%, so erhält der Investor 849 DM p.a. Zzgl. 0,5625% Steuergutschrift ergeben sich 1.327 DM p.a. Bei Kursgewinnen der Aktien in drei Jahren

durchschnittlich	ergibt sich eine Gesamtrendite
von 20% auf 666,00 DM	von 8,5% p.a. (63.921 DM)
von 30% auf 727,50 DM	von 1,6% p.a. (69.456 DM)
von 50% auf 832,50 DM	von 18,3% p.a. (82.887 DM)

Risiko

Dividenden abzüglich der Kursverluste der Aktien. Entfällt aber neben den Dividenden der Kursgewinn, entspricht die Rendite der Dividendenrendite von 1,7% p.a. eventuell plus der Steuergutschrift. Entfallen auch zusätzlich die Dividendenzahlungen, entspricht die Rendite den Kursveränderungen der Aktien. Diese sind zur Vergleichbarkeit zu periodisieren. Im Extremfall droht neben einem Dividendenausfall eventuell der Konkurs der Gesellschaft mit der Folge eines Totalverlust des gesamten Kapitals von 50.000 DM. Dieser Fall dürfte jedoch eher hypothetisch sein. Wird aber die Dividende von 1,7% p.a. gezahlt und verändert sich die Aktie innerhalb der drei Jahre im Kurswert

durchschnittlich	ergibt sich eine Gesamtrendite
um 5% auf 582,75 DM	von 4,1% p.a. (56.429 DM)
um – 10% auf 499,50 DM	von ./. 0,7% p.a. (48.936 DM)
um – 20% auf 444,00 DM	von ./. 4,4% p.a. (43.941 DM)
um – 30% auf 388,50 DM	von ./. 8,7% p.a. (38.946 DM)

Strategie: Anlagesplitting des Kapitals

Der Anleger nimmt ein Anlagesplitting seines Kapitals vor. Er legt 80% seines Kapitals in einen Straight Bond an, den Restbetrag von 20% investiert er in Henkel OS. Für einen Betrag von 40.000 DM werden Festzinsanleihen mit einer Verzinsung von 7,5% gekauft. Für den Restbetrag von 10.000 DM kauft der Anleger am 16.10.89 62 Henkel-OS zu einem Kurs von 160 DM.

Chance

Fixe Zinsen und mögliche Kursgewinne der Optionsscheine. Es fallen jährlich Zinsen in Höhe von 3.000 DM an. Zum Ende des Investments, nach drei Jahren erhält der Investor den Nominalbetrag von 40.000 DM zzgl. der angefallenen Zinsen und Zinseszinsen in Höhe von 9.691,88 DM zurück. Steigen die Aktien im Kurswert alternativ um 10, 20, 30% und 50%, erzielt der Investor neben diesen Zahlungen noch Kursgewinne aus seinen Optionsscheinen, die seine Gesamtrendite leicht erhöhen. Dabei wird für die Scheine ein absolut etwa gleichbleibendes (relativ abnehmendes) Aufgeld unterstellt. Steigen die Aktien jeweils 10, 20, 30% oder 50%

im Kurswert	stehen die Scheine	erhöht sich die Rendite
auf 610,50 DM	(+ 35%) bei 215,50 DM	auf 8,0% p.a. (63.053 DM)
auf 666,00 DM	(+ 69%) bei 271,00 DM	auf 9,9% p.a. (66.494 DM)
auf 721,50 DM	(+ 104%) bei 326,50 DM	auf 11,8% p.a. (69.935 DM)
auf 832,50 DM	(+ 173%) bei 437,50 DM	auf 15,4% p.a. (76.817 DM)

Entsprechend ergibt sich die Gesamtverzinsung (in Klammern steht der Cash-flow am Ende der Laufzeit) dieses kombinierten Investments, das auf einem Anlagesplitting beruht.

Risiko

Fixe Zinsen und Kursverluste der Henkel-Optionsscheine. Steigen die Aktien im Kurswert in drei Jahren weniger als 5%, dann erleidet der Investor Verlust mit seinen Scheinen, wenn unterstellt wird, daß das Aufgeld sich absolut konstant hält bzw. nur leicht reduziert, prozentual gesehen aber zunimmt. Diese Prämisse einer steigenden Prämie bei fallenden Kursen entspricht durchaus der Realität. Der Extremfall ist beschränkt auf den Totalverlust bei den Scheinen in Höhe von 10.000 DM. Dies tritt ein, wenn die Gesellschaft in Konkurs geht. Verändert sich die Aktie

im Kurswert um	stehen die Scheine	sinkt die Rendite auf
+ 5% auf 582,75 DM	bei 187 DM (+ 17%)	7,0% p.a. (61.286 DM)
− 10% auf 499,50 DM	bei 104 DM (− 35%)	3,9% p.a. (56.140 DM)
− 20% auf 444,00 DM	bei 49 DM (− 70%)	1,8% p.a. (52.730 DM)
− 30% auf 388,50 DM	bei 10 DM (− 94%)	0% p.a. (50.312 DM)

Es wird also deutlich, daß bei einem negativen, d.h. fallenden Kursverlauf der Aktie, das Sicherheitsnetz in Form der Rentenkomponente greift und für einen abgemilderten Verlust sorgt. Der maximale Verlust beträgt bei einem Totalverlust der Scheine wie erwartet ca. 0%, d.h., nominal bleibt das Kapital auf alle Fälle erhalten, da die Zinsen und Zinseszinsen der Anleihekomponente sich wieder zum ursprünglich eingesetzten Kapital kumulieren.

Für diese Sicherheit zahlt der Investor einen Preis: Er nimmt bei Kurssteigerungen nur unproportional teil. Bei einem Anstieg der Aktienkurse (aus Sicht des Anlagesplittings)

* um 10% (3,2% p.a.) ergibt sich ein Renditevorteil von + 2,4% p.a. (8,0% vs. 5,6% p.a.),

* um 20% (6,2% p.a.) ergibt sich noch ein Renditevorteil von 1,4% p.a. (9,9% vs. 8,5% p.a.),

* um 30% (9,1% p.a.) ergibt sich nur noch ein Renditevorteil von 0,2% p.a. (11,8% vs. 11,6% p.a.),

* um 50% (14,5% p.a.) ergibt sich ein Renditenachteil von 2,9% p.a. (15,4% vs. 18,3% p.a.).

Also gerade bei moderaten Kursveränderungen bewährt sich ein Splitting des Kapitals. Erst bei deutlich höheren Kursanstiegen ist ein direktes Aktien-Engagement von Vorteil.

Bei Kursrückgängen bewährt sich das Splitting ohnehin deutlich gegenüber einem Direktengagement. Bei Kursrückgängen der Aktien in drei Jahren

* um 5% (1,7% p.a.) ergibt sich ein Renditevorteil von 2,9% p.a. (7,0 vs. 4,1% p.a.),

* um 10% (3,2% p.a.) ergibt sich ein Renditevorteil von 4,6% p.a. (3,9% vs. ./. 0,7% p.a.),

* um 20% (6,3% p.a.) ergibt sich ein noch größerer Renditevorteil von 6,4% p.a. (1,8% vs. ./. 4,4% p.a.),

* um 30% (9,1% p.a.) ergibt sich ein Renditevorteil von 8,7% p.a. (0% vs. ./. 8,7% p.a.).

Dieses Zahlenbeispiel sollte zur Verdeutlichung der Risikobegrenzung bei etwa gleichen Chancen genügen.

Damit kann als Resultat festgehalten werden, daß Optionsscheine, wenn sie in einem Konzept mit Kapitalsplitting investiert werden, auch konservativen Investoren interessante Möglichkeiten bieten. Dies gilt unabhängig von der individuellen Risikoneigung, denn das Beispiel ließe sich auch für solche Fälle durchrechnen, in denen Investoren bereit sind, ihr nominal eingesetztes Kapital einem Risiko von 10, 20% oder mehr auszusetzen.

Die Absicherungsfunktion einer solchen Splitting-Strategie

- gilt nur für mittelfristige Investments für vernünftig bewertete Optionsscheine,

- gilt aufgrund des geringeren Kapitaleinsatzes bei den Scheinen,

- nimmt tendenziell mit steigendem Aktienkursniveau ab, da das Kapitaleinsatzverhältnis zwischen Schein und Aktie steigt,

- ist um so vorteilhafter, je höher das aktuelle Zinsniveau ist, und ist vorteilhafter, je tiefer die Dividenenrendite ist – allgemein – je größer die Renditedifferenz zwischen Anleihe und Aktie ist,

- beschränkt den Verlust des Investments auf den Optionsscheinteil,

- ermöglicht aber die Teilnahme an möglichen Kurssteigerungen.

5.3.3 Strategien in Sondersituationen

Die beiden vorgestellten Basisstrategien dürften in den meisten Situationen zum Tragen kommen. Sie bilden die Grundlage für das tägliche Kaufen und Verkaufen von Scheinen. Daneben existieren aber noch einige Sondersituationen, in denen Anleger aus anderen Gesichtspunkten ihr Geld in Optionsscheine investieren. Zwar könnte man auch diesen Strategien ein eigenes Kapitel widmen, aber der Inhalt dieses Buches ist ohnehin schon umfassend genug, so daß sie nur kurz angesprochen werden sollen.

Zeichnung von und Handel mit neu emittierten Optionsanleihen und -scheinen
Die Konzeption und der Ablauf von Neuemissionen wurden bereits im zweiten Kapitel en détail erläutert, nicht aber der Handelsbeginn bei Neuemissionen und nicht die Möglichkeiten der Anleger, sich mit Zeichnungen in den neuen Optionsanleihen und/oder -scheinen gewinnbringend zu engagieren.

Unmittelbar nach der Emission einer neuen Optionsanleihe beginnt bereits der sog. »Vor-Valuta-Handel« mit den Optionsscheinen. Sie werden im telefonischen Freiverkehr »per Erscheinen« gehandelt. Direkt nach der Emission kündigt die konsortialführende Bank diese Neuemission am Markt an. Nachdem oder während sich die Nachricht per Telefon und Börsendienste wie Reuters etc. verbreitet hat, taxieren sich die Händler mit Indikationen, d.h. unverbindlichen Kurstaxen, an den Markt heran. So wird ein Kurs ermittelt, zu dem die ersten Umsätze zustande kommen.

Es ist festzustellen, daß in der ersten Tagen (oft sogar nur Stunden) die neuen Scheine meist heftige Kursschwankungen zeigen. Das zeigt eine gewisse Unsicherheit bei der Preisfindung am Beginn des Handels. Clevere Investoren können dies für profitable

Engagements nutzen. Allerdings ist dazu das richtige »Feeling« für den Markt und die Emission erforderlich – eigentlich nur eine Sache für Profis. So stieg der Rhythym Watch OS 89/94, den die Dresdner Bank in DM im August an den Markt brachte, innerhalb von wenigen Stunden von 210 Brief auf 245 Geld und einen Tag später sogar von 245 Geld auf 310 Brief, ein Kursanstieg von nahezu 50%. In diesem Fall war neben der Euphorie allerdings das Gerücht im Markt, daß ein Marktteilnehmer die Scheine short war und sie eindecken mußte, was diese Kurssteigerungen erklären könnte, zumal am nächsten Tag der Kurs wieder auf 275 DM zurückfiel.

Für die Aufnahme eines Scheins am Markt sind also anscheinend nicht nur bewertungstechnische Aspekte von Bedeutung. So sind bei japanischen und anderen Aktien-Optionsanleihen die Konditionen bei Handelsbeginn z.T. noch gar nicht gefixt, d.h., die Bedingungen der Optionsanleihe und des Scheins stehen bei Handelsbeginn noch nicht fest. Und bis zum Fixing kann sich der Aktienkurs noch erheblich verändern. So empfehlen beispielsweise viele Händler, einen Schein im Vor-Valuta-Handel vor dem Fixing zu kaufen, wenn im Vorfeld des Pricing die Aktie fällt, obwohl dies bewertungstechnisch eine Verschlechterung der Kennzahlen bedeuten würde. Aber dafür würde der Basispreis entsprechend niedriger festgelegt, was für die spätere Entwicklung des Scheins von Vorteil ist. Steigt dagegen die Aktie im Vorfeld des Pricing an, interpretieren viele Händler dies als ein Pushen der Aktie, um einen hohen Basispreis zu erzielen, mit der Gefahr, daß der Kurs der Aktie nach dem Pricing wieder abfällt.

Neben der allgemeinen Stimmung am Markt und der Einschätzung für die Kurschancen der Aktie sind noch eine Reihe weiterer Faktoren für die Beurteilung der Scheine von Bedeutung, die hier nur unvollständig erwähnt werden:

• das Standing des Emissionshauses: Wichtig ist es zu wissen, ob ein Emissionshaus als fair bei Emissionen gilt oder die Kurse vor und nach der Emission »gepflegt« werden und ob das Emissionshaus auch aktiv im Handel mit Scheinen ihre Market-Maker-Funktion wahrnimmt oder ob gegenteilige Erfahrungen gemacht wurden. So gibt es einige Institute, die nach der eigentlichen Emission das Papier »vergessen« und weder Kurse stellen noch eigene Bestände (von der eigenen Emission) zu Zwecken des Kursausgleichs halten.

• Anzahl der Konsortialbanken: Je mehr Banken im Konsortium sind, desto breiter ist die potentielle Anlegerschaft. Besonders Broker bevorzugen einen Alleingang, um sich die Emissionsprovisionen und Handelsgewinne bei Kursaufschlägen gutlaufender Emissionen allein zu sichern. Die private Kundschaft kann zwar die Anleihe zeichnen, wird aber in den seltensten Fällen bedient; je mehr Banken beteiligt sind, desto besser stehen die Chancen. Und je mehr Banken beteiligt sind, desto mehr Handelsadressen existieren für die Anleger.

- das Volumen der Emission: Bei kleinen Emissionen besteht die Gefahr, daß bereits mit einigen Großorders der Kurs manipuliert werden kann. Daher sind größere Emissionsvolumina tendenziell zu bevorzugen.

- Erfahrungen mit vorherigen Optionsanleihen desselben Emittenten: So wurde beispielsweise die Euphorie bei der Rhythym-Watch-Emission durch positive Erfahrungen in der Vergangenheit erklärt. Denn die vorherigen Optionsanleihen dieser Gesellschaft entwickelten sich aus Anlegersicht mit Kursgewinnen von über 1000% hervorragend. Infolgedessen erwarten Investoren eine ähnliche Entwicklung bei der neuen Emission und steigen ein.

- Differenzeinwand bei Termingeschäften: Viele Banken verwehren ihren Kunden die Teilnahme am Vor-Valuta-Handel mit dem Hinweis auf den Termin bzw. Differenzeinwand. Die eingehenden Orders (meist Billigstorders) werden dann bis zum Valutatag gesammelt und erst am ersten offiziellen Handelstag in den Markt gegeben. Bei entsprechend großem Ordervolumen treibt dies am ersten offiziellen Handelstag dann die Kurse. Da die Händler der Banken diese Entwicklung natürlich kennen und vorhersehen (Informationsvorsprung), können sie frühzeitig ihre Transaktionen darauf abstimmen. d.h. vorzeitig einsteigen und am ersten offiziellen Handelstag wieder verkaufen oder darüber hinaus noch short gehen.

Interessant sind neu emittierte Scheine allemal – aber nur für spekulative Investoren. Und das nicht nur aufgrund der starken Kursschwankungen, sondern vor allem aufgrund der Abrechnungstechnik: Denn die während des Zeitraums von der Emission bis zur Valutierung gehandelten Scheine werden erst am Tag der Abtrennbarkeit der Optionsscheine (in der Regel einen oder wenige Tage vor der Valutierung der Optionsscheine) den Kontrahenten belasten.

Da vorher die Erfüllung des Geschäfts nicht erfolgen kann, weil die Scheine noch nicht als eigenständiges Wertpapier verbrieft und lieferbar sind, bedeutet dies, daß Investoren während dieser Zeit ohne Kapitaleinsatz spekulieren können. Denn bis zum Valutatag kann dieser seine Scheine bereits wieder (hoffentlich mit Gewinn) verkaufen, wobei er natürlich seinen Verkaufserlös auch erst am Valutatag der Scheine auf seinem Konto gutgeschrieben bekommt. Der Vor-Valuta-Handel ist also ein Geschäft per Termin.

Will man aber von Neuemissionen profitieren, sollte man ein gutes Feeling dafür entwickeln können, ob der Preis des neuen Warrants realistisch oder ob der Schein über- oder unterbewertet ist.

Denn es hat offensichtlich Investoren gegeben, die in der Hoffnung auf eine »schnelle Mark« jeden Preis zu zahlen bereit waren, mit der Konsequenz, daß Optionsscheinkurse innerhalb von Minuten und Stunden zu reichlich überhöhten Preisen umgingen, d.h. gehandelt wurden.

Die einzigen, die ihren Schnitt machen, sind der Berufshandel und der Emittent, die teilweise die Scheine leer verkaufen, um sie später wieder billiger einzudecken.

Die meisten Anleger konzentrieren sich bei Neuemissionen auf die Zeichnung der Optionsanleihe cum Warrant. Zum einen, um die Kursaufschläge mitzunehmen und die Anleihe bei Zuteilung sofort und noch vor der Valutierung mit Gewinn wieder zu verkaufen; zum anderen, um sie sofort zu trennen und die Anleihe ex Warrant per Termin zu verkaufen und so den Schein über die Anleihe cum Warrant zu bekommen.

Die Kursaufschläge ergeben sich aufgrund einer starken Nachfrage nach den Scheinen, so daß die »cum« im Kurs oft schnell über ihren Emissionskurs stieg.

Dadurch wiederum werden gutlaufende Emissionen stark überzeichnet, insbesondere weil viele Anleger ein Vielfaches dessen zeichnen (und bei mehreren Banken gleichzeitig), was sie eigentlich ordern wollten, um dadurch bei einer Quotenzuteilung ihren Zuteilungsbetrag zu erhöhen. Das führt dazu, daß die Zeichnungsfrist, innerhalb derer diese Orders aufgegeben werden können, meist vorzeitig geschlossen wird. Zudem ist der zugeteilte Betrag sehr gering bzw. viele Privatanleger gehen leer aus.

Die Erfahrung zeigt, daß den Anlegern nur dann großzügig zugeteilt wird, wenn die Emissionen nicht gut laufen. Gerade dann sind die Gewinnchancen jedoch sehr gering, d.h., kein Anleger hat dann Interesse an einer vollen Zuteilung. Laufen die Emission gut, stecken sich Banken, Broker, Händler etc. den Profit lieber selbst ein, anstatt ihn an die Kunden weiterzugeben.

Wichtig für den Anleger ist auch der Zeitraum zwischen der Erteilung der Zeichnungsorder und der Zuteilung durch die Bank. Zwar geht das Geschäft meist auf, wenn der Anleger eine Zuteilung einer Emission erhält, deren Kurs zum Zeitpunkt der Zeichnung im außerbörslichen Handel deutlich über dem Emissionskurs liegt, aber der Kurs kann bis zum Zeitpunkt der Zuteilung wieder bis zum Emissionskurs oder gar darunter sinken. So emittierte die Dresdner Bank im August 1989 eine Optionsanleihe der japanischen Itoman 89/93 zu 100%. Bereits einen Tag nach der Emission notierte die Anleihe cum bei 104%, um kurz danach auf 108% zu steigen. Eine Zeichnung versprach also erheblichen, scheinbar sicheren Gewinn. Doch in den darauffolgenden Tagen schwächte sich der Kurs ab und notierte eine Woche danach nur noch bei 101%. Wer von der Anlegerseite also noch keine Zuteilung erhalten hatte und nicht verkaufen konnte, dessen Gewinn war dahin geschmolzen. Je länger daher die Frist bis zur Zuteilung, desto größer ist das Risiko. Denn fallen nach den ersten euphorischen Kursen die Kurse wieder auf ein realistisches Kursniveau zurück, besteht die Gefahr von Verlusten auch in der Anleihe cum.

Dieses Verlustrisiko ist um so kleiner, je höher der außerbörsliche Kurs über dem Emissionskurs liegt und je kürzer die Frist bis zur Zuteilung durch die Bank ist. Leider gibt es nur wage Anhaltspunkt, wie lange diese Frist dauert. Bis zu einer Woche sind da keine Ausnahme. Bevor ein Anleger sich also bei Neuemissionen engagiert, sollte er sich bei seinem Anlageberater erkundigen, welche Erfahrungswerte ihm in bezug auf Zuteilungsfristen bekannt sind. Dies sollte insbesondere bei überhöhten Zeichnungsaufträgen, die aufgrund der Erwartung einer Überzeichnung aufgegeben werden, um eine erhöhte Zuteilung zu bekommen, bedacht werden. Sonst erlebt man eine böse Überraschung, wenn die Emission nicht gut läuft, daher nicht überzeichnet ist und man eine volle Zuteilung erhält.

Hat der Investor die Absicht, die Anleihe cum zu trennen und nur die ex wieder zu verkaufen und den Schein zu behalten, muß er anders kalkulieren: Er begibt sich dann auf das Parkett der Arbitrage, denn den Schein über die Anleihe cum zu kaufen, ist nur dann lohnend, wenn er den Schein rein rechnerisch billiger als an der Börse (oder außerbörslich) kaufen kann. Den rechnerischen Anteil (Kurs) des Optionsscheins bestimmt man, indem vom Kurs der Anleihe cum (bei Neuemission der Emissionskurs) der Kurs der Anleihe ex abgezogen und diese Differenz mit dem Nominalbetrag der kleinsten Stückelung der Teilschuldverschreibung multipliziert wird.

Dividiert man diesen Betrag durch die der Anleihestückelung angehängten Optionsscheine, erhält man unter Berücksichtigung der Transaktionskosten den rechnerischen Preis, zudem der Optionsschein über Kauf (bei Neuemission: Zeichnung) der Anleihe cum und Verkauf der Anleihe ex erworben werden kann. Mathematisch wird auf diesen Zusammenhang im nächsten Abschnitt eingegangen.

Strategien der Arbitrageure

Grundsätzlich sollte auf hoch entwickelten Finanzmärkten das Gesetz des »Law of One Price« gelten: Danach kann für ein und denselben Zahlungsstrom (den z.B. ein Wertpapier verursacht) nur ein Preis existieren.

Werden jedoch für dasselbe Gut, z.B. für Optionsscheine unterschiedliche Preise am Markt gezahlt, dann ist jenes Gut zu erwerben, das den geringeren Preis aufweist. Dieser Vorgang des Ausnutzens von Preis- bzw. Kursdifferenzen für ein und dasselbe Gut mit dem Ziel eines Kursausgleichs wird als Arbitrage bezeichnet. Diejenigen, die dieses Geschäft betreiben und die bei der Kursfindung von erheblicher Bedeutung für die Finanzmärkte sind, heißen demzufolge Arbitrageure. Prinzipiell kann man mehrere Arbitrage-Arten unterscheiden, die besonders für den Optionscheinmarkt von Bedeutung sind:

- Bei der Platzarbitrage werden unterschiedliche Kursnotierungen zwischen verschiedenen Märkten ausgenutzt. Platzarbitrage kann also als regionale Arbitrage interpretiert werden, deren Möglichkeit sich aufgrund unvollständiger Markttransparenzen ergibt. Notiert beispielsweise der Schein der Bayer AG 87/97 in Düsseldorf per 10.10.89 106 DM und in Frankfurt gleichzeitig 112,50 DM, dann können Kursausgleichsgeschäfte getätigt werden. Der Arbitrageur kauft den Optionsschein an dem Markt, an dem der tiefere Kurs zu zahlen ist, und verkauft sofort anschlie-ßend, teilweise per Telefon sogar gleichzeitig, den Schein am anderen Börsenplatz zu dem höheren Kurs. Die Folge solcher Geschäfte ist ein Angleichen der Kurse bis auf ein Niveau, zu dem sich diese Arbitrageaktionen nicht mehr rentieren. Für diese Art von Handel sind professionelle Börseninformationssysteme, die die Kurse real time, d.h. zeitgleich mit ihrer Feststellung, übertragen, und schnelle Handlungs-möglichkeiten erforderlich, um die Kursdifferenzen zu nutzen. Daher ist die Platz-arbitrage meist auch nur der Kulisse, d.h. nur den Börsenprofis möglich. Privatanleger können in aller Regel nicht rechtzeitig genug reagieren. Zudem sind die Transaktionskosten für die Kulisse wesentlich geringer als für das private Börsenpublikum.

- Bei der eigentlichen Form der Arbitrage, der Kurs- bzw. Differenzarbitrage wird davon ausgegangen, daß mit Hilfe des sog. Duplikationsprinzips in effizienten Märkten der Kapitalstrom des einen Instruments (z.B. die Anleihe cum) mit Hilfe anderer Instrumente (z.B. die Anleihe ex und der Schein) dupliziert werden kann. Ist die Duplikation möglich und entstehen Preisdivergenzen zwischen dem tatsäch-lichen und dem synthetischen (künstlich nachgebildeten), dann schlägt die Stunde der Arbitrageure. Sie kaufen das unterbewertete Instrument und verkaufen das überbewertete Instrument. Welches das tatsächliche und welches das synthetische Instrument ist, und welches von beiden über- oder unterbewertet ist, hat keinen Einfluß auf die Duplikation. Dabei kann sich der künstlich erstellte Zahlungsstrom auf einen Zeitraum oder nur auf einen Zeitpunkt beziehen. Entsprechend fällt der Arbitragegewinn in Form einer Einmalzahlung oder als andauernder Zahlungsstrom an. Im Falle von Optionsanleihen sieht diese Duplikationsstrategie wie folgt aus: Liegt der für die Anleihe ex und die Scheine zu entrichtende Kaufpreis unterhalb (oberhalb) des aktuellen Kurses der Anleihe cum, dann kauft (verkauft) der Arbitra-geur die ex und die Anzahl der Scheine, die an einer bestimmten Stückelung der Teilschuldverschreibung angehängt sind, fügt beides zu einer synthetischen cum zusammen, und verkauft (kauft) eine Anleihe cum. Der umgekehrte Weg führt über eine Trennung der cum in ex und Scheine. Diese Arbitrage ist möglich, weil die cum, ex und Scheine jeweils eigenständige Wertpapiere darstellen und nach der Emis-sion voneinander getrennt werden und demzufolge auch separat an den Börsen gehandelt werden können. Im Falle der Optionsanleihen ist diese Duplikation also eine zeitpunktbezogene Arbitrage.

Eine Arbitrage kann auch dann lohnend sein, wenn man den Optionsschein zur Anlage erwerben und nicht gleich wieder verkaufen will. Dies ist dann der Fall, wenn der Börsenkurs der »cum« wie oben dargestellt unterhalb des rechnerischen Kurses der synthetisch erstellten »cum« (Summe aus Anleihe ex plus Schein) notiert. Das bedeutet, daß ein Anleger durch den Kauf der Anleihe cum und den sofortigen Verkauf der Anleihe ex rechnerisch preisgünstiger an die Scheine kommt als bei einem direkten Kauf über die Börse. Die Arbitrage besteht in diesem Fall zwischen dem indirekten Erwerb der Scheine über die cum und dem Direktkauf der Warrants über die Börse.

Und schließlich kann eine Arbitrage lohnend sein, um über den Kauf der Anleihe cum, den Verkauf der Anleihe ex und die sofortige Ausübung des Scheins die Aktie über den Schein zu erwerben. Hier gelten dann die gleichen oben erwähnten Kriterien zur Vorteilhaftigkeit.

Arbitragegeschäfte sind in der Vergangenheit zunehmend interessanter geworden, weil bei starken Kurssteigerungen der betreffenden Aktie und demzufolge auch des Scheins die Anleihe cum etwas langsamer reagiert und diese Kurssteigerung oft erst mit einem Time-lag nachvollzogen hat.

Eingeschränkt werden die Arbitrageüberlegungen allerdings durch eine Reihe von Kriterien, so zum Beispiel durch die Art der Kursfeststellung an den deutschen Börsen: Die Kurse werden an der Börse mit einer Spanne zwischen Geld- und Briefkurs gehandelt. Das heißt, ein Makler in Düsseldorf nennt Kurse beim Bayer-Schein 87/97 von 105 zu 109 DM. 105 DM ist der Kurs, zu dem er bereit ist, die Scheine anzukaufen, 109 DM ist sein Verkaufskurs. In Frankfurt kommt der Kurs mit 108 DM Geld zu 112 DM Brief zum Ausruf. Angenommen, in Düsseldorf verkauft jemand die Scheine an den Makler, dann erhält er dafür 105 DM, und in Frankfurt kauft gleichzeitig jemand die Schein zu 112 DM, dann ergibt sich nominal zwar eine Preisdivergenz von 7 DM, aber eine Arbitrage wäre trotzdem nicht rational: Denn ein Arbitrageur müßte in Düsseldorf 109 DM bezahlen, würde aber in Frankfurt aber nur 108 DM bekommen. Anders wäre die Situation, wenn der Arbitrageur die Scheine mit 105 DM bekommen würde; dann würde sich ein Verkauf in Frankfurt eher lohnen als in Düsseldorf.

Arbitrage ist zwar wahrlich ein Rechenexempel, das die Börsenprofis fest im Griff haben. Aber die Händler beobachten nicht alle Optionsanleihen immer genau. Sie konzentrieren sich auf die Werte, in denen sowohl im Schein als auch in der ex und vor allem in der »cum« noch genügend große Beträge umgehen, die eine Arbitrage lohnend machen. Denn bei vielen Anleihen cum finden sich in der Zeitung fast nur noch Geld-Kurse. So sind die Chancen für Privatanleger ziemlich gering, vor allem, weil die Händler der Banken unter zunehmendem Konkurrenzdruck stehen und versuchen, jede sich bietende Arbitrage auszunutzen und meist auch wissen, welche Orders mit welchen Limits im Markt liegen. So schnappen sie oft genug privaten Arbitrageuren die gewinnträchtigsten Okkasionen weg, meist nur wegen ein paar Pfennig, die sie mehr zu bezahlen bereit sind.

Hat jedoch ein Anleger trotz allem Interesse an dieser Art von Transaktionen, so kann er mit Hilfe der folgenden Instrumente die Vorteilhaftigkeit der einzelnen Arbitrage-transaktionen mathematisch überprüfen:

- Der Kauf der Anleihe cum Warrant verursacht Kosten in Höhe von:

$$(1 + TK_{cum}) * K_{cum}$$

5.1

- Der Verkauf der Anleihe cum Warrant bringt einen Ertrag von:

$$(1 - TK_{cum}) * K_{cum}$$

5.2

- Der Verkauf der Anleihe ex Warrant bringt einen Ertrag von:

$$(1 - TK_{ex}) * K_{ex}$$

5.3

- Der Kauf der Anleihe ex verursacht Kosten in Höhe von:

$$(1 + TK_{ex}) * K_{ex}$$

5.4

- Der Verkauf der Scheine bringt eine Einnahme von:

$$(1 - TK_{os}) * K_{os}$$

5.5

- Der Kauf der Scheine verursacht Kosten in Höhe von:

$$(1 + TK_{os}) * K_{os}$$

5.6

Erklärung

TK_{cum}, TK_{ex}:	Jeweilige Transaktionskosten beim An- und Verkauf der Anleihen; ca. 0,83% je Transaktion
TK_{os}:	Transaktionskosten beim An- und Verkauf der Optionsscheine; ca. 1,33% je Transaktion
K_{cum}, K_{ex}, K_{os}:	Jeweiliger aktueller Börsenkurs der Anleihe cum und ex sowie des Scheins
IK_{os}:	Indirekter Kurs des OS; rechnerischer Einstandskurs des Scheins
NOM:	Nominalbetrag der kleinsten Tranche der Optionsanleihe

OPT: Anzahl der angehängten Optionsrechte pro Tranche
ARB: Arbitrage-Betrag;
               ARB 0 = Arbitragegewinn
               ARB 0 = Arbitrageverlust
WAE: Währungsparameter;
               WAE_G: Geldkurs
               WAE_B: Briefkurs

Je nachdem, welche Arbitrage-Art der Investor wählt, muß er die Vorteilhaftigkeit anhand der folgenden vier Arbitragestrategien überprüfen.

Arbitragestrategie 1:   Kauf der cum, sofortige Trennung und Verkauf der Anleihe ex und des Scheins

$$-[(1 + TK_{cum}) * K_{cum} \qquad \textit{Kauf der cum}$$
$$+ (1 - TK_{ex}) * K_{ex}] * NOM/OPT \qquad \textit{Verkauf der ex}$$
$$+ (1 - TK_{os}) * K_{os} \qquad \textit{Verkauf der Scheine}$$

$$= ARB$$

5.7

Ist das Ergebnis größer Null, so verbleibt dem Anleger ein Arbitragegewinn. Ist das Ergebnis negativ, dann ergibt sich die Möglichkeit einer umgekehrten Arbitrage: Kauf der Anleihe ex und des Scheins, Zusammenfügung beider Papiere und Verkauf als synthetische Optionsanleihe cum.

Optec-Dai-Ichi Denko Co. Optionsanleihe 86/1.4.91

OA-Bedingungen
Jeder Teilschuldverschreibung über nominal 5.000 DM ist ein Inhaber-OS zum Bezug von 599,7 Aktien beigefügt. Die Nominalverzinsung beträgt 2,25% p.a. Die Transaktionskosten bei den Anleihegeschäften belaufen sich auf 0,83%, bei den Scheinen auf 1,33% je Geschäft.

Kurse per 16.11.89:	Optionssschein:	3.200 DM
	Optionsanleihe cum:	150% T
	Optionsanleihe ex:	92,50 T

Abb. 5.3 Teil 1

Berechnung des Arbitragebetrages

Kauf der cum:	– (150% * 5.000 DM * 1,0083)	= 7.562,25 DM
Verkauf der ex:	+ (92,50% * 5.000 DM * 0,9917)	= 4.586,62 DM
Verkauf der Scheine:	+ (1 * 3.200 DM * 0,9868)	= 3.156,80 DM
	Arbitragegewinn	181,17 DM

Der Arbitragebetrag ist positiv, d.h., ein solches Geschäft bringt einem Arbitrageur einen sicheren Gewinn von 181,17 DM, d.h. 3,6%, auf den Einsatz von 5.000 DM. Voraussetzung ist allerdings, daß die Kurse bezahlt sind, d.h. mit Umsatz, zustande kommen und nicht nur getaxt werden.

Abb. 5.3 Teil 2 Beispiele zur Arbitragestrategie 1: Kauf der cum, sofortige Trennung und Verkauf der Anleihe ex und des Scheins

Arbitragestrategie 2: Kauf der cum, Trennung und sofortiger Verkauf der Anleihe ex, der Schein wird gehalten (indirekter Erwerb des OS)

$$-[(1 + TK_{cum}) * K_{cum} \qquad \textit{Kauf der cum}$$
$$+ (1 - TK_{ex}) * K_{ex}] * NOM/OPT \qquad \textit{Verkauf der ex}$$

$$= IK_{os} \qquad \textit{indirekter Kauf des OS,}$$

5.8

Addiert man zu dem rechnerischen Einstandskurs des OS (negativer Betrag) den aktuellen Börsenkurs, so erhält man einen Preisvorteil(-nachteil) des indirekten Kaufs, wenn die Summe positiv (negativ) ist. Oder anders ausgedrückt, liegt der Einstandskurs des Scheins durch den indirekten Erwerb über die Anleihe cum niedriger als der aktuelle Börsenkurs, dann ist dieser indirekte Erwerb einem direkten OS-Kauf über die Börse vorzuziehen.

Setzt man den Ergebnisbetrag in Relation zum Kurs des Optionsscheins, so ergibt sich eine Dezimalzahl, die kleiner, gleich oder größer als 1 ist:

$$\frac{[-(1 + TK_{cum}) * K_{cum} + (1 - TK_{ex}) * K_{ex}] * NOM/OPT}{-(1 + TK_{os}) * IK_{os}} \approx 1$$

5.9

Ist das Verhältnis größer als 1, ist der indirekte Kauf der Warrants über die Anleihe cum teurer als der direkte Kauf der Scheine. Ist das Verhältnis kleiner als 1, ist der indirekte Kauf der Warrants über die Anleihe cum billiger als der direkte Kauf der Scheine. Ist das Verhältnis gleich 1, ist die Entscheidung zwischen beiden Käufen indifferent.

Arbitragestrategie 3: Kauf der Anleihe ex und der Scheine, um beides zusammengefügt als synthetische Anleihe cum zu veräußern

$$- (1 + TK_{os}) * K_{os} \qquad \text{Kauf des Scheins}$$
$$- [(1 + TK_{ex}) * K_{ex} \qquad \text{Kauf der ex}$$
$$+ (1 - TK_{cum}) * K_{cum}] * NOM/OPT \qquad \text{Verkauf der cum}$$

$$= ARB$$

5.10

Ist der Ergebnisbetrag größer 0, dann lohnt sich eine Arbitrage durch Zusammenfügen der ex und der Scheine. Ist das Ergebnis kleiner 0, dann lohnt sich eine umgekehrte Arbitrage (Trennung der cum) gemäß Strategie 1.

Etwas umfangreicher wird die Berechnung bei Optionsanleihen, die in Fremdwährung begeben werden. Und werden die Optionsscheine ebenfalls in einer anderen Währung als DM notiert, dann müssen weitere Parameter beachtet werden. Wird die Arbitragestrategie 1 für eine Fremdwährungsanleihe in US-$ angewandt, der Optionsschein aber in DM gehandelt, ergeben sich folgende Zusammenhänge:

Arbitragestrategie 4: Kauf der cum zum DM/US-$-Briefkurs (US-$B), sofortige Trennung und Verkauf der Anleihe ex zum DM/US-$-Geldkurs (US-$G) und des Scheins in DM

$$- [(1 + TK_{cum}) * K_{cum} * US\text{-}\$_B \qquad \text{Kauf der cum in US-\$}$$
$$+ (1 - TK_{ex}) * K_{ex} * US\text{-}\$_G] * NOM/OPT \qquad \text{Verkauf der ex in \$}$$
$$+ (1 - TK_{os}) * K_{os} \qquad \text{Verkauf der Scheine}$$

$$= ARB$$

5.11

Bei dieser Arbitrage muß beachtet werden, daß die Geld-Brief-Spanne in der Währung den Arbitrageprofit c.p. reduziert, d.h., die Preisdivergenzen müssen größer sein, damit sich das Geschäft lohnt.

Ist das Ergebnis größer Null, so verbleibt dem Anleger ein Arbitragegewinn. Ist das Ergebnis negativ, dann ergibt sich die Möglichkeit einer umgekehrten Arbitrage: Kauf der Anleihe ex und des Scheins, Zusammenfügung beider Papiere und Verkauf als synthetische Optionsanleihe cum.

Schließlich kann das mathematische Instrumentarium so transformiert werden, daß sich der Anleger gleich die Höhe des Arbitragebetrages errechnen kann. Im Zähler stehen die Erlöse der Verkäufe der ex und der Scheine, im Nenner stehen die Auszahlungen für die Anleihe cum. Die Währungsparameter WAE können auch unterschiedliche Fremdwährungen darstellen. Für DM-Anleihen fallen die Währungsparameter weg. Der Arbitragebetrag berechnet sich nach

$$ARB = \frac{(1 - TK_{ex}) * K_{ex} * WAE_G * NOM + (1 - TK_{os}) * WAE_G * OPT}{(1 + TK_{cum}) * WAE_B * NOM} - 1$$

5.12

Multipliziert man die Dezimalzahl vom Ergebnis (z.B. 0,4) mit 100, ergibt sich bei positivem Ergebnis ein Arbitragegewinn in Prozent vom eingesetzten Kapital (z.B. 4%). Ein negativer Prozentsatz zeigt die Höhe des Arbitrageverlustes (z.B. – 4%) an.

Strategien bei kurzen (Rest-)Laufzeiten
Eine Okkasion für kurzfristiges Trading risikofreudiger Spekulanten stellen Optionsscheine dar, die kurz vor dem Ablauf ihrer Optionsfrist stehen und mit einem Abgeld oder einem minimalen Aufgeld gehandelt werden. Da bei diesen Scheinen die Prämie als Puffer für kurzfristige Kursschankungen wegfällt, nehmen diese Scheine aufgrund ihrer Hebelwirkung überproportional an den Kursbewegungen der zugrundeliegenden Aktien teil.

Eine Ausnahme bilden Optionsscheine, deren Basispreis auch noch kurz vor Ende der Optionsfrist erheblich über dem aktuellen Aktienkurs liegt. Sie notieren immer erheblich aus dem Geld, d.h., sie sind wertlos. Von solchen Scheinen ist dem Anleger unbedingt abzuraten. Berühmte Beispiele gibt es viele: So notierte der Benetton-OS von 86, der bis zum 15.9.89 zum Bezug von fünf Aktien von Benetton zu einem Kurs von 18.855 Lira berechtigte, bei Aktienkursen um 10.000 Lira noch neun Monate vor Ablauf der Optionsfrist bei 10,80 DM, drei Monate vorher noch bei 6 DM und selbst drei Wochen vor Beginn als »non valeur« noch bei 0,70 DM. Die Aktie hätte also in diesem kurzen Zeitraum noch rund 90% zulegen müssen. Der Verlust war also vorprogrammiert.

Für manche Anleger vielleicht eine Art von Abschreibungsmodell. Aber viele haben sich auch bei anderen Scheinen durch eine hohe Hebelwirkung beeindrucken lassen. Dabei hätten Sie besser auf das jährliche Aufgeld geachtet.

Notiert der Schein aber nahe am oder schon im Geld, d.h., der aktuelle Optionsschein-kurs und innerer Wert sind in etwa gleich hoch, dann schlägt die Stunde der Spekulanten. Jeder Anleger sollte sich aber im klaren darüber sein, welches Risiko er eingeht, denn Optionsscheine mit Laufzeiten von weniger als einem Jahr besitzen die gleichen Charakteristika wie Optionen.

Das bedeutet, daß man bei einer Fehleinschätzung der künftigen, kurzfristigen Kursentwicklung der optierbaren Aktie sehr schnell seinen gesamten Kapitaleinsatz verlieren kann, falls man den Schein bis zum Ende seiner Laufzeit durchhält. Als Beispiel möge der Mitsubishi Metal DM-Schein von 1984 dienen, der bis zum 6.12.89 zum Bezug von 464 Aktien der gleichnamigen japanischen Gesellschaft zu einem Kurs von 693.90 Yen berechtigte (vgl. Abbildung 5.4). Seit Anfang 1989 notierte der Schein nahe seinem inneren Wert. Das Aufgeld schwankte zwischen minus 2% und plus 5%. Bei einem Leverage von knapp 3 konnte der Anleger eine knapp dreifache Kursschwankung im Vergleich zur Aktie erwarten. Dies war, wie im Chart der Abbildung 5.4 zu sehen ist, auch der Fall.

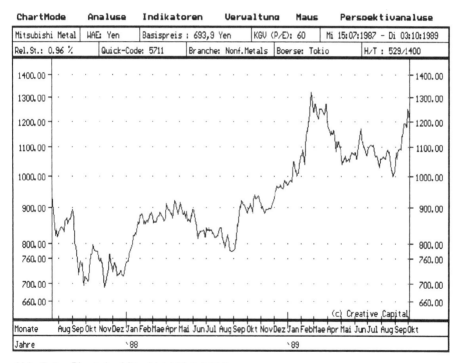

Abb. 5.4a Chart der Mitsubishi-Metal-Aktie

213

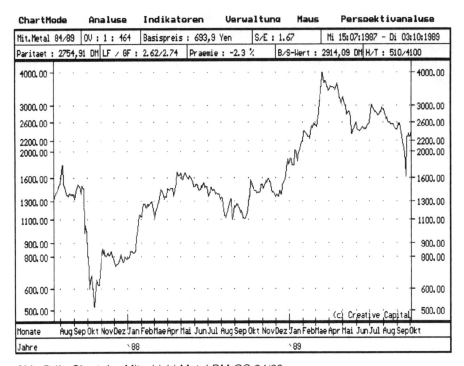

| ChartMode | Analyse | Indikatoren | Verwaltung | Maus | Perspektivanalyse |

| Mit.Metal 84/89 | OV : 1 : 464 | Basispreis : 693,9 Yen | S/E : 1.67 | Mi 15:07:1987 - Di 03:10:1989 |
| Paritaet : 2754,91 DM | LF / GF : 2.62/2.74 | Praemie : -2.3 % | B/S-Wert : 2914,09 DM | H/T : 510/4100 |

Abb. 5.4b Chart des Mitsubishi-Metal-DM-OS 84/89

So notierte der Schein am 8.8.89 bei einem Aufgeld von 3,9% und einem Aktienkurs von 1100 Yen bei 2.850 DM (innerer Wert: 2.579 DM). Am 10.10.89 lag der Aktienkurs bei 1.020 Yen und der Schein bei 2.190 DM. Während der Kurs der Aktie um 8% niedriger war, schwächte sich der Scheinkurs um 24% ab. Und am 8.11.89 notierte der Schein bei einem Aktienkurs von 1.170 Yen bei 2.950 DM. Die Extremschwankungen lagen sogar zwischen 3.500 und 1.600 DM. Damit wird schon der spekulative Charakter solcher Engagements deutlich. Ein weiteres Beispiel bieten die beiden Honda OS 85/3.90, die in DM und Hfl gehandelt werden. Wem diese Anlagealternativen zu heiß erscheint, aber trotzdem gerade auf diese Aktien, z.B. auf Mitsubishi Metal setzen will, dem bieten sich dann als Alternative die insgesamt sieben weiteren Optionsscheine im US-$ oder Sfr-Sektor an. Und seit September 1989 gibt es auch einen DM-Covered Warrant 89/92, gedeckt durch einen US-$-Schein mit identischen Konditionen.

Dieser Markt ist auch für Anleger interessant, die ansonsten auf dem Optionsmarkt zu hause sind. Denn im Gegensatz zum gegenwärtigen deutschen Optionshandel verbindet ein Optionsschein die Vorteile von Aktienoptionen (extrem hohe Hebelwirkung bei geringem Kapitaleinsatz) mit denen eines Scheins (breiter, d.h. liquider Markt und tägliche, amtliche Kursnotiz). Besonders die jederzeitige Möglichkeit des Kaufens und Verkaufens ist für derartige Kursfristengagements »lebenswichtig«.

Ausübung von Optionsscheinen

Der Sinn eines Aktien-Optionsscheins besteht darin, daß sein Bezugsrecht auf eine Aktie irgendwann im Laufe der Optionsfrist ausgeübt wird. Für den Emittenten der Optionsanleihe bedeutet dies dann eine Verbreiterung seiner Eigenkapitalbasis durch eine nominale Grundkapitalerhöhung und den Zufluß des Agios in die Kapitalrücklagen.

Je näher das Ende der Optionsfrist eines Optionsscheins rückt, desto wahrscheinlicher wird diese Ausübung, denn mit abnehmender Restlaufzeit nimmt die Prämie des Scheins ab bzw. häufig notieren die Scheine sogar mit einer negativen Prämie. Damit wird eine Ausübung für die Investoren lohnend. Bei vielen Scheinen, vor allem bei Optionsscheinen auf japanische Aktien, notieren die Kurse aber auch früher während der Optionsfrist unterhalb der Parität, d.h., der Kauf der Aktien über den Schein ist billiger als der direkte Kauf der Aktie über die Börse. Daher sind bei vielen Scheinen schon früher während der Optionsfrist oft hohe Prozentsätze der Scheine gewandelt.

Zur Ausübung des Optionsrechts muß der Optionsscheininhaber eine schriftliche Erklärung unter Benutzung der bei bestimmten als Vermittler fungierenden Annahme- bzw. Bezugsstellen erhältlichen Vordrucke gegenüber der emissionsführenden Bank, die als Optionsstelle fungiert, abgeben.

Die Erklärung wird Optionserklärung genannt und ist verbindlich. Bei Abgabe der Erklärung ist der Basispreis (Optionspreis) zu zahlen und der Optionsschein mit allen noch nicht aufgerufenen Legitimationsscheinen einzureichen. Der Eingang des Optionspreises und des Optionsscheins ist Voraussetzung für das Wirksamwerden der Optionserklärung.

Fallen die Optionserklärungen in einen Zeitraum, in dem das Optionsrecht ausgeschlossen ist, z.B. am Tag der HV, gelten sie als zum nächstfolgenden Tag gestellt, an dem die Ausübung des Optionsrechts wieder zulässig ist, als abgegeben und zugegangen.

Die aufgrund der Ausübung des Optionsrechts auszugebenden Aktien werden bei der vermittelnden Annahmestelle alsbald nach Wirksamwerden der Optionserklärung zur Verfügung gestellt. Der Zeitraum von der Optionserklärung bis zur Verfügbarkeit der bezogenen Aktien ist besonders kritisch, da, je länger der Zeitraum ist, das Risiko steigt, daß der Aktienkurs fallen kann. Falls der ausübende Anleger die Aktie gleich wieder verkaufen will, bedeutet dies Kursverluste. Daher ist es für eine Ausübung besonders wichtig, sich darüber zu informieren, wann die Verfügbarkeit der Aktien gewährleistet ist.

Börsenhändler oder Börsenmakler haben hier den Vorteil, daß sie tagesgleich aus- üben können, indem sie die Geschäfte über die Lombardkasse abwickeln und die Aktien dann leerverkaufen können, sobald sie den Schein erworben haben, da sie die bezogenen Aktien spätestens ein bis zwei Tage nach der Ausübung verfügbar haben. Besonders wichtig ist dies für die Nutzung von Arbitragemöglichkeiten.

Die Ausübung von Optionsscheinen findet also sinnvollerweise nur unter folgenden Voraussetzungen statt:

- Der Aktienkurs der optierbaren Aktien notiert zum Ausübungszeitpunkt über dem Basispreis. Nur in diesem Fall besitzt der Schein überhaupt einen positiven inneren Wert. In diesem Fall erwirbt der Anleger den Schein, zahlt den Basispreis, erhält die Aktie und kann diese dann zum aktuellen Börsenkurs veräußern.

- Die Prämie des Scheins beträgt etwa 0% oder ist sogar negativ. Definiert man eine positive Prämie als den Prozentsatz, um den der indirekte Kauf der Aktie über den Schein teurer (bei negativer Prämie billiger) im Vergleich zum direkten Kauf der Aktie über die Börse ist, wird diese Aussage unmittelbar klar. Übt ein Anleger beispielsweise einen Schein aus, der mit einer Prämie von plus 3% bewertet ist, so erwirbt er die Aktie über den indirekten Kauf um diese 3% teurer, als er sie am Ausübungstag an der Börse erwerben könnte. Es dürfte plausibel sein, wie irrational diese Entscheidung wäre. Der Anleger sollte, falls er die Aktien dieser Gesellschaft anstatt der Scheine in seinem Depot haben möchte, die Aktien direkt an der Börse kaufen und die Scheine verkaufen.

- Der Anleger will sich, unabhängig von der Bewertung, eine Beteiligung an der Gesellschaft aufbauen und wandelt daher die Scheine. Dies ist z.B. im Fall der belgischen Societé Géneral geschehen, als innerhalb kürzester Zeit die Scheine im Kurs explodierten, weil der Financier De Benedetti ja bekanntlich die Gesell- schaft mehrheitlich übernehmen wollte.

Einige Optionsscheine notieren auch schon lange vor Ablauf der Optionsfrist mit einem Abgeld und viele Anleger wollen dies ausnutzen, um Arbitragegewinne zu erzielen.

Doch in diesem Fall ist Vorsicht geboten: Zum einen sind die Transaktionskosten (inkl. BUSt) zu beachten, die beim Kauf des Optionsscheins, bei der Ausübung und beim Verkauf der Aktien anfallen. Diese Kosten erhöhen die Ausübung in jedem Fall, so daß eine geringfügig negative Prämie gerechtfertigt ist, da sie durch die Transaktions- kosten kompensiert wird.

Außerdem sollte sich der Betreffende fragen, für welches Jahr die Aktien, die er über den Schein beziehen kann, voll dividendenberechtigt sind. Denn hier sind die deutschen Börsenusancen wie folgt: Der Schein berechtigt grundsätzlich zum Bezug von Aktien, die in dem Jahr voll dividendenberechtigt werden, in dem sie gewandelt werden. Das führt in der Praxis zu folgender Unterscheidung:

- Wird der Schein vor der HV des Geschäftsjahres ausgeübt, so berechtigt der Schein zum Bezug von sog. jungen Aktien, die erst für das darauffolgende Jahr voll dividendenberechtigt sind. Das heißt, in diesem Fall wäre ein Abgeld in Höhe des Dividendennachteils gerechtfertigt, da die jungen Aktien ebenfalls in aller Regel um diesen Betrag (meist jedoch noch tiefer) niedriger gehandelt werden als die regulären Aktien. Außerdem existiert für die jungen Aktien nicht so eine liquider Markt. Ist die HV für das Geschäftsjahr 1988 beispielsweise am 30.6.89, das Ausübungsdatum jedoch schon am 30.5.89, dann sind die Aktien erst für das Geschäftsjahr 1989 voll dividendenberechtigt. Die auf der HV gezahlte Dividende für das vergangene Geschäftsjahr 1988 stellt den sich in der Prämie niederschlagenden Dividendennachteil dar. Denn am Tag der Dividendenzahlung erfolgt ein Kursabschlag in Höhe der Bruttodividende.

- Wird der Schein nach der HV des Geschäftsjahres ausgeübt, dann fällt dieser Dividendennachteil weg und ein Abgeld wäre nicht mehr gerechtfertigt. Der Schein berechtigt zum Bezug der regulären Aktien. Wird im obigen Beispiel der Schein erst am 30.7.89 ausgeübt, dann berechtigen die bezogenen Aktien zur vollen Dividendenzahlung für das Jahr 1989.

Aufkäufe zwecks Ausübungen, die durch angestrebte Beteilungen oder mehrheitliche Übernahmen induziert werden, sind vor allem bei den Scheinen, die auf dem Euromarkt gehandelt werden, üblich. So entwickeln sich regelmäßig bei Aktien-Optionsscheinen auf japanische Aktien wahre Kursfeuerwerke: Denn Investoren, die eine japanische Firma übernehmen wollen, müssen bereits ab einem Besitzanteil von 5% Meldung bei der zuständigen japanischen Aufsichtsbehörde erstatten. Wird dann das Vorhaben am Markt bekannt, steigen die Kurse der Aktie und die geplante Übernahme wird teurer. So aber kann der Investor anonym alle am Markt umgehenden Scheine kaufen, die sich teilweise auf bis zu 25% des momentanen Aktienkapitals beziehen, und hat schon so vor der Bekanntgabe einen erheblich höheren Besitzanteil, falls er die Scheine ausübt. Mathematisch entspricht die Ausübung der Scheine einem Arbitragegeschäft.

Strategien unter steuerlichen Aspekten
Optionsscheine sind sehr volatile Wertpapiere. Innerhalb kürzester Zeiträume können sich beachtliche Kursgewinne in empfindliche Kursverluste umwandeln, je nach Kursentwicklung der zugrundeliegenden Aktie. Daher ist kurzfristiges disponieren bei Optionsscheinen besonders wichtig. Nun existiert aber speziell in der Bundesrepublik

Deutschland eine sog. Spekulationssteuerfrist von sechs Monaten – gemessen als Zeitraum zwischen An- und Verkauf der Wertpapiere – innerhalb derer Kursgewinne von über 1.000 DM zu versteuern sind. Daher kann es im Falle stark gestiegener Optionsscheinkurse, die noch nicht steuerfrei realisiert werden können, auch für sonst risikofreudig eingestellte Anleger interessant sein, die erzielten Kursgewinne abzusichern, bis die Spekulationsfrist verstrichen ist.

Eine derartige Absicherung gegen mögliche Kurseinbußen kann nur durch den Aufbau einer Gegenposition erfolgen, die die Kapitalströme, den sog. Cash Flow der Optionsscheine kompensiert. Bei Aktien-Kaufoptionsscheinen kann diese Gegenposition durch den Kauf von Verkaufsoptionen erfolgen.

Bei erzielten Kursgewinnen durch Optionsscheine erwirbt der Anleger zu deren Absicherung eine bestimmte Anzahl von Verkaufsoptionen. Bei Kursrückgängen der Aktie wird dann der Kursverfall der Scheine durch einen entsprechenden Kursanstieg bei den Verkaufsoptionen kompensiert. Sind die sechs Monate Spekulationsfrist verstrichen, kann der Anleger je nach Szenario folgendermaßen disponieren:

- Ist der Aktienkurs gefallen, können die auch im Kurs gefallenen Scheine und die gestiegenen Verkaufoptionen veräußert werden. Der Anleger erzielt so einen steuerfreien Gewinn. Der bei den Verkaufsoptionen erzielte Gewinn unterliegt nicht der Spekulationssteuer, falls die Option verkauft wird. Wird sie dagegen ausgeübt, fällt die Steuer an.

- Ist der Aktienkurs weiter gestiegen, steigen die Optionsscheine weiter im Kurs, während die Verkaufsoptionen fallen. Der zusätzlich erzielte Gewinn der Scheine wird also durch die Verluste der Verkaufsoptionen geschmälert, ist aber steuerfrei, unabhängig davon, ob die Scheine verkauft oder weiter gehalten werden.

- Bleibt das Aktienkursniveau unverändert, erzielt der Anleger ebenfalls einen steuerfreien Gewinn, der um den Kaufbetrag für die Verkaufsoptionen reduziert ist.

Über einige Nachteile dieser Strategie muß sich der Anleger allerdings im klaren sein:

- Verkaufsoptionen können nur für Aktien zur Absicherung erworben werden, die zum Optionshandel zugelassen sind. Damit ist die Absicherungsstrategie von vornherein auf bestimmte Werte beschränkt.

- Kursanstiege aufgrund eklatanter Überbewertungen eines Scheins können durch Verkaufsoptionen nicht abgesichert werden. In diesem Fall droht ein Kursrückgang, unabhängig von der Aktienkursentwicklung. Hier wäre eine steuerpflichtige Realisierung unter Umständen von Vorteil.

- Der Kaufbetrag für die Verkaufsoptionen schmälert in jedem Fall den Gewinn, unabhängig von der Kursentwicklung der Aktie und des Scheins.

- Der Kursgewinn der Verkaufsoptionen kann durch einen noch stärkeren Kursverfall der Scheine übertroffen werden, so daß die Verluste nicht ausreichend kompensiert werden. Dies kann besonders bei stark überbewerteten Scheinen zum Tragen kommen.

Schein		tatsächl.	Performance theoret.	Aktie	Schein		tatsächl.	Performance theoret.	Aktie
AGAB	87/94	37.3%	28.9%	15.9%	Henkel VzA	87/94	26.0%	51.0%	11.4%
Allianz	89/96*	7.1%	42.9%	3.8%	Herlitz	84/94	49.2%	77.7%	31.4%
ANZAG	86/96	146.2%	203.1%	55.7%	Hoechst	83/93	0.3%	-5.7%	2.4%
ASKO VzA	86/93	14.4%	-26.0%	6.5%	Hoechst	79/89	0.2%	1.2%	2.4%
AVA	89/99	151.7%	197.9%	70.9%	Hoechst	75/90	1.7%	2.0%	2.4%
BASF	85/94	8.2%	9.8%	11.2%	Hoesch	86/96	100.0%	157.7%	45.2%
BASF	86/01	12.8%	22.4%	11.2%	Kaufhof	86/98	91.6%	212.2%	38.9%
BAYER	85/95	-0.3%	-5.8%	1.6%	Kaufhof	84/94	39.6%	58.2%	38.9%
BAYER	84/94	-2.6%	-2.8%	1.6%	Kaufhof	85/95	22.7%	58.7%	38.9%
BAYER	87/97	2.4%	-7.6%	1.6%	Kolbensch.	89/99*	104.0%	39.1%	-2.3%
Bay. Hypo	86/96	34.4%	23.0%	13.6%	Krones	87/94	155.6%	205.7%	63.9%
Bay. Hypo	85/94	43.8%	12.8%	13.6%	Linde	84/94	0.0%	5.0%	4.7%
Berl. Bk.	86/94	34.6%	33.0%	30.6%	Markt & T.	87/94	37.0%	19.8%	6.3%
Berl. Ele.	89/99*	3.1%	26.4%	6.3%	Metallg.	86/96	85.7%	200.5%	41.9%
BHF	86/98	36.7%	95.2%	15.5%	Metallg.	87/97	80.5%	218.9%	41.9%
BHF	83/90	25.6%	26.0%	15.5%	Nixdorf	87/93	17.9%	-38.0%	6.3%
BHF	85/95	34.6%	59.0%	15.5%	PREUSSAG	84/91	183.5%	185.5%	72.3%
Continent.	84/94	25.1%	20.3%	18.7%	PWA	86/94	62.9%	74.4%	32.4%
Continent.	86/96	81.5%	109.3%	18.7%	RWE VzA	86/96	109.9%	93.2%	41.7%
Continent.	87/97	80.9%	139.8%	18.7%	Salamander	86/96	57.1%	48.7%	16.5%
Degussa	83/93	44.1%	39.4%	25.0%	Schering	84/90	38.4%	56.7%	19.6%
Deut. Bank	87/92	66.7%	50.2%	7.4%	Siemens	83/90	12.1%	10.8%	9.0%
Deut. Bank	86/96	80.6%	88.4%	7.4%	Siemens	86/92	37.2%	18.5%	9.0%
Deut. Bank	83/91	20.8%	8.6%	7.4%	Stumpf StA	81/91	76.3%	41.6%	44.7%
DG/AGAB	87/93	41.9%	46.2%	15.9%	Trinkaus	86/96	-4.6%	18.4%	-9.2%
Didier	85/95	49.4%	33.3%	21.2%	VEBA	83/93	36.1%	37.7%	23.5%
Douglas	86/95	70.0%	117.0%	40.2%	VIAG	87/97	96.2%	114.0%	48.2%
Dres. Bank	84/92	14.9%	15.5%	8.4%	VW StA	86/95	81.0%	116.8%	21.3%
Dres. Bank	83/90	17.1%	20.3%	8.4%	VW StA	86/01	118.7%	169.9%	21.3%
Dres. Bank	83/93	22.0%	21.2%	8.4%	VW VzA	88/98	32.9%	40.1%	18.9%
Dres. Bank	86/96	71.7%	75.6%	8.4%	Wella VzA	86/96	18.6%	55.4%	3.0%
Dres. Bank	86/91	109.3%	23.6%	8.4%	Zand. VzA	88/98	28.9%	-9.6%	5.2%
Glunz	89/92*	32.8%	-3.6%	6.7%					
Glunz	89/93*	38.9%	7.6%	6.7%	SMH-Index		53.0%	54.6%	20.2%

Datenstand: 28. Juni 1989 (* seit Auflegung)

Abb. 5.5 Performance ausgewählter DM-Aktien-Optionsscheine im 1. Halbjahr 1989

Der Aufbau einer Gegenposition mit Verkaufsoptionen zur steuerfreien Realisierung von erzielten Kursgewinnen bei Optionsscheinen lohnt sich aber um so mehr,

* je ungünstiger die zukünftigen Kurschancen beurteilt werden,

* je günstiger die Verkaufsoptionen bewertet sind,

* je höher der persönliche Einkommensteuersatz ist,

* je höher die prozentualen Kursgewinne der Scheine sind,

* je länger der Zeitraum bis zum Ablauf der Spekulationsfrist ist.

Abschließend sei darauf hingewiesen, daß diese Absicherungsstrategie über Verkaufsoptionen generell angewandt werden kann, z.B. auch wenn der Anleger den Optionsschein zwar weiter für steigerungsfähig, andererseits aber nach den erzielten Kursgewinnen auch das Risiko von Kurseinbußen für durchaus wahrscheinlich hält und sich entsprechend absichern möchte.

Und im Zuge der Deutschen Terminbörse (DTB) wird der Anleger in naher Zukunft auch börsenmäßig organisierte Terminkontrakte als Gegenposition zur Absicherung erzielter Kursgewinne anwenden können.

5.4 Strategien mit Zins-Optionsscheinen

Analog zum klassischen Aktien-Optionsschein liegt der Reiz mit dem Zins-Optionsschein darin, daß der Käufer mit einem relativ geringeren Kapitaleinsatz an der Kursentwicklung des Basisobjekts teil hat. Das gilt sowohl für Call Bond Warrants als auch für Put Bond Warrants.

Im Falle von Call Bond Warrants spekuliert der Investor auf fallende Zinsen, d.h. steigende Anleihekurse. Mit Put Bond Warrants dagegen profitiert der Anleger von steigenden Zinsen, d.h. fallenden Anleihekursen, da er ja hofft, die Anleihe (Basisobjekt) zu einem höheren Kurs als dem Börsenkurs an den Emittenten verkaufen zu können. Gleichzeitig ist das Verlustrisiko auf das für den Optionsschein eingesetzte Kapital begrenzt.

5.4.1 Bewertungskriterien

Die mathematische Analyse und Berechnung der Bewertungskriterien erfolgte en détail zwar bereits im 3. Kapitel, dennoch sollen hier einige Grundsätze dargestellt werden, die für den potentiellen Investor von essentieller Bedeutung sind.

Bei der Bewertung von Optionsanleihe und Bond Warrant ist zu beachten, daß für die optierbare Anleihe oft keine Börsennotierung existiert, weil sie noch nicht plaziert ist oder kein ausreichender Sekundärmarkt besteht. Deshalb ist in diesem Fall der Marktwert nur theoretisch bestimmbar. Diese Problematik ist bei der Interpretation der Bewertungsfaktoren zu berücksichtigen.

Die Bestimmung des theoretischen Marktwertes der optierbaren Anleihe geschieht nach dem üblichen finanzmathematischen Konzept unter Berücksichtigung schuldnerspezifischer Faktoren wie Bonität oder spezifische Ausstattungsmerkmale: Berechnung des Kapitalwerts aller zukünftigen Zins- und Tilgungszahlungen, wobei der Diskontierungs-Zinssatz die aktuelle Marktrendite für vergleichbare Anleihen von entsprechenden Schuldnern darstellt.

Als Bewertungskriterien werden bisher meist Aufgeld (Prämie), Hebel und Laufzeit angegeben. Daher werden diese Kriterien hier kurz erläutert, damit das Verständnis der weiteren Ausführungen klarer wird. Es zeigt sich aber, daß diese Bewertungsfaktoren unzureichend für eine Beurteilung der Vorteilhaftigkeit sein können. Dies wird im folgenden deutlich werden. Daher sollten zusätzlich die im 3. Kapitel dargestellten Optionspreismodelle zur Bewertung herangezogen werden.

Das Aufgeld (AU) des Bond Warrants errechnet sich wie folgt:

$$AU = E * N + OS - KM * N$$

5.13

Erklärung

KM	(theoretischer) Marktwert des Basisobjekts
E	Basispreis der optierbaren Anleihe
OS	Kurs des Optionsscheins
N	Optierbare Nominalstückelung

Die Optionsprämie (OP) ist das Aufgeld, ausgedrückt in Prozent des Anleihekurses: Sie gibt an, um wieviel Prozent teurer (bei negativer Prämie billiger) die Ausübung des Optionsrechts (Bezug oder Verkauf) für die Anleihe über den Warrant im Vergleich zum direkten Geschäft (Bezug oder Verkauf) mit der Anleihe an der Börse ist.

$$OP = \frac{E * N + OS - KM * N}{KM * N}$$

5.14

Solange die Marktrendite des Back Bond niedriger ist als der Zinscoupon, ist der Warrant im Geld (in the money), d.h., er hat einen positiven inneren Wert (vgl. Kapitel 3).

---

*Rechnerischer Wert (R) des OS = max [0,(KM * N) – (E * N)]*

5.15

Ist der rechnerische Wert 0, dann liegt die Marktrendite des Back Bonds über der des Coupons und der Warrants ist »Out-of-the-money« (aus dem Geld).

Als weiteres Bewertungskriterium dient meist die Hebelwirkung (Leverage-Effekt) des Warrants. Sie hängt vom Verhältnis des Kapitaleinsatzes beim Optionsschein zum Kurs des optierbaren Back Bond ab.

Die Hebelwirkung drückt aus, mit wieviel Prozent Wertänderung der Zinsoptionsschein bei einem Kursanstieg(-rückgang) der optierbaren Anleihe um einen Prozentpunkt bei gleichbleibendem Aufgeld reagiert.

*Leverage (LV) = (KM * N) / OS*

5.16a

oder

*Leverage (LV) = [[(AU/100 + 1) * (KM + 1) * 10 – E] / OS] – 1 * 100*

5.16b

Erklärung

KM   (theoretischer) Marktwert des Basisobjekts
E   Basispreis der optierbaren Anleihe
OS   Kurs des Optionsscheins
N   Optierbare Nominalstückelung

In dieser Hebelwirkung, d.h. einer höheren Kurselastizität, liegen die Chancen und Risiken des Optionsscheins. Aufgrund des geringeren Kapitaleinsatzes bei der Anlage in Optionsscheinen im Vergleich zum direkten Investment in der Anleihe verändert sich der Kurs des Optionsscheins prozentual stärker als der Anleihekurs.

Warum diese Kriterien als Beurteilungsmaßstab besonders bei Zins-Optionsscheinen nicht ausreichend sind, zeigt folgender Vergleich mit Warrants auf Aktien. Bei der Bewertung im Vergleich zu Aktien-Optionsscheinen fällt auf, daß

• die Prämien aufgrund der geringeren Kursschwankungen von Anleihen relativ niedrig und die Aufgelder auch aufgrund der meist bedeutend kürzeren Laufzeit sehr gering sind.

- die Zins-Optionsscheine gleichzeitig hohe Leverage-Effekte besitzen, die bereits mit wenig Kapitaleinsatz eine effiziente Spekulations- oder Hedgingvariante ermöglichen.

Dabei fällt bei Call Bond Warrants mit steigendem (theoretischen) Marktwert der Anleihe die Hebelwirkung. Gleichzeitig wird die Prämie abnehmen. Anders ausgedrückt: Mit fallendem Zinsniveau steigt der theoretische Wert der Anleihe und somit der Wert des Optionsscheins. Prämie und Hebelwirkung des Scheins werden mit fallendem Zinsniveau dagegen abnehmen.

Bei Put Bond Warrants dagegen fällt mit fallendem Marktwert der Anleihe die Hebelwirkung und die Prämie: Der theoretische Wert der Anleihe fällt mit steigendem Zinsniveau, damit aber steigt der Wert des Put Bond Warrants. Entsprechend steigen Hebelwirkung und Prämie bei fallendem Zinsniveau.

a) Optierbare Anleihe

Emittent	Nominal	Coupon	fällig	Bezugskurs	Laufzeit-rendite	Anleihe-kurs	Rendite bei Direktkauf/-verkauf
Morgan Stanley 89/90 Call 7% Bund 89/10.99 III	100	7,00	25.10.99	100%	7,3%	97,6%	7,34%
Morgan Stanley 89/90 Put 7% Bund 89/10.99 III	100	7,00	25.10.99	100%	7,3%	97,6%	7,34%

b) Optionsschein

Optionsfrist	Options verhältnis	OS-Kurs	Prämie	Parität	Leverage Ausübung	Rendite bei
Call 89/9.9.90	100	2,15	4,66%	−2,40	45,40	6,70%
Call 89/9.9.90	100	2,65	5,17%	2,40	36,83	7,39%

Abb. 5.6 Bewertung von Call und Put Bond Warrants der Morgan Stanley 89/90 (Stand 16. November 1989)

Für einen Vergleich von unterschiedlichen Zins-Optionsscheinen sollte der Anleger folgende Einflußfaktoren beachten:

- Je teurer ein Warrant, desto stärker muß sich das Renditeniveau ändern, damit das Investment in die Gewinnzone kommt.

- Je höher der Nominalbetrag, auf den sich der Zins-Warrant bezieht, desto größer der Leverage-Effekt des Warrant.

- Je länger die Laufzeit der zugrunde gelegten Anleihe, um so größer die Volatilität bei Veränderung der Kapitalmarktrendite.

- Je länger die Restoptionsfrist des Warrants, desto höhere Prämien werden bewilligt, denn desto größer ist die Chance, daß die gewinnbringende Kapitalmarktsituation eintritt.

Zins-Optionsscheine können einzeln als Naked Bond Warrants emittiert oder zusammen mit einer Zins-Optionsanleihe begeben werden. Dann ergibt sich der Wert der Optionsanleihe entsprechend aus der Summe der einzelnen Bestandteile. Vereinfacht ergibt sich folgender Zusammenhang:

$$OA = K_F + R$$

5.17

Erklärung

R   Rechnerischer Wert des Optionsscheins, ausgedrückt in Prozent vom Nominalwert

K_F Marktwert des Anleiheteils (des »Front Bond«)

Aufgrund dieses Bewertungszusammenhangs läßt sich aussagen, daß die Optionsanleihe cum Warrant eine risikopolitische Hybridform zwischen normalem Straight Bond und Optionsschein darstellt. Die Volatilität ist aufgrund des Optionsschein-Elements größer als beim Straight Bond, aufgrund des impliziten Anleihe-Elements aber geringer als beim Warrant. Die Optionsanleihe ex Warrant ist je nach Emissionsform mit einem Straight Bond oder einem Deep Discount Bond (Niedrigzinsanleihe) vergleichbar.

Bisher sind meist Optionsscheine emittiert worden, mit denen ein Anleger auf fallende Zinsen setzen konnte. Dabei handelte es sich durchweg um Zins-Kaufoptionsscheine (Call Bond Warrants).

Doch sind daneben auch Zins-Verkaufsoptionsscheine (Put Bond Warrants) denkbar und handelbar, die wie oben gesagt, zum Verkauf einer Anleihe zu einem bestimmten Preis berechtigen. Mit solchen Put Bond Warrants würde der Anleger also auf steigende Zinsen, sprich fallende Rentenkurse, spekulieren. Bisher sind nur wenige Emissionen von Put Bond Warrants bekannt. Die Bank of Nova Scotia emittierte im Juni 1986 Zins-Verkaufs-Optionsscheine, die den Inhaber berechtigen, 7,875%-Deposit-Notes bis zum Zinstermin 1989 zum Kurs von 98,375% an den Emittenten zurückzugeben. Und im Oktober 1989 emittierte die Citicorp Call und Put Bond Warrants auf die 7%-Bundesanleihe 89/99.

Und im Oktober'89 emittierte die Citicorp Call und Put Warrants, die sich auf die 7%-Bundesanleihe 89/99 III beziehen. In der Abbildung 5.6 stehen Konditionen und Bewertungskriterien für beide Warrants. Am US-Domestic-Markt sind Put Bond Warrants in Gestalt sog. WINGS (warrants convertible into negotiable government securities) bekannt. Diese Warrants haben in der Regel Laufzeiten und Basispreise, die direkt mit Zinsoptionen vergleichbar sind und zum Bezug von amerikanischen Staatsanleihen berechtigen.

5.4.2 Einsatzmöglichkeiten

Die naheliegendste Möglichkeit ist die direkte Spekulation auf Zinssatzschwankungen. Der Anleger kauft in Erwartung fallender (steigender) Zinsen eine Call Bond Warrant (Put Bond Warrant) und verkauft den Optionsschein nach (hoffentlich) eingetretener Zinssatzentwicklung. Tritt die Zinssatzentwicklung nicht wie erwartet ein, wird der Anleger einen Verlust erleiden, der jedoch auf den Kapitaleinsatz für den Kauf des Optionsscheins beschränkt bleibt.

Eine zweite interessante Möglichkeit ist die Zinsstruktur-Spekulation. Der Anleger investiert in Zins-Optionsscheinen und läßt sich auf der Zinsstrukturkurve fallen, d.h., der Anleger spekuliert auf eine Veränderung der Zinsstruktur während der Optionsfrist. Beispielsweise erwartet ein Investor, daß die Renditen für kurze Laufzeiten weniger stark steigen als im mittleren und längeren Bereich. Das Ziel ist also eine flache bzw. normale Zinsstrukturkurve, wenn diese vorher invers war. Da die mit einem Call Bond Warrant optierbare Anleihe ständig an Restlaufzeit verliert und immer weiter in den kürzerfristigen Laufzeitenbereich eindringt, sind Kursgewinne auch bei steigenden Renditen zu erzielen, da die Anleihe selbst – wegen ihrer abnehmender Restlaufzeit – sich dem ermäßigten Zinsniveau im kürzeren Bereich anpaßt und so Kursgewinne zu erwarten sind.

Mit Hilfe von Bond Warrants ergeben sich für Investoren nicht nur spekulative Anlage-, sondern auch Absicherungsmöglichkeiten. Dies wird gerade in Ländern ohne Bond-Terminmärkte oder mit nahezu illiquiden Rentenoptionsmärkten von Bedeutung sein. Die Bundesrepublik Deutschland ist bis zum Beginn der Deutschen Terminbörse (DTB) ein gutes Beispiel für die Bedeutung dieses Investmentansatzes. Zudem ist (noch) einigen institutionellen Anlegern der Zugang zum Rentenoptionshandel ebenso verboten wie Kreditengagements.

Erwarten diese Anleger etwa Rentenfonds und sinkende Zinsen können sie das gegenwärtige Zinsniveau durch den Kauf von Bond Warrants festschreiben. Trifft ihre Prognose ein, können sie durch die Gewinne bei den Warrants die inzwischen gestiegenen Anleihekurse kompensieren bzw. wenn möglich, die Optionsscheine direkt ausüben. Steigen dagegen die Zinsen, kann sich der Fonds zu billigeren Anleihekursen engagieren. Die anfallende Ersparnis ist dann jedoch um den Verlust bei den Warrants geschmälert.

Gleiches gilt für Anleger, die zwar erst zu einem späteren Zeitpunkt investieren können, für die Zwischenzeit aber steigende Anleihekurse erwarten (sog. antizipatives Hedging).

Aber auch im umgekehrten Fall steigender Zinserwartungen bieten Bond Warrants Hedging-Möglichkeiten. In diesem Fall basiert die Kapitalanlage auf der Sicherung fallender Anleihekurse. Dabei liegt das Risiko darin, daß die Zinsen – und nicht die Kurse der Anleihen – entgegen den Erwartungen fallen. Ohne Hedging, d.h. bei Verkauf der Anleihen, entstünde ein Verlust in Höhe der entgangenen Kursgewinne der Anleihe.

Eine Möglichkeit ist der Kauf der o.a. Put Bond Warrants. Der Anleger immunisiert (versichert) sich gegen steigende Zinsen, kann aber bei fallenden Zinsen an Kursgewinnen der Anleihe weiter partizipieren.

Die Kursgewinne der Anleihen werden dann entsprechend um den Verlust der Optionsscheine zu reduzieren sein. Gleichermaßen bietet sich auch institutionellen Anlegern die Möglichkeit, etwaige eingegangene Short-Positionen (Baisse-Engagements) zu hedgen.

Schließlich läßt sich auch ein Währungsrisiko vermindern. Statt bei einem direkten Engagement für eine DM-Anleihe 1.000 DM oder mehr zu bezahlen, kauft der ausländische Anleger lediglich das Recht auf den Bezug und bezahlt dafür den Optionsscheinpreis. Das Währungsrisiko beim Engagement in Zins-Optionsscheinen ist somit erheblich geringer, da es auf den Preis des Warrant begrenzt ist. Der Anleger ist dennoch an der Entwicklung der ausländischen Zinsen (z.B. der US-$-Zinsen) im Umfang des zu optierenden Nominalwertes beteiligt.

Im Falle eines steigenden Wechselkurses, gerechnet in der Währung des ausländischen Anlegers, z.B. niedrigeren US-$-Kurs, kann der Anleger dann zu einem für ihn günstigeren Kurs die Anleihe kaufen bzw. das Optionsrecht ausüben. Allerdings steht diesem etwaigen Vorteil das Risiko einer Abschwächung gegenüber. Umgekehrt stellt sich entsprechend die Position für bundesdeutsche Anleger bei einem Investment in ausländischen Rentenmärkten.

Am folgenden Zahlenbeispiel sollen die wesentlichen Zusammenhänge verdeutlicht werden.

Situation
Ein Investor erwartet innerhalb der nächsten eineinhalb Jahre ein eher fallendes Zinsniveau. Er fragt sich, welches Investment für ihn vorteilhafter ist: Der Kauf von Call Bond Warrants oder ein Direktengagement in Anleihen.

Ziel
Der Anleger möchte mit einem begrenzten Kapitaleinsatz überproportional an dem fallenden Zinstrend teilhaben, gleichzeitig sein Risiko aber auf ein Minimum beschränken.

Strategie
1. Kauf von 1.000 Call Bond Warrants zu einem Kurs von 25 DM pro Stück. Der Schein berechtigt zum Bezug von nominal 1.000 DM einer 6,5%-Anleihe mit einer Laufzeit von zehn Jahren der XY-AG. Der Basispreis beträgt 100%. Die Optionsfrist der Zins-Optionsscheine läuft zwei Jahre. 10jährige Anleihen rentieren zu diesem Zeitpunkt mit 6,5%. Der Erwerb von 1.000 Warrants erfordert einen Kapitaleinsatz von 25.000 DM Kapitaleinsatz. Damit erkauft sich der Anleger ein Bezugsrecht auf nominal 1 Mio. DM der 6,5%-XY-Anleihe. Bei Umlage des Kaufpreises der Scheine ergibt sich ein rechnerischer Bezugspreis der Anleihe von 102,50% (100% + 2,5%).
2. Kauf einer identisch ausgestatteten 6,5%-Anleihe der XY-AG. Um eine echte Vergleichbarkeit mit den Scheinen herzustellen, müßte ein Volumen von 1,0 Mio DM zugrundegelegt werden. Aufgrund der Budgetbeschränkung kann der Anleger aber nur 25.000 DM nominal erwerben. Diese beiden völlig unterschiedlich gelagerten Investments sind daher nicht vergleichbar.

Am Ende der Optionsfrist der gekauften Zins-Optionsscheine ergeben sich folgende alternative Kapitalmarktkonstellationen.

Szenario A
Der Anleger hat den Trend richtig prognostiziert: Die Kapitalmarktrendite für achtjährige Anleihen (am Ende der Optionsfrist der Scheine – 2 Jahre – hat sich die Restlaufzeit der zehnjährigen Anleihe auf acht Jahre reduziert) ist auf 5,5% gefallen. Der rechnerische Kurs der Anleihe beträgt etwa 106%.

Bei Ausübung des Scheins, also beim Bezug der Anleihe zu Pari, und gleichzeitigem Verkauf der Anleihe würde ein Kursgewinn von 60.000 DM realisiert werden. Dieser Gewinn wird durch den Kaufpreis der Warrants (25.000 DM), Zinseinbußen auf diesen unverzinsten Kaufpreis und anfallende Transaktionskosten reduziert. Per Saldo verbleibt ein Nettoüberschuß von ca. 30.000 DM. Dies entspricht einer jährlichen Verzinsung des eingesetzten Kapitals (25.000 DM) von 60% p.a.

Bei direktem Anleihe-Engagement realisiert der Investor einen Kursgewinn von 6% auf 25.000 DM. Aus diesem Gewinn von 1.500 DM und den vereinnahmten Zinsen von 6,5% p.a. ergibt sich eine Gesamtrendite von annähernd 4750 DM; Dies entspricht einer Verzinsung von 9,5% p.a (6,5% Zinsrendite plus 3% Kursgewinn p.a.). Würde der Anleger 1,0 Mio. DM in Anleihen investieren, entspräche die prozentuale Verzinsung seines Investments ebenfalls 9,5% p.a.

Szenario B
Die Erwartungen hinsichtlich leicht fallender Zinsen erfüllen sich nicht: Das Zinsniveau für achtjährige Titel steigt auf 7,5%. Der Kurs der XY-Anleihe fällt dementsprechend auf 94%.

Bezug der Anleihe über den Schein und gleichzeitiger Verkauf der Titel würden einen Kursverlust von 60.000 DM bedeuten. Der Anleger würde also sein Optionsrecht nicht wahrnehmen und den Schein verfallen lassen. Damit realisiert er einen Verlust von 25.000 DM bzw. 100%.

Bei einem direkten Anleihe-Engagement in Höhe von 1 Mio. DM wäre der Verlust absolut jedoch noch wesentlich höher: Der Investor würde nur noch 94% seines nominal eingesetzten Kapitals von 1 Mio. DM erhalten. Der Kursverlust beliefe sich auf 60.000 DM (6%). Aufgrund der erhaltenen Zinseinnahmen während der zwei Jahre verbleibt eine jährliche Verzinsung von 3,5% p.a. (6,5% p.a. Zinsen abzgl. 3% p.a. Kursverlust). Prozentual verbleibt also nur eine Minderverzinsung von 3% p.a.. Entsprechendes gilt für ein Anleihe-Engagement in Höhe von 25.000 DM. Der Investor erleidet nur eine Minderverzinsung: Die jährlichen Zinseinnahmen von 6,5% werden durch die Kursverluste in Höhe von 6% in zwei Jahren auf 3,5% geschmälert.

Im Beispiel ändert sich der innere Wert des Warrants bei 1% Kursänderung der Anleihe um 10 DM. Der jeweilige Kurs des Warrants wird darüber hinaus noch von marktbedingten Einflüssen bestimmt, die sich in unterschiedlichen Prämien widerspiegeln.

Im Beispiel zeigt sich also die unterschiedliche Risikostruktur von Zins-Optionsscheinen und festverzinslichen Investitionen. Daher sind auch beide Anlagealternativen nur bedingt vergleichbar.

5.5 Strategien mit Währungs-Optionsscheinen

Durch Optionsanleihen mit Währungs-Optionsscheinen werden, wie in Kapitel 1.4 bereits erwähnt, zwei neue Anlegerkreise angesprochen, denen bisher der Zugang zum Devisen-Optionsgeschäft versperrt war. Neben dieser Umgehung bestehender Marktzugangsbeschränkungen bieten aber auch die OS-Bedingungen selbst aus

Sicht der Anleger eine Anzahl von Vorteilen gegenüber börsennotierten Devisenoptionen.

Ein Vorteil der Währungs-Optionsscheine liegt in der üblicherweise längeren Laufzeit als bei börsennotierten Optionen. Damit ist dieses Instrument auch für solche Anlegergruppen interessant, die zwar bereits Zugang zum Devisen-Optionshandel hatten, aber ihre Portefeuilles nicht über einen längeren Zeitraum als ein Jahr absichern konnten.

5.5.1 Bewertungskriterien

Währungs-Optionsscheine haben sehr viel Ähnlichkeit mit den bereits bekannten Aktien-Optionsscheinen. Investoren, die also bereits über Erfahrungen mit den Aktien-Optionsscheinen verfügen, werden auch bei den Währungs-Optionsscheinen keine Probleme mit der Bewertung und Auswahl des für sie vorteilhaftesten Scheins haben. Am Beispiel weiter unten wird kurz der bisher übliche Ansatz zur Bewertung erläutert. In Kapitel 3 wurde bereits detailliert auf verschiedene Methoden und Modelle zur Bewertung eingegangen. Die Berechnung von theoretischen Preisen für Optionsscheine kann der Interessierte mit Hilfe von Programmen, die im Anhang angegeben werden, selbst vollziehen.

Aber trotz der Gemeinsamkeiten mit Aktien-Optionsscheinen hinsichtlich der Usancen muß auf einige wichtige Unterschiede bzgl. der Bedeutung einzelner Kennzahlen hingewiesen werden. Zum ersten ist es wichtig zu wissen, ob das Optionsrecht des Währungs-Optionsscheins während der gesamten Optionsfrist (amerikanischer Optionstyp) oder nur zu einem bestimmten Zeitpunkt, in der Regel zum Ende der Optionsfrist (europäischer Optionstyp) ausgeübt werden kann. Während bei Aktien-Optionsscheinen das amerikanische Optionsrecht dominiert, werden bei Währungs-Optionsscheinen beide Typen emittiert. Wichtig ist diese Unterscheidung, weil ein Schein amerikanischen Typs bei sonst gleichen Bedingungen mehr wert ist als ein Schein, der nur am Ende der Optionsfrist an einem bestimmten Tag ausgeübt werden kann. Der Unterschied schlägt sich in unterschiedlich hohen Prämien nieder: Scheine mit europäischem Optionsrecht werden mit deutlich niedrigeren Prämien, teilweise sogar mit Abgeldern (negative Prämie) gehandelt als Scheine mit jederzeitiger Ausübungsmöglichkeit.

So emittierte Trinkaus und Burkhardt, neben der Citicorp eines der führenden Emittentenhäuser bei Währungs-Optionsscheinen, 1989 einen Währungs-Optionsschein zum Bezug von 100 GBP zu einem Kurs von 2,80 DM. Das Optionsrecht ist nur am 14.12.90 ausübbar. Das hat zur Folge, daß der Schein z.B. am 26.9.89 mit 9,70 DM gehandelt wurde, obwohl der Schein bei einem GBP-Kurs von 3,071 DM rein rechnerisch 27,10 wert war. Das liegt an der Tatsache, daß der Schein nur am 14.12.90 ausübbar ist und die Erwartung bzgl. der Entwicklung des GBP bis zu diesem

229

Zeitpunkt so negativ ist, daß eine negative Prämie (Abgeld) von 17,80 DM, d.h. 5,6%, gerechtfertigt wird. Das heißt, die Investoren erwarten bis zum 14.12.90 eine Abschwächung des GBP bis auf dieses Kursniveau. Entsprechend hoch notierten auch die Put-Optionen am Devisen-Optionsmarkt. Wäre der Schein mit einem amerikanischen Optionsrecht ausgestattet, so wäre der Schein klar unterbewertet. Und bei derartig eklatanten Unterbewertungen würden Arbitragegeschäfte einsetzen, die den Kurs seinem rechnerischen Wert angleichen würden.

Die Prämien für die Währungs-Optionsscheine liegen zwischen minus 5% bei kurzlaufenden Optionsscheinen europäischen Typs und plus 20% bei langlaufenden Optionsscheinen amerikanischen Typs. Sie spiegeln entsprechend der Laufzeit bzw. der Optionsfristen die Erwartungen der Investoren hinsichtlich der Währungsentwicklung wider. Da die Volatilität einer Währung erfahrungsgemäß wesentlich unter der einer Aktie liegt, werden auch die Währungs-OS mit im Vergleich zu Aktien-OS niedrigeren Prämien gehandelt.

Ein weiterer, entscheidender Unterschied zu Aktien-OS hinsichtlich der Bewertungsfaktoren ist die Höhe des Hebels (Leverage-Faktor). Denn bei den genannten, meist niedrigen Prämien besitzen die Scheine in der Regel Hebel über 10 und teilweis bis 50. Die Hebelwirkung liegt damit erheblich über der von Aktien-OS. Dabei ist aber unbedingt zu berücksichtigen, daß Währungs-OS kürzer laufen, in der Regel ein bis drei Jahre, und daß die Währungsentwicklungen nicht so starken Schwankungen unterliegen wie Aktienkurse.

So lag die Volatilität des DAX per 25.9.89 der letzten 100 Tage bei 10,9%, bei einzelnen Aktien noch deutlich darüber (z.B. Viag 26,2%), während das GBP beispielsweise eine Volatilität für den gleichen Zeitraum von 5,1% aufwies.

Da es oft mehrere Warrants zum Bezug einer Währung gibt, mit unterschiedlichen Basispreisen, Laufzeiten und Optionsbedingungen (OS europäischen oder amerikanischen Typs), erfordert die »richtige« Auswahl wesentlich mehr Aufwand und Berechnung als bei Aktien-Optionsscheinen, bei denen meist nur ein einziger oder höchstens einige wenige Scheine zur Disposition stehen.

Als bisher wichtigste Bewertungskriterien werden üblicherweise wie bei Aktien-OS Aufgeld bzw. Prämie, Hebel und Laufzeit angegeben. Aber auch bei Währungs-OS ist die Anwendung von Optionspreismodellen zu empfehlen. Mit Hilfe eines entsprechenden Computerprogramms lassen sich diverse Modellrechnungen schnell und unkompliziert durchführen. Die Abbildung 5.7 zeigt einen Computerausdruck zur Berechnung von fairen Optionspreisen bei Währungs-OS.

OS-Bedingungen

E:	1,85 DM/$
OV:	1 : 100 $
Optionsfrist:	am 21.09.92 (Europäischer Optionstyp)
Emittent:	Westdeutsche Landesbank
Kenn-Nr.:	WLAC 812082

Modell-Parameter

Inländischer Zins:	7,5%
Ausländischer Zins:	8,0%
Restlaufzeit:	2,83 Jahre
Volatilität:	variabel 7,5, 10, 12,5, 15% p.a.
Devisenkurs:	variabel 1,65 bis 2,00 DM

Kurs des Scheins per 10.11.89: 11,90 DM; Kurs des $: 1,8420 DM

DM/US-$	Volatilität				Delta bei 15%
	7,5%	10%	12,5%	15%	
1,65	1,47	3,08	4,96	6,95	0,284
1,70	2,32	4,24	6,34	8,50	0,320
1,75	3,42	5,60	7,90	10,20	0,355
1,80	4,86	7,25	9,66	12,05	0,391
1,85	6,65	9,15	11,60	14,10	0,426
1,90	8,75	11,25	13,80	16,30	0,460
1,95	11,20	13,65	16,20	18,70	0,492
2,00	13,90	16,30	18,70	21,30	0,522

Abb. 5.7 Bewertung eines Currency OS mit Black & Scholes

Folgendes Beispiel zeigt, wie sich ein Anleger die Emission einer Währungs-Optionsanleihe selbst transparent machen kann.

Beispiel: Emittiert wird eine siebenjährige Optionsanleihe mit einem Zinscoupon von 5,875% und einem Emissionskurs von 116,5%. Jeder Tranche von nominal 5.000 DM sind zehn Optionsscheine beigefügt, von denen jeder bis zum Januar 1990 zum Bezug von 500 US-$ zum Bezugskurs von 1,78 DM berechtigt. Der DM/$-Wechselkurs zum Emissionszeitpunkt sei 1,81 DM.

Ein gewöhnlicher Straight Bond (Festzinsanleihe) hätte der Emittent zu pari (100%) plazieren können, so daß das Agio (825 DM) auf die zehn Währungs-Optionsscheine zu kalkulieren ist. Gemäß den in Kapitel 3 aufgeführten Formeln ergeben sich folgende Bewertungszusammenhänge:

AU = 82,50 + (500 * 1,78) − (500 * 1,81) = 67,50 DM
PR = 67,50 / (500 * 1,81) = 9,27%
LF = (500 * 1,81) / 82,50 = 10,97

Das bedeutet, daß der Erwerb von 500 US-$ über den Optionsschein insgesamt 972,50 DM kostet bzw. 1.945 DM je US-$. Bei Emission hat der Währungs-Optionsschein eine Prämie von 9,27%. Die Prämie gibt an, um wieviel Prozent der Erwerb der US-$ über den Währungsschein teurer ist als der direkte Kauf der Währung. Oder anders gesagt, gibt die Prämie an, um wieviel Prozent die US-$ steigen muß, damit der Kauf des DollarS per Optionsschein genausoviel kostet wie der Direktkauf. Der Hebel (Leverage-Faktor) von 10,97 besagt, daß sich der rechnerische Wert des Optionsscheins bei einer einprozentigen Wechselkursänderung um das 10,97fache verändert.

In Kapitel 3 wurde ausführlicher dargelegt, welche weiteren Kennzahlen wichtig für eine vollständigen Beurteilung sind.

Der Wert der Optionsanleihe ex Warrant ergibt sich entsprechend dem Zinsniveau für vergleichbare Anleihen. Beide Komponenten zusammen (Warrant plus Anleihe ex) ergeben den Wert der Optionsanleihe cum Warrant. In der Abbildung 5.8 ist ein Beispiel der Bewertung einer Optionsanleihe mit Währungs-Optionsscheinen zahlenmäßig dargestellt.

An deutschen Börsen existieren mittlerweile eine große Anzahl von Währungs-OS. Darunter leidet die Transparenz des Marktes für die Anleger. Nur noch Profis in den Handelsabteilungen bei Banken und Brokern können mit Hilfe von Computerprogrammen die Übersicht über Bewertung und Kursentwicklung behalten.

Will der private Anleger ein adäquater Marktteilnehmer sein, kommt er also nicht umhin, sich ebenfalls EDV-gestützt der Materie zu widmen. Welche Programme und Informationsquellen ihm dabei helfen können, wird in Kapitel 7.4 gezeigt.

5.5.2 Einsatzmöglichkeiten

Analog zu Devisenoptionen bieten sich dem Anleger grundsätzlich sowohl Spekulations- als auch Hedgingmöglichkeiten. Dabei ist mit Currency Call Warrants die Anwendungsmöglichkeit bei steigenden und mit Currency Put Warrants die Investitionsmöglichkeit bei fallenden Wechselkurserwartungen gegeben.

Aus der Vielzahl der Einsatzmöglichkeiten von Währungs-OS sollen hier einige Basis-Strategien angesprochen werden, die für Investoren von besonderer Bedeutung sind. Sie werden anhand von Zahlenbeispielen gut nachvollziehbar erläutert. Eine Darstellung weiterer, möglicher Strategien und ihrer Feinheiten findet der inter-

Anleihebedingungen

Emissionskurs in Prozent	105,00	Zinsniveau für laufzeitkongruente	
Zinscoupon in Prozent	6,00	Anleihen in%:	
Gesamtlaufzeit in Jahren	5,00	Emissionszeitpunkt	6,20
		Aktueller Zeitpunkt	7,50
Rückzahlung in Prozent	100,00		
Stückelung in DM	5000,00		
Emissionswert in DM	5250,00		
		Optionsbedingungen pro Tranche	
		1 OS berechtigt zum	
Restlaufzeit in Jahren	5,00	Bezug von US-$	500,00
in vollen Jahren	5	Gesamtoptions-	
Jahresbruchteil in Tagen	0	verhältnis	2500,00
		Optionsfrist in	
		Jahren	2
		Bezugspreis	1,712
		Wechselkurs zum	
		Emissionszeitpunkt	1,625
		aktueller	
		Wechselkurs	1,850

Emissionszeitpunkt

Rechnerischer Wert des Anleiheteils in Prozent	99,16 %
Tranchenwert in DM	4958,10 DM
Rechnerischer Wert des Optionsrechts in Prozent	5,84 %
Wert der Optionsrechte in DM	291,90 DM
Wert eines OS in DM	58,38 DM
Wert der Optionsanleihe cum inProzent	105,00 %

Bewertung der Optionsrechte

Prämie in Prozent	Leverage	Parität
12,54	15,84	−217,50

Aktueller Zeitpunkt

Rechnerischer + Börsenkurs der Anleihe ex	95,25%	4762,50 DM
Rechnerischer + Börsenkurs eines OS		60,00 DM
Rechnerischer + Börsenkurs der Optionsrechte		300,00 DM
Rechnerischer + Börsenkurs der Anleihe cum	101,25%	5062,50 DM

Abb. 5.8 Paritätsbezogene Bewertung einer Währungs-Optionsanleihe mit Währungs-OS (Börsenwert der Optionsanleihe ergibt sich aus Optionsanleihe ex + OS)

essierte Leser in den im Literaturverzeichnis angegebenen Büchern über Devisenoptionen.

Erwartet ein Investor Wechselkursänderungen und er möchte daran verdienen, dann ergeben sich grundsätzlich mehrere Investitionsalternativen:

Zum ersten kann der Investor direkt einen Fremdwährungsbetrag kaufen. Dazu benötigt er das notwendige Einsatzkapital sofort und in voller Höhe. Seine Verdienstmöglichkeit wird durch sein Kapital begrenzt, das zudem vollständig an das eine Investment gebunden ist. Eine Risikostreuung ist nur dann möglich, wenn der Investor außer dem Einsatz noch zusätzlich Kapital zur Verfügung hat. Setzt er sein gesamtes Kapital ein, um möglichst stark an der Wechselkursänderung zu partizipieren, ist eine Risikodiversifikation nicht mehr möglich.

Zum zweiten kann der Investor einen Währungs-Terminkontrakt abschließen. Im Unterschied zum direkten Kauf braucht der Investor nur das Kapital für seine Einschußzahlung. Den Kontrakt kann er entweder zum Fälligkeitsdatum ausüben; dann ist jedoch der Kapitalbetrag erforderlich, der sich aus Kontraktgröße multipliziert mit der Anzahl der gekauften Kontrakte ergibt. Oder er verkauft den Kontrakt vor Fälligkeit, je nach Wechselkursentwicklung mit Gewinn oder Verlust.

Eine dritte Möglichkeit wäre ein Devisen-Optionsgeschäft. Doch unter der Prämisse, daß der Privatanleger hiervon in aller Regel ausgeschlossen bleibt, betrachten wir schließlich die vierte Möglichkeit, nämlich den Kauf eines Währungs-Optionsscheins:

Rechnet ein Anleger in nächster Zeit mit einem fallenden DM/US-$-Wechselkurs, so kauft er einen Schein, der zum Verkauf von Dollar gegen DM berechtigt, d.h. einen Put-Schein auf US-$. Berechtigt der Schein zum Verkauf von 500 US-$, so benötigt der Investor beim Kauf von 500 Scheinen zu einem Kurs von beispielsweise 16 DM aufgrund der Hebelwirkung nur einen Bruchteil des Kapitals, um an der Kursentwicklung von 250.000 US-$ zu partizipieren. Sein Verlustrisiko ist dabei auf den Einsatz des Optionsscheinpreises begrenzt, im Gegensatz zum Terminkontrakt. Dort kann der Anleger zu Nachschußzahlungen aufgefordert werden, wenn seine Anfangs geleistete Einschußzahlung aufgezehrt ist.

Diese Investmentchance ergibt sich analog für Privatanleger, die nicht aus spekulativer, sondern aus absicherungstechnischer Intention heraus Currency Warrants erwerben wollen. In diesem Fall besitzt ein Investor einen Fremdwährungsbetrag, z.B. 125.000 US-$, den er gegen mögliche Wechselkursabschwächungen absichern will. In diesem Fall kauft er auch einen Currency Put Warrant, z.B. 250 Scheine, die zum Verkauf zu je 500 US-$ berechtigen. Fällt wie erwartet der Dollar, kompensieren sich die Verluste des Fremdwährungsdepots mit den erzielten Gewinnen der Currency Put Warrants.

Situation
Ein Anleger rechnet in nächster Zeit mit einem steigenden DM/US-$-Wechselkurs. Der aktuelle DM/US-$ Wechselkurs sei 1,80 DM.

Ziel
Der Anleger will mit einem Kapitaleinsatz von 47.500 DM möglichst stark an der erwarteten Wechselkursänderung partizipieren.

Trading-Strategie
1) Er kauft daher 500 Currency Warrants zu einem Kurs von 95 DM pro Schein. Der Schein berechtigt zum Kauf von 500 US-$ zu 1,78 DM, d.h., der Schein hat eine Prämie von 9,44% und einen Leverage von 9,47. Die Parität beträgt 10 DM. Der Kauf erfordert einen Kapitaleinsatz von 47.500 DM (500 * 95 DM). Aufgrund der Optionsschein-Bedingungen partizipiert der Investor an der Kursentwicklung von 250.000 US-$.
2) Der Anleger engagiert sich direkt in US-$. In diesem Fall konvertiert er 47.500 DM zum aktuellen Wechselkurs in US-$ und erhält 26.388 US-$.

Szenario A

Der DM/US-$-Wechselkurs steigt auf 1,90 DM.

Ergebnis aus 1): Kauf der Währungs-Optionsscheine

Kapitaleinsatz	500 * 95 DM =	47.500 DM
Wert der Optionsscheine (bei gleicher Prämie)	500 * 149 DM =	74.500 DM
	Gewinn	27.000 DM
	in Prozent	56,84 %

Ergebnis aus 2): Direktes Währungs-Engagement

Kapitaleinsatz	6.388 $ * 1,80 DM =	47.500 DM
Wert der US-$	6.388 $ * 1,90 DM =	50.137 DM
	Gewinn	2.637 DM
	in Prozent	5,55 %

Szenario B
Der DM/US-$-Wechselkurs fällt auf 1,70 DM.

Ergebnis aus 1): Kauf der Währungs-Optionsscheine

Kapitaleinsatz	500 * 95 DM	=	47.500 DM
Wert der Optionsscheine			
(bei gleicher Prämie)	500 * 40 DM	=	20.000 DM

Verlust		27.500 DM
in Prozent		42,11 %

Ergebnis aus 2): Direktes Währungs-Engagement

Kapitaleinsatz	26.388 $ * 1,80 DM	=	47.500 DM
Wert der US-$	26.388 $ * 1,70 DM	=	44.861 DM

Verlust		2.639 DM
in Prozent		5,54 %

Im Ergebnis zeigt sich die Hebelwirkung eines Engagements mit Währungs-Optionsscheinen. Mit diesen Warrants partizipiert der Anleger bei gleichem Kapitaleinsatz an der Kursentwicklung von 250.000 US-$ (500 $-OS * 500 US-$). Dabei sind die Kursveränderungen (unter der Prämisse einer in etwa stabilen Prämie) aufgrund des Leverage-Effekts sowohl bei Kursanstieg als auch bei Kursverfall annähernd um das LF-fache größer als bei einem direkten Währungsengagement.

Realistischerweise ist die Prämisse einer unveränderten Prämie zu relativieren: Mit steigendem (fallendem) Kurs wird der Warrant Prämie abbauen (aufbauen). Das heißt, der Leverage-Effekt des Scheins wird sich nicht voll auswirken, so daß ein Anleger gewisse Prämienabschläge berücksichtigen wird.

Situation
Ein Fonds wird in zwei Monaten 900.000 DM erhalten und will diese dann in US-$ konvertieren, um sich am amerikanischen Finanzmarkt zu engagieren, rechnet zwischenzeitlich aber mit einem steigenden Wechselkurs. Aufgrund gesetzlicher Zugangsbeschränkungen zum Optionshandel bleiben als Alternative zur Sicherung des gegenwärtigen Wechselkursniveaus nur der Kauf von Währungs-Optionsscheinen.

Ziel
Der Fonds will das jetzige Wechselkursniveau sichern.

Hedging-Strategie
Den Leverage-Effekt kann sich auch eine Anlegergruppe zunutze machen, die nicht aus spekulativer Intention, sondern aus absicherungstechnischer Intention heraus Currency Warrants erwerben will.

Kauf von 1000 Währungs-Optionsscheinen zum Kurs von 95 DM pro Schein (gleiche Bedingungen wie oben). Bei steigendem Wechselkurs sollen dann die höheren $-Anschaffungskosten durch Kursgewinne kompensiert werden. Der Kauf erfordert einen Kapitaleinsatz von (1000 * 95 DM) 95.000 DM (z.B. als Kredit für 6% p.a.).

Szenario A

Der DM/US-$ Wechselkurs steigt auf 1,90 DM.

Ergebnis aus 1): Kauf der Währungs-Optionsscheine

Kapitaleinsatz	1000 * 95 DM	=	95.000 DM
Wert der Optionsscheine			
(bei gleicher Prämie)	1000 * 149 DM	=	149.000 DM

Gewinn		54.000 DM

Konvertierung 900.000 DM / 1,90 DM = 473.684 $
Opportunitätsverlust durch spätere Konvertierung:

900.000 DM / 1,80 DM	=	500.000 $
		./.473.684 $
		26.316 $

Mehraufwand 54.000 DM ./. 26.316 $ * 1,90 DM =	3.999 DM

Szenario B

Der DM/US-$ Wechselkurs fällt auf 1,70 DM.

Ergebnis aus 1): Kauf der Währungs-Optionsscheine

Kapitaleinsatz	1000 * 95 DM	=	95.000 DM
Wert der Optionsscheine			
(bei gleicher Prämie)	1000 * 49 DM	=	49.000 DM

Verlust		46.000 DM

Konvertierung der 900.000 DM / 1,70 DM	=	529.412 $
Ersparnis durch spätere Konvertierung:		
		529.412 $
./. (900.000 DM / 1,80 DM)	=	500.000 $
		29.412 $
Ersparnis 29.412 $ * 1,70 DM ./. 46.000 DM	=	4.000 DM

Im Ergebnis zeigt sich, daß der Fonds mit dem Kauf von Currency Call Warrants die Absicherung erreicht hat. Bei Eintreten der Wechselkurssteigerung fällt durch die spätere Konvertierung ein Opportunitätsverlust von 26.316 $ an, der jedoch durch den bei den Optionsscheinen anfallenden Kursgewinn mehr als kompensiert wird, d.h., im obigen Beispiel bleibt noch eine Gesamtersparnis von ca. 4.000 DM.

Der Nachteil dieser Strategie wird allerdings bei Verfall des Wechselkurses deutlich. Der Fonds würde bei einer Konvertierung zum DM/US-$-Kurs von 1,70 DM 29.412 $ mehr erhalten als zum Ausgangszeitpunkt.

Dieser Vorteil wird jedoch bei auf 4.000 DM durch den dann anfallenden Verlust bei den Optionsscheinen nivelliert.

Es sei noch einmal darauf hingewiesen, daß alle Berechnungen unter der Prämisse einer stabilen Prämie gemacht wurden. Dies schränkt die Aussagefähigkeit insofern ein, daß eine starke Abweichung (der Prämie) von dieser Annahme Auswirkungen auf die jeweiligen Strategien bzw. ihre Effektivität haben kann.

5.6 Strategien mit Index-Optionsscheinen

Besonders in Zeiten starker Kursschwankungen und aufgrund zunehmender Vielfalt bei der Selektion einzelner Werte für ein Investment bieten Index Warrants eine interessante Alternative zu herkömmlichen Warrants. Vereinfachen Sie doch die Selektion und reduzieren die Anlagealternativen auf Gesamtmärkte bzw. einzelne Marktsegmente.

Index-OS stellen bis zum Ende der jeweiligen Optionsfrist ein für die meisten Anleger neuartiges Spekulations- und Absicherungsinstrument auf den zugrundeliegenden Basis-Index dar. Anlageüberlegungen müssen sich deshalb auf die Einschätzung der Entwicklung des betreffenden Indices innerhalb der Optionsfrist bzw. bis zu dem Verfalltermin des Scheins konzentrieren.

Index-OS wurden bisher vorwiegend mit einem Aktienindex als Basisobjekt emittiert. Dabei wurden Basisindices gewählt, auf die die Anleger zum Emissionszeitpunkt (noch) keine Index-Optionen bzw. Index-Terminkontrakte kaufen konnten. So wurden 1988 Index Warrants auf den Schweizer Aktienindex begeben. Zu diesem Zeitpunkt steckte die Swiss Options and Financial Futures Exchange (Soffex) noch in den Kinderschuhen: Sie nahm ihren Betrieb erst im ersten Halbjahr 1988 auf.

Auch in der Bundesrepublik Deutschland gab es bisher nicht die Möglichkeit zu längerfristigen Termingeschäften für Hedging- wie für Spekulationstrategien. Mit diesem Instrumentarium wird diese Möglichkeit geschaffen. Besonders interessant sind indexorientierte (index related) Optionsscheine für institutionelle Anlegerkreise, die gewissen Marktbeschränkungen unterliegen, d.h. sich insbesondere nicht am Termin- und/oder Optionsmarkt beteiligen dürfen. Dieses Argument hat im Zuge der Einführung einer Deutschen Terminbörse (DTB) an Bedeutung verloren.

Index Warrants werden gewöhnlich in zwei separaten Tranchen begeben: Als sog. Index Call Warrants (auch Bull oder Hausse Warrants genannt), mit denen der Käufer auf steigende Aktienkurse setzt, und als Index Put Warrants (auch Bear oder Baisse Warrants genannt), mit denen der Käufer an fallenden Aktienkursen verdienen kann.

Die jeweiligen Rückzahlungsbeträge, die dem Inhaber der Scheine bei der Ausübung zustehen, ergeben sich jeweils aus der Differenz des Indexstandes zum Ausübungs-zeitpunkt und dem Basisindexstand. Bei den Index Call Warrants erhöht (vermindert) sich mit steigendem (fallendem) Indexniveau der Rückzahlungsbetrag, bei den Index-Puts steigt (fällt) der Differenzbetrag mit fallenden (steigendem) Aktienindex. Daher sind die Basis-Indexstände in der Regel interdependent festgelegt, d.h., der Rück-zahlungsbetrag der Index-Calls steigt symmetrisch um den Prozentsatz, um den der Rückzahlungskurs der Index-Puts fällt. Allerdings sind die Basis-Indexstände der beiden Tranchen nicht identisch: Meist liegt der Basispreis der Index-Calls höher (z.B. bei 1.750 DM) als der Basispreis der Index-Puts (z.B. bei 1.600 DM). Das Niveau zwischen diesen beiden Basis-Indexständen entspricht der Zone des Gewinnmaxi-mums für den Emittenten: Denn liegt das Indexniveau am Ende der Optionsfrist in diesem Bereich, entfällt jegliche Rückzahlung, da beide Index Warrant-Arten wertlos sind. Dem Emittenten fließen die OS-Prämien zu 100% zu, während alle Anleger der Index-OS leer ausgehen.

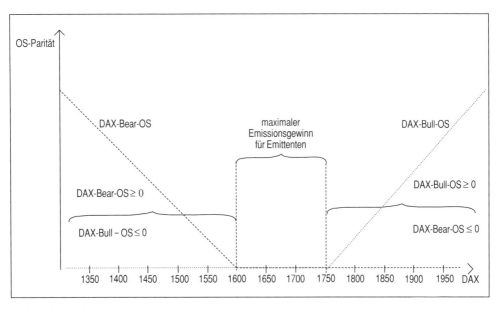

Abb. 5.9 Rückzahlungsprofil bei DAX Index Warrants

Erst wenn der Index außerhalb dieser für den Anleger kritischen Zone liegt, wird eine Barausgleichszahlung bei Ausübung fällig; je nach Niveau des Indices entweder für die Index Calls oder für die Index Puts. Nur in Ausnahmefällen können beide Anlegergruppen einen Rückzahlungsbetrag erhalten: Dies ist nur dann möglich, wenn bereits während der Optionsfrist vom Ausübungsrecht Gebrauch gemacht wird, d.h., der Index innerhalb der Optionsfrist ober- und unterhalb der kritischen Zone liegt, so daß am Ende der Laufzeit aufgrund der Volatilität des Index beide Anlegerseiten kassiert haben: Nicht sehr wahrscheinlich, aber immerhin denkbar.

Da mit beiden OS-Typen sehr verschiedene Anlagemöglichkeiten realisierbar sind, werden im folgenden beide Warrant-Typen separat besprochen.

5.6.1 Index-Bull-Optionsscheine

Bei einer gewünschten Spekulation auf steigende Aktienkurse bietet sich für Anleger der Index Call Warrant (Index Hausse Warrant) als Alternative zu direkten Aktienengagements an. Im Unterschied zu direkten Aktienkäufen entfällt beim Kauf eines Index Call Warrants die Notwendigkeit, sich selektiv (für bestimmte Aktien) entscheiden zu müssen. Allerdings ist zu berücksichtigen, daß der Schein wertlos werden kann: Im Gegensatz zu Aktien, die unbefristetes Eigenkapital einer Unternehmung darstellen, ist die Laufzeit der Scheine begrenzt. Und sollte der Index bis zum Ende der Optionsfrist nicht entsprechend gestiegen sein und außerhalb der kritischen Zone notieren, dann tendiert der Wert der Scheine gegen 0. Das gilt auch für andere Formen von Optionsscheinen, die auf einzelne Aktienwerte bezogen sind.

Einige Experten sehen speziell in Index Call Warrants auch eine Anlagealternative zu klassischen Aktien-OS. Hierzu ist jedoch zu sagen, daß die zugrundeliegenden Basisobjekte einen entscheidenden Unterschied darstellen: Während klassische Aktien-Optionsscheine am Anstieg einzelner Aktien partizipieren und deren Volatilität kurzfristig auszunutzen versuchen, bezieht sich ein Index Warrant auf den Gesamtmarkt. Damit ist bereits durch das Basisobjekt eine Diversifikation mit dem Effekt vorhanden, daß die Volatilität reduziert wird. Je nach Ausstattung des Index-Scheins partizipiert der Anleger dann unterschiedlich stark an der Aktienkursentwicklung, aber in jedem Fall weniger stark als bei klassischen Akien-OS.

Eine weitere Möglichkeit ist das vorzeitige Sichern eines Aktienkursniveaus. Hält der Investor das derzeitige Indexniveau für niedrig und rechnet innerhalb oder bis zum Ende der Optionsfrist mit steigenden Kursen, hat aber noch nicht das volle Investitionsvermögen zur Verfügung, dann kann er jetzt die Index Warrants als Call-Tranche kaufen und im Falle steigender Aktienkurse die dann höheren Kurse durch den anfallenden Kursgewinn bei der Call-Tranche kompensieren. Auch diese Strategie ist abhängig von der Hedge-Ratio bzw. dem Leverage.

Das Pendant zur Absicherung ist die Trading- bzw. spekulative Strategie. Mit Hilfe dieser Strategie will der Investor an den erwarteten Kurssteigerungen teilhaben. Da er sich nicht sicher ist, welche Branche am stärksten steigen wird, und er auf keinen Fall den Zug verpassen will, entscheidet er sich für Index Call Warrants. Aufgrund des geringeren Kapitaleinsatzes kann er, je nach Bewertung des Scheins, überproportional am steigenden Kursniveau partizipieren. Zudem kann er je nach eigener Risikoeinstellung entscheiden, ob er den Rest des Kapitals, das er beim Kauf von Index Call Warrants weniger einsetzt, festverzinslich anlegt oder ob er sein gesamtes Kapital in Index Warrants investiert: Letzteres bedeutet eine spekulative Variante, da er an der Wertentwicklung eines (fiktiven) Portefeuilles teilhat, das einen vielfachen Wert seines Budget besitzt. Denn würde er die dem Index zugrundeliegenden Aktien in der Menge kaufen, auf die sich indirekt die Index Warrants beziehen, dann bräuchte er ein Vielfaches seines zur Verfügung stehenden Kapitals. Entsprechend ergeben sich die überproportionalen Wertveränderungen.

Situation

Der Investor besitzt ein Depot im Wert von 105.000 DM, das breit diversifiziert ist und in seiner Zusammensetzung in etwa dem DAX entspricht. Der Anleger möchte aufgrund von eigener Unsicherheit per 18.9.89 sein Depot absichern. Er kauft dafür Index Bear OS der Dresdner Bank. Er überprüft seine Strategie per 15.11.89.

DAX-Stand per 18.09.89: 1605,11 Index-OS per 18.09.89: 79,80 DM
DAX-Stand per 15.11.89: 1498,06 Index-OS per 15.11.89: 195 DM

Strategie

Er verkauft für 5.000 DM Aktien und erwirbt dafür 62 Index-OS für 4.948 DM. Den Rest seines Depots hält er weiter.

Ergebnisse	18.09.89	15.11.89
Aktiendepot	100.000 DM DAX fällt um 6,67 %	93.330 DM
Index-OS	5.000 DM OS steigt um 144 %	12.090 DM
	105.000 DM	105.420 DM

Das Absicherungs-Investment über die Scheine ist also aufgegangen. 5% des Kapitals haben bereits ausgereicht, um ein Depot von 100.000 DM gegen Kursveränderungen abzusichern. Wären die Kurs gestiegen, wären sie um den Verlust bei den Warrants geschmälert. Die gleiche Strategie könnte ein Investor einsetzen, wenn er sich das aktuelle Kursniveau sichern will, um später einzusteigen. Er hat den Vorteil des erheblich geringeren Kapitaleinsatzes.

Abb. 5.10 Investmentvergleich Index-OS vs. direkter Aktienkauf

Im Beispiel der Abbildung 5.10 braucht der Investor nur 50% des Kapitaleinsatzes aufzuwenden, um das aktuelle Aktienkursniveau bis zu dem Zeitpunkt zu sichern, zu dem er das Kapital voll zur Verfügung hat. Fällt allerdings das Aktienkursniveau, dann fallen Kursverluste mit dem entsprechenden 20fachen Hebel an, die den Vorteil der dann niedrigeren Aktienkurse aufheben.

Sämtliche Spekulations- und Absicherungsstrategien sind abhängig von der Ausstattung der Index Warrants, insbesondere von der Stärke und Art der Indexbindung. Denn hinsichtlich der Indexbindung wurde bereits im zweiten Kapitel darauf hingewiesen, daß die bisherigen Emissionen zwar eine lineare Indexbindung aufwiesen, daß dieser Umstand aber keineswegs zwangsläufig ist.

5.6.2 Index-Bear-Optionsscheine

Mit Index Put Warrants investiert der Anleger auf fallende Aktienkurse, d.h. auf einen sinkenden Index. Denn Index Put Warrants berechtigen zur Gutschrift eines Geldbetrages, der der Differenz zwischen dem in Währung ausgedrückten niedrigeren Gegenwert des Index-Standes und dem Basispreis bei Ausübung entspricht.

Neben Verkaufsoptionen bieten Index-Put-Warrants somit die Möglichkeit der Absicherung von Aktienportefeuilles gegen fallende Kurse. Am deutschen Aktienmarkt stellen sie neben den oben genannten Aktienindex-Anleihen die einzige Möglichkeit dar, bestehende Portefeuilles längerfristig abzusichern. Dies dürfte auch der Grund sein, daß sich die Nachfrage bei den bisherigen Emissionen eher auf die Bear-Warrants konzentrierte, was in Form steigender Kurse am Sekundärmarkt gleich nach der Plazierung zum Ausdruck kam. Nach Einführung der DTB wird sich auch dieser Umstand relativieren.

Die Strategie wird dann interessant sein, wenn der Anleger bis zum Ablauf der Optionsfrist fallende Aktienkurse erwartet, aber die Aktien deshalb nicht verkaufen will oder verkaufen kann.

Eine Alternative bei erwartetem Kursrückgang stellt eine Absicherung über Verkaufsoptionen dar. Ob Index-Put-Warrants deren Nachteil der geringen Marktgängigkeit aufheben, bleibt abzuwarten.

Von Vorteil gegenüber Verkaufsoptionen ist die, je nach Form des Deckungsbestands, längere Laufzeit (bei Put-Optionen maximal elf Monate) und die Tatsache, daß Verkaufsoptionen auf den Gesamtmarkt (Indexoptionen) noch nicht verfügbar sind. Aber auch letzteres wird sich mit der DTB ändern.

Von entscheidender Bedeutung ist wiederum die Hedge-Ratio und der aktuelle Indexstand sowie der Optionsscheinkurs: Mittels dieser Daten kann der Anleger dann die Bewertung errechnen und ermitteln, wann sein Investment die Gewinnzone erreicht.

Indexstand	Parität in DM DAX-Bear	LF	Indexstand	Parität in DM DAX-Bear	LF
1610	−10		1510	90	16,7
1600	0		1500	100	15
1590	10		1475	125	11,8
1580	20	79	1450	150	9,6
1570	30	52,3	1425	175	8,1
1560	40	39	1400	200	7
1550	50	31	1375	225	6,1
1540	60	25,6	1350	250	5,4
1530	70	21,8	1325	275	4,8
1520	80	19	1300	300	4,3

Abb. 5.11 Rechnerische Wertentwicklung der DAX-Bear-Warrants

Der Bear Warrant erreicht erst unterhalb eines DAX-Standes von 1600 Punkten einen positiven inneren Wert (vgl. Abbildung 5.11). Die Gewinnzone erreicht der Anleger von Bear Warrants im obigen Beispiel erst, wenn der Deutsche Aktien-Index unter 1520 Indexpunkte fällt: Von dem Basispreis von 1.600 DM ist der Emissionskurs von 80 DM für den Index Put Warrant zu subtrahieren. Ohne Berücksichtigung von Transaktionskosten (Gebühren, Provisionen, Spesen und Courtage) ergibt dies den Break-Even-Kurs für den Schein, wenn er aus der Emission erworben wurde.

Für spekulativ eingestellte Investoren bietet die Bear-Tranche, ebenfalls neben dem Optionshandel und den genannten Aktienindex-Anleihen, in der Bundesrepublik Deutschland und anderen Ländern ohne Options- und/oder Terminmärkte die einzige Möglichkeit, aus fallenden Börsenkursen Gewinn zu erzielen. So wurden die Bear Warrants vor allem nach dem One-Day-Crash vom 16.10.89 populär, nachdem sie an einem Tag von 85 DM auf 260 DM in der Spitze stiegen, weil der DAX entsprechend um über 203 Punkte von 1589 auf 1385 Indexpunkte fiel. Eine Absicherungsstrategie hätte in diesem Fall ihren Zweck voll erfüllt. Allgemein gelten für Bear Warrants die gleichen Gesichtspunkte wie beim spekulativen Einsatz der Index Call Warrants:

- Gegenüber einem Direkt-Engagement in Aktien ergibt sich zum einen der Vorteil einer durch die Indexkopplung gewährleisteten, marktbreiten Diversifikation,

- zum anderen entfällt die Notwendigkeit zur individuellen Selektion der Investitionsobjekte,

- da der Index aber einen Durchschnitt vieler Aktien darstellt, ist die Schwankungsbreite und die Volatilität niedriger als diejenige von einzelnen Aktienwerten,

- es besteht die Gefahr des Verlustes, weil Index-Scheine im Gegensatz zu Aktien nur eine begrenzte Laufzeit haben. Erreichen sie bis zum Verfalldatum oder innerhalb des Zeitraums nicht bestimmte Break-Even-Kurse, kann der Investor erhebliche Verluste von bis zu 100% erleiden.

Somit kann der Investor die Gesamtmarkttendenz erfassen und seine Anlage unterliegt nur dem Marktrisiko, nicht jedoch dem spezifischen Risiko der einzelnen Aktie.

Für die Anwendung der geschilderten Strategien innerhalb der Optionsfrist ist ein liquider Sekundärmarkt Voraussetzung, um jederzeit beide Tranchen zum Zweck der Gewinnrealisierung und zu Absicherungsstrategien kaufen bzw. verkaufen zu können. Am Ende der Optionsfrist kann aufgrund sonst einsetzender Arbitragetätigkeit ohnehin davon ausgegangen werden, daß sich die Kurse der jeweiligen Warrant-Art den rechnerischen Kursen anpassen. Diese Annahme ist realistisch, da mit abnehmender Rest-Optionsfrist die Prämie des Optionsscheins gegen Null tendiert.

Ein weiterer Gesichtspunkt ist die Handelbarkeit der einzelnen Index-Warrant-Arten. Bereits kurz nach der Plazierung wurde der Handel in den einzelnen Tranchen dadurch erschwert, daß institutionelle Anleger große Teile der Emission aufgekauft hatten. Im Falle einer nicht marktgerechten Bewertung, z.B. einer Unterbewertung, werden diese kaum in der Lage sein, zu verkaufen, da die entsprechend zu niedrige Bewertung, z.B. der Index-Puts, nicht die rechnerisch notwendigen Kursgewinne »bringt«, die zur Absicherung erforderlich sind.

Nimmt man die Börsenkapitalisierung als Maßstab für den Hedging-Bedarf, zeigt sich, daß das große Interesse vor allem institutioneller Kundschaft verständlich wird. Besonders in Ländern ohne Möglichkeit der Absicherung ganzer Portefeuilles, bleiben Index Warrants (neben Aktienindex-Anleihen) bis zur Einführung einer Options- und Terminbörse die einzige Alternative zur Absicherung.

5.7 Strategien mit Basket Warrants

Basket Warrants zum Bezug von Aktienkörben stellen eine Variation und gleichzeitig eine Anlagealternative zu klassischen Aktien-Optionsscheinen und Index Warrants dar. Außer diesen Instrumenten steht ihm auch die dritte Alternative, der börsenmäßig organisierte Optionshandel für ein Investment offen. Will der Anleger die für ihn optimale Strategie herausfiltern, bedarf es eines Vergleichs zwischen dem Angebot der unterschiedlichen Instrumente hinsichtlich Bedingungen und Bewertung. Als

Anhaltspunkt mag die Abbildung 5.12 dienen. Sie listet plakativ die wichtigsten Vor- und Nachteile der verschiedenen Instrumente auf.

Anlage-alternative	Ausprägung	Basisobjekt	Laufzeit	Kurserwartung
Basket Warrant	Call, wenige Puts	Aktienkörbe (z.B. branchen-bezogen)	1–3 Jahre	steigende Kurse (z.B. in in Branchen)
Index Warrant	Call, Put	Indices von Aktienmärkten, gesamtmarkt-bezogen	1–3 Jahre	steigend oder fallend, stärkere Schwankungen des Gesamt-marktes
Covered Warrant	Call, einige Puts	einzelne Aktien, auch Nebenwerte	1–3,5 Jahre	steigende oder fallende Einzelwerte
Klassische Aktien-OS	Call	einzelne Aktien, Stan-dardwerte	3–15 Jahre	steigende Einzelwerte
Options-kontrakte	Call, Put	einzelne Aktien, zuge-lassene Stan-dardwerte	3–12 Monate	steigende oder fallende Kurse (Mischstrate-gien möglich)
Aktienkauf	Kauf	alle Aktien	unbefristet	steigende Einzelwerte

Abb. 5.12 Anlagealternativen zu Basket Warrants

Die bislang emittierten Scheine wurden mit wenigen Ausnahmen branchenbezogen und als Call Warrant ausgestattet, d.h., ein Basket Warrant berechtigt zum Bezug von Aktien verschiedener Gesellschaften derselben Branche. Für potentielle Investoren ergibt sich damit die Chance, branchenbezogen zu investieren und es entfällt wie schon bei Index Warrants die Notwendigkeit zur Selektion einzelner Werte. Allerdings ist im Vergleich zu Index Warrants diese Strategie auf steigende Aktienkurse begrenzt, da bislang Basket Put Warrants als Anlagealternative noch fehlen. Wie die im zweiten Kapitel dargestellten Basisstrategien zur Beschaffung des Deckungsbestandes jedoch zeigen, sind auch Put Baskets möglich. Es dürfte daher nur eine Frage der Zeit sein, bis die Basket Warrants als Verkaufsversion auf den Markt kommen. Daneben wurde aber bereits erwähnt, daß auch andere Gesichtspunkte bei der Zusammenstellung des Basis-Aktienkorbs verfolgt werden.

Im Unterschied zu Index-OS kauft der Anleger bei branchenbezogenen Baskets nicht den Gesamtmarkt, sondern nur ein bestimmtes Marktsegment, z.B. die Chemiebranche. Basket Warrants können also bei einer branchenbezogenen Ausstattung auch als eine Art Branchen-Index-Warrant interpretiert werden. So berechtigt der »Deutsche Chemie Basket« von Merrill Lynch, emittiert im Oktober 1989, zum Bezug verschiedener Aktien der deutschen Groß- und Spezialchemie. Obwohl der Schein sich auf deutsche Aktien bezieht, wurde er in Sfr begeben. Gehandelt werden kann der Schein im Freiverkehr und kotiert werden die Scheine in Zürich in der Vorbörse. An diesem Beispiel soll die Wirkungsweise und das Prinzip von Index Warrants erläutert werden.

Emittentin: Merrill Lynch International & Co. C.V.
Emissionspreis: 187 Sfr je Optionsschein
Optionsrechte: Zehn Optionsscheine berechtigen den Inhaber zum Bezug von
9 Aktien Bayer AG (306 DM)
9 Aktien BASF AG (290 DM)
9 Aktien Hoechst AG (295 DM)
4 Aktien Degussa AG (551 DM)
3 Aktien Schering AG (815 DM)
(In Klammern der Aktienkurs zum Emissionszeitpunkt.)
Basispreis: Der kombinierte Ausübungspreis beträgt für das gesamte Aktienpaket 13.000 DM
Optionsfrist: Das Optionsrecht kann in der Zeit vom 15.11.89 bis zum 1.10.91 einschließlich ausgeübt werden.
Valuta: 14.11.89

Die Emittentin unterhält für die Optionsscheine einen Deckungsbestand, der allerdings in den Emissionsbedingungen nicht näher erläutert wird. Börsenmäßig organisierte Optionskontrakte können sich aufgrund der längeren Laufzeit nicht im Deckungsbestand befinden. Daher wird die Emittentin entweder andere, preiswertere Optionsscheine (mit einer niedrigeren Prämie als der Emissionsprämie) oder die Aktien selbst halten. Die Kalkulation der Emittentin sieht wie folgt aus: Zum Zeitpunkt der Emission am 6.10.89 notierten die Aktien der Gesellschaften entsprechend den Kursen, die in Klammern stehen. Als Aktienpaket ergibt sich ein kombinierter Kurswert von 12.668 DM. Da zehn Optionsscheine zum Preis von 187 Sfr/Stück zum Bezug des Aktienpakets berechtigen, erhält die Emittentin den Basispreis von 13.000 DM sowie – in DM umgerechnet – 2.151 DM (10 * 187 Sfr * 1,15 DM/Sfr) für die Scheine. Das Aktienpaket ist also für 15.151 DM (13.000 plus 2.151 DM) veroptioniert worden. Dies entspricht (ohne Transaktionskosten) einer Emissionsprämie für den Stillhalter von 19,6%. Bei einer Laufzeit der Scheine von ca. 1,9 Jahren entspricht dies einer jährlichen Zusatzeinnahme von 9,8%. Anders ausgedrückt, reduziert sich für den Fall der Nicht-Ausübung der Verlust-Break-Even des Stillhalters um 19,6% bzw. 9,8% jährlich. Bei einer Veroptionierung in Form von Optionskontrakten wäre die Stillhalterprämie wesentlich geringer ausgefallen.

Der Investor macht folgende Rechnung auf: Mit zehn Optionsscheinen à 187 Sfr, insgesamt also 2.151 DM, kann er innerhalb von zwei Jahren das genannte Aktienpaket für 13.000 DM erwerben. Der momentane Wert beläuft sich auf 12.668 DM. In zwei Jahren muß der Aktienkorb um 19,6% auf insgesamt über 15.151 DM steigen, damit das Investment in die Gewinnzone gerät. Bevor der Anleger die Scheine kauft, sollte er sich bei einer Abwägung pro und contra Kauf folgende Fragen stellen:

- Existieren andere, preiswertere Aktien-Optionsscheine der Gesellschaften? Falls ja, dann sollten Aktien-Optionsscheine der Gesellschaften und nicht Basket Warrants erworben werden.

- Rechne ich damit, daß die Chemie innerhalb oder bis zum Ende der Optionsfrist so stark im Kursniveau ansteigt, daß sich ein Investment lohnt? Falls ja, dann in Basket Warrants investieren.

- Oder wird nicht die Chemie als ganzes gehen, sondern nur einzelne Werte der Chemiebranche? Falls ja, dann selektiv vorgehen.

- Wird die Chemie-Branche eine bessere Performance haben als der Gesamtmarkt, d.h. relative Stärke zeigen? Falls ja, dann in Chemie-Baskets investieren; falls nein, entweder Baskets zum Bezug des Gesamtmarktes (Index Warrants) oder einer anderen Branche kaufen.

So wurden zum Emissionszeitpunkt Aktien-OS der im Aktienkorb enthaltenen Aktien mit einer durchschnittlichen Prämie von 3% gehandelt. Als Alternative könnte man folgende Scheine kaufen: BASF OS 85/94, Bayer OS 84/94, Hoechst OS 83/93, Degussa 83/93 und Schering OS 83/90.

Neben der wesentlich günstigeren Bewertung läuft auch die Optionsfrist teilweise wesentlich länger, mit Ausnahme der Schering-OS. Somit hätte der Anleger eine bedeutend preiswertere Alternative wählen können.

Im folgenden wird gezeigt, welche Möglichkeiten sich einem Investor mit Basket Warrants noch bieten und bei welchen erwarteten Kursszenarien sich welche Strategie anbietet. Dabei spielt die Risikoeinstellung eine wichtige Rolle: sie entscheidet, welcher Prozentsatz des Kapitals in Optionsscheine eingesetzt wird.

Situation

Ein Investor hat zur Kapitalanlage einen Betrag von 13.000 DM zur Verfügung. Ihm stehen eine konservative und eine spekulative Alternative zur Anlage zur Auswahl. Die Laufzeit des Investments soll zwei Jahre betragen. Von Rendite- und Wechselkursschwankungen wird ebenso wie von Transaktionskosten abstrahiert.

Direktes Aktien-Engagement

Kauf per 6.10.89 des oben genannten Aktienkorbes von je neun Aktien der Bayer AG zu 306 DM, der BASF AG zu 290 DM, der Hoechst AG zu 295 DM, vier Aktien der Degussa AG zu 551 DM und drei Aktien der Schering AG zu 815 DM. Kauf des Aktienkorbes zu insgesamt 12.668 DM (zzgl. Transaktionskosten). Der Restbetrag wird als Kasse gehalten.

Chance

Dividenden und Kursgewinne des Aktienkorbes. Unterstellt man eine durchschnittliche Dividendenrendite von 4%, so erhält der Investor 506 DM zzgl. 0,5625% Steuergutschrift = 791,75 DM p.a. Bei Kursgewinnen des Aktienkorbes in zwei Jahren von

durchschnittlich	ergibt sich eine Gesamtrendite
von 5% auf 13.301 DM	von 8,8% p.a. (14.885 DM)
von 10% auf 13.935 DM	von 11,2% p.a. (15.518 DM)
von 20% auf 15.202 DM	von 16,3% p.a. (16.786 DM)

Risiko

Dividenden und Kursverluste des Aktienkorbes. Entfällt aber neben den Dividenden der Kursgewinn, entspricht die Rendite der Dividendenrendite plus Steuergutschrift. Entfallen auch zusätzlich die Dividendenzahlungen, entspricht die Rendite den Kursveränderungen der Aktien. Diese sind zur Vergleichbarkeit zu periodisieren. Im Extremfall droht neben einem Dividendenausfall eventuell der Konkurs der Gesellschaften. Dieser Fall dürfte jedoch eher hypothetisch sein. Steigt der Aktienkorb im Kurswert

durchschnittlich	ergibt sich eine Gesamtrendite
um 2,7% auf 13.010 DM	von 6,10% p.a. (14.593 DM)
um – 5% auf 12.035 DM	von 2,40% p.a. (13.618 DM)
um – 10% auf 11.401 DM	von 0,05% p.a. (12.985 DM)

5.7.1 Konservative Strategien

Kauf von zehn Chemie Basket Warrants zum Kurs von 187 Sfr. Der Kapitaleinsatz beträgt 2151 DM. Für den Restbetrag von 10.849 DM werden Festzinsanleihen mit einer jährlichen Verzinsung von 7,5% gekauft. Eingesetztes Kapital: 13.000 DM

Chance

Fixe Zinsen und mögliche Kursgewinne der Optionsscheine. Es fallen jährlich Zinsen in Höhe von 813,68 DM an. Zum Ende des Investments erhält der Investor den Nominalbetrag von 10.849 DM zzgl. 1.627,35 DM Zinsen (ohne Zinseszinsen) zurück. Steigt der Aktienkorb im Kurswert alternativ um 25, 30 und 35%, erzielt der Investor neben diesen Zahlungen noch Kursgewinne aus seinen Optionsscheinen, die seine Gesamtrendite leicht erhöhen. Steigt der Aktienkorb

im Kurswert	stehen die Scheine	erhöht sich die Rendite
auf 15.835 DM	(+ 32%) bei 247 Sfr	auf 8,9% p.a.(15.317 DM)
auf 16.468 DM	(+ 61%) bei 302 Sfr	auf 11,3% p.a.(15.949 DM)
auf 17.102 DM	(+ 90%) bei 356 Sfr	auf 13,7% p.a.(16.570 DM)

Entsprechend ergibt sich die Gesamtverzinsung (in Klammern steht der Cash-flow am Ende der Laufzeit) dieses konservativen Investments p.a.

Risiko

Fixe Zinsen und Kursverluste der Basket-Optionsscheine. Steigt der Aktienkorb im Kurswert um weniger als 20%, dann erleidet der Investor Verlust mit seinen Scheinen. Der Extremfall ist beschränkt auf den Totalverlust bei den Scheinen in Höhe von 2.151 DM. Dies tritt ein, wenn der Aktienkorb weniger als 2,8% ansteigt. Steigt der Aktienkorb

im Kurswert um	stehen die Scheine bei	sinkt die Rendite auf
20% auf 15.202 DM	190 Sfr (+/- 0)	6,3% p.a. (14.627 DM)
15% auf 14.568 DM	136 Sfr (− 27%)	4,0% p.a. (14.040 DM)
2,7% auf 13.010 DM	0,5 Sfr (−100%)	−2,0% p.a. (12.476 DM)

5.7.2 Risikofreudige Strategien

Kauf von 60 Chemie Basket Warrants zum Kurs von 187 Sfr. Sein DM-Kapitaleinsatz beläuft sich auf 12.903 DM (60 * 187 Sfr * 1,15 DM/Sfr).

Chance

Kursgewinne der Basket-Optionsscheine. Steigt der Aktienkorb

im Kurswert	steigen die Scheine im Wert
um 25% auf 15.835 DM	um 32% auf 247 Sfr
um 30% auf 16.468 DM	um 61% auf 302 Sfr
um 35% auf 17.102 DM	um 90% auf 356 Sfr

Aufgrund der hohen Emissionsprämie wird der Leverage erst nach Abbau der Prämie wirksam. Der Leverage schlägt rechnerisch um so stärker durch, je stärker die Aktienkurse ansteigen. Der prozentuale Anstieg der Scheine entspricht auch gleichzeitig der Gesamtrendite.

Risiko

Kursverluste der Basket-Optionsscheine. Steigt der Aktienkorb im Kurswert um weniger als 20%, dann erleidet der Investor Verlust mit seinen Scheinen. Der Extremfall: Einen 100%igen Verlust seines Kapitaleinsatzes erleidet der Investor, wenn der Aktienkorb weniger als 2,8% ansteigt. Steigt der Aktienkorb

im Kurswert um	steht der Schein rechnerisch bei	
20 % auf 15.202 DM	190	Sfr (+/– 0)
15 % auf 14.568 DM	136	Sfr (–27%)
2,7% auf 13.010 DM	0,50	Sfr (–100%)

Im Ergebnis zeigt sich, daß eine konservative Anlage bei Kursanstiegen zwar weniger Gewinn bringt, daß bei Kursverlusten aber auch weniger Verlust erlitten wird. Dies liegt an der Tatsache, daß der Investor nur einen Teil seines Geldes in Optionsscheine investiert. Diese dargestellten Strategien sind nur als Basisstrategien zu betrachten:

Es sind natürlich Mischstrategien möglich. So könnte der Investor soviel Scheine kaufen, daß er maximal 10, 20 oder 30% Verlust erleidet, je nach Risikoneigung. Der Gedanke dieser Strategien beruht also auf einem Anlagesplitting des Kapitals in Optionsscheine und in Festsatzanleihen.

Der Unterschied zwischen der konservativen Anlage und einem direkten Aktienkauf ist gering; dies ergibt aufgrund der relativ hohen Dividendenrendite der im Aktienkorb befindlichen Aktien, so daß der Unterschied zu einer Festzinssatz-Anleihe gering ist. Je geringer die Dividendenrendite, desto vorteilhafter wird c.p. die konservative gegenüber der direkten Kaufstrategie. Je höher die Dividendenrendite, desto sicherer wird ein direkter Aktienkauf gegenüber einem Engagement in Anleihen und Scheinen.

5.7.3 Chancen-Risiko-Profil von Basket Warrants

Der Emissionsvergleich in Abbildung 5.13 soll deutlich machen, ob es für einen Investor unerheblich ist, ob ein Deckungsbestand als Optionskontrakt oder als Basket Warrant veroptioniert wird oder ob die Interessenlage zwischen Emittent und Investor auch zu einem Interessengegensatz werden kann. Es wird gefragt, ob die Vorteile der einen nur auf Kosten der anderen Seite durchgesetzt werden können.

	Basket Warrant	**Option**
Basisobjekt:	Aktienkorb mit den Aktien A,B,C	Aktienkorb mit den Aktien A,B,C
Basispreis:	1000 Sfr	1000 Sfr
Optionsverh.:	1 OS: 1 Aktienkorb	1 Option: 1 Aktienkorb
Optionsfrist:	15.10.89 – 15.10.91	15.10.89 – 15.10.91
Emissionspreis:	140.00 Sfr	92,50 Sfr
Kurswert der Aktien A,B,C zum Emissionszeitpunkt:	950 Sfr	950 Sfr
Emissionsprämie:	20%	15%

Szenario A (positiv) zum Ausübungszeitpunkt

Kurswert des Aktienkorbes:	1.200 Sfr	1.200 Sfr
Innerer Wert:	200 Sfr	200 Sfr
Kursgewinn:	42,85%	116,2%

Damit der Basket-Optionsschein die gleiche Performance wie die vergleichbare Option erzielt, müßte der Aktienkorb auf 1.305 Sfr steigen. Der Aktienkorb muß also in den zwei Jahren der Optionsfrist um 11% stärker steigen (von 950 Sfr auf 1.305 Sfr, d.h. 37%), um dieselbe Vorteilhaftigkeit aufzuweisen wie ein Engagement in der Option (von 950 Sfr auf 1.200 Sfr, d.h. 26%). Damit die Option dieselbe Rendite (42,85%) aufweist wie der Schein, reicht bereits ein Anstieg des Aktienkorbes um 13% auf 1.082 Sfr. Beim Basket dagegen ist ein Anstieg von 26,3% erforderlich. Durch die für den Emittenten besseren Konditionen verschlechtert sich das Risiko/Chance-Profil des Scheins für den Investor also erheblich.

Szenario B (negativ) zum Ausübungszeitpunkt

Kurswert des Aktienkorbes:	1.100 Sfr	1.100 Sfr
Innerer Wert:	100 Sfr	100 Sfr
Kursverlust:	28,5%	Kursgewinn: 8,1%

Während bei diesem Negativ-Szenario das Options-Engagement noch mit Gewinn abschließt, erleidet der Anleger beim Basket-Engagement einen Verlust von 28,5%. Das heißt, daß der Break-Even-Kurs, definiert als der Kurs, bei dem ein Investment plusminus Null endet, der Anleger also nur seinen Einsatz wieder erhält, bei der Option wesentlich tiefer liegt (bei 1.092,50 Sfr) als beim Basket Warrant (bei 1.140 Sfr).
Dieses Beispiel sollte deutlich genug zeigen, daß sich das Chancen-Risiko-Profil des Optionsscheins zugunsten des Emittenten zu Lasten des Investors erheblich verschlechtert.

Abb. 5.13 Chance/Risiko-Profil Basket-OS vs. Option

Als Fazit bleibt festzuhalten, daß der Emittent seine Gewinnmarge auf Kosten der Investoren erhöht. Sowohl bei Kurssteigerungen als auch bei Kursrückgängen fährt der Emittent durch die Emission besser als ohne eine Basket-Emission. Im Gegensatz dazu steht die Perspektive der Investoren.

Ein Vorteil, den der Stillhalter nur aufgrund fehlender Transparenz der Anleger und der Euphorie für Basket-Emissionen erzielen kann.

Da bisher nur Emissionen am Markt plaziert wurden, die zum Bezug von Aktienkörben berechtigen (sog. Call Basket Warrants), Put Basket Warrants dagegen noch als Anlagealternative fehlen, sind die Strategien mit Basket-OS noch auf steigende Aktienkurse begrenzt.

6 OS-Märkte und Handelsusancen

Das folgende Kapitel bietet eine Betrachtung einiger ausgewählter Optionsscheinmärkte aus Sicht der Praxis. Dabei wird dem deutschen Optionsscheinmarkt als
»home market« besondere Aufmerksamkeit gewidmet. Neben einer ausführlicheren
Marktbeschreibung der einzelnen Marktsegmente und Marktteilnehmer werden auch
Aspekte des täglichen Handelns erläutert.

6.1 Der deutsche Optionsscheinmarkt

Der deutsche Optionsscheinmarkt ist in den letzten Jahren extrem expandiert. Immer
mehr deutsche, aber vor allem japanische Gesellschaften nahmen den Markt für
Optionsanleihen in Anspruch, um sich günstig Fremdkapital zu verschaffen. Am
deutlichsten wird dies an der Tatsache, daß an der Frankfurter Börse die Zahl der für
Optionsanleihen und -scheine zuständigen Händler und Makler seit Jahren stetig
ansteigt, weil die Anzahl der Werte und die Umsatztätigkeit stark zugenommen haben
und noch weiter wachsen werden. So ist zur Zeit in Vorbereitung, die Märkte für
japanische und internationale Optionsanleihen und -scheine aufzusplitten. Dies gilt
sowohl für den amtlichen Handel als auch für den Freiverkehr. Bisher wurden diese
Märkte an der Frankfurter Börse jeweils nur von einem Makler betreut. Geplant ist,
einen zweiten amtlichen und einen zweiten Freiverkehrsmakler zu bestellen, da die
bisherigen Makler aufgrund der zunehmenden Zahl der Werte und vor allem aufgrund
der gestiegenen Umsätze zu lange für die Kursfeststellung benötigen.

Üblich ist eine Marktaufteilung nach Alphabet, d.h., die jetzigen Makler könnten die
Emissionen im Alphabet von A bis K betreuen, während die anderen L bis Z erhielten.

Schein	Umsatz total Tsd Stück	Mio DM	durchschnittl. Tagesumsatz Stück	Mio DM	Schein	Umsatz total Tsd Stück	Mio DM	durchschnittl. Tagesumsatz Stück	Mio DM
AGAB 87/94	953.4	73.9	7,627	0.591	Henkel VzA87/94	1,540.7	191.8	12,326	1.534
Allianz** 89/96	175.3	97.2	3,731	2.067	Herlitz 84/94	1,156.4	94.5	9,251	0.756
ANZAG 86/96	912.5	129.3	7,300	1.035	Hoechst 83/93	4,486.7	866.3	35,893	6.930
ASKO VzA 86/93	158.2	24.3	1,266	0.194	Hoechst 75/90	102.4	83.6	820	0.668
AVA 89/99	631.1	327.4	5,440	2.822	Hoesch 86/96	9,246.8	813.2	73,975	6.505
BASF 85/94	5,303.2	815.3	42,426	6.522	Kaufhof 86/98	1,570.8	155.7	12,566	1.246
BASF 86/01	4,747.1	395.3	37,977	3.163	Kaufhof 84/94	458.8	109.4	3,670	0.875
BAYER 85/95	3,936.3	552.6	31,491	4.421	Kaufhof 85/95	452.9	82.5	3,623	0.660
BAYER 84/94	3,547.0	570.0	28,376	4.560	Kolbensch.89/99	n.v.	n.v.	n.v.	n.v.
BAYER 87/97	2,067.6	165.9	16,541	1.327	Krones 87/94	82.5	40.6	660	0.325
Bay. Hypo 86/96	733.0	81.9	5,864	0.656	Linde 84/94	215.3	92.2	1,722	0.738
Bay. Hypo 85/94	1,165.5	155.3	9,324	1.242	Markt & T.87/94	97.7	12.1	782	0.097
Berl. Bk. 86/94	795.3	46.4	6,362	0.371	Metallg. 86/96	2,024.2	242.0	16,193	1.936
Berl. Ele.89/99	n.v.	n.v.	n.v.	n.v.	Metallg. 87/97	1,916.5	215.1	15,332	1.721
BHF 86/98	598.8	60.3	4,791	0.482	Nixdorf 87/93	730.5	78.4	5,844	0.627
BHF 83/90	1,031.2	200.7	8,250	1.605	PREUSSAG 84/91	5,361.6	394.9	42,893	3.159
BHF 85/95	1,221.7	198.6	9,774	1.589	PWA 86/94	7,264.7	971.2	58,118	7.770
Continent.84/94	1,518.8	262.8	12,151	2.103	RWE VzA 86/96	10,172.1	920.7	81,377	7.365
Continent.86/96	1,283.1	87.3	10,265	0.698	Salamander86/96	639.8	82.7	5,118	0.662
Continent.87/97	1,527.3	94.0	12,218	0.752	Schering 84/90	3,521.3	986.7	28,171	7.894
Degussa 83/93	703.2	162.1	5,625	1.297	Siemens 83/90	5,308.3	1,580.3	42,466	12.642
Deut. Bank87/92	3,027.2	291.0	24,218	2.328	Siemens 86/92	5,768.2	635.2	46,146	5.082
Deut. Bank86/96	1,167.2	118.3	9,337	0.947	Stumpf StA81/91	4.3	0.6	34	0.004
Deut. Bank83/91	3,509.0	958.8	28,072	7.670	Trinkaus 86/96	91.6	9.2	733	0.074
DG/AGAB 87/93	555.8	48.1	4,447	0.384	VEBA 83/93	7,457.6	988.2	59,661	7.906
Didier 85/95	625.7	64.5	5,006	0.516	VIAG 87/97	6,880.5	1,025.9	55,044	8.207
Douglas* 86/95	531.0	120.9	4,248	0.967	VW StA 86/95	1,246.3	118.7	9,970	0.949
Dres. Bank84/94	3,631.0	652.0	29,048	5.216	VW StA 86/01	2,262.0	216.5	18,096	1.732
Dres. Bank83/90	1,800.0	270.5	14,400	2.164	VW VzA 88/98	20,654.6	2,261.0	165,237	18.088
Dres. Bank83/93	1,376.2	228.9	11,009	1.831	Wella VzA 86/96	323.2	42.7	2,586	0.341
Dres. Bank86/96	3,392.8	244.6	27,142	1.957	Zand. VzA 88/98	2,395.0	199.3	19,160	1.594
Dres. Bank86/91	2,625.9	157.7	21,007	1.262					
Glunz** 89/92	512.4	44.3	18,300	1.583					
Glunz** 89/93	379.1	33.5	13,538	1.196	Gesamt	159,658.0	21,246.4	1,304,302	173.418

Börse Frankfurt; * Börse Düsseldorf; ** Freiverkehr Düsseldorf
(in 1989 bereits ausgelaufene Scheine sind nicht berücksichtigt)

Abb. 6.1 Umsätze in DM-Aktien-OS im 1. Halbjahr 1989

Aber nicht nur in Frankfurt stehen die Zeichen auf Wachstum. Einige andere deutsche Börsen ziehen mit. Denn eine ganze Reihe von Unternehmen lassen ihre Emissionen auch an den Börsen von Düsseldorf, München, Hamburg und Berlin notieren, um eine breitere Anlegerschaft anzusprechen und die Vorteile des Regionalbörsenprinzips zu nutzen. Welche Optionsanleihen oder Optionsscheine an welcher Börse notiert werden, ist aus den Emissionsprospekten der Anleihen oder Scheine ersichtlich oder kann auch in amtlichen Kursblättern der jeweiligen Börse nachgeschlagen werden. Am umfassendsten ist die Börsenzeitung, sie fungiert als amtliches Kursblatt für mehrere Börsen und liefert alle Kassa- und variablen Kurse einer Emission von allen Börsen, an denen sie gehandelt wird.

Trotz des Regionalbörsenprinzips muß der Börse Frankfurt attestiert werden, daß sich dort der umsatzträchtigste Markt in Optionsscheinen und -anleihen befindet.

Ein Aspekt, der bei Optionsanleihen und Scheinen, die an den deutschen Börsen gehandelt werden, vernachlässigt werden kann, ist die Frage der Handelbarkeit bzw. Fungibilität der einzelnen Wertpapiere (cum, ex und Scheine). Alle aktuell am Markt gehandelten cum, ex und Scheine sind Inhaberpapiere, d.h., das »Recht aus dem Papier« folgt dem »Recht am Papier«. Optionsscheine werden übertragen wie Sachen, d.h. durch Einigung und Übergabe des Papiers. Somit verkörpern Optionsscheine als Inhaberpapiere alle Eigenschaften, die eine besondere Fungibilität herbeiführen.

Dies gilt sowohl für Scheine auf dem deutschen Optionsscheinmarkt als auch für die anderen internationalen OS-Märkte.

6.1.1 Marktsegmente

In der Bundesrepublik Deutschland gibt es seit des Inkrafttretens des nach der Novellierung neuen Börsenzulassungsgesetzes (1. Mai 1987) an der Börse im Kassamarkt vier Marktsegmente:

- Amtlicher Handel
  - Einheitsmarkt mit Kassakursen
  - Markt mit fortlaufenden Notierungen
- Geregelter Markt
- Geregelter Freiverkehr
- Ungeregelter Freiverkehr

Der außerbörsliche Handel kommt als weiteres Marktsegment noch hinzu.

Der Terminmarkt kommt in der Bundesrepublik bisher nur in Form des Optionshandels auf Aktien und auf Rentenwerte vor. Mit der Einführung der DTB aber erhält dieser neue Dimensionen, die den deutschen Finanzmarkt international konkurrenzfähiger machen sollen.

Optionsanleihen und Optionsscheine werden hauptsächlich in zwei der genannten Marktsegmente gehandelt: Optionsanleihen großer inländischer und ausländischer Emittenten werden im amtlichen Handel notiert, während einige Optionsanleihen kleinerer Unternehmen und die meisten Optionsscheine, die als Naked Warrants begeben werden, im geregelten Freiverkehr gehandelt werden. Im ungeregelten

Freiverkehr oder nur außerbörslich werden neu emittierte Optionsanleihen und Warrants gehandelt und dies nur so lange, bis sie im endgültigen Marktsegment (nach einem Zulassungsverfahren) notieren.

Die Entscheidung, in welchem Marktsegment ein Emittent seine Emission quotieren lassen will, ist neben dem Emissionsvolumen abhängig von den unterschiedlichen Zulassungsmodalitäten, die der Emittent bereit ist, zu erfüllen und die je nach Marktsegment verschieden streng sind. Es kann jedoch auch vorkommen, daß ein Schein an einer Börse nur in der Kasse notiert wird, während er an einer anderen Börse auch variabel handelbar ist. So ist der Anzag OS 86/96 in Frankfurt ein reiner Kassawert, während er in Berlin und Hamburg variabel gehandelt wird. Das zeigt, daß die Börsen unterschiedliche Anforderungen an eine Emission stellen, um sie für ein bestimmtes Marktsegment zuzulassen. Eine Vereinheitlichung des Zulassungsprocedere ist aber vorgesehen.

Nach der Art des Wertpapierhandels und der Kursnotierung wird der amtliche Handel unterteilt in den

- Einheitsmarkt, und den

- Markt mit variablen (fortlaufenden) Notierungen.

Der Einheitsmarkt ist dadurch gekennzeichnet, daß während der Börsensitzung nur ein einziger Kurs, der sog. Einheits- oder Kassakurs, festgestellt wird. Daher werden am Einheitsmarkt mit nur einem Kassakurs Optionsscheine gehandelt, deren Emissionsvolumen einen gewissen Umfang nicht überschreitet, so daß auch der tägliche Umsatz an der Börse nicht mehr als eine Kursbildung pro Börsensitzung erfordert. Dies trifft auch und vor allem für die anderen Börsen, an denen neben Frankfurt Optionsscheine gehandelt werden, zu.

Daneben existiert ein Markt mit variablen Kursnotierungen. Dies bedeutet, daß während einer Börsensitzung neben dem Kassakurs noch fortlaufend weitere Kurse festgestellt werden können, je nach Geschäftsaufkommen. Variabel notieren Optionsanleihen und -scheine der großen Unternehmen, deren Volumen und Umsatz eine variable, d.h. häufigere Notierung erlauben. Denn für den variablen Handel sind bestimmte Mindeststückzahlen bzw. ein Mehrfaches dieser Stückzahlen erforderlich. Der sog. Mindestschluß (bei Aktien 50 Stück) beträgt bei Optionsscheinen 100 Stück und bei Optionsanleihen (und Wandelanleihen) nominal 5.000 DM (evtl. auch 6.000 DM). Aufträge, die nicht die erforderliche Mindeststückzahl erreichen, gehen in die Feststellung der Kassakurse ein.

In jüngster Zeit werden viele Optionsanleihen und Optionsscheine im Freiverkehr gehandelt. Dies trifft besonders auf die Covered Warrants auf japanische, deutsche und US-Aktien zu. Konzipiert wurde der geregelte Freiverkehr für Aktien mit kleinem

Grundkapital und als »Test« für eine spätere Zulassung zum geregelten oder amtlichen Markt. Im Optionsscheinbereich werden daher analog solche Emissionen gehandelt, die weder die Zulassungsmodalitäten noch das Volumen für eines der anderen Marktsegmente haben. Der Handel findet im Freiverkehr nach der offiziellen Börsenzeit statt und erfolgt über Freimakler. So werden beispielsweise in Frankfurt die Scheine im Freiverkehr von den Freimaklerbüros Spütz & Partner (Deutsche und Internationale Scheine) und Rabe & Partner (Japanische Scheine) gefixt. Im Freiverkehr wird ähnlich dem Kassakurs auch nur einmal pro Börsensitzung ein Kurs festgestellt.

6.1.2 OS-Arten

Traditionell überwiegen die Optionsscheine zum Bezug von Aktien. Beherrschten allerdings vor einigen Jahren noch Scheine zum Bezug deutscher Aktien das Börsenparkett, so sind es immer mehr Warrants japanischer Emittenten, die sich auf japanische Aktien beziehen.

Dies ist zumindest für den Optionsscheinhandel an der Frankfurter Börse zutreffend. An den anderen Börsen dominieren noch die Scheine zum Bezug deutscher Aktien, da die japanischen Emittenten ihre Emission vorzugsweise nur in Frankfurt notieren lassen. Allerdings gibt es hier einige interessante Ausnahmen: So notieren die cum, ex und Scheine der Kao Corp. und die Emission von '86 der Suminoe Textile sowohl in Frankfurt als auch in Düsseldorf. Dies liegt an der Tatsache, daß die West LB mit Sitz in Düsseldorf die Emission an den Markt gebracht hat. Dabei treten häufig Kursunterschiede von bis zu 7% auf. Allerdings sind die Umsätze unterschiedlich hoch. Trotzdem eine interessante Alternative für Orders zum Börsenplatz Frankfurt. Und die wenigsten wissen, daß der Senko OS von 1985 neben Frankfurt noch in München notiert wird. So konnte man teilweise in München bis zu 150 DM mehr für den gleichen Schein erhalten.

Die Scheine zum Bezug deutscher Aktien werden im Regelfall an mindestens zwei deutschen Börsen gehandelt, eine davon ist allerdings mit wenigen Ausnahmen Frankfurt. Die Scheine auf große deutsche Standardwerte werden sogar an mehreren Börsen, teilweise sogar an allen deutschen Börsen gehandelt.

Die Konzentration auf Frankfurt gilt auch für Covered Warrants, die ja insbesondere in jüngster Vergangenheit für Furore gesorgt haben. Sowohl CWs zum Bezug von deutschen Aktien, als auch CWs, die sich auf ausländische Aktiengesellschaften – vorwiegend aus Japan und den USA – beziehen. Zudem ist in Frankfurt der breiteste Markt mit den meisten und kapitalkräftigsten Marktteilnehmern vorhanden.

Aber Aktien-OS sind keineswegs die einzige OS-Art, die an bundesdeutschen Börsen gehandelt werden. Am interessantesten ist die Liste der Werte bei den Freimaklern, denn hier wird die breite Palette der Artenvielfalt erst richtig sichtbar: Sie reicht von CWs und Zins-OS über Währungs-OS auf Sterling und $ bis zu Index Warrants auf den DAX oder FAZ-Index.

Für Währungs-OS scheint sich der Börsenplatz Düsseldorf zu einem guten Pflaster bzw. Parkett zu entwickeln. Vor allem durch die Privatbank Trinkaus & Burkhardt mit Sitz in Düsseldorf induziert, haben eine Reihe von Currency Warrants hier einen liquideren Markt als in Frankfurt, zumal sie hier variabel gehandelt werden, während in Frankfurt nur ein Kassakurs festgestellt wird.

Für die anderen Arten von Optionsscheinen bleibt dagegen noch abzuwarten, ob sich einzelne Regionalbörsen gegen Frankfurt durchsetzen können. Dies kann aufgrund der bisherigen Erfahrungen allerdings schon jetzt bezweifelt werden.

6.1.3 Marktteilnehmer

Ein Markt ist nur so professionell wie seine Marktteilnehmer. Diese Erkenntnis ist keineswegs neu, trifft aber besonders für einen so volatilen Markt, wie ihn nun mal der OS-Markt darstellt, zu. Denn hier trennt sich schnell die Spreu vom Weizen. Wer nicht aufpaßt, kann herbe Verluste einfahren.

Aufgrund des stark gestiegenen Interesses an Optionsscheinen sowohl von seiten der Privatkundschaft als auch von institutioneller Seite sind die Erfahrungen, Motive und Budgets der einzelnen Anlegerschichten höchst unterschiedlich verteilt. Entsprechend unterschiedlich sind die Einflußmöglichkeiten, die die einzelnen Gruppen auf die Kursentwicklung haben. Für einen potentiellen Investor kann es daher durchaus von Interesse sein, über die einzelnen Marktteilnehmer gut informiert zu sein. Prinzipiell können folgende fünf Gruppen von Marktteilnehmern unterschieden werden:

- Amtliche Kursmakler

- Freimakler

- Börsenhändler

- Fondsmanager

- Privatkundschaft

Amtliche Kursmakler
Diese kleinste Gruppe der Marktteilnehmer hat eine Vermittlungsfunktion bei der Kursfeststellung inne. Aufgabe dieser ständigen Börsenteilnehmer ist die amtliche Kursfeststellung im Handel mit Amtlicher Notierung. Diese Funktion nehmen sie hinter der sog. Maklerschranke wahr. Gemäß 29 des Börsengesetzes ist als Börsenkurs

derjenige Preis festzusetzen, welcher der wirklichen Geschäftslage des Verkehrs an der Börse entspricht und den größten Umsatz verspricht.

Wenn Anleger bei ihrer Bank Optionsscheine oder cum und ex ordern, dann wird diese Order an den zuständigen Börsenhändler der Bank weitergegeben, der an der Börse einen Kontrahenten für das Geschäft sucht. Das heißt, die Order kann bei einem Makler aufgegeben werden oder der Börsenhändler kann mit einem anderen Börsenhändler das Geschäft direkt abwickeln. Kassaorders werden im Regelfall beim Kursmakler direkt aufgegeben. Liegen diesem nach Annahmeschluß alle Orders vor, dann beginnt er mit der Kursfeststellung. Zur Feinabstimmung der Kurse stehen vor der Maklerschranke die Börsenhändler von involvierten Banken und Freimakler, die ihrerseits Kunden- und eigene Interessen wahrnehmen. Zusammen mit dem »Amtlichen« erfolgt dann die Kursfeststellung. Der Einfluß dieser Gruppe auf die Kursentwicklung ist also nur indirekt über die Kursfeststellung gegeben. Für einen Anleger kann diese Gruppe somit eher vernachlässigt bleiben.

Freimakler
Eine ähnliche Funktion wie die amtlichen Kursmakler haben die Freimakler. Sie stellen die Kurse der Scheine und Anleihen fest, die im Freiverkehr gehandelt werden. Daneben stellen sie an der Börse fortlaufend Geld- und Briefkurse für die Börsenhändler der Banken und vermitteln vor- und nachbörslich Geschäfte zwischen Banken, falls diese für sich oder Kunden Orders abwickeln wollen. Schließlich ist auch das Eigenengagement mancher Freimakler nicht zu verachten, so daß sie durchaus als eine Gruppe mit Einfluß auf die Kursentwicklung angesehen werden sollte.

Börsenhändler
Börsenhändler sind Angestellte einer Bank oder eines Wertpapierhauses und betreiben unselbständige Geschäfte, d.h., sie kaufen und verkaufen nicht im eigenen Namen, sondern auf Rechnung der Bank für die Bank oder für Dritte. Trotzdem haben sie einen enormen Einfluß auf die Kurstrends. Vor allem Börsenhändler von ausländischen Banken haben mit ihrer z.T. institutionellen, internationalen Kundschaft einen starken Einfluß auf die Kursentwicklung am Markt. Denn Börsenhändler, die in den Zentralen der Institute sitzen, sprechen mit ihren Kollegen in den Filialen und Zweigstellen, tauschen ihre Informationen aus, geben eigene Meinungen weiter und geben so indirekt (manchmal auch direkt) Ideen zum Kauf und Verkauf. Werden diese Ideen dann breit von den einzelnen Filialen umgesetzt, dann schwillt das Ordervolumen enorm an. Zudem betreiben die meisten Börsenhändler einen Nostrohandel für Rechnung der Bank. Das Volumen dieser Nostrobestände beträgt teilweise bis zu 20 Mio. DM. Der Anleger sollte diese Gruppe genau beobachten, auch wenn es sich schwierig gestalten wird. Aber über seinen Anlageberater, der mit den Börsenhändlern sprechen kann, ist diese Möglichkeit – wenn auch begrenzt – gegeben.

Schließlich sind Börsenhändler wichtig für den außerbörslichen Handel. Denn in der Vor- und Nachbörse stellen sie per Börsennachrichtendienst, z.B. per Reuters Geld- und Briefkurse für eine Reihe von cum, ex und Scheinen. So können eilige Anleger auch außerbörslich Stücke handeln. Dies ist vor allem dann zu raten, wenn größere Stückzahlen gehandelt werden sollen.

Die Bedeutung einzelner Börsenhändler wird am Beispiel der Deutschen Bank Mannheim deutlich. Ihre OS-Händler stellen außerbörslich täglich Geld- und Briefkurse für größere Positionen in diversen Scheinen. Vor allem aber sorgen sie während der Börsenzeit zusammen mit den Maklern, die die Kurse an der Börse feststellen, für den Kursausgleich. Das heißt, die amtlichen Makler und die Freimakler, die ein Kursfixing vornehmen, sind per Telefon mit Händlern der Deutschen Bank Mannheim verbunden und sprechen sich mit diesen Händlern während der Kursfeststellung ab. Spitzen, d.h. kleine Stückzahlen, die zum Kursausgleich fehlen oder zuviel sind, werden von diesem Börsenhändler ausgeglichen.

Fondsmanager
Aufgabe der Fondsmanager ist es, das Kapital bestimmter Investmentfonds gewinn- bringend anzulegen. In Deutschland beherrschen Aktien- und Rentenfonds den Investmentmarkt, aber auch einige ausgewählte Fonds, die in Optionsanleihen und Scheine investieren, sind auf den Kurszetteln zu finden. International sieht die Szenerie anders aus. Vor allem in den Off-Shore-Märkten, Luxemburg und London, sind in den letzten Jahren eine Reihe von Fonds, die speziell in Optionsscheine investieren, aufgelegt worden. In der Bundesrepublik hat der DIT, Deutscher Invest- ment Trust, eine Fondsgesellschaft der Dresdner Bank, bereits vor einigen Jahren einen DIT für Wandel- und Optionsanleihen aufgelegt.

Mit dem PEH-Universal-Fonds OS gibt es seit August 1989 den ersten reinen Optionsscheinfonds in DM. Gemanagt von mehreren bekannten Herausgebern diverser Börsenbriefe, liegt der Fonds in den Hitlisten bislang mit 55,6% Verlust nach 1 ½ Jahren an letzter Stelle. Mittlerweile ist das Fondsvolumen von anfänglich 70 Mio. DM auf 20 Mio. DM geschmolzen und der Anlageausschuß ist ausgewechselt worden. Auch der MMWI-OSWA, ein Fonds für Optionsscheine und Wandelanleihen von MM.Warburg Bank, hat seit seiner Auflegung mit 38% eine negative Performance. Zwar liegt der Fonds damit besser als der PEH-OS, der Anlageausschuß ist aber auch hier ausgewechselt worden. Neu auf dem Markt ist der CC-Universal-OS-Fonds. Depotführende Bank ist das renommierte Privatbankhaus Berenberg, Gossler & Co. in Hamburg. Im Anlageausschuß sitzen erfahrene Wertpapierfachleute. Die geplante Auflegung im Herbst 1990 wurde wegen der Golfkrise auf den Juni 1991 verschoben. Bleibt zu hoffen, daß das gute Timing hinsichtlich der Auflegung auch beim täglichen Trading erhalten bleibt.

Für kleine Anleger stellt diese Anlagealternative generell eine sinnvolle Ergänzung der eigenen Anlagestrategien dar. Neben dem professionellen Management stehen vor allem steuerliche Vorteile (Wegfall der Spekulationssteuer) und die Risikostreuung auf der Plusseite dieser Fonds.

Privatkundschaft
Die zahlenmäßig größte Gruppe von Marktteilnehmern stellen die privaten Anleger dar, die vor allem in den letzten Jahren den Optionsscheinmarkt entdeckt haben. Nach einer Leserbefragung der Zeitschrift »Börse Online« vom Juni 1989 nutzen neben vielen kleinen Anlegern auch zunehmend finanziell stärker engagierte Investoren den OS-Markt, um an der Börse Geld zu verdienen. Immerhin knapp 75% der Leser haben danach bereits Erfahrungen mit dem Handel von Optionsscheinen gemacht. Und die Tendenz ist steigend.

6.1.4 Transaktionskosten

Ein wichtiger Kostenfaktor für die Anleger bei einem Engagement in Wertpapieren wie auch Optionsscheinen sind gewöhnlich die Gebühren, die beim Kauf und beim Verkauf anfallen. Sie wirken gewinnmindernd oder verlusterhöhend. In der Bundesrepublik entstehen dem Normalanleger dabei folgende Transaktionskosten:

Bankgebühren:	1,00% vom Kurswert
Börsenumsatzsteuer:	0,25% vom Kurswert (entfällt seit 1. Januar 1990)
Maklercourtage:	0,08% vom Kurswert
Sonstige Spesen:	2 bis 8 DM pro Order

Transaktionskosten ca.:	1,34% (beim Kauf und beim Verkauf)

Bei Optionsanleihen cum und ex reduzieren sich die Bankgebühren auf 0,5%, die Börsenumsatzsteuer auf 0,1% und die Maklercourtage je nach Anlagebetrag auf 0,02% bis 0,05%. Der Normalanleger hat kaum Verhandlungsspielraum bei den Gebührensätzen, bei größeren Anlegern dagegen sind einzelne Banken durchaus zu Konzessionen bereit.

Der vieldiskutierte Kostenfaktor der Börsenumsatzsteuer (BUSt) entfällt nach neuestem Beschluß auch in der Bundesrepublik ab 1. Januar 1991, so daß die Summe der anfallenden Gebühren sinkt.

6.1.5 Auftragserteilung und Abwicklung

Die Erteilung von Kauf- und Verkaufsordern wird von den einzelnen Banken unterschiedlich gehandhabt. Vor allem der Annahmeschluß einer Order für denselben Börsentag differiert ziemlich stark, so daß sich der Anleger neben den Gebührensätzen vor allem die unterschiedlichen Annahmeschlußzeiten seiner Bank sagen lassen sollte. Viele Banken akzeptieren eine telefonische Ordererteilung, wenn sie den Kunden besser kennen. Am Anfang einer Bank-Kunden-Beziehung allerdings wird die Bank im Regelfall auf eine schriftliche Order bestehen bzw. sie im nachhinein vom Anleger unterschreiben lassen.

Am 1.8.1989 trat eine weitere Börsengesetznovelle in Kraft, mit der der Gesetzgeber nunmehr auch Privatpersonen die Möglichkeit verschafft hat, rechtlich einwandfrei Börsentermingeschäfte abzuschließen. Die Banken beziehen die neuen Gesetzesvorschriften auch auf Optionsscheine. Gemäß § 53 Abs. 2 Börsengesetz müssen die Banken dabei den Kunden vor Abschluß des ersten Geschäftes über die Verlustrisiken schriftlich aufklären, was der Kunde schriftlich bestätigen muß. Erst dann sind die meisten Banken bereit, eine Order zum Kauf von Optionsscheinen entgegenzunehmen.

Als Anhaltspunkt im folgenden einige Fakten, die auf Erfahrungen mit deutschen Großbanken basieren. Beim Annahmeschluß ist danach zu unterscheiden, ob die Order für den variablen Handel oder den Kassahandel gedacht ist. Die Order für den Einheitsmarkt mit dem Kassakurs muß bei den meisten Banken bis 10.30 Uhr, spätestens aber bis 11.15 Uhr aufgegeben sein, um am gleichen Tag einen Anspruch auf Ausführung zu haben. Danach nimmt die Bank die Order nur noch unter Vorbehalt an. Die meisten Großbanken haben zudem EDV-Ordersysteme, die nach dem offiziellen Annahmeschluß automatisch die Order auf den nächsten Handelstag datieren. Problematisch wird ein spätes Ordern für den Kassakurs, wenn viele Anleger auf die letzte Minute ordern wollen. Oft genug bricht ein Ordersystem dann zusammen. So ging es vielen Investoren am Ein-Tages-Crash vom 16.10.89. Einige Großbanken haben aufgrund der riesigen Orderflut die Orderannahme pauschal um 11 Uhr gestoppt, sowohl für den Kassahandel als auch für variable Orders.

So konnten viele nicht mehr auf die Ereignisse an der Börse reagieren und billig einsteigen (oder haben sie etwa verkauft?). Orders für den variablen Handel (Minimum 100 Stück) sind auch während der Börsenzeit noch möglich, also bis kurz vor 13.30 Uhr. Inwieweit sich die Börsenzeiten in naher Zukunft verlängern und dementsprechend auch die Orderusancen, ist momentan noch nicht zu sagen. Die weitere Entwicklung bleibt hier abzuwarten.

Größere Stückzahlen von Optionsscheinen – Faustregel Mindestanlagebetrag 50.000 DM – können auch vor- oder nachbörslich gehandelt werden. In diesem Fall erfolgt das Geschäft telefonisch zwischen dem Anlageberater, Ihrer Bank und dem Börsenhändler der zuständigen Wertpapierzentrale.

Für Optionsscheine, die im Freiverkehr gehandelt werden, gelten hinsichtlich der Annahmezeit die für den Kassahandel gemachten Ausführungen. Im Gegensatz zum amtlichen Handel, bei dem der Kunde einen Anspruch auf die Ausführung seiner Order hat, entfällt im Freiverkehr dieser Ausführungsanspruch.

Eine Order zum Kauf oder Verkauf eines Scheins kann mit oder ohne Limit aufgegeben werden. Beim Limit gibt der Anleger einen Kurs an, den er im Falle eines Kaufs maximal zu zahlen bereit ist. Bei Kursen unterhalb des Limits kommt die Order zum Zuge, darüber fällt sie aus. Beim Verkauf ist es umgekehrt: Der Anleger gibt einen Kurs an, den er mindestens für seinen Schein erhalten möchte. Liegt der Börsenkurs darunter, fällt die Order aus, bei höheren Kursen als dem Limitkurs wird die Order ausgeführt. Bei unlimitierten Orders, sog. Billigst-Kauf- und Bestens-Verkaufsorders wird der Auftrag in jedem Fall ausgeführt, unabhängig vom Kurs des Scheins.

Dieser Unterschied kann entscheidend sein, wie der Ein-Tages-Crash gezeigt hat. Viele Anleger wollten ihre Scheine unbedingt verkaufen, dachten sich, daß ihre wenigen Optionsscheine nicht den Kurs beeinflussen werden und waren entsetzt, als sie am nächsten Tag erfuhren, welchen Kurs sie tatsächlich erhalten hatten. Diese Annahme beruht auf einem klaren Irrtum. Denn haben viele Anleger die gleichen Gedanken und ordern unlimitiert, dann summiert sich die Stückzahl schnell und wird sehr wohl kursbeeinflussend, da eine solch große Stückzahl erst bei deutlich niedrigeren Kursen auf eine entsprechende Nachfrage führt.

Schließlich kann der Anleger die Order tagesgültig oder für einen befristeten Zeitraum, in der Regel bis zum Ultimo des Monats, aufgeben. Die Entscheidung sollte der Anleger individuell nach seinen Anlagemotiven treffen. Für Tradingzwecke ist eine tagesgültige Order unabdingbar, das Limit orientiert sich am Vortages- bzw. vorbörslichen Kurs, während für mittel- bis langfristige Strategien eine Ultimo-Order mit einem Limit die bessere Alternative darstellt.

Wählt der Anleger eine Ultimo-Order ohne Limit, dann kann er davon ausgehen, daß dies einer tagesgültigen und unlimitierten Order entspricht, da die Order ja in jedem Fall zum nächsten handelbaren Kurs ausgeführt wird.

Unabhängig von der Art der Order – ob für Kassahandel oder variable Notierungen, hat der Anleger einen Anspruch auf eine schnelle Bestätigung seines Geschäftes. Dies wird im Regelfall eine Ausführung der Order sein. Wurde der erwartete oder erhoffte Kurs nicht erreicht und eine Ausführung nicht vorgenommen, erfolgt die Bestätigung im Falle einer ultimo-gültigen Order als Order- bzw. Limitbestätigung. Das heißt, die Bank bestätigt ihrem Kunden, daß sie seine Order weisungsgemäß mit oder ohne Limit vorgemerkt hat. Im Falle eines tagesgültigen Auftrags oder bei Ablauf einer Order erhält der Anleger eine Nicht-Ausführungsbestätigung. Im Falle einer Nicht-Ausführungsbestätigung belasten viele Banken ihre Kunden mit einer Limitgebühr für die Kontrolle der Order während ihrer Gültigkeitsdauer. Sie schwankt zwischen 4 DM und 15 DM pro Order.

Konnte das Geschäft ausgeführt werden, so erhält der Kunde eine Ausführungsbestätigung. Sie enthält alle wichtigen Fakten, die für das Geschäft von Bedeutung sind:

- abgerechneter Kurs (Kauf- oder Verkaufskurs)
- Stückzahl (volle Abrechnung oder Teilzuteilung)
- Geschäftstag (Tag der Orderausführung)
- Valuta (i.d.R. zwei Tage nach dem Geschäftstag)
- Transaktionskosten (Gebühren, Courtage, BUSt, Spesen)
- Gesamtbetrag (Summe aus Kurs * Stückzahl +/– Kosten)
- Konto und Depotangaben (wem der Betrag belastet/gutgeschrieben wird)

Die Valuta gibt das Datum an, an dem der Betrag des Geschäftes dem Kunden gutgeschrieben bzw. belastet wird. Im DM-Bereich sind dies üblicherweise zwei Tage nach dem Geschäftstag, an dem die Order an der Börse ausgeführt wurde.

Aufgrund der automatisierten Abrechnungssysteme vieler Banken erhält der Kunde meist am nächsten Tag, spätestens jedoch zwei bis drei Tage später eine Ausführungsbestätigung für seine Order.

6.2 Der Schweizer Optionsscheinmarkt

Der Finanzplatz Schweiz gilt im europäischen Maßstab landläufig als einer der wettbewerbsfähigsten Finanzplätze. Dies trifft auch für den Markt für Optionsscheine zu. Immerhin kommen einige der spektakulären Innovationen im Optionsscheinbereich aus der Bahnhofstraße, der Bankenstraße in der Schweiz. So entwickelte und emittierte die BZ-Bank Zürich AG die ersten Basket Warrants zum Bezug von Aktienkörben, und auch die Index Warrants, die sich auf bestimmte Aktienindices beziehen, kamen aus der Schweiz. Und das Prinzip der Going-Public-Optionsanleihen, an denen Warrants zum Bezug einer erst noch zu begebenden Aktie angehängt sind, wurde von der Zürcher Bank Julius Bär entwickelt.

Auch die Umsatzentwicklung zeigt ein deutliches Wachstum der Märkte für Optionsanleihen und Scheine. Immerhin rund 13% der Abschlüsse an der Züricher Börse fanden in diesen Anlageinstrumenten statt.

6.2.1 Marktsegmente

In den letzten Jahren sind in der Schweiz neue Märkte für Optionsscheine und Optionsanleihen entstanden. Verbriefte Optionsrechte werden heute am Obligationenring, an der Aktien- oder Hauptbörse, dem » Zürcher Ring« und an der Vorbörse, außerbörslich und schließlich im neuen elektronischen Optionenmarkt (Soffex) gehandelt. Daneben entwickeln sich auch die Börsen von Genf und vor allem Basel immer mehr in Richtung Handel mit Optionsanleihen und Scheinen weiter.

Als primäre Voraussetzung für einen effizienten Markt muß – nicht nur in der Schweiz – eine ausreichende Marktliquidität der zugrundeliegenden Basisobjekte, meist Namens- oder Inhaberpapiere oder Partizipationsscheine (PS), vorhanden sein. Diese Minimalbedingung ist selbst bei den traditionellen Optionsanleihen nicht immer erfüllt. Im Gegensatz dazu wurde bei der Emission von Covered Warrants diesem Kriterium mehr Aufmerksamkeit geschenkt und CWs mit wenigen Ausnahmen nur auf Titel mit breiten Märkten begeben. Dies gilt sowohl für CWs auf schweizerische Namensaktien, als auch für CWs, die sich auf ausländische Emittenten beziehen.

Die zweite Voraussetzung betrifft die Marktbreite des Optionsscheins selbst. Diesem Kriterium wurde in der Schweiz auch keineswegs regelmäßig Ausmerksamkeit geschenkt. So haben mehr als 40% aller Optionsschein-Emissionen einen Emissionswert von weniger als 10 Mio. Sfr. Unter diesem Gesichtspunkt kann es nicht überraschen, daß es zu erratischen Kursbildungen kommen kann, was nicht im Interesse der Investoren ist.

Am Zürcher Ring, der Hauptbörse der Schweiz, werden traditionell vorwiegend die Anleihen und Scheine der renommierten Schweizer Unternehmen gehandelt, während in der Vorbörse auch ausländische, vor allem japanische und einige europäische Emittenten quotieren. Auch hier sind, wie in der Bundesrepublik, Unterschiede im Zulassungsverfahren und Anforderungen an Bonität und Emissionsvolumen entscheidend für die Wahl des Marktsegments.

Ein besonders von japanischen Optionsanleihen und -scheinen dominiertes Marktsegment ist der außerbörsliche Handel. Mehr als 15 Banken und Broker bieten per Reuters (vgl. Kapitel 7.4) ständig Geld- und Briefkurse für den Handel dieser Warrants an. Und per Telekurs (Investdata System) bieten weitere zehn Marktteilnehmer ihre Kurse an. Bei den Emissionen japanischer Emittenten überwiegen kleinere Privatplazierungen, die nur von einigen wenigen Marktanbietern regelmäßig gestellt werden. Daneben nutzen aber auch japanische Großunternehmen den Sfr-Markt, um sich günstig Fremdkapital zu beschaffen. Von den deutschen Firmen wird der Sfr-Markt erst allmählich genutzt. Allianz, Conti, die BHF-Bank und Kaufhof sind die bekanntesten deutschen Unternehmen, die diesen Markt bislang in Anspruch genommen haben. Und daß die Anleger diesen Markt auch erst noch entdecken müssen, zeigt sich daran, daß die cum, ex und Scheine stets wesentlich günstiger bewertet sind als die vergleichbaren DM-Titel, die in Frankfurt gehandelt werden.

Seit dem Frühjahr 1988 stehen die Optionsscheine, die eine nur noch kurze Restlaufzeit (Optionsfrist) von weniger als 13 Monaten besitzen, hinsichtlich der Bewertung in Konkurrenz zu Optionen der Soffex (Swiss Options and Financial Futures Exchange). Dies gilt vor allem für Aktien- und Index-Optionsscheine.

6.2.2 OS-Arten

Auch auf dem Schweizer Optionsscheinmarkt dominieren Scheine zum Bezug von Aktien in- und ausländischer Emittenten. Warrants aus Optionsanleihen zum Bezug schweizer Aktien weisen zur Zeit eine Börsenkapitalisierung von mehr als 1.8 Mrd. Sfr auf. Die Kapitalisierung der für die Scheine reservierten Aktien (bedingtes Grundkapital) beträgt mehr als 10 Mrd. Sfr, also rund 6% der Schweizer Aktienbörse. Der gut entwickelte Optionsscheinmarkt erlaubte es 1987 und 1988, Wandel- und Optionsanleihen im Gesamtwert von jeweils rund 3.8 Mrd. Sfr am Markt zu plazieren.

Auch Covered Warrants, die erstmals im Herbst 1986 in der Schweiz als Optionsscheine auf Namensaktien Dritter emittiert wurden, haben eine gute Akzeptanz im Markt, da die Technik des Schreibens, d.h. der Beschaffung des Deckungsbestandes, einfach und transparent ist. Der Börsenwert von 4 Mrd. Sfr der für Covered Warrants hinterlegten Aktien entspricht rund 6% sämtlicher ausstehender Namensaktien. Dieser hohe Prozentsatz konnte in so kurzer Zeit nur erreicht werden, weil vor allem gut informierte ausländische Investoren bereit waren, über diesen Umweg der gut bewerteten Optionsscheine eine attraktive Prämie zu zahlen, um an einer allfälligen Neubewertung des Marktsegments Namensaktien teilhaben zu können. Inzwischen wurden auch CWs zum Bezug von schweizerischen Inhaberaktien emittiert, die sich der gleichen Handelstechnik bedienen.

Der erste Put-Optionsschein, der zum Verkauf einer Aktie berechtigt, wurde Mitte 1987 von der Citicorp und der Bank Vontobel auf die BBC-Inhaberaktie begeben. Zunehmend erfreuen sich auch Basket Warrants zum Bezug von Aktienkörben größerer Beliebtheit. Die von der BZ-Bank Zürich AG quotierten BZ-Basket-Optionsscheine repräsentieren die vier wichtigsten Branchen des schweizerischen Aktienmarktes, die Banken, die Versicherungs-, die Chemie- und die Nahrungsmittelindustrie. Seit Oktober 1987 besteht in dem BZ-Pharma-Basket-Warrant der erste branchenbezogene Warrant, der zugleich lediglich auf eine Titelkategorie, nämlich Namensaktien lautete. Zwar ist der erste emittierte Warrant mittlerweile ausgelaufen, aber mit einer Performance von weit mehr als 1000% während seiner Laufzeit von zwei Jahren war dies Anlaß genug, um weitere Scheine folgen zu lassen. Insgesamt wird ein Umsatzvolumen von mehr als 2 Mrd. Sfr erreicht.

Seit Januar 1987 notieren in der Schweiz die ersten Index Warrants. Der Schweizerische Bankverein begab eine Optionsanleihe mit Optionsscheinen zum Bezug des BV-Aktienindex, der erste Optionsschein auf einen breiten Marktindex. Im April 1988 emittierte die OZ Zürich Optionen und Futures AG eine erste Serie von Index Warrants. Als Basis für diese Optionen wurde ein neuer Index, der OZX, basierend auf elf »Blue chips«-Aktien, kreiert. Und kurz danach wurden weitere Index-Optionsscheine sowohl als Call und erstmals als Put-Schein begeben.

Von den übrigen Warrant-Arten sind noch die Commodity Warrants erwähnenswert, die schon vor einigen Jahren im respektablen Umfang vor allem zum Bezug von Unzen Gold und Barrel Öl am Markt plaziert wurden.

6.2.3 Marktteilnehmer

Grundsätzlich ist auch die Struktur der Marktteilnehmer an den Schweizer Börsen mit denen anderer Börsenplätze vergleichbar. Allerdings unterscheidet sich die Zusammensetzung der am Zürcher Ring zum Handel zugelassenen Börsenteilnehmer. Hier treffen sich keine Broker, Freimakler oder Börsenhändler von Banken zur täglichen Börsensitzung, sondern ausschließlich Vertreter von Banken bzw. Finanzgesellschaften, die eine staatliche Bewilligung zum gewerbsmäßigen Wertpapierhandel besitzen. Und diese Bewilligung erhalten nur Gesellschaften oder Personen, die ihren Geschäfts- oder Wohnsitz im Kanton Zürich haben. Gleiches gilt für die Börsen von Basel und Genf.

Allgemein können zwei unterschiedliche Arten von Börsengenehmigung erteilt werden. Zum einen für das Gewerbe eines Börsenagenten, vergleichbar mit den Maklern an den deutschen Börsen. Die Börsenagenten (auch Ring-Agenten genannt, weil sie am Zürcher Ring tätig sind) sind verpflichtet, alle abgewickelten Transaktionen der Zeitfolge nach in einem Journal aufzuführen. Verschiedene Transaktionen sind nach dem Gesetz verboten, z.B. die Feststellung von Kursen, die mit der effektiven Angebots- und Nachfragesituation nicht im Einklang stehen oder wissentliche oder leichtfertige Verbreitung falscher Nachrichten.

Börsenagenten können Großbanken, Privatbanken und Finanzgesellschaften werden. Aufgrund des zahlenmäßig kleinen Kreises von derzeit 30 Teilnehmern kommt den Börsenagenten (Ring-Agenten) eine große Bedeutung für Anleger und Emittenten zu.

Zum anderen können Börsengenehmigungen für die gewerbsmäßige Vermittlung des Kaufs oder Verkaufs von Wertpapieren außerhalb der Börse erteilt werden. Diese Genehmigung erhalten auch Gesellschaften, die ihren Wohnsitz außerhalb eines bestimmten Kantons, aber innerhalb der Schweiz haben. Börsenagenten wickeln alle für den Anleger wichtigen Dienste ab: Sie tätigen den Kauf bzw. Verkauf von Titeln, verwahren sie, sorgen für das Inkasso der Coupons bei Obligationen sowie bei Fälligkeit für deren Rückzahlung bzw. deren Umtausch in das Basisobjekt. Auf Wunsch werden die Titel auch an andere Depotstellen geliefert. Ebenso wie für den deutschen Markt können die Aufträge bestens, billigst oder limitiert aufgegeben werden. Auch tagesgültige oder zeitlich befristete Orders können vom Anleger aufgegeben werden. Dies gilt unmittelbar nur für Anleger, die über eine depotführende Bank mit Sitz in der Schweiz ordern. Für deutsche Anleger mit einer Bank in Deutschland gelten die unter Kapitel 6.1 beschriebenen Usancen.

Von Anlegerseite her unterscheidet sich die Struktur nur marginal von anderen Börsenplätzen. Hier werden, wie in anderen westlichen Ländern, aber etwas verstärkt, z.B. von den Versicherungen, den Pensionsfonds und vor allem den Investmentfonds-Management-Gesellschaften immer größere Anteile der zur Anlage an den Kapitalmärkten bestimmten Mittel kontrolliert. Daher kommt den Fondsmanagern eine andere Bedeutung als in der Bundesrepublik zu. Für den OS-Markt allerdings ist diese Aussage zu relativieren, da nur wenige Fonds überhaupt in Options- und Wandelanleihen oder in Warrants investieren. Diese Entwicklung wird sich nach Meinung von Schweizer Experten in den kommenden Jahren noch verstärkt fortsetzen, obwohl auch die Summen, die die privaten Investoren in den Optionsanleihe- und Scheinemarkt investieren, tendenziell weiter zunehmen wird. Für vermögende Privatanleger werden immer wieder die steuerlichen Vorteile gegenüber anderen Ländern (Wegfall der Spekulationssteuer, Erbschaftsteuer, Börsenumsatzsteuer u.a.) als zusätzliche Anreize genannt, um direkt in der Schweiz ein Depot zu führen. Und viele dieser Anleger stehen dann einem Investment in spekulativeren Marktsegmenten positiv gegenüber.

6.2.4 Transaktionskosten

Die im wesentlichen aus dem Jahre 1947 stammende Courtage-Konvention ist per 31.12.1985 revidiert worden und enthält sowohl bei Aktien als auch bei Optionsscheinen einen degressiven Tarif. Das heißt, daß mit zunehmendem Ordervolumen der prozentuale Anteil der Transaktionskosten sinkt. Obwohl dadurch vor allem größere Transaktionen begünstigt werden, liegen auch die Gebühren für kleinere Aufträge immer noch leicht unter denjenigen ausländischer Börsenplätze. Die Kostenbelastung ist ein wichtiges Kriterium für die Wahl des Finanzplatzes. Diese Kostenbelastung setzt sich aus zwei Komponenten zusammen: einerseits aus der beeinflußbaren Höhe der Courtage für die Bank und die Makler, andererseits aus der nicht beeinflußbaren Steuerbelastung (quasi eine Wertpapier-Umsatzsteuer, vergleichbar mit der deutschen BUSt).

Es gelten folgende, nach dem Bruttowert je Abschluß gestaffelte Banktarife:

bis zu 50.000 Sfr:	0,8%
für die nächsten 50.000 Sfr:	0,7%
für die nächsten 50.000 Sfr:	0,6%
für die nächsten 150.000 Sfr:	0,5%
für die nächsten 300.000 Sfr:	0,4%
für die nächsten 400.000 Sfr:	0,3%
für die nächsten 1 Mio Sfr:	0,2%
ab 2 Mio Sfr:	aushandelbar

Und auf alle Wertpapierumsätze in der Schweiz verlangt der eidgenössische Fiskus eine Abgabe von 1,5 Promille, wenn es sich um inländische, und 3 Promille, wenn es sich um ausländische Emittenten handelt.

Hinzu kommen noch weitere, kleinere Spesenposten wie die eidgenössische Stempelgebühr in Höhe von $3/4$ Promille vom Kurswert und eine kantonale Gebühr und Abgabe an den Effektenbörsenverein in Höhe von 0,15 Sfr je angefangene und vollendete 1.000 Sfr Kurswert.

Engagiert sich ein bundesdeutscher Anleger in Optionsscheinen, die in der Schweiz an der Börse gehandelt werden, dann hat er nur neben den schweizerischen Gebühren (ohne Banktarif für die Schweizer Bank) zusätzlich noch die Gebühren der depotführenden Bank zu zahlen. Meist gelten dann die für den deutschen Markt genannten Gebührensätze. Bei Geschäften im außerbörslichen Handel dagegen fallen keine zusätzlichen Spesen an, hier zahlt der Anleger nur die unter Kapitel 6.1.4 genannten Sätze. Im Einzelfall sollte sich der Anleger aber dennoch bei seiner Bank vergewissern.

6.2.5 Auftragserteilung und Abwicklung

Die Usancen hinsichtlich der Auftragserteilung und Abwicklung sind aus Sicht eines deutschen Anlegers höchst unterschiedlich. Der Annahmeschluß für Orders bei deutschen Geldinstituten ist abhängig davon, in welchem Marktsegment die Anleihe cum oder ex oder der Schein gehandelt wird. Da die Vorbörse bereits um 9.30 Uhr beginnt und bis 11 Uhr dauert, muß die Order entsprechend früh bei der Bank vorliegen. Die Börsensitzungen der Hauptbörse finden jeweils zwischen 11 Uhr und 13.15 bzw. 14.00 Uhr statt. Auch in der Schweiz wird zwischen Groß- und Kleinorders unterschieden. Große Aufträge werden fortlaufend mit dem herkömmlichen »A-la-criée«-System, d.h. Ausrufen der Kurse durch einen Börsenagenten, abgewickelt. Das heißt, variable Großorders mit einem Volumen von minimal ca. 10.000 Sfr können auch während der Börsensitzung noch in den Markt gegeben werden. Kleine Aufträge dagegen gelangen erst gesammelt zum Ausruf. Die Valuta, d.h. die Wertstellung von

Orders, beträgt für Sfr-Titel im Regelfall sieben Börsentage (im Ausnahmefall drei Tage). Für den Inhalt der Ausführungs- oder Orderbestätigungen gelten die unter Kapitel 6.1.5 gemachten Ausführungen. Ergänzend wird allerdings beim Geschäft in Sfr der Geld- oder Briefkurs des DM/Sfr-Wechselkurses (Briefkurs beim Kauf von Sfr-Titeln, den Geldkurs bei Verkäufen) mit angegeben, falls der Sfr-Betrag in DM konvertiert werden soll. Diese Konvertierung kann der Anleger umgehen, indem er entweder ein Unterdepot in Sfr hält oder indem er die Optionsscheine zum Bezug von schweizer Aktien kauft, die an den deutschen Börsen, allen voran Frankfurt, gehandelt werden. Dies sind mittlerweile eine ganze Reihe von Werten.

6.3 Der niederländische Optionsscheinmarkt

In den Niederlanden existieren zwei Marktsegmente, die für die Anleger von gleich wichtiger Bedeutung sind. Dies ist zum einen der herkömmliche amtliche Börsenhandel mit Optionsscheinen an der Amsterdamer Börse. Ein zweites wichtiges Marktsegment stellt die European Options Exchange (EOE) in Amsterdam dar. Denn es gibt an dieser größten Optionsbörse außerhalb der USA langlaufende Kauf- und Verkaufsoptionen auf einige große ausgewählte holländische Gesellschaften, deren Optionsfristen von drei bis über vier Jahre betragen. Normalerweise sind die Optionsfristen von börsengehandelten Optionskontrakten auf maximal zwölf Monate bzw. ein Jahr beschränkt.

Langlaufende Optionskontrakte werden an der EOE u.a. auf Akzo, KLM, Philips, Royal Dutch, Unilever gehandelt. Von einigen dieser Gesellschaften notieren auch Optionsscheine an der Amsterdamer Börse. Während an der EOE sowohl Kauf- als auch Verkaufsoptionen gehandelt werden, und beide Formen von Optionskontrakten für Anleger von Interesse sind, sind die Warrants ausnahmslos Call-Optionsscheine. Daher sind nur die Call-Optionskontrakte durch ihre lange Laufzeit ökonomisch für einen Anleger identisch mit den langlaufenden Optionsscheinen der Gesellschaften. Sie stellen deswegen eine direkte Anlagealternative zu den entsprechenden Scheinen dar. Daher sollte sich der Anleger auch bei der Bewertung der Optionsscheine an den Kennzahlen dieser langlaufenden Optionen orientieren.

Allerdings können deutsche Anleger noch vereinzelt Schwierigkeiten bei der Abwicklung haben, denn einige Banken weigern sich aufgrund des Termin- bzw. Differenzeinwandes noch, Aufträge von Kunden an der Amsterdamer Optionsbörse auszuführen. Einen Ausweg bietet eine direkte Kontoverbindung bei einer Bank oder einem Broker im Ausland. So ist ein Depot in den Niederlanden direkt am spesengünstigsten, aber auch Banken in der Schweiz und Luxemburg führen die Aufträge problemlos aus.

Der Handel in Optionsscheinen an der Amsterdamer Börse findet von 10.00 Uhr bis 17.00 Uhr statt. Der Markt unterscheidet nicht zwischen großen und kleinen Orders. Alle an die Börse kommenden Orders werden fortlaufend ausgeführt. So können bei Großorders auch Teilzuteilungen oder Teilabnahmen vorkommen, falls der Kontrahent ein kleinere Order im Markt liegen hat.

Die Usancen an der EOE gestalten sich ähnlich: Der Handel findet zwischen 10.00 Uhr und 16.30 Uhr statt. Gehandelt werden jeweils Kontraktgrößen von 100 Stück pro Kontrakt (sowohl bei Aktien als auch bei Scheinen). Ein Optionspreis von 5,60 Hfl für einen Call-Optionskontrakt Akzo Okt. 92 bezieht sich auf das Optionsrecht auf eine Aktie, ein ganzer Kontrakt (Optionsrecht auf 100 Aktien) kostet dann 5,60 Hfl * 100 Stück = 560 Hfl. Ähnlich dem System an der Börse werden an der EOE entweder von Market Makern (meist Banken und Broker) per Bildschirm (Reuters) oder von sog. Floor Brokern (die keine Market-Maker-Funktion haben) Geld- und Briefkurse für die jeweiligen Optionskontrakte gestellt. Dabei wird jeweils mit angegeben, wieviel Kontrakte ein Mindestschluß beträgt und auf wieviel Kontrakte der Market Maker »still« hält, d.h., für wieviel Kontrakte die angegebene Kursspanne verbindlich ist. Es kann aber auch ein Limit innerhalb dieser Spanne aufgegeben werden. Falls sich im Laufe des Tages ein Kontrahent findet, kann auch dieses Limit ausgeführt werden. Ein gutes Indiz für einen Markt ist die Größe der Kursspanne: je kleiner die Spanne, desto liquider der Markt.

Bei den anfallenden Gebühren wird differenziert zwischen dem Kauf eines Optionskontraktes (Eröffnung einer Position, opening transaction) und dem Verkauf eines Kontraktes (Schließen einer Position, closing transaction). Außerdem unterscheiden sich die Gebühren nach der Höhe des Optionspreises in zwei Gruppen.

Optionspreis	Kauf	Verkauf
0,01 Hfl bis 1,50 Hfl	15,00 Hfl	7,50 Hfl
von 1,51 Hfl oder mehr	22,50 Hfl	15,00 Hfl
	40,00 Hfl	30,00 Hfl Minimum pro Auftrag

Während die prozentuale Spesenbelastung bei kleinen Orders mit niedrigen Optionspreisen also relativ hoch liegen kann, werden größere Aufträge mit höheren Optionspreisen sehr spesengünstig abgewickelt. Weitere Einzelheiten bzgl. der Abwicklung und des Clearing können in einschlägigen Fachbüchern über Options- und Terminhandel nachgeschlagen werden.

Die Abwicklung der Optionsscheine, die über die Amsterdamer Börse abgewickelt werden, entspricht weitgehend den internationalen Normen. Sie ist gut vergleichbar mit den Usancen an den deutschen Börsenplätzen. Allerdings beträgt die Valuta für Hfl-Geschäfte nicht wie für DM-Geschäfte zwei Tage, sondern sieben Tage. In DM wird ohnehin bislang nur ein Schein zum Bezug einer holländischen Aktie notiert. Nachdem der Philips OS 85/11.89 unrühmlich wertlos ausgelaufen ist, bietet lediglich der Schein der Nederlandse Middenstandsbank 86/12.93 eine Anlagealternative zu den Hfl-Scheinen.

Die längere Börsenzeit an der Amsterdamer Börse bringt deutschen Anlegern für die Ordererteilung Vorteile. Bis kurz vor Börsenschluß, also bis kurz vor 16.30 Uhr bzw. 17.00 Uhr können Orders im Markt plaziert werden. So kann ein Anleger noch auf Ereignisse des Tages reagieren.

6.4 Weitere europäische Optionsscheinmärkte

Aber auch Optionsscheine zum Bezug von Aktien anderer europäischer Märkte, ob in Frankfurt in DM gehandelt oder in der jeweiligen Inlandswährung, kommen als Anlagealternative in Frage.

Ein wachsender Markt ist vor allem der Markt französischer Optionsscheine. An deutschen Finanzmärkten sind bislang noch keine Warrants notiert, die sich auf französische Aktien beziehen, so daß der deutsche Anleger schon direkt an die französische Börse gehen muß, um sich in FF-Warrants zu engagieren. Und französische Aktien-Warrants sind verhältnismäßig attraktiv bewertet. Aber nicht nur Warrants zum Bezug französischer Aktien, sondern auch Scheine, die den Erwerb ausländischer Aktien ermöglichen, sind an der Pariser Börse notiert. So wird beispielsweise der Schein zum Bezug der französischen Tochter der niederländischen ABN-Bank, der Banque Neuflize, der aber zum Bezug von ABN-Aktien berechtigt, stets wesentlich tiefer als der ABN-Warrant in Amsterdam gehandelt. Die starke theoretische Unterbewertung dürfte vor allem an dem niedrigeren Bekanntheitsgrad der FF-Warrants liegen und daran, daß Profis diesen Markt aufgrund seiner Marktenge und einem zu geringen Emissionsvolumen einzelner Scheine meiden. Daher fehlen die Umsätze und viele Warrants sind wenig liquide. Dennoch gibt es einige Warrants, die sowohl eine genügend hohe Marktkapitalisierung als auch entsprechende Tagesumsätze aufweisen. So weist der Schein des französischen Verpackungsherstellers Carnaud ein Emissionsvolumen von 400.000 Scheine auf, das bedeutet bei einem Kurs von 1550 FF (24.10.89) eine Börsenkapitalisierung von 620 Mio. FF oder rund 180 Mio. DM. Von daher ergeben sich für Trader immer wieder neue Gelegenheiten, mit Warrants Kursgewinne zu erzielen. Aber Vorsicht, aufgrund der starken Kursschwankungen bei einzelnen Scheinen sollte unbedingt limitiert geordert werden. Und so mancher Investor wird durch eine französische Börsenusance verwirrt sein: Denn im Falle einer erwarteten starken Kursveränderung wird der Kurs, zu dem die Geschäfte abgewickelt werden, vom Börsenvorstand und nicht durch Angebot und Nachfrage festgelegt. Dies können sowohl Bezahltkurse (mit Umsatz) als auch Taxkurse (ohne Umsatz) sein.

Auch hinsichtlich der Abwicklung gibt es einige Unterschiede zum deutschen OS-Markt: Die französische Börse kennt zwei Marktsegmente, den Kassamarkt und den Terminmarkt. Der Anleger kann zwar prinzipiell wählen, in welchem Segment er aktiv sein will, aber mehr als $^3/_4$ des Umsatzes werden auf dem Terminmarkt getätigt. Während auf dem Kassamarkt wie bei allen ausländischen Warrants eine Valuta von sechs Tagen gilt, wird auf dem Terminmarkt jedes Geschäft nur einmal pro Monat valutiert. Alle Geschäfte, die vor dem 15. eines Monats getätigt werden, werden zum Ende des gleichen Monats valutiert. Spätere Geschäfte werden entsprechend am Ende des nächsten Monats valutiert. So können sich Valutageschäfte von zwei Wochen bis zu sechs Wochen ergeben. Hat sich der Anleger allerdings für ein Marktsegment entschieden, dann muß sowohl das Eröffnungs- als auch das Schluß-geschäft im gleichen Marktsegment abgewickelt werden.

In jüngster Vergangenheit wurde in Verbindung mit einer stark anziehenden österrei-chischen Börse auch der Markt für österreichische Optionsscheine entdeckt. Rund 25 Optionsscheine zum Bezug österreichischer Aktien werden momentan am Wiener Schottenring gehandelt. Auch wenn der Wiener Börsenkammer-Index und der CA-In-dex der Wiener Creditanstalt, die beiden repräsentativen Börsenbarometer für die Aktienbörse, bereits seit Jahren nur nach oben tendieren, so muß der Anleger dennoch auf der Hut sein. So fiel der Index beispielsweise am 7. November 1989 an einem Tag um über 9%. Viele Warrants halbierten sich und ließen damit die schönen Gewinne dahinschmelzen.

Mehr als die Hälfte aller Warrants berechtigen dabei zum Bezug österreichischer Banken. Vor allem die ÖLB, die Österreichische Länderbank, ist mit Warrants auf ihre Stamm- und Vorzugsaktien und ihren Partizipationsschein starkt vertreten. Auch an deutschen Börsen können Warrants zum Bezug österreichischer Aktien erworben werden. Neben dem Ölaba-Schein von 86, der mittlerweile ausgelaufen ist und Schwankungen von 2 DM bis 17 DM aufwies, werden noch Scheine des Papierher-stellers Leykam-MT von 87/10.94, von Radex Heraklith 89/11.94 und der Raiffeisen Zbk.Wien 89/10.94 an der Frankfurter und Münchner Börse gehandelt. Und mit weiteren Emissionen ist in der kommenden Zeit zu rechnen.

Optionsscheine zum Bezug englischer Aktien sind an den OS-Märkten noch eine Rarität. Nur eine Handvoll Warrants werden an den Börsen gehandelt. Und dies nicht etwa an der Londoner Börse, sondern in Sfr an der Zürcher Börse und im schweize-rischen außerbörslichen Handel per Bildschirm. Am bekanntesten dürfte noch der Schein der National Westminster Bank sein. Er berechtigt noch bis zum 26.7.90 zum Bezug von 650 Aktien der Bank zu einem Kurs von 2,30 Pfund Sterling. Beachtet werden sollte vom Anleger auf alle Fälle die Entwicklung der englischen Währung im Verhältnis zu den kontinentaleuropäischen Währungen, denn ein schwaches Pfund beeinflußt sowohl den Aktienmarkt als auch den Wert des Optionsscheins negativ.

Die Marktkapitalisierung ist befriedigend, während aufgrund des manchmal doch niedrigen Umsatzvolumens auf alle Fälle limitiert ge- und verkauft werden sollte.

Auch die cum, ex und Warrants zum Bezug von Aktien der Commercial Union (OS 86/6.91), von Tate & Lyle (OS 86/12.91), der Standard Chartered Bank (OS 87/1.92) und von Rio Tinto Zinc (OS 86/11.91) werden in Sfr an der Zürcher Börse gehandelt.

Weiterhin gibt es interessante Optionsscheine zum Bezug von italienischen Aktien. Allerdings hat man auch hier nur eine geringe Auswahl von verschiedenen Scheinen. Gehandelt werden die meisten Scheine (Pirelli, Sasib, Sogefi u.a.) auf Sfr-Basis in Zürich. Nur der Schein von Aeritalia und ein Schein der Mediobanca notieren in Lire in Mailand. An der deutschen Börse werden bislang (Stand: 8.11.89) nur zwei Warrants auf italienische Werte gehandelt: der Schein der Bank Mediobanca und des italienischen Reifenherstellers Pirelli. Beide Scheine haben allerdings momentan einen Basispreis, der weit über dem aktuellen Aktienkurs liegt.

Daher besteht auch bei diesen Scheinen die Gefahr, daß sie bei Ablauf der Optionsfrist wertlos sind, wie dies bereits bei dem Benetton OS 86/89 der Fall war, der am letzten Handelstag mit einem Pfennig (0,01 DM !) gehandelt wurde.

Belgische Aktien und die dazugehörigen Optionsscheine sind erst in den letzten zwei Jahren etwas bekannter unter den Anlegern geworden. Doch seitdem investieren zunehmend mehr OS-Spezialisten in diesen Markt. Am bekanntesten dürften die Scheine der Petrofina (Mafina) und der Société General Belg. sein. Beide gehörten in der Vergangenheit oftmals kurzfristig zu den beliebtesten Spekulationspapieren. Wer erinnert sich nicht an die Zeit, als der italienische Unternehmer De Benedetti den belgischen Konzern Société General übernehmen wollte. Für sein Beteiligungspaket kaufte er u.a. die in Frankfurt gehandelten Scheine, die innerhalb von einer Woche von 40 auf 260 DM explodierten, um nach der Einigung stetig wieder bis auf 80 DM zu fallen. Allerdings ist bei diesem Schein Vorsicht geboten, denn nach der Übernahmeschlacht sind nur noch rund 5% der Scheine im freien Umlauf, der Großteil wurde vorzeitig gewandelt oder liegt in festen Händen. Und immer wieder wurden die Warrants der SBG/Cerus OS von '88 und '89 empfohlen und dürften daher vielen Anlegern noch in guter Erinnerung sein. Auch hier gilt aber der Hinweis, daß die Scheine sehr spekulativ sind, da sie über den Aktienkurs leicht zu manipulieren sind, da die Umsätze in der Aktie verhältnismäßig dünn sind. Optionsscheine auf belgische Aktien werden außer auf Bfr-Basis in Brüssel noch in Zürich auf Sfr-Basis und – wie gesagt – in Frankfurt auf DM-Basis gehandelt.

Neben diesen Märkten seien der Vollständigkeit halber noch einige Scheine erwähnt, die sich auf spanische und skandinavische Aktien beziehen. Vor allem die spanischen Banken-Optionsscheine Banesto (OS 88/9.91), Hispano (OS 88/12.91) und Santander (OS 88/12.91) dürften regelmäßigen Börsenbeobachtern bekannt sein. Im Gegensatz dazu fristeten die Scheine der Copenhagener Handelsbank und der Union Bank OS aus Finnland eher ein anonymes Dasein.

Zusammenfassend läßt sich feststellen, daß die Anlagepalette für Optionsscheine recht breit ist. Zwar überwiegen naturgemäß Optionsscheine zum Bezug von Aktien und weniger zum Verkauf von Aktien. Dafür bietet sich aber die Gelegenheit, an den Kursentwicklungen vieler Aktien fast aller europäischen Aktienmärkte zu partizipieren. Dominierend sind allerdings zweifelsfrei die Optionsscheine aus Emissionen japanischer Emittenten. Sie sorgten in der bisherigen Vergangenheit sowohl für das Wachstum auf den Bond-Märkten (durch die Emission der vielen Optionsanleihen) als auch für das rasante Wachstum der Optionsscheinmärkte. Diese Entwicklung dürfte sich in den nächsten Jahren noch weiter fortsetzen. Es bleibt nur zu hoffen, daß die meisten japanischen Equity-Linked-Emissionen weiterhin in Europa begeben werden und der Markt sich nicht nach Tokio verlagert. Dies würde den Anlegern die Vielfalt bei Optionsscheinen nehmen.

6.5   Außereuropäische Optionsscheinmärkte

Der Markt für Optionsscheine, die zum Bezug von Aktien o.ä. aus Ländern in Übersee (USA, Kanada) oder aus Fernost (Hongkong, Singapur, nicht Japan) berechtigen, ist im Gegensatz zu den europäischen Werten relativ wenig transparent. Erst in jüngster Vergangenheit haben die CWs auf US-Aktien, die in Frankfurt gehandelt werden, wenigstens etwas mehr Interesse für diese OS-Märkte gebracht. Allerdings muß attestiert werden, daß in diesen Ländern die Anlagealternative Optionsschein auch nicht so populär ist wie an europäischen Börsenplätzen. Das dürfte mit an der Tatsache liegen, daß viele dieser Nationen eine funktionierende Options- und Terminbörse haben, die genügend Spielraum für Absicherungs- und Tradingstrategien läßt. Und die Gesellschaften, die sich mit Optionsanleihen relativ preisgünstig Fremdkapital beschaffen wollen, weichen dann auf die Finanzmärkte aus, bei denen sie auf eine breite Nachfrage nach diesen Instrumenten treffen.

Und die China-Krise von 1989 ließ auch das aufflackernde Interesse für Optionsscheine auf Hongkonger Aktien gleich im Keim ersticken. Der Hang-Seng-Index, das repräsentative Börsenbarometer des Aktienmarktes der englischen Kronkolonie, verlor an einem Tag rund 22%, mit der Folge, daß nicht nur das Vertrauen der Investoren erschüttert war, sondern daß die Basispreise der Warrants seitdem erheblich – teilweise bis zu 100% – über den aktuellen Aktienkursen liegen, so daß die Scheine sehr teuer geworden und weit aus dem Geld sind. Viele Warrants fielen im freien Fall, so fiel der Warrant der Immobiliengesellschaft Great Eagle von 1,98 HK-$ auf 0,5 HK-$, ein Kursverlust von 75% an einem Tag.

Dieser Markt ist zweifelsfrei nur etwas für hartgesottene Optionsscheinprofis, denn die zugrundeliegenden Aktien unterliegen großen Kursschwankungen. Entsprechend volatil sind die Warrants. Wer sich aber täglich über Hongkonger Kurse informieren und entsprechend schnell reagieren und Warrants handeln kann, für den ergeben sich interessante Trading-Chancen. Informationen über herkömmliche Warrants und CWs auf US-Aktien sind bei den US-Brokern in Frankfurt erhältlich. Dies sind vor allem Morgan Stanley, Bankers Trust und Salomon Brothers, die einige CWs auf US-Aktien in Frankfurt auf DM-Basis emittiert haben.

7 Informationsquellen

In den letzten Jahren hat sich entsprechend der Nachfrage der Investoren nach Optionsscheinen auch das Informationsangebot erheblich ausgeweitet. Dabei stehen potentielle Investoren und aktive Börsianer, die bereits in Optionsscheine investieren, vor der Qual der Wahl.

Sich aus dem vielfältigen Angebot das Beste herauszupicken, ist nicht nur mit viel Aufwand verbunden, sondern man braucht zusätzlich Kenntnisse über den Markt, die Marktteilnehmer und die Strategien, die einzelne Informationsanbieter bevorzugen.

7.1 Banken und Broker

Wenn man vor drei bis vier Jahren in eine deutsche Großbank ging und von seinem Anlageberater Informationen über Optionsscheine bekommen wollte, mußte man schon Glück haben, an den richtigen zu geraten. Meist wußte man selbst bereits mehr als einzelne Anlageberater. Wenn überhaupt, waren Kurse für Optionsscheine auf Standard-Aktienwerte die einzige erhältliche Information.

Diese Zeiten sind aber glücklicherweise vorbei. Immer mehr Geldinstitute und Broker drängen dynamisch in diesen Markt vor. Denn eine breite Privatkundschaft im Optionsscheinmarkt bedeutet neben Provisionseinnahmen gleichzeitig eine potentielle Abnehmerschaft für die jeweilige Bank bei der Begebung von Optionsanleihen und Naked Warrants als Lead-Manager oder als Mitglied eines Konsortiums.

Und das nötige Know-how besitzen die Banken allemal, schließlich wurde in den letzten Jahren in jeder Großbank und in vielen Privat- und kleineren Banken ein Nostrohandel (Eigenhandel) aufgebaut, der auf Rechnung für die Bank in Optionsscheine investiert. Im Nostrohandel treten in jüngster Vergangenheit vor allem Broker und Wertpapierhäuser aggressiv als Market Maker auf, um sich in diesem expandierenden Marktsegment ihre Stellung zu sichern. Hier sind in den letzten zwei bis drei Jahren wahre Spekulationstempel entstanden. So hat beispielsweise Morgan Stanley, ein amerikanisches Brokerhaus, OS-Händler von Banken durch Verdoppelung des Gehalts abgeworben und voll auf die Entwicklung der OS-Märkte gesetzt. Komplette Händlerteams wechselten so im Karussellstil ihre Arbeitgeber.

277

Der zunehmende Konkurrenz- und Erfolgsdruck haben dazu geführt, daß die Märkte professioneller geworden sind, daß sich die Kursspannen zwischen Geld- und Briefkurs reduziert und die Umsatztätigkeiten verstärkt haben. Davon profitieren auch Privatanleger. Sie können besser kaufen und verkaufen. Und viele Anleger, die etwas mehr in Scheine investieren, treten dann außerbörslich indirekt über ihre Bankfilialen als Kontrahenten der OS-Händler der Banken auf.

Eigene Research-Abteilungen beschäftigen sich mit der Analyse von Optionsscheinen. Durchaus zum Vorteil von Investoren, denn diese können dadurch profitieren, daß nahezu alle Großbanken kundenfreundlich sind und mehr oder weniger regelmäßig Informationsschriften und Broschüren zum Thema Optionsscheine anbieten. Dabei geht es in erster Linie um Bewertungstabellen für ausgewählte Optionsscheine und teilweise auch um konkrete Anlagetips; aber auch Analysemethoden und Meinungen werden an die Kunden weitergereicht.

Bei Privatbanken sowie bei kleineren und ausländischen Geldinstituten sieht es dagegen nicht so rosig aus. Hier muß man schon Kunde des jeweiligen Instituts sein, um an das begehrte Analysematerial zu gelangen.

Auch Teile dieses Buches und viele Artikel in Börsenzeitschriften und -zeitungen basieren auf Fakten und Informationen, die aus der Feder so mancher Bank stammen. Der Kunde sollte in jedem Fall bei seiner Bank zum Thema Optionsscheine nachfragen.

So bietet die Bank in Liechtenstein, Frankfurt, ihren Kunden in einer monatlich erscheinenden Broschüre »Fakten und Meinungen« neben Marktkommentaren und Anlagestrategien zum deutschen Aktienmarkt Analysen und Bewertungstabellen über Optionsscheine, vorwiegend zum Bezug von deutschen Aktien, an. Ein kleines, qualifiziertes Team hat dabei in der Vergangenheit so manche unkorrekte Bewertung festgestellt und zu gewinnbringenden Investments geraten. So stammt der in Kapitel 3.4 vorgestellte Verwässerungsfaktor bei Aktien-Optionsscheinen von der Bank in Liechtenstein.

Und die SMH-Bank, Schröder Münchmeyer Hengst & Co., Privatbank in Frankfurt, bietet ihren Kunden ebenfalls monatlich ein Feature über Optionsscheine an. Auch hier stehen neben Currency Warrants zum Kauf und Verkauf von Fremdwährungsbeträgen vor allem Aktien-Optionsscheine zum Bezug deutscher Aktien im Vordergrund. Neben einer Betrachtung des Gesamtmarktes werden einzelne Scheine als kaufens- oder verkaufenswert herausgestellt und in Kurs- oder Bewertungscharts dargestellt. Und ein hochqualifiziertes Research-Team beschäftigt sich mit Bewertungsmodellen und -anomalitäten. Eine für Kunden der Bank interessante Informationsquelle.

Auch die deutschen Großbanken haben in Sachen Optionsscheine ihren Kunden einiges zu bieten. So veröffentlicht die Degab (Deutsche Gesellschaft für Anlageberatung), eine Tochter der Deutschen Bank, regelmäßig eine Übersicht »Optionsscheine auf deutsche Aktien«. Sie enthält eine ausführliche Bewertungstabelle mit den unterschiedlichsten Kennziffern. Und die Deutsche Bank selbst hat vor mehreren Jahren eine Abteilung »Fixed Income Research« gebildet, die einmal wöchentlich eine Liste über alle amtlich gehandelten DM-Anleihen u.a. mit Aktien-, Zins-, Währungs- und Naked-Optionsscheinen veröffentlicht. Außerdem äußern sich Experten in unregelmäßigen Sonderberichten zum Thema Optionsscheine. Im Vordergrund dieser nur auf besondere Anfrage erhältlichen Broschüre stehen aber keine marktpolitisch aktuellen Anlagetips, sondern es geht vielmehr um grundsätzliche Ansätze zur Bewertung und Kriterienbildung, z.B. für Preiswürdigkeitsvergleiche von Optionsscheinen. So wurden in einer der letzten Ausgaben die Modelle von Black & Scholes und anderen besprochen und gezeigt, welche Bedeutung die Volatilität für die Bewertung von Optionsscheinen hat.

Die Dresdner Bank bietet im Rahmen von Veröffentlichungen ihrer Abteilung Investment Research aus aktuellem Anlaß Kursberichte und Kommentare über Warrants. In dieser Broschüre werden aber auch internationale Aktienmärkte, Trends und Strategien vorgestellt. Ein extra auf Optionsscheine ausgerichtetes Heft gibt es noch nicht.

Die Commerzbank galt vor einigen Jahren als das führende Institut auf dem Gebiet der Optionsscheine. Als erstes Institut veröffentlichte man Optionsscheinlisten aller auf dem deutschen Kapitalmarkt gehandelten Optionsscheine mit allen Optionsscheinbedingungen und vielen Kennziffern. Und als eine der ersten Großbanken institutionalisierte man den Nostrohandel mit Optionsscheinen. Die wöchentlich erscheinende Liste »Optionsscheinübersicht« existiert auch heute noch und kann Anlegern zur regelmäßigen Kontrolle ihrer Depotbestände und als gute Marktübersicht dienen. Allerdings enthält sie aufgrund der stark gewachsenen Anzahl der Optionsscheine nicht mehr alle Optionsscheine. Dafür aber hat die Commerzbank ein bankinternes Computersystem, über das Anleger täglich ab dem frühen Nachmittag die Kassakurse aller an der Frankfurter Börse gehandelten Optionsscheine erhalten können.

Daneben kann sich der interessierte Anleger über seinen Anlageberater über sog. Masterlisten, die Analysen, Fakten und Trends für bestimmte Aktienmärkte bieten, informieren. Die zentrale Wertpapierabteilung, Schwerpunkt Anlagestrategie, in Frankfurt, schickt ihren Anlageberatern (und auf Wunsch wohl auch guten Kunden) quartalsweise diese Masterliste zu. Sie enthält einzelne Unternehmensporträts, ein Rating für die erwartete Performance und Tips zum Kauf und Verkauf. Daneben wird im Einzelfall explizit darauf verwiesen, welche Optionsscheine der vorgestellten Unternehmen am besten bewertet werden.

Benötigt ein Anleger Informationen über internationale Optionsscheine, andere Formen von Warrants, z.B. Currency Warrants, oder über Scheine, die in Fremdwährung gehandelt werden oder sich auf Aktien anderer Märkte beziehen, z.b. über japanische Optionsscheine, dann bietet es sich an, die jeweiligen, in der Regel ausländischen Spezialinstitute direkt anzusprechen.

So sind im Falle von Optionsscheinen auf japanische Aktien zwar auch die eben genannten deutschen Banken geeignete Ansprechpartner, aber noch bessere Informationen erhält man direkt von japanischen Brokern. Hier kommen die »großen Vier«, Nomura, Daiwa, Nikko und Yamaichi Sec. in Frage. Sie bieten, allerdings nur auf eindringliche telefonische Anfrage, Listen mit Bedingungen und Bewertungen für nahezu alle Aktien-Optionsscheine aus Anleihen (Warrant Bonds), Covered Warrants oder Wandelanleihen zum Bezug japanischer Aktien, sowohl in DM als auch in US-$ oder Sfr. Ihre Erscheinungsweise ist monatlich. Vierteljährlich erscheint ein weiteres wichtiges Buch, das sog. »Japan Company Handbook«. Gute Kunden erhalten es kostenlos, andere können es für ca. 38 US-$ kaufen. Es enthält, getrennt nach 1. und 2. Sektion und gegliedert nach Branchen, alle börsennotierten Aktiengesellschaften in Form eines kurzen Firmenreports, Finanzlage und Tätigkeitsbereiche etc. Daneben enthält es eine Übersicht aller Emissionen auf dem Gebiet der Options- und Wandelanleihen, die eine Gesellschaft bisher begeben hat. Es wird angegeben, wann, in welchen Währungen und zu welchem Basispreis sie begeben wurden. Ein Langfrist-Chart der Aktie komplettiert die Firmendarstellung. Ein wichtiges Buch für alle Japan-Spezialisten. Weiterhin werden von japanischen Brokern monatlich Research Berichte mit Informationen über einzelne Branchen, Firmen und Spezialsituationen angeboten.

Von den amerikanischen Brokern, die auf dem deutschen und den europäischen Märkten besonders im Handel mit japanischen Optionsscheinen aktiv sind, stehen wohl Morgan Stanley, Merrill Lynch, Bankers Trust und Salomon Brothers im Vordergrund. Diese Brokerhäuser bieten umfangreiches Material an, das sich auf alle Währungen und alle Arten von Warrants bezieht. Vereinfacht läßt sich sagen, daß über alle gehandelten Warrants Informationen von dem Brokerhaus erhältlich sind, das die Warrants an den Markt gebracht hat oder sie aktiv handelt.

So bietet Morgan Stanley International seinen Kunden Informationen über alle von ihm als Market Maker gehandelten Optionsscheine, weit mehr als 1000 Warrants. Besonders begehrtes Objekt sind die monatlich erscheinenden Chartbücher mit Kursen der Aktien und den zugehörigen Optionsscheinen in verschiedenen Währungen. Auch hier der Tip für Japan-Spezialisten: Das Chartbuch »Japanese Warrants Service« bietet neben den erwähnten Charts einen sehr guten grafischen Überblick über die Entwicklung so wichtiger Kennziffern wie Parität, Prämie und Leverage bzw. Gearing Factor. Daneben gibt das Brokerhaus einen wöchentlichen »Japanese Warrants Service – Warrant & Convertible Weekly« heraus, eine dünne Broschüre mit Markttendenzen, einem »letter from tokyo«, Berichten über Neuemissionen und »special occasions« zum Kauf oder Verkauf.

Auch die anderen Brokerhäuser werden hinsichtlich der Kundeninformation zunehmend aktiver und geben Analysematerial weiter.

Schweizer Geldinstitute sind hinsichtlich der Weitergabe von Information da schon wesentlich reservierter. Mit ihrer sprichwörtlich schweizerischen Mentalität werden nur die von ihnen bevorzugten Kunden mit Informationsmaterial bedient. So bietet der Schweizerische Bankverein, Basel, vierteljährlich eine Liste aller in Sfr gehandelten Wandelanleihen und Optionsanleihen mit Warrants, speziell für den Schweizer und den japanischen Markt an. Eine schweizer Tochter der amerikanischen Citicorp, die Citicorp Investment Bank Zürich, veröffentlicht vierzehntägig einen »Swiss Capital Market Guide«. Allerdings beziehen sich die Marktkommentare und Titelübersichten nicht auf Schweizerische Emissionen, sondern nur auf japanische Schuldner.

Daneben kann ein Investor Informationen über internationale Warrants von reinen Wertpapiermaklern erhalten, die im Unterschied zu Wertpapierhäusern nur auf Vermittlung von Wertpapiergeschäften und nicht auf Finanzierungen spezialisiert sind. Für den Bereich der Optionsscheine auf japanische Aktien bietet sich vor allem das Brokerhaus James Capel, Hongkong, an. Dieser international tätige Broker ist u.a. in Frankfurt mit einer Repräsentanz vertreten und ist aktiver Makler in den Japan-Scheinen in US-$, Sfr und DM. Wöchentlich erscheint der »Japanese Warrants Market View«, eine Analysebroschüre der Londoner OS-Spezialisten von James Capel, mit Marktberichten und -gerüchten, Marktstatistiken und einer Liste aller aktuell am Markt vorhandenen Emissionen auf japanische Aktien. Anlegern in dem immer beliebter werdenden Marktsegment japanischer Aktien-Optionsscheine ist diese Broschüre sehr zu empfehlen. Wenn die Kunden diesen Marktüberblick auch nicht immer selbst erhalten können, so liegt sie in der Regel doch den Anlageberatern vor.

Überhaupt ist das Marktsegment Optionsscheine zum Bezug japanischer Aktien in den letzten zwei bis drei Jahren extrem expandiert und bei einer breiten Anlegerschicht sehr beliebt geworden. Daher spezialisieren sich immer mehr Institute auf den Handel mit japanischen Warrants.

So hat beispielsweise auch das englische Wertpapierhaus Robert Fleming, mit Sitz in London, vor kurzem eine Repräsentanz in Frankfurt eröffnet und seit dem 1.1.90 die Lizenz für die Teilnahme am Börsenhandel erhalten. Schwerpunkt ist neben dem Handel mit DM-Anleihen und der Betreuung institutioneller Kundschaft vor allem der Handel und die Arbitrage mit japanischen Optionsscheinen. Von diesem Wertpapierhaus kann der Kunde bzw. interessierte Anleger monatlich einen Research-Bericht erhalten, der ihn ausführlich über »Japanese Warrants und Convertibles« informiert. Im Mittelpunkt stehen Emissionen im US-$-Bereich. Dargestellt werden Branchenanalysen, Charts einzelner Warrants und konkrete Kauf- und Verkaufsempfehlungen.

Ein weiterer Anbieter interessanter Informationen über japanische Optionsscheine ist der Broker Barclays de Zoete Wedd. In ihrer monatlich erscheinenden »Japan Equity Working List« werden, ähnlich dem Morgan Stanley Chartbuch, Charts von der zugrundeliegenden Aktie und einigen dazugehörigen Warrants unterschiedlicher Währung präsentiert. Daneben gibt das Research Team des Brokers regelmäßig eine Zeitschrift »Pacific« an den Markt, in der der japanische Markt populärwissenschaftlich mit einzelnen Firmenberichten und allgemeinen Artikeln über den japanischen Finanzmarkt aufgearbeitet wird.

Für Optionsscheine, die sich auf Schweizer Werte beziehen, sind naturgemäß die Schweizer Banken prädestiniert. Hier kommen insbesondere die bekannten Geldinstitute in Frage. So bietet die Schweizer Bankgesellschaft mit ihrem jährlich erscheinenden Schweizer Aktienführer einen für Investoren in Schweizer Werten unentbehrlichen Führer an, der in ausführlichen Firmenberichten mit Ertrags- oder Finanzlage etc. einen guten Überblick über die Firmenlandschaft der Eidgenossen gibt. Wertvolle Informationen können auch aus der Zusammenstellung über die ausstehenden Wandel- und Optionsanleihen schweizerischer Schuldner entnommen werden.

Daneben kann ein Investor Informationen über internationale Warrants in Sfr auch von schweizerischen Privatbanken erhalten. Allerdings sitzen dort die Ansprechpartner meist in Zürich, Genf oder Basel. So bietet das renommierte Bankhaus Vontobel qualifizierte betriebswirtschaftliche Research-Berichte an, die sich speziell mit dem Schweizer Aktienmarkt beschäftigen, aber auch volkswirtschaftlich fundierte Analysen, die die internationalen Finanzmärkte untersuchen. Diese Analysen erscheinen monatlich und werden Kunden direkt zugesandt, Interessierte sollten ruhig mal anfragen. So war Vontobel eine der ersten Banken, die die Zulassung von Ausländern beim Kauf von Namensaktien quasi »prognostiziert« hat und entsprechende Empfehlungen zum Kauf der Warrants zum Bezug der zugrundeliegenden Namensaktien, z.B. bei Nestle NA oder Ciba Geigy NA, gegeben hat.

Für Informationen über amerikanische bzw. kanadische Warrants sind die Informationsquellen nicht so zahlreich. Hier bieten sich die genannten amerikanischen Broker Bankers Trust und Salomon Brothers an, die als Emissionsbank der in Deutschland begebenen Covered Warrants auf Aktien aus Übersee fungieren. Beide haben eine Repräsentanz in Frankfurt und sogar eine eigene Tochtergesellschaft, die speziell für die Emissionstätigkeit gegründet worden sind. Informationen über kanadische Warrants sind über Richardson Sec. of Canada GmbH (Frankfurter Repräsentanz) erhältlich. Der Broker ist gleichzeitig der richtige Ansprechpartner für Index- und Commodity Warrants, z.B. auf Gold oder Öl.

Für Optionsscheine auf französische Aktien sollten die französischen Banken, die eine Repräsentanz in Deutschland haben, angesprochen werden. Dies sind insbesondere die Banque Paribas und die Banque National de Paris. Gleiches gilt für Scheine, die sich auf belgische oder italienische Aktien beziehen. Hier können zwar Bedingungen und Empfehlungen auch von Deutschen Banken erfragt werden, für Hintergrundinformationen und detaillierte Zahlen aber ist die Anfrage bei den entsprechenden Instituten (z.B. Banque Brux. Lambert) vorzuziehen.

Die Liste ist sicherlich nicht vollständig, dies war auch keineswegs beabsichtigt und ohnehin nicht möglich. Sie gibt aber dem einen oder anderen Hinweise, an wen man sich selbst oder der Anlageberater wenden kann. Zwar wird man durchaus mal auf taube Ohren stoßen, wenn es darum geht, aktuelles Material schnell oder überhaupt zugeschickt zu bekommen, aber eine Ausgabe der Vorwoche oder des Vormonats sollte allemal zu bekommen sein. Auch sollte der Interessierte durchaus bereit sein, eine Kostenpauschale zu akzeptieren bzw. selbst gleich anbieten. So konnte bei der Informationsbeschaffung für dieses Buch die Erfahrung gemacht werden, daß die Erstattung der im Normalfall geringen Kosten die Türen schneller öffnet.

In der jüngsten Vergangenheit werden zunehmend neue Fonds, die speziell in Optionsscheine investieren, gegründet. Sie stellen nicht nur eine interessante Anlagealternative dar – vor allem für Kleinanleger unter dem Gesichtspunkt der Risikostreuung – sondern können Anlegern darüber hinaus auch als Informationsquelle dienen. Denn die federführende Investmentgesellschaft gibt mindestens einmal jährlich einen Fondsbericht heraus, der über Entwicklung, Bestand und Performance des Optionsschein-Fonds Auskunft gibt. Vorwiegend werden diese Fonds in Luxemburg quotiert und in US-$ gehandelt. So hat Jardine Fleming Investment Management. Ltd., ein renommiertes Hongkonger Brokerhaus, 1986 eine JF Pacific Warrant Company S.A. in Luxemburg gegründet, die mittlerweile diverse Optionsschein-Fonds aufgelegt hat, die speziell in Warrants investieren, die sich auf Aktien fernöstlicher Märkte beziehen. Die Jahresberichte sind über die Luxemburger Börse oder über die Gesellschaft direkt erhältlich. Auch ein DM-Optionsschein-Fonds existiert seit August 1989. Der PEH-Universal-Fonds OS wird von einer Wertpapiergesellschaft aus Oberursel betreut, von der Bethmann Bank verwaltet, und verschickt an Interessenten monatlich sog. »Investment News«, eine mehrseitige Informationsschrift mit Angaben zur Depotstruktur, Anlagestrategie und Ergebnisentwicklung des Fonds.

Eine sehr wichtige und vor allem kostenlose Informationsquelle stellen die Emissionsprospekte bzw. die Pressemitteilungen, auch Informationsmemorandum genannt, dar. Diese werden anläßlich einer Neuemission begeben und enthalten neben den aktuellen Emissions- und OS-Bedingungen vor allem Bilanzen, Gewinn- und Verlustrechnungen der Firmen, meist der letzten drei bis fünf Jahre. Außerdem erhält man einen Überblick über die Tätigkeitsbereiche und die Hauptumsatzssparten der Unternehmung. Diese kann jeder interessierte Anleger bei seiner Bank oder direkt bei der emissionsführenden Bank anfordern.

Dies gilt auch für die Emission von Währungs-Optionsscheinen. Hier werden die vollständigen Bedingungen von den zuständigen Instituten auf Anfrage verschickt. Für den DM-Kapitalmarkt sind insbesondere Trinkaus & Burkhardt, Düsseldorf, Warburg & Brinkmann aus Hamburg, die Citibank (Ffm), die WGZ und die West LB.

Und letztlich können auch Wirtschaftszeitungen (Börsenzeitung, Handelsblatt, FAZ, Welt etc.), Börsenbriefe und -zeitungen Informationsträger über Neuemissionen oder OS-Bedingungen sein.

7.2 Börsendienste und -zeitschriften

Es ist wenig verwunderlich, daß mit der zunehmenden Zahl von potentiellen Anlegern auch die Anzahl der Börsendienste gestiegen ist. Unter Börsendiensten werden hier sowohl Börsenzeitschriften als auch Börsenbriefe und Chartdienste verstanden. Jeder Dienst versucht, seine Informationen im Interesse der Anleger anzubieten. Zwischen den einzelnen Gruppen ist aber trotzdem klar zu unterscheiden, denn die Interessen sind höchst unterschiedlich.

Börsenbriefe bewegen sich in einer Sphäre zwischen Seriosität und reißerischem Spekulantentum. Neuerdings werben Herausgeber sogar mit sog. Money-Back-Börsenbriefen. Bei dieser Form von Börsenbriefen erhält der Abonnent sein gezahltes Geld zurück, wenn die Empfehlungen des Herausgebers nicht eine bestimmte Performance von 30 % (Performance Master) oder sogar 50 % (Hanseatischer Wertpapierdienst) p.a. überschreiten. Die Tatsache, daß ein Herausgeber mehrerer Börsenbriefe für Optionsscheine seinen Abonnenten zusätzlich das Angebot macht, in ihrem Namen zu ordern, erscheint vor diesem Hintergrund noch bedrohlicher. Denn damit könnte ein Vielfaches des Kapitals konzentriert in bestimmte Optionsscheine gelenkt werden, mehr, als die Märkte für viele Optionsscheine aufnehmen oder hergeben können. Aber eine noch stärkere Gefahr beinhaltet die Tatsache, wenn der Herausgeber eines Börsenbriefes noch drei weitere Börsenbriefe für das gleiche Marktsegment, nämlich Optionsscheine, herausgibt, einen Tip-Dienst per BTX anbietet, einen Optionsschein-Fonds managt und eine Vermögensverwaltung speziell für Optionsscheine anbietet. Neuerdings wird sogar eine Zeitschrift (Finanzen) für den erfolgreichen (?) Kapitalanleger im eigenen Verlag herausgebracht: Die Verzettelung ist perfekt! Da ist es kein Wunder, wenn die Performance der einzelnen Projekte stark darunter leidet.

Es sei noch einmal betont, daß die Konzepte einzeln für sich genommen – Börsenbrief, BTX-Dienst, OS-Fonds – keineswegs per se problematisch sind, aber durch die Konzentration der vielen Dienste auf wenige Entscheidungsträger einen Interessenkonflikt zwar nicht direkt vorprogrammieren, aber die Gefahr doch sehr hoch einzuschätzen ist. Sie besteht darin, daß in mehreren Diensten die gleichen Werte gepusht werden und damit sehr einseitige Interessen gefördert werden können – sowohl beim Kauf als auch beim Verkauf.

Eine zusätzliche Gefahr für die Anleger besteht darin, daß sie beim Kauf wie beim Verkauf die ungünstigsten Kurse bekommen und die wenigen, aber zentralen Entscheidungsträger ihre eigene Performance manipulieren können. Daher ist es für Anleger wichtig zu wissen, welche Zusammenhänge zwischen welchen Börsendiensten herrschen.

Ohnedies gilt die Gefahr eines zwielichtigen Rufs besonders für Börsenbriefe, die schwerpunktmäßig Optionsscheine empfehlen, da hier die Märkte im Vergleich zu Aktienmärkten tendenziell enger sind. Das bedeutet, daß sich Empfehlungen c.p. auch schon ohne Konzentration stärker auf die kurzfristige Kursentwicklung zum Zeitpunkt der Empfehlung auswirken können. Dieser Aspekt ist wichtig für eine Einschätzung der wirklich erzielten Performance einer Börsenbriefempfehlung und somit zur Beurteilung der Vorteile eines Börsenbrief-Abonnements. Aus einer Vielzahl möglicher Kriterien für eine Einschätzung gilt es zu entscheiden, welches das geeignetste aus Sicht des Anlegers ist. Wichtig ist dabei auch, nach den Motiven der Abonnenten zu fragen, also ob jemand den Brief für ein Trading oder als Informationsquelle zur Grundlage seiner Anlagestrategie abonniert hat. Richtet man sich an der ausgewiesenen Performance aus, dann wird dies in aller Regel zu Verzerrungen führen. Denn wird beispielsweise ein Wert zu einem Kurs von 1.425 $ zum Kauf empfohlen, der aber am Tag der Empfehlung aufgrund verstärkter Orderneigung bereits nur noch mit 1.525 $ zu kaufen ist, dann bezieht sich die Performance des Anlegers auf die eingesetzten 1.525 $. Ein Börsenbrief bezieht die Performance seiner Tips aber meist auf den Kurs von 1.425 $. Die angegebene Performance des Briefs wird in diesem Fall immer höher sein als die des Abonnenten. Ein Börsenbrief sollte also seine Performance auf die für die Abonnenten tatsächlich erzielbaren Kurse (z.B. der erste nach der Empfehlung gehandelte Kurs) und nicht seine Empfehlungskurse beziehen. Dies gilt sowohl für die Kauf- als auch für die Verkaufskurse.

Will der Börsenbrief darüber hinaus sicherstellen, daß die Abonnenten nicht zu hohe Kurse bezahlen, dann sollte der Herausgeber konsequent Limit-Order empfehlen. Auch wenn er dabei Gefahr läuft, daß die Order eines Teils seiner Abonnenten nicht zum Zuge kommt. Ein weiterer Anhaltspunkt ist die Marktbreite der Scheine, die ein Börsenbrief empfiehlt. Denn je marktbreiter ein Optionsschein ist, d.h., je höhere Umsätze in diesem Schein durchschnittlich täglich getätigt werden, desto mehr Abonnenten können an der Empfehlung partizipieren. Je marktenger ein Optionsschein ist und je geringer die Umsätze in diesem Schein sind, desto eher besteht die Gefahr, daß beim Kauf der Abonnent nicht zum Zuge kommt, da der Kurs schnell über das Limit steigt. Würde der Anleger billigst ordern, würde er einen ungerechtfertigt hohen Preis zahlen. Bei einer Verkaufsempfehlung würde dann entgegengesetzt der Kurs stark rutschen, so daß der Anleger wiederum nicht zu einem fairen Kurs verkaufen könnte. Ein seriöser Börsenbrief sollte seine Empfehlungen also auf Optionsscheine mit liquiden Märkten beschränken und bei engen Märkten entweder darauf verzichten oder zumindest deutlich darauf hinweisen.

Überhaupt ist die Qualität der Information und deren Weitergabe auch gleichzeitig ein Indiz für die Qualität eines Börsendienstes. Viele Börsendienste empfehlen nach dem Motto »Hoher Hebel – Hoher Gewinn«, ohne dabei auf die Höhe der Prämie zu achten. So wurde von einem sehr bekannten Börsenbrief Anfang 1989 der Benetton OS /89 empfohlen, mit einem Hebel von 6, aber einer Prämie von über 100% – und das bei einer Restlaufzeit von sieben Monaten. Die Aktie hätte mehr als 90% zulegen müssen, damit der Schein überhaupt ins Geld gekommen wäre. Der Verlust war vorprogrammiert.

Aber auch die Devise »Der Schein mit der niedrigsten Prämie ist der beste« kann zu Fehlentscheidungen führen. Die Prämie ist zwar ein wichtiges Entscheidungskriterium, muß aber – wie im 3. und 4. Kapitel dargestellt – unbedingt im Zusammenhang mit den übrigen Bewertungsgrößen gesehen werden. So wird je nach Strategie eines Herausgebers eine Prämie von 10% für den einen Schein mal als niedrig, mal als zu hoch angesehen. Ursache ist eine zu undifferenzierte Betrachtung der Prämienhöhe. In Kapitel 4 wurde gezeigt, daß die Prämienhöhe stark vom Kursniveau des Basisobjekts im Vergleich zum Basispreis des Optionsscheins und von anderen Einflußparametern abhängt. So ist c.p. (bei sonst gleichen Bedingungen, z.B. gleicher Restlaufzeit) eine Prämie von 15% bei einem S/E von knapp unter 1 sicherlich positiver zu bewerten als eine Prämie von 10% bei einem S/E von 1,7. Ein guter Börsenbrief sollte seinen Abonnenten dies erläutern und seine Empfehlungen so für die Anleger transparenter machen.

Für Börsenzeitschriften gilt das eben Gesagte analog. Doch ist die Aufgabenstellung wohl breiter und komplexer gefaßt als bei reinen Börsenempfehlungsdiensten. Denn bei Börsenzeitungen geht es nicht allein (aber auch) um die Kauf- und Verkaufsempfehlungen, sondern um die Information für die Anlegerschaft. Ziel der meisten Börsenzeitschriften (jedenfalls offiziellen Verlautbarungen zufolge) ist die unterhaltsame Aufklärung und Information der Leser über bestimmte Marktsegmente. Doch leider gilt auch für einige Börsenzeitungen: Es wird zu stark auf die Empfehlungen geschaut und es werdern zu viele marktenge Werte empfohlen; dies gilt insbesondere für den Optionsschein-Bereich. So war im September 1989 der Spar-Covered bei 42 DM ein heißer Tip eines führenden Börsenjournals. Da der Tip bereits wenige Tage vorher an einer Stelle und unter der Hand zu hören war, konnte man quasi risikolos kaufen. Der Herausgeber hatte Gerüchten zufolge auch schon kräftig zugelangt. Am Tag der Empfehlung stieg dieser extrem marktenge Wert dann auch von 45 DM auf 62 DM, obwohl die Aktie keine entsprechende Performance zeigte. Dies zeigt, wie gefährlich eine marktenge Empfehlung sich im Kurs verändern kann.

Viele Anleger gründen ihre Anlage auf technischer Analyse und ihre Kaufentscheidungen auf technische Kaufsignale. Daher sind Charts so beliebt und Chartdienste vielbeschäftigt. Für den Bereich der Optionsscheine existieren seit langem bereits Hoppenstedt-Charts, die neben Indices, Aktien u.a. auch Charts für Optionsscheine erstellen und den Anlegern anbieten. Daneben gibt es seit ca. einem Jahr einen reinen Optionsschein-Chartservice. Der A. Schmidt Verlag, Würzburg, bietet seinen Abonnenten neben dem Chart des zugrundeliegenden Basisobjekts den Kurschart der Scheine sowie die grafische Darstellung von Prämie und Hebel. Im Chartkopf stehen zusätzlich die aktuellen Daten wie Parität, Leverage oder Höchst/Tiefst seit Emission. Auch wenn die Chartanalyse vielleicht eher für das zugrundeliegende Basisobjekt als für den Warrant sinnvoll ist, können Optionsscheincharts doch einen Beitrag dazu liefern, daß ein Anleger für einen Schein »ein besseres Gefühl entwickelt« als ohne.

7.3   Reuters-Kürzel für Optionsscheine

Wichtig für einen Anleger von Optionsscheinen sind neben Börsenbriefen und -zeitschriften regelmäßige, z.T. tägliche Kursinformationen, damit er auf die kurzfristigen Kursschwankungen rechtzeitig reagieren kann. Neben einer regelmäßigen Zeitungslektüre sind mögliche weitere Kursquellen dabei in erster Linie die Anlageberater in den Banken. Die meisten Banken sind an einen Börsen-Nachrichtendienst angeschlossen. Einige Banken haben parallel dazu ein bankinternes Computersystem installiert (z.B. die Commerzbank mit ihrem IMS), über das bestimmte OS-Kurse abgefragt werden können. Der bekannteste und am weitesten verbreitete Börsen-Nachrichtendienst ist wohl Reuters. Über diesen online geschalteten Börsendienst per Bildschirm, d.h., die Kursanzeige auf dem Bildschirm erfolgt zeitgleich mit der Kursfeststellung, sind nahezu alle gängigen Optionsscheine jederzeit abrufbar.

Beim vorhandenen Kursangebot kann unterschieden werden zwischen Seiten mit amtlichen oder durch Freimakler festgestellten Börsenkursen und Seiten von Marktteilnehmern, die Geld- und Briefkurse für einzelne Werte stellen, entweder als Indikation, d.h. als unverbindliche Kursangabe oder als handelbarer Kurs. Jede dieser Seiten kann über ein bestimmtes Kürzel, das sog. Reuters-Symbol abgerufen werden.

Die jeweiligen Seiten der Marktanbieter, sog. Contributors Pages, sind wichtig für den vor- und nachbörslichen Handel von Scheinen. Hier gilt es, die unterschiedlichen Kurse zu vergleichen und sich, je nachdem, welches Geschäft man tätigen will (Kauf oder Verkauf), dann für einen Marktanbieter zu entscheiden. Manche Banken handeln auch bevorzugt mit einem bestimmten Anbieter. Die Angaben einzelner Marktteilnehmer auf dem Bildschirm reichen von reinen Geld- und Briefkursangaben bis zur Angabe von Kursen plus Aufgeld, Leverage, Kennummer und Mindestschlußgröße.

Und für Kleinanleger sind die Seiten mit den an der Börse festgestellten Kursen für die Bewertung bzw. Abrechnung ihres Depots von Bedeutung. Einzelne Börsenplätze bieten mittlerweile einen umfangreichen Kursservice an, der Optionsanleihen cum, ex und Scheine mit deren Höchst-/Tiefst- und Kassakursen beinhaltet.

Im folgenden werden daher Reuters-Kürzel aufgelistet, die dem Anleger wie auch dem Anlageberater helfen werden, bestimmte Kursinformationen schneller zu erhalten. Dabei wurde danach unterschieden, an welchen Märkten die Scheine gehandelt werden.

Es wird jeweils angegeben, welche Arten von OS auf den Seiten erhältlich sind. Stand der Information war Anfang November 1989.

Aufgrund der Schnellebigkeit des Marktes ändern und vermehren sich die Reuters-Symbole, so daß die Aufstellung nicht vollständig ist. Die Index-Seite, die eine Übersicht über das Kursangebot des jeweiligen Marktteilnehmers bietet, ist meist unter der Kürzelendung -A oder -X abzufragen. Im folgenden wird diese Index-Seite zuerst genannt.

7.3.1 Bundesrepublik Deutschland

Aktienindex:	DAXA
Variable Kurse:	OPUJ ff.
	Laufende Dt. Aktien OS
Amtliche Kassakurse:	OPSA ff., OPSA-OPSI
	Kassakurse Dt. Aktien OS, Intl. OS
	Japaner DM-OS, Währungs-OS
Freiverkehrswerte:	SPUA ff.;
	alle im Freiverkehr gehandelten OS
Düsseldorfer Börse:	OPSI ff.
Berliner Börse:	OPUA ff.
	Laufende Dt. Aktien OS

Einzelne Marktteilnehmer

Citibank (Citicorp):	CIDA; CIDB/C
	Zins-OS, Währungs-OS
Commerzbank, Ddf.:	CBDA; CBDH
	Dt. Aktien OS
Commerzbank, Ffm.:	CBFA; CBGJ/K ff., CBGH/I
	Dt. Aktien OS, Japan DM-OS,
	cum und ex
Cresvale, Ffm:	CVFA, CVFC-S ff.
	Japanische DM-OS

Daiwa Europe:	DDAA; DDAB ff.
	Japan-OS, cum und ex
Deutsche Bank, Ffm.:	DBFA; DBFI-K ff.
	Dt. Aktien OS, Zins-OS, cum und ex
Deutsche Bank, Mannheim:	DBMA, DBMB, DBMR-V, DBNL-U, DBNV/W
	DBMX/Y/Z, DBSF-G, DBNQ-T,
	Dt. Aktien OS, Japan DM-OS, cum und ex
DG-Bank:	DGDA; DGDK/L
	Dt. Aktien OS, Japan-OS, cum und ex
Dresdner Bank, Ffm.:	DRFA; DRFW, DRBB-F, DFRB/K
	Dt. Aktien OS, Neuemissionen,
	cum und ex, Japan-OS einige Sfr-OS
Morgan Stanley, Ffm.:	MSFA; MSFD-I, J-N, MSFO, MSFP-Q
	Intl. OS, CWs, Japan-OS, cum und ex
Rabe, Freimakler:	RAAA; RAAB-H
	Freiverkehrs-OS, Japan-OS
Robert Fleming, Ffm:	FLFA-C ff.
	Japanische DM-OS, OA cum, OA ex
Salomon Brothers, Ffm:	FFSA, FFSH-SU ff.
	Japanische DM-OS
Schweizer Bankverein:	SBYA; SBYM/N/O, SBYP/Q/R/S
	Japan-OS, Schweizer OS, cum und ex
SKA, Dtl.:	SKDA; SKDB-I/P
	Japan-OS, Schweizer OS, cum und ex
Spütz & Partner:	SPUA; SPUA-K/L
	Freiverkehrs-OS, Neuemissionen,
	Dt. Aktien OS, CWs auf US-Aktien
Trinkaus & Burkhardt, Ddf:	TUBX; TUBB/C/D-F ;
	Dt. Aktien OS, CWs, Währungs-OS,
	cum und ex, Neuemissionen
Warburg & Brinkmann,HH:	WBWA; WBWD
	Eigene Emissionen, Währungs-OS, CWs
West LB, Ddf.:	WLBA; WLBT-U
	Dt. Aktien OS, cum und ex, CWs,
	Währungs-OS

7.3.2 Österreich

Creditanstalt BV Wien:	CADB; CAEH/I
	Österr. Aktien ÖS-OS
Österr. Länderbank:	OLBB
	Österr. Aktien ÖS-OS

7.3.3 Dänemark

Den Danske Bank:	DANA; DANI/J, DDBF
	Dänische OS,

7.3.4 Frankreich

Pariser Börse:	FQQA; FQQB-FQQR/T
	Amtliche und fortlaufende Kurse
Credit Commercial:	CCBA; CCBL/M-R
	Franz. FF-OS
Maison Roussin Paris:	ROBA; ROBB ff.
	Franz. FF-OS, cum und ex

7.3.5 Italien

Banco di Roma:	BRBA; BRBA/B
	Ital. Li-OS

7.3.6 Schweiz

Zürcher Börse	SXGA ff.,SXED ff.,SWGA ff.,SXHA ff.
	SXKD ff. SWAA-SWBZ (Vorbörse)
	Amtliche Notierungen, div.Intl. OS,
	cum und ex
Baseler Börse:	SXFP ff., SXEP/W, SWGA-H ff.

Einzelne Marktteilnehmer

Alpha Sec.:	ASAA; ASAB ff.
	Japan Sfr-OS
Amtrade Partners S.A.:	AMYA; AMYB-U ff.
	Japan Sfr-OS
Bank Cantrade:	BCZB; BCZF-M
Bankers Trust:	BTPA; BTPD ff.
	Japan Sfr-OS

Banque Louis Dreyfus:	LDZA; LDZI
Banque Morgan Grenfell:	BMGI-K
	Diverse OS
Banque Paribas:	PBHA; PBHB-G
	Franz. FF-OS
Bondpartners:	BPLA; BPLA ff.
	Intl. Zins OS
Citicorp, Genf:	CIGA; CIWA-P/Q-Z, CTZO-R
	Währungs-OS, Gold-OS, Öl-OS, Japan
	Sfr-OS
Credit Suisse:	CSNA; CSWV-Z, CSWA-S/T-U, CSNF/L-X
	CSZA/B/C-E
	Japan Sfr-OS, Schweizer OS,
	cum und ex
Daiwa:	DACH; DACH/I ff.
	Japan Sfr-OS
GDL Capital Partners:	GDLA; GDLD/G-H
Industrial Bk.of Japan:	IBJZ
Julius Bear & Co.:	JBYA; JBYO-X
	Schweizer OS, Neuemissionen,
	Going Public-Anleihen in Sfr
LTCB AG:	LTSA; LTSK-M
Merrill Lynch:	MLZA; MLZB-K
	Japan Sfr-OS
Nikko Fin. Co.:	NSFA; NSFB-U ff., NSFX/Z
	Japan-OS
Robert Fleming Swiss:	FLZA; FLZB ff.
	Japanische Sfr-OS
SG Warburg Soditic:	WASA; WASM-O/Q-R
Swiss Bank Corp.:	SBTA; SBTR-Z, SBEM-T, SBJO-S/U-V
	SBJX-Z
	Schweizer OS, cum und ex
Swiss Volksbank:	SVDA; SVDB-F
	Schweizer OS, cum und ex
Union Bank of Switzerl.:	UBCA; UBCW-DH/DJ-DK/DP-DY
	Schweizer OS, cum und ex
Yamaichi Ltd. Zürich:	YAZA; YAZB-F ff.
	Japan Sfr-OS, cum und ex
Zuercher Kantonalbank:	ZKBA; ZKBC ff.
	Schweizer OS,

7.3.7 Großbritannien

Bankers Trust:	BTPA; BTPI
	Japan $-OS, Sfr-OS
Baring Sec. Ldn.:	BBUA; BBUB-Z,BFEA-Z,BBUT-Z,BYYA-I
	Japan $-OS u.a.
Barclays de Zoete Wedd:	BZWA; BZJB-KM
	Japan Sfr-OS, $-OS
Citicorp Ldn.:	CTCA; CTCW ff.
	Japan $-OS
CSFB Ldn.:	CSJA-D, WWCA/H-I
	Div. OS
Cresvale Ltd. Ldn.:	CREF-L, CRER/T
	Japan $-OS, Neuemissionen
Daiwa Europe. Ldn.:	DAWA; DAWB-X, DABF/H-K, DAIC ff.
	Japan $-OS, cum und ex
Deutsche Bank Ldn.:	DCEF-I ff.
	Dt. Aktien OS
James Capel:	JCCA; JCCB/C ff.
	Britische Sfr-OS, Japan OS
Mitsubishi Fin.:	MFIG; YMFK
Morgan Stanley:	MSDA; MSDB-N-Z, MSSL-N/R-Z, MSUA
	Japan $-OS
Nikko Sec.:	NIKA; NJEA; NIKI ,NIKV-W,NIWA-X,
	Japan $-OS, cum und ex
Nippon Kankyo Bk.:	NKKA; NKKB-E
	Japan $-OS
Nomura Ldn.:	NOMA; NOMQ; NOMC/D/E-P
	Japan $-OS, Sfr-OS
Robert Fleming:	RFBA; RFBB/G, K-S ff.
	Japan $-US, cum und ex
Saitama Fin. Intl.:	SAIA; SAIT
	Div. OS
Salomon Brothers:	SALA; SALV-Z
	US $-OS, Wenige Japan-OS
Soc. Gen. Strauss:	SXPW; SGST/Q-Y, SXUK-L/M, SXUN-V
	SGBK
	Div. OS
Warburg Sec.:	SGWA; WARH-I ff.
	Euro Warrants

Yamaichi Intl.: YACA; YAJA-P ff., YIEA-B ff.
Japan $-OS

7.3.8 Japan

Daiwa Sec.: DWAA; DWIA/J
Japan $-OS, Yen-OS, Neuemissionen
Nomura Sec.: NMUA; ff.
Japan $-OS, Yen-OS, Neuemissionen
SBCI Sec.: SCVA; SCVG-K, SCVM-O
Japan Sfr-OS, cum und ex
UBS PHilips & Drew: UBJA; UBJA-L
Japan Sfr-OS, cum und ex
Yamaichi Sec.: YAMA; YAMQ
Japan $-OS, Yen-OS, cum und ex

7.3.9 Niederlande

Amsterdamer Börse: NLBA; NLBG/H/I/J ff.
Laufende Notierungen div. Aktien OS
Algemene Bank NL: ABBA; ABBA, ALGT
Holl. G-OS
Barclays de Zoete Wedd: BZJA; BZJB, BZJH ff., BZKI ff.
Japan Sfr-OS, $-OS

7.3.10 Hongkong

Cresvale: CRVA; CRVB-D
Japan $-OS, Neuemissionen

Leider werden die Reuters-Symbole von den einzelnen Marktanbietern, die sog. Contributors Pages, von Zeit zu Zeit individuell geändert bzw. durch neue Optionsanleihen und -scheine ergänzt, so daß die Möglichkeit besteht, daß einige Kürzel schnell veraltet sind. In diesem Fall sollte der Interessent auf die sog. Index-Seite des betreffenden Marktteilnehmers sehen, um die geänderten Seiten zu erfahren.

Außerdem erhalten die Banken als Kunden des Börsendienstes monatlich ein aktuelles Directory (Inhaltsübersicht) über sämtliche Marktteilnehmer, die über diesen Börsendienst abrufbar sind, mit den entsprechenden Kürzeln.

Zu diesen Seiten kommen noch eine Reihe weiterer Seiten hinzu, die für Anleger und Berater gleichermaßen von Bedeutung sind. Auf diesen Spezialseiten stehen Neuemissionen, aktuelle Nachrichten, Emissionsbedingungen von Anleihen etc. Diese

293

Kürzel wechseln bis auf einige Basisseiten selten und können vom Anlageberater erfragt werden. Interessant sind besonders für Trader unter den Investoren die Seiten mit den Daten über aktuelle Emissionen.

Neben diesem Börsendienst der Nachrichtenagentur Reuters gibt es aber noch weitere Informationsdienste, die der Anleger für seine regelmäßigen Kursinformationen nutzen kann. Hier sind Telekurs (mit Schwerpunkt Europa (vor allem Schweiz), Datastream VWD (mit Schwerpunkt Europa), Quotron (Schwerpunkt US-Märkte) und Quick System (Schwerpunkt Fernost, vor allem Japan) zu nennen. Besonders interessant könnten in Zukunft solche Systeme werden, die es ermöglichen, die aktuellen Kursinformationen in einen PC zu übertragen und dort auswerten zu lassen (z.b. Videoticker von VWD).

Immer mehr Marktteilnehmer bieten ihr Kursangebot auch per BTX an. Reduzierten Kosten stehen zwar längere Übertragungszeiten und eine Offline-Schaltung gegenüber. Aber besonders für Kleinanleger kann dieses Medium in naher Zukunft zunehmend wichtiger für eine kostengünstige Kursübertragung werden, zumal die Kurse bei BTX schon jetzt direkt per EDV weiterverarbeitet werden können. So wird auch Reuters in naher Zukunft sein gesamtes Börsen-Informations-Angebot über Bildschirmtext anbieten. Damit wird ein Investor mit BTX unabhängig von den Kursinformationen seines Anlageberaters.

Die Beschaffung täglicher Kursinformationen ist trotz aller Technik nach wie vor aufwendig. Daher sollte sich jeder einzelne Anleger überlegen, wie wichtig für ihn die täglichen Kurse sind, oder ob ihm nicht eine wöchentlich aktualisierte Übersicht ausreicht. Dann nämlich erleichtert sich die Beschaffung auf den Kauf von Börsenzeitschriften und -briefen. Oder der Anleger schafft sich einen Computer mit einem Börsenprogramm an. Dann hat er je nach Programm die Möglichkeit, die Kurse automatisch einzulesen, entweder täglich per Modem oder Akustikkoppler oder wöchentlich per Diskettenservice.

Eine neue Art der Kursinformationen bietet seit 1989 der Privatsender SAT 1. Im Rahmen seiner Börsensendung Telebörse, die börsentäglich von 13 Uhr bis 14 Uhr umfassend und aktuell über das nationale und internationale Börsen- und Wirtschaftsgeschehen berichtet, werden während der Sendung mehrere Kurstafeln mit deutschen Scheinen und ihren Kassa- und variablen Kursen gezeigt. Hinzu kommt eine wöchentliche Analyse ausgewählter Scheine durch Börsenhändler. Für die tägliche Kursinformation bietet sich dieser TV-Börsenblick ideal an.

7.4 Computerunterstützung für Optionsschein-Investoren

Börsenprogramme für die Kapitalanlage mit Optionsscheinen können für zwei unterschiedliche Funktionen eingesetzt werden: Zum einen eignen sich Börsenprogramme zur automatischen Kurserfassung, zur technischen Analyse (Chartanalyse) und zur Depotführung. Zum anderen kann eine größere Anzahl Optionsscheine nach verschiedenen Modellen und Methoden analysiert werden. Doch leider sind spezielle Programme für Optionsscheine noch die Ausnahme. Dem Anlagemedium Optionsschein wird meist im Rahmen einer allgemeinen Wertpapieranalyse nur in Form eines kleinen Bewertungsprogramms Rechnung getragen. Für die ersten Funktionen der automatischen Kursübernahme aus Datenbanken oder von Disketten und Chartanalyse eignen sich diese Programme aber trotzdem. Nur bei der Bewertung und Analyse der Optionsscheine müßte sich der interessierte Anleger ein weiteres Programm kaufen oder selbst entwickeln.

Speziell für Optionsscheine existieren bislang nur wenige Programme, die aber unterschiedlich in ihrer Konzeption sind. Je nach Interesse kann der Investor zwischen einem reinen Bewertungsprogramm, einem etwas kompakteren Optionsscheinprogramm oder einem Aktienprogramm mit Optionsscheinteil wählen.

7.4.1 NERGE-21

Als reines Bewertungsprogramm wurde NERGE-21 an der Universität Saarbrücken erstellt und dient der analytischen Betrachtung von Optionsscheinen. Das Programm berechnet Werte für Optionsscheine mit europäischer und amerikanischer Optionsfrist nach Black & Scholes und McMillan/Stoll/Whaley. Je nach Preis können im Programm ein oder mehrere Parameter variiert werden. Das Programm ist ein Bewertungsprogramm ohne Chartteil und Datenbank, d.h., für die Bewertung müssen jedesmal die notwendigen Daten erneut eingegeben werden. Es berechnet die theoretischen Werte für Aktien- und Währungs-Optionsscheine, die in DM gehandelt werden.

Hier einige Features des Programms:

• Reines Bewertungsprogramm von Optionen und OS
• Modelltheoretische Bewertung von Call und Puts
• Europäische und amerikanische Optionen
• Keine Datenbank, kein Chartteil
• Für jede Bewertung manuelle Dateneingabe erforderlich
• IBM-kompatibel

- Menügesteuert
- Programm selbsterklärend, kein Handbuch
- Gleichzeitige Variation zweier Parameter möglich
- Preis: 195 bis 9.800 DM
- Bezugsadresse: Johannes Welcker; Wintringer Straße 67; 6601 Kleinblittersdorf

7.4.2 Warrant Profi(t)

Ein Programm, das die Vorteile eines herkömmlichen Börsenprogramms (automatische Kursübernahme und Chartteil) mit den Vorteilen eines speziellen Options-
scheinprogramms (spezielle Bewertungsmodelle) verbindet, ist Warrant Profi(t). Es
bietet neben einem Analyseteil, der neben den theoretischen Optionspreismodellen
auch die herkömmlichen Bewertungsmethoden beinhaltet, einen extra Chartteil, der
es ermöglicht, sich mehrere Warrants mit der entsprechenden Aktie oder Warrants
mit Prämie und Hebel im Zeitablauf, Relativ- oder Korrelationscharts oder das
S/E-Konzept anzeigen zu lassen. Die Kurse werden in einer programmeigenen
Datenbank gespeichert.

Hier einige Features des Programms:

- Programm zur Optionsschein-Analyse
- Optionspreismodelle
- Allg. technische und fundamentale Wertpapieranalyse
- Farbprogramm
- Umfassender Chartteil
- Mausgesteuert
- Programmeigene Datenbank
- Automatische Datenübertragung per BTX, Reuters, Datenbank
- IBM-kompatibel
- Paritäts- und optionspreismodellbezogene Bewertung
- Depot-Controlling
- Kauf-/Verkaufssignale
- Parametervariation
- Handbuch und Hilfsprogramm
- Preis: ab 799 DM
- Bezugsadresse: Creative Capital – Vermögensmanagement, Bleichenbrücke 11,
  2000 Hamburg 36

7.4.3 Winchart

Daneben existieren eine Reihe von Programmen, die speziell für die Aktienanalyse konzipiert waren, aber neuerdings immerhin Listen von Optionsscheinen mit den herkömmlichen Bewertungsgrößen erstellen und Über- oder Unterbewertungen darstellen. Diese Programme haben stets einen Chartteil, so daß die Kursentwicklung grafisch sichtbar wird und Aktie und Optionsschein im Zeitablauf besser vergleichbar werden. Eines dieser Programme ist Winchart.

Hier einige Features des Programms:

- Programm zur technischen Aktienanalyse
- Chartteil
- Farbprogramm
- Programmeigene Datenbank
- Automatische Datenübertragung, per Diskette, BTX, Datenbanken
- Makrosteuerung
- IBM-kompatibel
- Menüsteuerung
- OS: Liste mit paritätsbezogenen Kennziffern
- Depotverwaltung
- Listenverwaltung
- Kauf-/Verkaufssignale nach Point & Figure
- Handbuch und Hilfsfunktionen
- Kurskonvertierungen in ASCII
- Vielzahl technischer Indikatoren
- Preis: ab 1.265 DM (ohne Depot)
- Bezugsadresse: Winfried Schmitt, Software-Entwicklung, Brunhuberstraße 118, 8090 Wasserburg a.I.

Anhang 1

Listen ausgewählter Optionsscheine

a) Optionsscheine auf deutsche Aktien

TITEL		OS-kurs	WAE	Aktien kurs	Leve-rage	akt. Praem.	stand. A-Niv.	Basis-preis	OS-Verh.	Pari-taet	Gearing Factor	Break Even Punkt	Aktie um OS zu ver doppeln	Imm.Wert in %
AGAB 87	/01.94	124.0	DM	292.0	2.4	1.7%	1.69	173.0	1.00	119.0	2.40	297.00	44.18%	95.97%
AGAB 87 (DG)	/05.93	131.0	DM	292.0	2.2	1.0%	1.78	164.0	1.00	128.0	2.25	295.00	45.89%	97.71%
AGAB 89 (Kunstm.)	/12.92	74.0	DM	365.0	4.9	20.3%	1.00	365.0	1.00	0.0	5.93	439.00	40.55%	0.00%
ANZAG	/08.96	250.0	DM	455.0	1.8	-9.2%	2.79	163.0	1.00	292.0	1.65	413.00	45.71%	116.80%
ALLIANZ 89	/03.96	1263.0	DM	2680.0	2.1	15.8%	1.46	1840.0	1.00	840.0	2.46	3103.00	62.91%	66.51%
ALLIANZ 89 (SVB)	/03.91	170.0	Sfr	2680.0	2.8	6.6%	1.41	1900.0	0.20	138.7	10.93	2856.25	42.26%	72.51%
ASKO 85 (VZ)	/02.93	166.0	DM	660.0	4.0	92.7%	0.60	1106.0	1.00	-446.0	7.66	1272.00	117.88%	-268.67%
AVA 89	/02.99	1250.0	DM	1600.0	1.6	0.0%	2.67	600.0	1.25	1250.0	1.38	1600.00	62.50%	100.00%
BASF 85	/11.94	162.8	DM	305.0	1.9	0.9%	2.10	145.0	1.00	160.0	1.89	307.80	54.30%	98.28%
BASF 86	/04.01	103.2	DM	305.0	3.0	34.8%	0.99	308.0	1.00	-3.0	3.98	411.20	68.66%	-2.91%
BERLINER BANK 86	/12.94	83.5	DM	260.0	3.1	4.1%	1.39	187.2	1.00	72.9	3.24	270.65	36.21%	87.25%
BILF.+BERG (DR) 89	/09.91	97.0	DM	702.0	3.6	6.0%	1.28	550.0	0.50	76.0	3.84	744.00	33.62%	78.35%
BHF 83	/05.90	182.0	DM	457.0	2.5	-3.1%	1.75	260.9	1.00	196.1	2.43	442.87	36.73%	107.76%
BHF 85	/07.95	172.5	DM	457.0	2.6	8.4%	1.41	323.0	1.00	134.0	2.87	495.50	46.17%	77.68%
BHF 86	/09.98	119.5	DM	457.0	3.8	40.6%	0.87	523.0	1.00	-66.0	5.38	642.50	66.74%	-55.23%
BHF 89 A	/10.93	103.0	DM	457.0	4.4	18.8%	1.04	440.0	1.00	17.0	5.27	543.00	41.36%	16.50%
BHF 89 B	/10.96	128.0	DM	457.0	3.6	24.3%	1.04	440.0	1.00	17.0	4.44	568.00	52.30%	13.28%
BAYER 84	/02.94	185.0	DM	317.0	1.7	2.5%	2.26	140.0	1.00	177.0	1.76	325.00	60.88%	95.68%
BAYER 85	/03.95	164.5	DM	317.0	1.9	4.9%	1.89	168.0	1.00	149.0	2.02	332.50	56.78%	90.58%
BAYER 87	/08.97	116.0	DM	317.0	2.7	43.8%	0.93	340.0	1.00	-23.0	3.93	456.00	80.44%	-19.83%
BAYERN HYPO 85	/02.94	155.2	DM	433.0	2.8	22.9%	1.15	377.0	1.00	56.0	3.43	532.20	58.75%	36.08%
BAYERN HYPO 86	/07.96	126.0	DM	433.0	3.4	44.8%	0.86	501.0	1.00	-68.0	4.98	627.00	73.90%	-53.97%
BMW 89 (CO)	/04.91	45.0	DM	566.0	6.3	30.7%	0.87	650.0	0.50	-42.0	8.22	740.00	46.64%	-93.33%
BMW 89 (BT)	/10.91	54.5	DM	566.0	5.2	24.4%	0.95	595.0	0.50	-14.5	6.46	704.00	43.64%	-26.61%
CAR BASKET 89 SaB	/03.91	115.0	Sfr	2445.0	3.8	14.4%	1.14	2150.0	0.20	52.4	4.32	2796.88	40.85%	45.60%
COMMERZ 89 (BT)	/10.91	95.0	DM	308.0	3.2	6.2%	1.33	232.0	1.00	76.0	3.44	327.00	37.01%	80.00%
CONTINENTAL 84	/01.94	211.5	DM	316.0	1.5	4.6%	2.66	119.0	1.00	197.0	1.56	330.50	71.52%	93.14%
CONTINENTAL 86	/09.96	96.7	DM	316.0	3.3	32.8%	0.98	323.0	1.00	-7.0	4.34	419.70	63.42%	-7.24%
CONTINENTAL 87	/10.97	82.6	DM	316.0	3.8	40.1%	0.88	360.0	1.00	-44.0	5.36	442.60	66.20%	-53.27%
CONTI. 89 CSFB	/07.91	26.0	DM	316.0	3.0	37.3%	0.96	330.0	0.25	-3.5	51.77	434.00	70.25%	-13.46%
DEGUSSA 83	/03.93	275.0	DM	507.0	1.8	2.2%	2.09	243.0	1.00	264.0	1.88	518.00	56.41%	96.00%
DEUTSCHE BK 83	/06.91	509.0	DM	854.0	1.7	-2.8%	2.66	321.3	1.00	532.7	1.63	830.33	56.83%	104.65%
DEUTSCHE BK 86	/02.96	235.5	DM	854.0	3.6	20.4%	1.08	793.0	1.00	61.0	4.37	1028.50	48.01%	25.90%
DEUTSCHE BK 87	/12.92	256.5	DM	854.0	3.3	9.7%	1.26	680.0	1.00	174.0	3.65	936.50	39.70%	67.84%
DIDIER 85	/11.95	126.0	DM	265.0	2.1	15.5%	1.47	180.0	1.00	85.0	2.43	306.00	63.02%	67.46%
DREBANK I 83	/06.90	259.0	DM	439.0	1.8	-3.3%	2.45	179.0	1.06	274.5	1.65	424.36	52.55%	105.97%
DREBANK II 83	/10.93	278.0	DM	439.0	1.7	-1.5%	2.60	169.0	1.06	285.0	1.58	432.36	58.48%	102.52%
DREBANK 84	/09.92	290.5	DM	439.0	1.6	-3.1%	2.93	150.0	1.06	305.1	1.49	425.20	59.54%	105.01%
DREBANK I 86	/03.96	140.0	DM	439.0	3.3	16.8%	1.16	380.0	1.06	62.3	3.57	512.63	46.98%	44.49%
DREBANK II 86	/11.91	109.0	DM	439.0	4.3	16.9%	1.07	410.0	1.06	30.6	4.56	513.26	40.44%	28.08%
DREBANK 89 BT	/08.91	105.0	Sfr	439.0	3.7	6.6%	1.25	350.0	1.00	3.3	1.12	468.13	33.54%	3.16%
GLUNZ 89	/06.92	133.0	DM	341.0	2.6	4.4%	1.53	223.0	1.00	118.0	2.68	356.00	43.40%	88.72%
GLUNZ 89	/06.93	145.0	DM	341.0	2.4	7.9%	1.53	223.0	1.00	118.0	2.54	368.00	50.44%	81.38%
HERLITZ 84	/11.94	115.0	DM	309.0	2.7	7.8%	1.42	218.0	1.00	91.0	2.90	333.00	44.98%	79.13%

299

TITEL		OS-kurs	WAE kurs	Aktien kurs	Leve-rage	akt. Praem.	stand. A-Niv.	Basis-preis	OS-Verh.	Pari-taet	Gearing Factor	Break Even Punkt	Aktie um OS zu ver doppeln	Inn.Wert in %
HERLITZ 89	/07.99	120.0 DM		309.0	2.6	11.7%	1.37	225.0	1.00	84.0	2.88	345.00	50.49%	70.00%
HENKEL 87	/10.94	178.0 DM		578.0	3.6	14.5%	1.16	500.0	1.10	85.8	3.55	661.82	42.50%	48.20%
HOECHST 75	/06.90	750.0 DM		298.0	2.0	-5.2%	2.25	132.5	5.00	827.5	1.04	282.50	45.13%	110.33%
HOECHST 83	/02.93	195.0 DM		298.0	1.5	2.7%	2.68	111.0	1.00	187.0	1.57	306.00	68.12%	95.90%
HOESCH 86	/08.96	131.5 DM		290.0	2.2	1.9%	1.77	164.0	1.00	126.0	2.25	295.50	47.24%	95.82%
HOESCH 89	/09.94	99.0 DM		290.0	2.9	19.3%	1.17	247.0	1.00	43.0	3.49	346.00	53.45%	43.43%
HUSSEL 86	/12.95	500.0 DM		840.0	1.7	-1.2%	2.55	330.0	1.00	510.0	1.66	830.00	58.33%	102.00%
KARSTADT 89 DB	/05.92	119.0 Sfr		695.0	5.2	10.6%	1.09	635.0	1.00	18.9	2.68	768.88	29.89%	15.91%
KAUFHOF 84	/11.94	469.0 DM		708.0	1.5	-1.7%	3.12	227.0	1.00	481.0	1.48	696.00	64.55%	102.56%
KAUFHOF 85	/12.95	378.0 DM		708.0	1.9	-2.1%	2.25	315.0	1.00	393.0	1.83	693.00	51.27%	103.97%
KAUFHOF 86	/09.98	263.5 DM		708.0	2.7	5.7%	1.46	485.0	1.00	223.0	2.84	748.50	42.94%	84.63%
KAUFHOF 89 A VZ	/09.92	85.0 Sfr		490.0	5.1	7.3%	1.14	430.0	1.00	13.9	2.17	525.63	26.79%	16.30%
KAUFHOF 89 B VZ	/09.96	93.0 Sfr		490.0	4.7	9.1%	1.14	430.0	1.00	10.6	1.82	534.63	30.46%	11.40%
KOLBENSCHMIDT 89	/06.99	75.0 DM		250.0	3.3	26.0%	1.04	240.0	1.00	10.0	4.20	315.00	56.00%	13.33%
KRONES 87	/03.94	845.0 DM		1554.0	1.8	-1.9%	2.29	680.0	1.00	874.0	1.80	1525.00	52.51%	103.43%
LINDE 84	/12.94	533.0 DM		880.0	1.7	-0.4%	2.56	343.3	1.00	536.7	1.64	876.33	60.15%	100.69%
MANNH.VERS 89 Opp	/09.91	61.0 DM		968.0	4.0	38.8%	0.88	1100.0	0.25	-33.0	73.13	1344.00	64.05%	-54.10%
MAFINA 86	/05.91	251.0 DM		13025.0	2.4	4.6%	1.57	8280.0	1.00	223.0	*********	13620.43	6.50%	88.85%
MARKT+TECHNIK 87	/09.94	161.0 DM		490.0	3.0	96.1%	0.61	800.0	1.00	-310.0	5.97	961.00	128.98%	-192.55%
MANNESMANN 89 CSFB	/9.91	74.0 DM		364.0	2.5	10.7%	1.43	255.0	0.50	54.5	2.72	403.00	51.37%	73.65%
MANNESMANN 89 CSFB	/4.91	63.0 DM		364.0	2.9	9.3%	1.34	272.0	0.50	46.0	3.16	398.00	43.96%	73.02%
MERCEDES 89 CSFB	/09.91	37.0 DM		655.0	4.4	28.1%	0.95	691.0	0.25	-9.0	5.67	839.00	50.69%	-24.32%
METALLGES. 86	/05.96	325.0 DM		628.0	1.9	7.5%	1.79	350.0	1.00	278.0	2.08	675.00	59.24%	85.54%
METALLGES. 87	/10.97	319.0 DM		628.0	2.0	9.7%	1.70	370.0	1.00	258.0	2.16	689.00	60.51%	80.88%
METALLGES. 89	/09.91	113.0 DM		628.0	2.8	12.9%	1.30	483.0	0.50	72.5	9.55	709.00	48.89%	64.16%
NIXDORF 87 ST+VZ	/11.93	159.0 DM		292.5	3.7	167.2%	0.42	702.0	2.00	-819.0	3.21	781.50	194.36%	-515.09%
PWA 86	/04.94	183.0 DM		324.0	1.8	1.9%	2.20	147.0	1.00	177.0	1.80	330.00	58.33%	96.72%
PREUSSAG 84	/11.91	226.0 DM		474.0	2.1	2.5%	1.82	260.0	1.00	214.0	2.15	486.00	50.21%	94.69%
RWE 86 VZ	/03.96	175.0 DM		360.0	2.1	0.0%	1.95	185.0	1.00	175.0	2.06	360.00	48.61%	100.00%
RWE 89 ST MS	/10.91	67.5 DM		445.0	3.3	11.2%	1.24	360.0	0.50	42.5	3.67	495.00	41.57%	62.96%
RWE 89 ST DR	/09.91	124.0 DM		360.0	2.9	34.4%	1.00	360.0	1.00	0.0	3.90	484.00	68.89%	0.00%
SALMANDER 86	/07.96	269.8 DM		532.0	2.0	-0.4%	2.05	260.0	1.00	272.0	1.96	529.80	50.30%	100.82%
SCHERING 83	/09.90	490.5 DM		825.0	1.7	1.9%	2.36	350.0	1.00	475.0	1.71	840.50	61.33%	96.84%
SCHERING 89 TUB	/09.91	46.0 DM		825.0	4.5	13.2%	1.10	750.0	0.25	18.8	5.08	934.00	35.52%	40.76%
SIEMENS 83	/05.90	469.0 DM		730.0	1.6	-1.7%	2.94	248.4	1.00	481.6	1.53	717.41	62.52%	102.68%
SIEMENS 86	/06.92	221.0 DM		730.0	3.3	15.2%	1.18	620.0	1.00	110.0	3.81	841.00	45.48%	49.77%
SPAR 89 WB	/09.91	63.5 DM		380.0	3.0	25.5%	1.09	350.0	0.50	15.0	3.76	477.00	58.95%	23.62%
STUMPF 81	/02.91	147.0 DM		184.0	1.3	7.1%	3.68	50.0	1.00	134.0	1.34	197.00	86.96%	91.16%
THYSSEN 89 CSFB	/05.91	46.0 DM		288.0	3.1	12.8%	1.24	233.0	0.50	27.5	3.53	325.00	44.79%	59.78%
THYSSEN 89 TUB	/09.91	73.0 DM		288.0	3.9	12.2%	1.15	250.0	1.00	38.0	4.42	323.00	37.50%	52.05%
TRINKAUS 86	/11.96	148.0 DM		485.0	3.3	9.9%	1.26	385.0	1.00	100.0	3.60	533.00	40.41%	67.57%
TRINKAUS 89 TUB	/09.92	91.0 DM		485.0	5.3	10.5%	1.09	445.0	1.00	40.0	5.89	536.00	29.28%	43.96%
VEBA 83	/12.93	256.0 DM		415.0	1.6	1.7%	2.50	166.0	1.00	249.0	1.65	422.00	63.37%	97.27%
VEBA 89 CSFB	/09.91	55.0 DM		415.0	3.8	15.2%	1.13	368.0	0.50	23.5	14.38	442.00	41.69%	42.73%
VIAG 87	/09.97	268.5 DM		385.0	1.4	-0.6%	3.38	114.0	1.00	271.0	1.42	382.50	69.09%	100.93%
VIAG 89 TUB	/09.91	45.0 DM		385.0	8.6	5.2%	1.07	360.0	1.00	25.0	9.00	405.00	16.88%	55.56%
VW 86 ST	/11.95	219.0 DM		554.0	2.5	8.5%	1.45	382.0	1.00	172.0	2.74	601.00	48.01%	78.54%
VW 86 ST	/08.01	190.0 DM		554.0	2.9	18.2%	1.19	465.0	1.00	89.0	3.45	655.00	52.53%	46.84%
VW 88 VZ	/10.98	234.0 DM		455.0	1.9	3.7%	1.91	238.0	1.00	217.0	2.02	472.00	55.16%	92.74%
VW 89 ST CSFB	/09.91	68.0 DM		554.0	4.1	14.8%	1.11	500.0	0.50	27.0	4.68	636.00	39.35%	39.71%
VW 89 VZ CO	/09.91	55.8 DM		455.0	4.1	13.5%	1.12	405.0	0.50	25.0	4.63	516.60	38.07%	44.80%
WELLA 86	/03.96	179.0 DM		667.0	3.7	34.8%	0.93	720.0	1.00	-53.0	5.02	899.00	61.62%	-29.61%
ZANDERS 88 VZ	/12.98	101.0 DM		252.0	2.5	16.3%	1.31	192.0	1.00	60.0	2.90	293.00	56.35%	59.41%
FAZ-CALL 89 BT	/11.10.91	170.0 Sfr		776.1	4.1	7.1%	1.21	640.0	1.00	136.1	4.35	831.25	29.01%	80.06%
FAZ-Call 89 BT	/22.08.91	241.0 Sfr		776.1	2.9	3.2%	1.46	530.0	1.00	246.1	2.95	801.13	34.28%	102.12%
FAZ-Put 89	/22.08.91	50.0 Sfr		776.1	15.5	64.8%	0.65	505.0	1.00	-271.1	9.98	448.75	-48.62%	-542.20%
DAX-BULL 89 DR	/09.90	223.0 DM		1841.0	8.3	7.2%	1.05	1750.0	1.00	91.0	8.85	1973.00	19.28%	40.81%
DAX-BEAR 89 DR	/09.90	205.0 DM		1841.0	9.0	27.9%	0.87	1600.0	1.00	-241.0	8.80	1395.00	-35.36%	-117.56%

b) Optionsscheine auf japanische Aktien

TITEL	Laufz.	Quik Code	Re Ak	WP-Kennr. TQ Nr.	Reuters Kürzel Schein	Opt.-verh	Bezugs-preis (Yen)	A-kurs (Yen)	OS-Kurs WAE	OS-akt. Prämie	Leve rage	stand. Aktien Niveau WAE	Brutto-Parität in WAE	Innerer Wert in %	Break Even-Point	OS-Aend. je Yen	Netto-Parität in WAE	Gearing Factor
Aichi Elec.	89/12.94	6623		878305	M881	64.54	1261.0	1380	257 DM	16.3%	4.0	1.09	89.1	28.64%	1604	0.75	73.6	4.7
Aichi Tokey	89/12.94	7723		878195	M881	66.56	1220.0	1170	232 DM	30.0%	3.9	0.96	-38.6	-22.48%	1520	0.77	-52.2	5.1
Asahi Glass	89/03.93	5201	CL.	876681	NLBI	143	2173.0	2210	1050 HFL	23.8%	3.9	1.02	69.1	0.68%	2735	1.87	7.2	4.9
Bando Chem.	86/10.91	5195		871666	OPSA	1079	370.6	1030	8500 DM	1.9%	1.5	2.78	8253.2	94.82%	1050	12.52	8059.9	1.5
Bridgestone *	89/03.92	5108		662433	M888	10	1318.5	1910	85 DM	7.4%	2.6	1.45	68.6	76.81%	2051	0.12	65.3	2.8
Bunkeido	89/10.94	9471		0		100	1948.0	2000	800 SFR	35.8%	2.6	1.03	54.1	2.86%	2717	1.04	22.9	3.5
Canon *	89/10.92	7751	EU	662402	M888	7.7	1213.6	1830	67 DM	7.3%	2.4	1.51	55.1	78.51%	1964	0.09	52.6	2.6
Daiwa Danchi	89/12.93	8829		878331	M883	45.79	1794.0	1540	175 DM	37.9%	4.7	0.86	-134.9	-84.11%	2123	0.53	-147.2	6.4
Daido Sanso *	89/11.92	4087		662441	M888	20	781.0	955	77 DM	16.5%	2.9	1.22	40.4	48.11%	1113	0.23	37.0	3.4
Daio Paper	98/08.93	3880		877425	M883	38	1948.0	2080	230 DM	18.7%	4.0	1.07	58.2	19.32%	2470	0.44	44.4	4.7
D'Urban	89/11.94	8116		869645	OPSC	59	1348.6	1300	221 DM	10.7%	2.5	0.96	-33.3	-21.09%	1672	0.68	-46.6	5.2
Dynic Corp.	88/10.93	3551		875899	OPSC	271	1312.0	1860	2350 DM	24.3%	4.8	1.42	1722.7	69.57%	2060	3.14	1635.0	2.8
Dynic	89/06.93	3551		869404	OPSC	42.98	1927.0	1860	192 DM	24.3%	4.8	0.97	-37.3	-24.64%	2312	0.50	-47.3	6.0
Fuji KK	89/10.94	0		878005	M888	39	1958.0	1880	218 DM	29.8%	3.9	0.96	-35.3	-22.04%	2440	0.45	-48.0	5.1
Fukuyama Tr.*	89/02.92	9075		878005	M888	10	1273.0	1930	92 DM	7.1%	2.4	1.52	76.2	79.19%	2066	0.12	72.9	2.6
Ganze	89/04.92	3002		662405	M888	10	829.0	1250	57 DM	5.6%	2.5	1.51	48.8	81.86%	1320	0.12	46.7	2.7
Hitachi Mt1 *	89/07.92	5486	CV	662431	M888	10	1323.0	1620	61 DM	14.1%	3.1	1.22	34.5	51.86%	1849	0.12	31.6	3.5
Hokuriku	88/10.93	6989	EJ	875875	OPSD	537.4	660.0	1120	3100 DM	3.3%	2.3	1.70	2867.6	89.12%	1157	6.23	2762.8	2.3
Honda Motor	85/03.90	7267	EP	869603	OPSD	263	1457.0	1830	1250 DM	2.0%	4.5	1.26	1137.9	84.34%	1867	3.05	1054.2	4.6
Honda Motor	85/03.90	7267	EP	870987	NLBI	234	1457.0	1830	1070 HFL	-1.2%	5.2	1.26	1139.7	98.67%	1807	3.06	1055.8	5.2
Honda Motor	89/03.93	7267	EP	870924	NLBI	155	2009.0	1830	750 HFL	30.0%	4.9	0.91	-362.3	-55.71%	2380	2.02	-417.8	6.4
Intec	89/04.93	9738	HI	876923	NLBI	84	3742.0	5600	1948 HFL	-1.5%	3.2	1.50	2037.9	99.88%	5518	1.10	1945.7	3.1
Itoman	89/09.93	8009		877675	M884	48	1548.0	1510	210 DM	27.5%	4.0	0.98	-21.2	-16.08%	1925	0.56	-33.8	5.1
Itoman *	89/06.92	8009		662407	M888	10	1069.0	1510	59 DM	4.5%	3.0	1.41	51.2	82.25%	1578	0.12	48.5	3.1
Japan Synth.	87/03.92	4185	RS	872614	OPSD	853	492.0	1410	9500 DM	3.0%	1.5	2.87	9083.4	93.41%	1452	9.89	8874.2	1.5
Japan Synth.	89/11.93	4185	RS	878150	M885	58	1323.0	1410	242 DM	19.3%	3.9	1.07	58.5	18.31%	1683	0.67	44.3	4.7
Jujo Paper	85/02.91	3863		969524	OPSK	1375	294.6	1170	19000 DM	27.0%	1.0	3.97	13962.6	72.01%	1486	15.95	13682.7	1.2
Kamigumi *	89/11.92	9364		871031	OPSD	287	1303.7	1330	54 DM	15.4%	2.9	1.24	30.3	51.78%	1535	0.12	28.0	3.3
Kao Corp. A *	85/03.91	4452	BV	870663	OPSK	199	1007.0	1780	2000 DM	5.2%	2.1	1.77	1784.4	86.14%	1873	2.31	1722.8	2.2
Kao Corp. B *	85/03.91	4452	BV	870664	OPSK	199	1007.0	1780	2050 DM	6.5%	2.0	1.77	1784.4	84.04%	1895	2.31	1722.8	2.1
Kenwood	86/11.93	6765		871941	OPSD	744.6	539.5	1130	6300 DM	12.3%	1.5	2.09	5100.2	78.63%	1269	8.64	4953.8	1.7
Kenwood *	89/10.91	6765		800709	M889	10.0	1069.0	1130	66.5 DM	13.9%	2.0	1.58	48.3	69.61%	1287	0.12	46.3	2.2
Kitano Constr.	89/12.93	1866		878280	M885	46.32	1743.0	1770	225 DM	22.1%	4.2	1.02	14.5	0.11%	2162	0.54	0.2	5.2
Kyokuto Boeki	89/11.93	0		878265	M885	55.87	1446.0	1390	219 DM	28.3%	4.1	0.96	-36.3	-22.74%	1784	0.65	-49.8	5.3
Kobe Steel *	89/09.91	5406	CS	900705	M889	10.0	617.5	709	28 DM	21.1%	2.9	1.15	10.6	33.50%	859	0.12	9.4	3.6
Kobori Juken *	89/10.94	1919	AQ	877900	M884		1456.0	2420	4200 DM	6.0%	3.6	1.86	3716.4	85.61%	2565	3.33	3595.5	5.0
Kurosagi Ref. *	89/11.93	5352		878290	OPSE	57.94	1405.0	1320	219 DM	37.8%	4.7	0.91	-82.0	-42.91%	1819	0.60	-94.0	6.2
Lion	89/11.93	4912		871966	OPSE	52		1250	180 DM	33.8%	1.9	0.89	-104.2	-64.88%	1673	0.67	-116.8	2.0
Maruyama	86/11.91	6316			OPSE	1030	389.0	855	6300 DM	7.2%	1.6	2.20	5567.8	85.94%	916	11.95	5414.5	1.7

TITEL	Quik Re Code	Ak Kemm	WP-TQ Nr.	Reute Kürze OS-Schein	OS-Verh	Basis preis (Yen)	A-kurs (Yen)	OS-Kurs	WAE	akt. Prämie WAE	Leve rage	stand. Aktien Niveau in WAE	Brutto-Parität in WAE	Innerer Wert in %	Break Even-Point	OS-Aend. je Yen	Netto-Parität in WAE	Gearing Factor
Manzen Showa 85/12.90	9068	DT	870347	OPSE	873	466.0	1420	9800	DM	1.0%	1.5	3.05	9661.0	96,38%	1434	10.13	9445.3	1.5
Minebea Corp. 85/09.93	6479		869836	OPSF	250	632.0	1130	1800	SFR	17.1%	1.6	1.79	1295.9	69,55%	1324	2.60	1251.8	1.9
Mitsub. Kasei 86/07.93	4010	BO	871301	OPSF	474	784.0	1020	2000	DM	12.5%	2.8	1.30	1297.6	60,67%	1148	5.50	1213.5	3.2
Mitsub. Metal 89/06.92	5711	CZ	662406	OPSE	464	693.9	1240	2950	DM	0.2%	1.9	1.79	2939.3	96,24%	1242	5.38	2839.2	2.3
Mitsub. Metal 89/09.93	5711	CZ	877898	OPSE	60	1107.0	1240	188	HFL	8.6%	5.2	1.12	104.2	47,67%	1347	0.78	89.6	5.6
Mitsub. Metal 89/06.92	5711	CZ	662406	OPSE	10	884.0	1240	57	DM	10.9%	2.5	1.40	41.3	68,66%	1375	0.12	39.1	2.8
Mits.Metal BP 89/07.92	5711	CZ	0	FLZG	25	875.0	1240	100	SFR	1.6%	3.2	1.42	95.0	90,14%	1259	0.26	90.1	3.3
Mitsub.Petro 88/06.93	4184	BS	875375	NLRJ	207	1558.0	1440	800	HFL	38.7%	4.9	0.92	-318.9	-47,16%	1854	2.70	-377.3	6.3
Mitsub.Petro 89/07.94	4184	BS	877339	NLRJ	194	1709.0	1440	730	HFL	38.7%	5.0	0.84	-681.4	-100,84%	1997	2.53	-736.1	6.9
Mit. Heavy * 89/04.95	7011	EK	807661	M889	10	750.0	1200	67	DM	10.6%	2.1	1.60	52.2	74,79%	1328	0.12	50.1	2.3
Mit.Meg&Cem.* 89/06.92	5238	CN	662404	M887	10	722.0	970	37	DM	7.3%	3.0	1.34	28.8	73,19%	1041	0.12	27.1	3.3
Mit.Meg&Cem.* 89/09.92	5238	CN	0	BZKO	936	720.2	970	1825	S	3.4%	3.4	1.35	1612.50	83,21%	1003	6.46	1518.58	3.5
Mit.Meg&Cem.* 89/09.92	5238	CN	0	NOZL	10	723.0	970	151	SFR	4.4%	3.3	1.34	128.6	80,12%	1013	0.52	121.0	3.5
Mory Industr. 89/09.93	5464		877860	M883	53	1415.0	1310	195	DM	32.2%	4.1	0.93	-64.6	-39,30%	1732	0.61	-76.6	5.5
NHK Spring 89/09.91	5991	DT	800707	OPSA	20	788.0	1010	74.5	DM	9.8%	3.1	1.28	51.5	64,42%	1109	0.23	48.0	3.5
Nichirei * 89/07.92	2871		807662	M890	20	1080.0	1390	119	DM	14.6%	2.7	1.29	71.9	56,37%	1593	0.23	67.1	3.1
Nipp. Shipp.* 89/07.91	8583	GH	662432	M889	10	1335.0	1770	73.5	DM	11.2%	2.8	1.33	50.5	64,46%	1969	0.12	47.4	3.1
Nippon Shipp. 89/03.92	8583	GH	0	M889	20	1366.0	1770	140	SFR	15.2%	2.6	1.30	84.1	56,13%	2038	0.21	78.6	3.3
Nippon Shipp. 89/07.91	8583	GH	0	M889	25	1375.0	1770	118	SFR	3.3%	3.9	1.29	102.8	81,25%	1828	0.26	95.9	4.4
Nipp. Signal* 89/04.91	6741	DY	800708	M889	65.8	1189.0	1510	330	DM	7.4%	3.5	1.27	245.0	69,01%	1621	0.76	227.7	3.8
Nipp. Synth.* 89/04.91	4201	DX	800708	M889	10	923.0	1210	43	DM	6.9%	3.3	1.31	33.3	72,53%	1294	0.12	31.2	3.5
Nippon Piston 89/09.94	6461		877741	M884	61	1220.0	1140	225	DM	34.9%	3.6	0.93	-56.6	-30,54%	1538	0.71	-68.7	4.8
Nomura Sec. 88/03.93	8604	GJ	874925	OPSF	91	4200.0	3550	851	DM	41.0%	4.4	0.85	-686.1	-87,23%	5006	1.06	-742.4	6.2
NTN Toyo B. * 89/06.91	6472	DT	800702	OPSA	10	770.0	1250	65	DM	6.4%	2.2	1.62	55.7	82,32%	1330	0.12	53.5	2.4
Ono Sokki 89/11.93	6858	DT	878170	OPSF	43	1794.0	1920	295	DM	24.2%	3.2	1.07	62.8	16,44%	2385	0.50	48.5	4.0
Optec Daiichi 86/03.91	5810	DC	870526	OPSF	600	658.1	1120	3425	DM	2.7%	2.3	1.70	3214.8	90,45%	1150	6.96	3097.9	2.3
Optec Daiichi 86/03.91	5810		0	MLVU	878	731.0	1120	2450	S	1.4%	2.8	1.53	2355.46	91,99%	1136	6.06	2253.74	2.8
Pasco 88/05.92	9232	GX	0	FLZI	108	882.4	1290	540	SFR	5.6%	2.7	1.46	458.2	80,83%	1363	1.12	436.5	2.8
Prima Meat P. 89/08.94	2281	BA	877479	OPSG	81	902.0	1090	339	DM	15.9%	3.0	1.21	176.6	47,58%	1263	0.94	161.3	3.5
Prima Meat P. 89/07.92	2281	BA	0	CSWJ	21	623.8	1090	155	SFR	22.3%	1.5	1.75	101.9	63,44%	1333	0.22	98.3	1.9
Prima Meat P. 89/07.93	2281	BA	0	FLZI	20	857.0	1090	91	SFR	18.7%	2.5	1.27	48.5	49,56%	1294	0.21	45.1	3.0
Prima Meat P. 89/06.93	2281	BA	0	BZKC	20	855.2	1090	2200	$	16.0%	2.7	1.27	1263.06	53,41%	1264	5.38	1175.11	3.1
Q.P.Corp. 89/12.93	2809	BA	878270	M865	36.41	2235.0	2060	225	DM	34.4%	3.9	0.92	-73.9	-38,65%	2768	0.42	-87.0	5.2
Renown Look 86/06.91	8029	FC	871283	OPSG	520.8	715.1	2430	12600	DM	15.3%	1.2	3.40	10359.6	80,47%	2801	6.04	10139.4	1.3
Renown Look 89/04.94	8029	FC	876795	OPSG	58	1222.0	2430	900	DM	5.3%	1.8	1.99	812.7	87,58%	2560	0.67	788.2	1.9
Renown Inc. * 89/03.91	8021	FB	662400	M889	15	736.0	1490	150	DM	7.3%	1.7	2.02	131.2	84,87%	1598	0.17	127.3	1.9
Rythym Watch 89/09.93	7769	EU	877600	M885	86	863.0	925	270	DM	22.6%	3.4	1.07	61.9	17,78%	1134	1.00	48.0	4.2
Ryobi 88/09.95	5851	DE	875846	OPSG	502	721.0	1070	2250	DM	3.5%	2.8	1.48	2032.3	86,17%	1107	5.82	1938.8	2.9
Ryobi 86/09.94	5851	DE	871702	OPSG	916	416.0	1070	7300	DM	3.1%	1.6	2.57	6949.1	92,86%	1103	10.63	6778.6	1.6

TITEL	Quik Code	Re Ak TQ	WP-Kenn Nr.	Reute Kürze	OS-Verh Schein	Basis preis (Yen)	A-kurs (Yen)	OS-Kurs WAE	OS-Präme in %	Leve WAE	stand. Aktien Niveau	Brutto-Parität in WAE	Innerer Wert in %	Break Even-Point	OS-Aend. je Yen	Netto-Parität in WAE	Gearing Factor
Sanken El. * 89/11.92	6707		662439	MB89	10	976,0	1290	53 DM	11.9%	4.6	1.31	35.3	62.33%	1433	0.12	33.0	3.1
Sanyo Special 89/11.93	5481		878200	MB89	65.6	1210,0	1120	185 DM	29.7%	1.7	0.93	-68.5	-43.93%	1453	0.76	-81.3	6.0
Sanwa Shutt.* 89/05.93	5929		662403	MB89	10	1056,0	2250	151 DM	4.8%	1.7	2.13	138.5	89.13%	2358	0.12	134.6	1.8
Senko Transp. 86/05.91	9069	QQ	870703	OPSG	676	552,0	1170	6200 DM	14.8%	1.5	2.12	4846.1	75.94%	1343	7.84	4708.5	1.7
Senko Transp. 88/09.93	9069	QQ	875700	MB86	524	700,0	1170	3750 DM	12.6%	1.9	1.67	2856.8	73.34%	1317	6.08	2750.2	2.1
Senko Transp. 88/04.92	9069	QQ	0		25	643,0	1170	165 SFR	9.2%	1.8	1.82	137.1	80.35%	1212	0.29	132.6	2.1
Settsu Paper 86/11.91	3883		871938	OPSG	106	750,6	1320	900 DM	6.2%	2.0	1.76	700.1	84.47%	1401	1.23	675.8	2.2
Settsu Pap. * 89/09.93	3883	ET	662409	MB89	10	998,0	1320	57.5 DM	13.2%	2.7	1.32	37.4	60.97%	1494	0.12	35.1	3.0
Shimadzu 89/08.91	7701	ET	662408	MB89	10	1089,0	1570	77.5 DM	11.9%	2.3	1.44	55.8	68.47%	1757	0.12	53.1	2.6
Shinagawa 89/09.94	8132		877890	MB89	44	1681,0	1840	232 DM	16.1%	4.0	1.09	81.2	28.91%	2136	0.51	67.1	4.7
Shiseido 86/11.93	4911	CF	872156	CSMK	242	2050,0	2430	1500 SFR	8.9%	4.1	1.19	957.2	57.69%	2645	2.52	865.4	4.4
Shiseido 86/12.91	4911	CF	0	BZKC	396	2050,0	2430	1450 $	6.2%	4.6	1.19	1037.79	64.71%	2581	2.73	938.25	4.9
Shiseido 86/11.93	4911	CF	0	BZKC	242	2050,0	2430	1300 $	16.4%	3.1	1.19	634.21	44.11%	2829	1.67	573.37	3.6
Showa Highpoly 89/94	4214		0	CSWP	100	1009,0	1200	390 DM	15.3%	3.2	1.19	198.8	46.17%	1384	1.04	180.1	3.7
Stanley El. * 89/02.92	6923		662434	MB89	11	845,5	1240	56 DM	3.6%	2.8	1.47	50.3	85.66%	1284	0.13	-48.0	2.9
Sumimo Text. 85/11.90	3501	QQ	870271	MB86	1245	316,7	1180	13500 DM	6.1%	1.3	3.73	12467.8	90.46%	1251	14.44	12212.2	1.3
Sumimo Text. 86/06.93	3501	QQ	871115	MB86	871	436,2	1180	8200 DM	5.7%	1.5	2.71	7515.1	89.47%	1248	10.10	7336.2	1.5
Sumimo Text. 88/08.93	3501	QQ	875553	OPSG	484	738,0	1180	2300 DM	-2.7%	2.9	1.60	2431.6	103.57%	1148	5.61	2382.2	2.8
Sumit. Cem. * 89/06.91	5232		800701	MB88	10	700,0	870	35 DM	15.1%	2.9	1.24	19.7	52.02%	1002	0.12	18.2	3.3
Sumit.Constr. 89/12.93	1823		662430	MB89	55.16	1497,0	1270	181 DM	40.1%	4.5	0.85	-145.2	-86.98%	1780	0.64	-157.4	6.3
Sumit.Corp. * 89/03.92	8053		662430	MB89	10	1210,0	1700	90 DM	16.8%	2.2	1.40	56.8	59.87%	1986	0.12	53.9	2.6
Sumit.Metal * 89/09.94	5405	CS	662401	OPSE	15.3	603,9	895	56 DM	2.7%	2.8	1.48	51.7	88.00%	919	0.18	49.3	2.9
Takiron 88/09.93	4215		875750	OPSG	404	906,0	1300	2350 DM	8.3%	2.6	1.43	1846.4	74.68%	1407	4.69	1755.1	2.8
Takashimaya 89/11.93	8233		878250	OPSG	22.65	3557,0	3830	226 DM	15.3%	4.5	1.08	71.7	25.06%	4417	0.26	56.6	5.1
Teijin Seiki 85/09.90	6212		870055	OPSG	829	520,0	1620	12500 DM	12.3%	1.2	3.12	10578.0	82.75%	1820	9.62	10344.4	1.4
Tobu Store 89/12.93	8274		878325	MB86	43.79	1876,0	1880	203 DM	23.5%	4.2	1.00	1.8	-5.43%	2321	0.46	-11.0	5.2
Töpre 89/11.93	5975	HF	869623	OPSH	71	1097,0	1150	220 DM	18.6%	4.3	1.05	43.7	13.38%	1364	0.82	29.4	5.1
Tosoh Chem. 89/05.91	4042	BP	800700	MB87	10	759,0	939	29.5 DM	7.9%	3.7	1.24	20.9	65.24%	1013	0.12	19.2	4.0
Tosoh Chem. 89/11.94	4042	BP	800700	MB87	82.31	991,0	940	190 DM	26.6%	4.7	0.95	-48.7	-32.71%	1190	0.95	-62.2	6.0
Toyota Mot. * 89/09.91	7203	EN	800706	MB87	5	1822,0	2690	67 DM	10.7%	2.3	1.48	50.3	71.65%	2977	0.06	48.0	2.6
Toshiba Tunga 89/11.93	6139		869630	OPSH	62	1261,0	1260	211 DM	23.4%	4.3	1.00	-0.7	-6.78%	1554	0.72	-14.3	5.3
Toyobo 89/10.94	3101		878010	OPSH	82	942,0	905	220 DM	29.6%	3.9	0.96	-35.2	-21.87%	1173	0.95	-48.1	5.1
Toyo Tire 89/04.94	5105	CJ	876745	OPSH	368.3	963,0	1750	3400 DM	0.5%	3.2	1.82	3362.3	95.59%	1759	4.27	3250.1	2.2
Tsumura A 89/08.92	4540	BZ	877434	MB86	85	2173,0	3330	1250 DM	3.3%	2.6	1.53	1140.8	87.32%	3441	0.99	1091.6	2.7
Tsumura B 89/08.94	4540	BZ	877435	MB86	85	2173,0	3330	1250 DM	3.3%	2.6	1.53	1140.8	87.32%	3441	0.99	1091.6	2.7
Uny 89/06.94	8270		877190	MB86	35	2050,0	2550	355 DM	14.7%	2.9	1.24	203.0	52.81%	2924	0.41	187.5	3.3
Yamatane Corp.89/09.93	9305	GY	877635	MB86	53.4	1394,0	1570	300 DM	19.6%	3.2	1.13	109.0	31.48%	1878	0.62	94.4	3.9
Zenchiku II 85/10.90	8043		870257	OPSH	955	421,0	975	7200 DM	9.8%	1.5	2.32	6137.2	82.99%	1071	11.08	5975.2	1.6
Sotick Wkl. 87/05.93	0		870257	OPSH	36.24	2221,0	2130	102 DM	4.4%	0.9	0.96	88.2	-5.07%	2464	0.42	-5.2	10.2

Anhang 2

Charts

a) OS-Kursindex 1984 bis Februar 1991 von der SMH-Bank

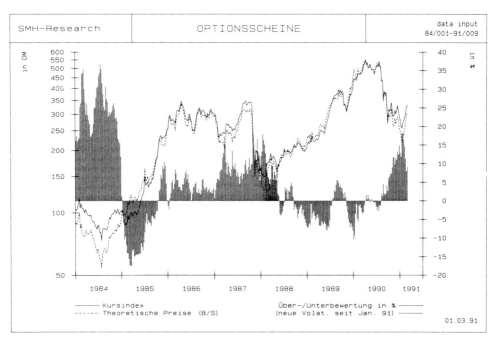

(Quelle: SMH-Research)

b) TUB Optionsschein-Index (TUBO5) vs. DAX (1984 bis 6/1990)

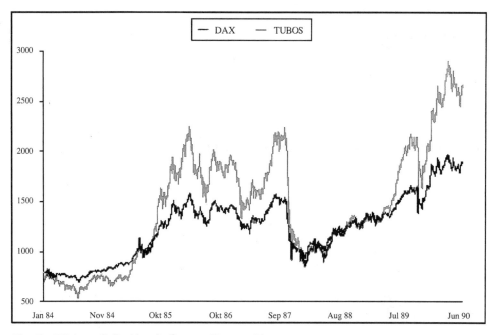

(Quelle: Trinkaus & Burkhardt, Omega-Research)

Formeln

a) Call/Put-Formeln für europäische Optionen nach Black & Scholes

Für europäische Optionen werden die Black & Scholes-Werte mit folgenden Formeln bestimmt:

$$c = c\,(S,T;K) = S * e^{(i_c - i_d)\,*\,T} * N\,(y/\sigma * \sqrt{T}\,) - K * e^{-\,i_d\,*\,T} * N\,(y),$$

wobei

$$y = y\,(S,T;K) = [ln(S/K) + (i_c - 0{,}5\,\sigma^2) * T]\,/\,[\sigma * \sqrt{T}\,]$$

$$p = p\,(S,T;K) = K * e^{-\,i_d\,*\,T} * N\,(-y) - S * e^{(i_c - i_d)\,*\,T} * N\,(-\,y - \sigma * \sqrt{T}\,)$$

(Quelle: Deutsche Bank)

b) Call/Put-Formeln für amerikanische Optionen nach MacMillan/Stoll/Whaley

Für amerikanische Optionen werden die M/S/W-Werte (B/S-Werte + Zusatzterm nach MacMillan/Stoll/Whaley) mit folgenden Formeln bestimmt:

$$C = C(S,T;K) = \begin{cases} c(S,T;K) + A_2 * (S/S^*)^{q_2}, & falls\ S < S^* \\ \\ S - K, & falls\ S \geq S^* \end{cases}$$

mit:

$$A_2 = (S^*/q_2) * \{1 - e^{(i_c - i_d)*T} * N[d_1(S^*)]\},$$

$$d_1(S^*) = [ln(S^*/K) + (i_c + \frac{1}{2}\sigma^2) * T] / (\sigma * \sqrt{T}),$$

$$q_2 = [1 - n + \sqrt{(n-1)^2 + 4k}] / 2,$$

$$n = 2i_c / \sigma^2,$$

$$k = 2i_d / [\sigma^2 * (1 - e^{-i_d - T})].$$

S^* wird iterativ bestimmt aus der Gleichung:

$$S^* - K = c(S^*,T;K) + \{1 - e^{(i_c - i_d)*T} * N[d_1, (S^*)]\} * (S^*/q_2).$$

$$P = P(S,T;K) = \begin{cases} p(S,T;K) + A_1 * (S/S^{**}) * q_1, & falls\ S > S^{**} \\ \\ K - S, & falls\ S \leq S^{**} \end{cases}$$

mit:

$$A_1 = -(S^{**}/q_1) * \{1 - e^{(i_c - i_d)*T} * N[-d_1, (S^{**})]\},$$

$$q_1 = [1 - n - \sqrt{(n-1)^2 + 4k}] / 2.$$

S^{**} wird iterativ bestimmt aus der Gleichung:

$$K - S^{**} = p(S^{**},T;K) - \{1 - e^{(i_c - i_d)*T} * N[-d_1, (S^{**})]\} * (S^{**}/q_1).$$

(Quelle: Deutsche Bank)

Erklärung:

c	Wert der europäischen Kaufoption
p	Wert der europäischen Verkaufoption
C	Wert der amerikanischen Kaufoption

P	Wert der amerikanischen Verkaufoption
S	Kurs des optierbaren Objekts
S*	Kritischer Kurs, bei dessen Überschreiten Ausüben der Kaufoption sinnvoll ist
S**	Kritischer Kurs, bei dessen Unterschreiten Ausüben der Verkaufoption sinnvoll ist
K	Ausübungskurs des optierbaren Objekts (Basiskurs, exercise price)
T	Laufzeit der Option in Jahren
σ	Standardabweichung der Logarithmen der Kursveränderungsfaktoren als Maß für die Kursvariabilität des Objekts (Volatilität)
i_d	Stetiger risikofreier inländischer Zinssatz (riskless domestic interest rate) für Darlehen mit der Laufzeit der Option
i_c	Stetige Bestandshaltekosten (cost of carry) des optierbaren Objekts in Prozent des Kurses (Summe aus Zins- und Lagerkosten)
e^{id}	$1 + i_d^*$ = Aufzinsungsfaktor für den kurzfristigen inländischen, dekursiven Zinssatz i_d^*
e^{ic}	$1 + i_c^*$ = Aufzinsungsfaktor für die dekursiven Bestandshaltekosten i_c^*
ln()	natürlicher Logarithmus (zur Basis e)
N()	Wert der kumulierten Standardnormalverteilung
e	2,71828... (Basis von ln)

c) Numerische Approximation für die Berechnung der kumulativen Standardnormalverteilung

$$N(d) \approx 1 - z(d) \sum_{i=1}^{5} b_i \, p^{i} + \varepsilon(d)$$

mit p = $1/(1 + 0{,}2316419 * d)$

b_1 = $0{,}31938153$

b_2 = $-0{,}356563782$

b_3 = $1{,}781477937$

b_4 = $-1{,}821255978$

b_5 = $1{,}330274429$

und

$$z(d) = \frac{1}{\sqrt{2\pi}} \, exp\left(-d^2/2\right)$$

d) Qualities of Warrants – Parity, Premium and Gearing, Beispielhafte Berechnung von MorganStanley

QUALITIES OF WARRANTS – PARITY, PREMIUM AND GEARING

In the secondary market warrants tend to be compared by means of their parity, premium and gearing. It can be argued that this takes no account of the time value attaching to the warrants which, after all, are essentially long term options, and so will not distinguish between two warrants with similar terms except that one has a 4 year life and the other 7 years to run (see for example the two issues from Mitsubishi Heavy Industries issued in May 1988). A more theoretical approach based on the Black-Scholes formula can be used to value warrants as options.

The parity of a warrant is a measure of its intrinsic value, or conversion value. When parity is zero there is no immediate profit or loss on exercise of the warrant as opposed to buying the same number of shares in the market and the current stock price of the underlying company will be the same as the warrant's exercise price (ie the warrant is 'at the money'). When parity is positive a profit can be made on exercise (ignoring any premium paid) and conversely a loss will be made on the exercise of a warrant with negative parity. (Respectively 'in' and 'out of the money').

The formula for calculating the parity of a warrant is as follows:

$$\text{Parity} = \frac{(S - E) \times N}{F.V. \times Fx} \times 100\%$$

for a dollar denominated warrant, where the prices are expressed as a percentage of the face value of the host bond

and $\text{Parity} = \dfrac{(S - E) \times N}{Fx}$ for a Swiss franc of Deutsch mark denominated warrant where prices

are expressed in that currency.

In each of the calculations

S   = Current stock price
E   = Exercise price
N   = Number of shares per warrant
F.V. = Face value of the host bond
Fx   = The exchange rate between the yen and the currency in which the warrant is denominated.

As indicated by the formula parity depends not only upon the stock price of the issuing company but also fluctuations in the exchange rate.

Warrants usually trade at a premium to their parity value and this premium is a measure of the extra cost of buying shares via a warrant compared to buying the same shares in the market.

The calculation for the premium is:

$$\text{Premium} = \frac{\dfrac{W \times Fx}{N} + (E - S)}{S} \times 100\%$$

Where W = the current price of the warrant.

For a dollar warrant the warrant price must be expressed in dollars to calculate the premium so the calculation involves multiplying $W \times \dfrac{F.V.}{100}$

The gearing of a warrant compares the cost of buying shares via warrants with the cost in the equity market. It is a measure of how many more shares an investor can control by investing a certain amount of money in warrants as opposed to buying the common stock, and also gives an approximate idea of how much the warrant price will move in response to a change in the price of the stock.

$$\text{Gearing} = \frac{\text{Current share price}}{\text{Cost of buying 1 share via the warrant}}$$

$$= \frac{S}{(W \times Fx \div N)} = \frac{S \times N}{W \times Fx}$$

Again, for dollar warrants the warrant price W must be converted to a dollar amount.

EXAMPLES OF CALCULATIONS

Let us consider 2 'typical' warrants, one dollar denominated and one Swiss franc and calculate the parity, premium and gearing on each.

For the NHK Spring 1993 dollar warrants the data required is:

S   = stock price = Y930
E   = exercise price = Y788
N   = shares per warrant = 854
Fx = Yen/dollar exchange rate = 132.65
F.V. = Nominal value = $5000
W   = warrant price = 31.5 (as a percentage of $5000)

$$\text{Parity} = \frac{(S - E) \times N}{\dfrac{F.V. \times Fx}{100}} = \frac{(930 - 788) \times 854}{\dfrac{5000 \times 132.65}{100}} = 18.28$$

This parity is equivalent to $\dfrac{18.28 \times 5000}{100} = \$914$

$$\text{Premium} = \frac{\dfrac{W \times F.V. \times Fx}{100}}{N} + E - S = \frac{\dfrac{31.5 \times 50 \times 132.65}{854} + 788 - 930}{930}$$

$$= 11.0\%$$

$$\text{Gearing} = \frac{S \times N}{\dfrac{W \times Fv \times Fx}{100}} = \frac{930 \times 854}{31.5 \times 50 \times 132.65} = 3.80x$$

As a Swiss franc denominated warrant consider the Onoda Cement 1992 covered warrant.

The data is:

S   = Y1120
E   = Y736
N   = 10
Fx = 80.4 Y/SF
W   = SF57

$$\text{Parity} = \frac{(S - E) \times N}{Fx} = \frac{(1120 - 736) \times 10}{80.4} = 47.76$$

$$\text{Premium} = \frac{\dfrac{W \times Fx}{N} + E - S}{S} = 6.63\%$$

$$\text{Gearing} = \frac{S \times N}{W \times Fx} = 2.44x$$

(Quelle: Morgan Stanley)

311

Anhang 4

Zwei Tombstones für OS-Emissionen aus der Tagespresse

 **Merrill Lynch**

ZEICHNUNGSANGEBOT

Die Merrill Lynch Capital Markets AG, Zürich, bietet an

100.000 gedeckte Optionsscheine "DEUTSCHER CHEMIE BASKET"

Emittentin:	Merrill Lynch International & Co. C.V.
Ausgabepreis:	Schweizerfranken (SFR) 187.- je Optionsschein
Zeichnungen:	Zeichnungen bitten wir auf dem banküblichen Wege bei der Merrill Lynch Capital Markets AG, Zürich (Tel: 1/252 61 65) und der Merrill Lynch GmbH, Frankfurt, (Tel. 2994-212/213) sowie bei allen Merrill Lynch Büros in der BRD aufzugeben. Zuteilungen und vorzeitige Schliessung bleiben vorbehalten.
Optionsscheine und Optionsrechte:	Zehn Optionsscheine berechtigen den Inhaber zum Bezug von 9 Aktien BAYER AG 9 Aktien BASF AG 9 Aktien HOECHST AG 4 Aktien DEGUSSA 3 Aktien SCHERING AG zu einem kombinierten Ausübungspreis von Deutsche Mark (DM) 13'000.-
Optionsfrist:	Das Optionsrecht kann in der Zeit vom 15. November 1989 bis 1.Oktober 1991 einschliesslich ausgeübt werden.
Deckungsbestand:	Die Emittentin unterhält für die Optionsscheine einen Deckungsbestand.
Börsennotierung:	Es ist vorgesehen, die Optionsscheine im Freiverkehr zu handeln und an der Vorbörse von Zürich zu kotieren.
Zahltag:	14 . November 1989

Der die näheren Einzelheiten beschreibende Prospekt kann bei der Merrill Lynch Capital Markets AG, Mühlebachstrasse 23, CH-8024 Zürich, oder bei der Merrill Lynch GmbH, Neue Mainzer Strasse 75, 6000 Frankfurt, angefordert werden.

Zürich, im Oktober 1989

Merrill Lynch Capital Markets AG
(Reuters: MLZA)

CITICORP✦CITIBANK

Citibank Aktiengesellschaft
1.000.000 Zins-Optionsscheine (Call)
bezogen auf die 7% Bundesanleihe endfällig am 20. Oktober 1999 (WKN: 113 474)
jederzeit ausübbar vom 25. Oktober 1989 bis 25. Oktober 1990

Optionsschuldnerin
Citibank Aktiengesellschaft

Verkaufskurs
DM 2,55 je Zins-Optionsschein freibleibend

Verkaufsbeginn
Ab 18. Oktober 1989

Mindestzeichnung
500 Zins-Optionsscheine

Optionsbedingungen
Jeder Zins-Optionsschein berechtigt den Inhaber – nach Maßgabe der Optionsbedingungen – **von der Optionsschuldnerin Zahlung des Differenzbetrages zu verlangen:** Der Differenzbetrag ist die in DM ausgedrückte Differenz, um die der Kassakurs der Frankfurter Wertpapierbörse am Ausübungstag den Basiskurs von 100,00% überschreitet. Optionsrechte können während der Laufzeit vom 25. Oktober 1989 bis zum 25. Oktober 1990 jeweils für mindestens 500 Zins-Optionsscheine, und darüberhinaus nur in einem ganzzahligen Mehrfachen von 100 ausgeübt werden.

Verbriefung/Lieferung
Effektive Zins-Optionsscheine werden nicht ausgegeben; den Inhabern von Zins-Optionsscheinen stehen Miteigentumsanteile an dem Inhaber-Sammeloptionsschein zu, die in Übereinstimmung mit den Bestimmungen und Regeln des Frankfurter Kassenverein Aktiengesellschaft und außerhalb der Bundesrepublik Deutschland von Euroclear und Cedel übertragen werden können.

Optionsstelle
Citibank Aktiengesellschaft, Frankfurt am Main

Börseneinführung
Eine Zulassung zum Geregelten Markt an der Frankfurter Wertpapierbörse wird beantragt.

Valuta
25. Oktober 1989

Wertpapier-Kenn-Nr.
803 126

Zeichnungen bitten wir bei Ihrer Bank aufzugeben. Ein Informationsmemorandum kann bei der Citibank Aktiengesellschaft angefordert werden.

Frankfurt am Main, im Oktober 1989

Citibank Aktiengesellschaft

Anhang 5

Literaturverzeichnis

Abramowitz, M., Handbook of Mathematical Functions, Dover Publ., New York,
Stegun, I.A.: 1965.

Bank in Liechten- Fakten und Meinungen, Broschüre des BIL-Investment-Re-
stein (Hrsg.): search, Ffm, div. Ausgaben 88/89.

Barclays de Zoete Japan Equity Working List, London.
Wedd (Hrsg.):

Büschgen, H.E.: Internationales Finanzmanagement, Ffm, 1986.

Citicorp (Hrsg.): Swiss Capital Market, Zürich.

Credit Suisse First Investment Manual, London, 1985.
Boston (Hrsg.):

Demuth, M.: Fremdkapitalbeschaffung durch Finanzinnovationen,
Wiesbaden, 1988.

Deutsche Bank Internationale DM-Anleihen, Ffm, o.Jg.
(Hrsg.):

Dies. (Hrsg.), Share or Bond and Warrant Combined, Sonderbericht des Fixed
Investment Ideas: Income Research, Ffm, 1989.

Dies. (Hrsg.): Preiswürdigkeitsvergleich von Optionsscheinen, Sonderbericht
des Fixed Income Research, Ffm, 1989.

Drayß, E.L.: »Kauf auf Kredit oder Option?«, in: Das Wertpapier (1989),
S. 878 ff.

Ders.: Volatilität – Was ist das ? Special Report des Investment Research, Ffm, 1988.

Dresdner Bank (Hrsg.):	Instrumente des Eurowertpapiermarktes, Ffm, 1986.
Dies. (Hrsg.):	Zinsmanagement, Instrumente und Anwendungen, Ffm, 1986.
Dt. Sparkassen-verlag (Hrsg.):	Wertpapiere in Theorie und Praxis, Stuttgart, 1988.
European Fede-ration of Finan-cial Alysts Socie-ties(Hrsg.):	Guide to European Domestic Bond Markets, London, 1986.
Fisher, F.G.:	International Bonds, London (Euromoney Publication), 1981.
Glogowski, E., Münch, M.:	Neue Finanzdienstleistungen, Deutsche Bankenmärkte im Wandel, Wiesbaden, 1986.
James Capel (Hrsg.):	The New Shape of the Warrant Market, London, o.Jg.
Ders. (Hrsg.):	Japanese Warrants Market View, London.
Kjer, V.:	Optionsanleihen, Berlin, 1981.
Kloy, J.W., Welcker, J.:	Professionelles Optionsgeschäft, Zürich, 1988.
Kolbeck, R. (Hrsg.):	Bankinnovationen, Chancen und Risiken neuer Bankgeschäfte, Ffm, 1986.
Ders.:	»Was dürfen Optionsscheine kosten?«, in: Das Wertpapier, 1987, S. 1040 ff.
Kruschwitz, L., Schöbel, R.:	»Eine Einführung in die Optionsscheine«, in: WISU, 2/84, S. 24–28; 3/84, S. 40–45; 4/84, S. 61–66.
Lingner, U.:	Optionen, Anlagestrategien und Märkte, Wiesbaden, 1987.
Mella, F.:	»Optionsscheine zum Bezug von DM-Anleihen«, in: BÖZ, 31.12.1986, S. 7.
Ders.:	»Optionsscheine: Wie man die Formel zu Geld macht«, in: Das Wertpapier (1989), S. 745.
Morgan Stanley (Hrsg.):	Japanese Warrants Service.
Orion Royal Bank (Hrsg.):	Warrants to Purchase Eurobonds: The Pattern of Exercise, London, 1985.

Robert Fleming (Hrsg.):	Flemings Research, Warrants & Convertibles, London.
Schröder Münch- meyer Hengst & Co. (Hrsg.):	Optionsscheine, diverse Feature, Ffm, 1988/89.
Dies.:	German Equity Warrants, Special, Ffm, 1988.
Schweizerische Bankgesellschaft (Hrsg.):	Schweizer Aktienführer, Zürich.
Uhlir, H., Steiner, P.:	Wertpapieranalyse, Heidelberg, 1986.
Weger, G.:	Optionsscheine als Anlagealternative, Wiesbaden, 1985.
Zahn, H.E.:	Finanzinnovationen, Glossarium der neuen Hedging- und Finan- zierungsinstrumente, Ffm, 1986.
Depotgesetz	(DepotG) vom 14.2.1937 in der Fassung vom 1.7.1982
Einkommen- steuergesetz	(EStG) in der Fassung vom 15.4.1986
Handelsgesetz- buch	(HGB) vom 10. Mai 1897 in der zuletzt geänderten Fassung vom 19.12.1985
Gesetz über Kapitalanlage- gesellschaften	(KAGG) in der Fassung vom 14. Januar 1970
Börsen-Termin- geschäfts- zulassungs- verordnung	(BörsTermZulV) vom 10. März 1982
Versicherungs- aufsichtsgesetz	(VAG) in der Fassung vom 17. Oktober 1984

Anhang 6

Börsen- und Informationsdienste für Optionsscheine

Name	Erscheinungsweise Erscheinungstag	Bezugsadresse	Preis
BÖRSE ONLINE (BTX möglich)	Wöchentlich Abon.: Donnerstag Sonst: Freitag	Redaktion 8000 München 2 Elisenstraße 3 089 - 55 10 10	4,80 DM je Heft Jahresabo: 249,– DM
Derivate, Analytische Charts	Monatlich Ende des Monats Charts quartalsweise	Trinkaus & Burkhardt Königsallee 11/13 4000 Düsseldorf 1 0211 - 910- 28 75	Jahresabo: 45,– DM monatlich
FINANZEN Optionsscheine (BTX mögl.)	Wöchentlich Jeden Montag (Nur im Abonnement)	GFI-Anlageberatung Orffstraße 4 Postfach 19 03 62 8000 München 19 089 - 16 18 98	Jahresabo: 480,– DM Quartalsabo: 130,– DM
OPTIONSSCHEIN plus	Wöchentlich Jeden Mittwoch	B.E.M. GmbH & Co. KG Postfach 52 06 8700 Würzburg 09 31 - 88 21 52	Jahresabo: 450,– DM Probeabo: 30,– DM
Trading Paper (BTX mögl.)	Wöchentlich Jeweils montags	Trading Paper GmbH Iserlohner Str. 18 Postfach 51 33 5800 Hagen 5 0 23 34 - 48 22	Jahresabo: 450,– DM Quartalsabo: 130,– DM
TP-Japan (BTX mögl.)	Wöchentlich Jeweils dienstags	Trading Paper GmbH Iserlohner Str. 18 Postfach 51 33 5800 Hagen 5	Jahresabo: 480,– DM Quartalsabo: 140,– DM

Name	Erscheinungsweise Erscheinungstag	Bezugsadresse	Preis
Top Trading (BTX-Dienst)	Tägliche Empfehlungen	Top Trading GmbH Iserlohner Str. 18 Postfach 52 54 5800 Hagen 5	Nur in GBG möglich, ab 1000,– DM jährlich
OPTIONSSCHEIN-REPORT	Monatlich, jeweils Anfang des Monats	Verlag A. Schmidt AG Postfach 67 67 8700 Würzburg 0931 - 28 42 75	12,– DM je Heft Jahresabo: 144,– DM
OPTIONSSCHEIN-Nachrichten (BTX mögl.)	Wöchentlich, jeweils montags, außer 1. Woche des Monats	Verlag A. Schmidt AG Postfach 67 67 8700 Würzburg 0931 - 28 42 75	6,90 DM je Heft Probeabo: 15,– DM für 3 Ausgaben
Performance Master	Unregelmäßig, nur bei Empfehlungen	Top Trading GmbH Iserlohner Str. 18 Postfach 52 54 5800 Hagen 5	Abonnement: 590,– DM Nur bei 30% Gewinn
WARRANT SPECULATOR	Unregelmäßig, nur bei Empfehlungen	Warrant Speculator Hynspergstraße 24 6000 Frankfurt 1 069 - 5 96 32 56	Abonnement: 390,– DM Nur bei 30% Gewinn

Hinweis: Trading Paper, TP Japan, Top Trading, Warrant Speculator und Performance Master sind von den gleichen Initiatoren.

Stichwortverzeichnis

Stand: Mai 1991

Bräutigam/Eller
Die internationalen Bond-Märkte

Strategien, Tips und Checklisten. Ein profunder Überblick über die Möglichkeiten des Anlegers an den Märkten für Festverzinsliche. Mit ausführlichem Glossar zu allen Fachbegriffen und mit einer Diskette zur Rendite- und Durationsberechnung.
1990, 201 Seiten
ISBN 3-89090-276-6
DM 79,–, inkl. Diskette

Siebers/Siebers
Terminbörse Deutschland

Dieser Ratgeber bietet in leichtverständlicher Sprache die Grundlagen, die für die Teilnahme an der Computer-Börse unerläßlich sind: technische Details, Chancen und Risiken, Futures- und Optionsstrategien, Entwicklung eigener Strategien.
1990, 184 Seiten
ISBN 3-89090-439-4
DM 79,–

Kai Johannsen
Spekulieren auf Termin

Ausführlich und anschaulich werden hier 32 aus Aktienoptionen zusammengestellte Strategien zur Absicherung von DTB-Geschäften beschrieben. Mit zahlreichen Abbildungen zur Break-even-Analyse.
1990, 204 Seiten
ISBN 3-89090-587-0
DM 59,–

Prechter/Frost
Das Elliott-Wellen-Prinzip, Band 1

Eine vollständige Abhandlung der Elliottschen Wellentheorie. Dem Buch liegt die spannende These eines ewiggültigen Gesetzes für die wirtschaftliche Entwicklung zugrunde. Mit zahlreichen Illustrationen und Fallbeispielen.
1989, 217 Seiten
ISBN 3-89090-719-9
DM 79,–

Prechter/Frost
Gezeitenwechsel – Elliott-Wellen-Prinzip, Band 2

Die Fortsetzung zum »Elliott-Wellen-Prinzip« gibt einen faszinierenden Ausblick auf die Anleger-Aussichten in den 90er Jahren: Was aus Aktien, Bonds, Immobilien, Edelmetallen und Dollar wird.
1990, 251 Seiten
ISBN 3-89090-474-2
DM 79,–

Gene Walden
100 $uper-Aktien

Das ist die Analyse von 100 Top-Unternehmen der USA, deren Aktien beste Aussichten für private Anleger bieten. Auswahlkriterium ist ein Rating-Verfahren mit hohen Anforderungen, das gleichzeitig das Rüstzeug für eigene Unternehmensbewertungen liefert.
1990, 372 Seiten
ISBN 3-89090-725-3
DM 69,–

Aron Viner
Die japanischen Finanzmärkte

Als ehemaliger Leiter der Analyse-Abteilung von »Yamaichi Capital Management« und Herausgeber einer Zeitschrift über die asiatischen Börsenplätze kennt der Autor die Struktur der Banken ebenso intim wie die Dynamik der Aktien- und Anleihemärkte.
1989, 354 Seiten
ISBN 3-89090-766-0
DM 69,–

Bücher der Edition Börse Online erhalten Sie bei Ihrem Buchhändler oder direkt bei Buchversand Michel&Co. · Kratzberger Straße 3 · 5630 Remscheid 1
Tel.: 0 21 91/86 61 · Fax: 0 21 91/8 00 24

90278

Wissen ist Cash

Stand: Mai 1991

Werner Kurzawa

Spekulieren mit System

Das Börsen-Einmaleins für Einsteiger. Mit Tips und Tricks, anschaulichen Abbildungen und praktischen, selbst fortgeschrittenen Börsianern unbekannten Hinweisen für die erfolgreiche Spekulation.
1989, 220 Seiten
ISBN 3-89090-735-0
DM 49,–

Werner Kurzawa

Illustriertes ABC der Börse

Das Nachschlagewerk für die intelligente Kapitalanlage: ein systematischer Einstieg in die Bereiche Börse, Banken und Finanzen. 1300 Begriffe, leicht verständlich erklärt. Mit vielen Abbildungen, Tabellen und Beispielen.
1990, 224 Seiten
ISBN 3-89090-916-7
DM 59,–

Werner Kurzawa

Kleines ABC der Börse

Alle für die Aktienanalyse, die Depot-Verwaltung und den Bankenverkehr wichtigen Begriffe – insgesamt 500, von »Abfindung« bis »Zwischendividende« – sind in diesem kleinen Lexikon erläutert.
1991, 160 Seiten
ISBN 3-87791-141-2
DM 9,90

Peter Jobst

PC und Börse

Ein Überblick für den privaten Kapitalanleger. Er zeigt alle Möglichkeiten, die sich mit dem Einsatz von Börsen-Software bieten. Mit wertvollen Tips zur Kaufentscheidung. Auf MS-DOS-Diskette: Demo-Version »chartHeft 2.0« zur Aktienkursverfolgung.
1991, 176 Seiten
ISBN 3-87791-052-1
DM 59,–, inkl. Diskette

Schätzle/ten Cate

Computergestützte Anlageberatung

Der Personalcomputer als Arbeitsmittel für den Anlageberater. Die Themen: Online-Kurse, Analyse und Prognose, Portfolio-Management, Adreßverwaltung und Serienbriefe, künstliche Intelligenz. Die beiliegende Diskette enthält hilfreiche Framework-Programme.
1989, 132 Seiten
ISBN 3-89090-603-6
DM 69,–, inkl. Diskette

Kitzig/Lenz

chartHeft 2.0 – PC-Bookware

MS-DOS-Software zur Aktienkursverfolgung mit Kursaktualisierung, gleitenden Durchschnitten, Trend- und OBOS-Oszillator, relativer Stärke, Momentum, einem Startbestand von 35.000 Kursen, Mausbedienung und einer Einführung in die technische Analyse.
1990, 128 Seiten
ISBN 3-89090-951-5
DM 98,–*, inkl. 3^{1}/$_{2}$"- und 5^{1}/$_{4}$"-Disketten

* Unverbindliche Preisempfehlung